Die Sonne brennt fortissimo

für meine Eltern

Alexandra Kardinar

Die Sonne
brennt *fortissimo*

Händel, Mozart, Berlioz
und Mendelssohn Bartholdy
reisen durch Italien

Büchergilde Gutenberg

Impressum

© 2003 Büchergilde Gutenberg
Frankfurt am Main, Wien und Zürich

Konzeption, Gestaltung, Illustrationen und Satz
Alexandra Kardinar

Schriften
Janson Text und Letter Gothic Text

Papier
Munken pure, 115 g mit 1,3fachem Volumen

Druck und Bindung
Offizin Andersen Nexö Leipzig

ISBN 3-7632-5355-6

Printed in Germany 2003

www.buechergilde.de

Besonderen Dank an

Dr. Natalia Kardinar
Familie Kardinar
Volker Schlecht
Prof. Helmut Brade
Sören Stark

Inhalt

Die Faszination Italiens strahlt durch die Jahrhunderte in den verschiedensten Facetten: Landschaft, Lebensart, Kunst, Religion. Eine schier unüberschaubare Zahl an schöpferischen Persönlichkeiten wurde von der Sehnsucht nach dem südlichen Land ergriffen. Vor allem zog es Musiker – von alters her ein fahrendes Volk, denkt man allein an die zahllosen Spielleute des Mittelalters – in das Königsland der Oper, des Gesanges und der Instrumentalmusik. Doch nicht nur der hohe Rang der italienischen Musik wirkte so anziehend, auch praktische Gründe spielten eine Rolle. Man hoffte auf Erwerbsmöglichkeiten, gar eine Anstellung, vielleicht Ruhm. Viele versprachen sich von einer Italienreise Anregung, seelische Erholung. Mancher reise zunächst ohne große Erwartungen, einem Stipendium folgend, sogar gegen seinen Willen. Der Zauber Italiens jedoch brachte alle in seinen Bann.

Unter den Italienreisenden waren auch vier Komponisten, so der unternehmungslustige und zielstrebige Georg Friedrich Händel, der den neuesten musikalischen Erscheinungen nachspürte. Der 14jährige Wolfgang Amadeus Mozart begab sich 1869 auf die Suche nach der Erfüllung seines großen Opernwunsches, und (dies vor allem väterliches Ansinnen) nach einem Kapellmeisterposten an einem fürstlichen Hof. Nur wenige Jahrzehnte später erlebten Felix Mendelssohn Bartholdy und der Franzose Hector Berlioz das Land schon aus einem historischen Blickwinkel.

Was die reisenden Musiker an Kunstleistungen vorfanden, überwältigte durch höchste Reife. Berührungen damit versprachen eine Chance, bedeuteten aber auch die Gefahr eines Epigonentums. Italien blieb jahrhundertelang für Generationen von reisenden Künstlern ein Schicksalsland, wo sich Mittelmaß so schnell in Nachahmung verlor. Einem Begnadeten ist das Reiseziel nicht von entscheidender Bedeutung, die Reise führt immer nach innen, zu sich selbst.

Das junge Genie Mozart wusste darum: *Ein Mensch von mittelmässigen Talent bleibt immer mittelmässig, er mag reisen oder nicht – aber ein Mensch von superieuren Talent (welches ich mir selbst, ohne gottlos zu seyn, nicht absprechen kan) wird schlecht, wenn er immer in den nemlichen Ort bleibt.*

Vier so außergewöhnliche wie unterschiedliche Künstler auf ihrer Reise zu begleiten, bietet uns die Möglichkeit, an ihren italienischen Impressionen wie auch der Mühsal des Reisealltags teilzuhaben, die manchmal so banalen Entstehungsumstände berühmter Schöpfungen nachzuerleben. Die gewaltige historische Kulisse der herrlichen italienischen Landschaft, die Musikalität der Sprache, der Glanz der Sonne, sogar die Geräusche einer rollenden Kutsche fügten sich den reisenden Komponisten zu einem mächtigen „Tutti". Wie es solch *superieuren* Talenten wie Händel, Mozart, Mendelssohn und Berlioz gebührt, schuf jeder von ihnen in Italien grandiose Musik, die über Entstehungsort und Zeit hinweg fortwirkt .

Über das Verhältnis Kunstwerk – Biographie existieren in der Musikgeschichte verschiedene Auffassungen. Ernst Bloch meint, daß keine andere Kunst so sozial bedingt sei wie die Musik. Theodor Adornos Haltung hingegen ist widersprüchlich. Der Philosoph verachtete die *Vermengung von Kunst und Leben*, doch stammen gerade aus seiner Feder biographische Standardwerke über Alban Berg, Gustav Mahler und Richard Wagner.

Um die vielfältigen Brechungen der inneren und äußeren Entstehungsgeschichte eines Werkes interpretierend nachzuvollziehen, bedarf es der Vergegenwärtigung aller Aspekte. Eine umfassende Betrachtung der Reiseerlebnisse, der historischen Hintergründe oder gar eine wissenschaftliche Analyse der Reiseerträge der Komponisten kann jedoch nicht das Ziel dieses bewußt materialbiographisch angelegten Buches sein, übersteigt auch die Fachkompetenz der Autorin. Musikalische Definitionen bleiben gänzlich aus.

Das vorliegende Buch baut auf einem Gerüst auf, das dem Leser neben dem Text, der einem chronologischen Aufbau nicht immer folgen kann und will, objektive Informationen vermittelt. Zum Ausgleich für sich einschleichende Vereinfachungen bietet die Autorin die unmittelbare Nähe zu den Quellen, Randzitate begleiten die Erzählung. Sie mögen einen unmittelbaren Eindruck vermitteln und den tiefer Interessierten locken, sich einmal den Originalquellen zu widmen. Klassische Reiseberichte, später aufgeschriebene Erinnerungen oder biografische Erzählungen, Briefe und Äußerungen von Begleitpersonen oder Reisebekanntschaften bilden ein vielwinkliges Prisma der unterschiedlichsten Blickpunkte. Dabei sind die nacherzählten Geschehnisse oft zugänglicher als authentische Äußerungen wie etwa Mozarts Notizen, die wiederum eine aufregende Unmittelbarkeit atmen.

Der französische Komponist Hector Berlioz unterhielt in Italien eine rege Korrespondenz mit der Heimat, ja er widmete dieser höchst widersprüchlich erlebten Zeit in seinen großartigen Memoiren einen breiten Raum. Seine unbändige Lust am Erzählen und Fabulieren steigerten manches Erlebnis so hinreißend ins Phantastische, daß man – gern! – die Tatsachen aus den Augen verliert und der inneren Wahrhaftigkeit des begnadeten Erzählers und Musikers Hector Berlioz folgt.

Überreich dokumentiert, allerdings selten von ihm selbst, ist der Aufenthalt Wolfgang Amadeus Mozarts in Italien. Nicht täglich, sondern beinahe stündlich vermag man die Reise des jungen Genies in den Briefen des Vaters, in Zeitungsberichten oder überlieferten Reaktionen der Zeitgenossen nachzuvollziehen. Kurze burleske Nachträge zu des Vaters langen Berichten, seltener einmal ein eigener Brief (stets ein kleines Feuerwerk an absurder Parodie) erhellen uns das Erleben Mozarts keineswegs. Mozarts Briefe, gesteigerte, seiner Musik manchmal kongeniale Worteruptionen, sind alles andere als Reiseberichte. Der junge Felix Mendelssohn Bartholdy dagegen beschrieb seine Eindrücke nicht nur überreich und geistvoll, sondern hielt sie auch zeichnerisch fest. Kleine Meisterwerke sind die italienischen Briefe des Komponisten, die kurze Zeit nach seinem Tode 1861 in Leipzig herausgegeben und in dieser reisefreudigen Zeit ungeheuer populär wurden. Ein gebildeter, aufmerksamer und uneitler Beobachter, gab Mendelssohn mehr als die Beschreibung einer persönlichen Reise.

Ungleich geringer fallen die überlieferten Quellen der italienischen Jahre Georg Friedrich Händels aus. Sie beschränken sich auf eine Handvoll Dokumente, Eintragungen in Wirtschaftsbücher oder Empfehlungsschreiben. Briefe oder persönliche Äußerungen, Reaktionen auf seine italienische Umwelt fehlen leider völlig, Schilderungen weniger Zeitgenossen müssen sie ersetzen. So überlieferte der Hamburger Musiker und Freund-Feind Händels, Johann Mattheson, 1740 in seiner *Musicalischen Ehren-Pforte* einiges authentisch Wertvolle.

Ein Jahr nach Händels Tod erschien die erste Biografie des Komponisten (die erste größere Musikerbiografie überhaupt) geschrieben von dem Engländer John Mainwaring. Auch er kannte den großen Musiker noch persönlich. Lange Zeit nach seiner Rückkehr aus Italien ließ sich der alternde Komponist von seinem zukünftigen Biografen einiges über die glanzvollen italienischen Jahre entlocken, erst durch die doppelte Brechung der Zeit und der persönlichen Interpretation Mainwarings sind einige Erlebnisse zu uns gekommen.

Das vorliegende Buch verzichtet bewußt auf fotographische Abbildungen, auf Stadtprospekte oder Landschaften. Die Illustrationen bieten eine andere Perspektive des Reisens, ein Fokussieren auf die Banalität und gleichzeitige erzählerische Aussagekraft eines Alltagsgegenstandes.

Zeitlicher Abriß

Italien war für den Menschen des Barock ein *Land der Verheißung*, dem imaginären Arkadien so ähnlich mit seiner anmutigen und milden Natur, die mit der Malerei, dem Theater, den rauschenden Festen zu einer magischen Inszenierung zusammenklang. Glanzvoll beherrscht wurde das barocke Zeitalter von der Musik, mit der Oper als ihrer wahren Königin. Sie stellte das Ideal des Gesamtkunstwerkes dar und vereinte in sich alle Künste, die einem Zentralzweck untergeordnet waren: dem vollkommenem Schauspiel aus zauberischer Stimmung und phantastischer Illusion.

Wo sollte ein Komponist die hohe Kunst der Oper studieren, wenn nicht in ihrem Geburtsland? Wer Ruhm und eine von der Welt angesehene Position suchte, der mußte in Italien gewesen sein.

Nirgendwo auf der Welt wurden klangvollere Instrumente gebaut als im Italien des Barock. Namen wie *Amati*, *Guarneri*, *Stradivari* zeichnen für eine seither nicht wieder erreichte Kunst des Instrumentenbaus. 1711 erfand der Florentiner Bartolomeo Cristofori das *piano e forte* oder Hammerklavier. Spielte Händel möglicherweise als einer der ersten der Geschichte auf einem Flügel?

Italien lieferte den barocken Fürstenhöfen Europas zahllose Musiker. Die glänzendsten Sänger und Instrumentalisten wurden in den hervorragenden Konservatorien Italiens ausgebildet.

Rom war damals der Mittelpunkt der Instrumentalmusik. Die überreich geschmückten Paläste der Stadt gaben eine prunkvolle Kulisse für die unzähligen, üppig besetzten Musikensembles ab. Die hohen weltlichen und kirchlichen Würdenträger unterhielten mit erlesenem Kunstverstand ein eigenes Orchester, umgaben sich mit dem Glanz der bedeutendsten Musiker und Komponisten. In der Heiligen Stadt lernte Händel mit Arcangelo Corelli einen berühmten Instrumentalisten seiner Zeit, mit Alessandro Scarlatti das Haupt der neapolitanischen Schule kennen.

Das von Georg Friedrich Händel mit einem Handstreich eroberte barocke Italien war ein anderes als jenes Land, welches Wolfgang Amadeus Mozart ein halbes Jahrhundert später bereiste. Landesherren und Fürsten gaben sich im ausklingenden Ancien Régime weniger feierlich, weniger leidenschaftlich und zügellos.

Die Zeit des Überganges vom Absolutismus zum Liberalismus, vom verspielten Rokoko zur Nüchternheit und Programmatik der Aufklärung hatte zunehmend weniger übrig für aufwändige Repräsentation. Die Oper blieb ein glanzvolles Kunstereignis, der sündhaft teure siebenjährige Krieg bedingte jedoch die folgenschwere Finanzreform.

Hier mag auch eine der Erklärungen für die Folgenlosigkeit des italienischen Unternehmens der beiden Mozarts zu finden sein. Es gelang Leopold Mozart nicht, den Sohn am Mailänder oder Florentiner Fürstenhof als Kapellmeister unterzubringen, trotz musikalischer Triumphe in enger Folge. Möglicherweise nahm sich Ferdinand von Mailand den Rat seiner Mutter Maria Theresia, Kaiserin von Österreich, zu Herzen, sein Geld nicht für *unnütze Leute* hinauszuwerfen.

Der Utilitarismus der Aufklärung prägte auch das Italienbild der Mozarts. Die verschwenderische Natur oder Zeugnisse antiker Kultur weckten bei den Reisenden Wolfgang und Leopold Mozart lediglich ein rationales Interesse.

Die gewaltsame Zäsur der Französischen Revolution veränderte wenige Jahrzehnte später Europa und das europäische Geistesleben jäh. Der Sturm der napoleonischen Kriege wirbelte über den gesamten Kontinent. Das Ergebnis aber war ernüchternd: Mit Metternich und dem russischen Zaren Alexander legten sich Zensur und Restauration über Europa. Bald lösten sich die berechenbare Symmetrie, die ruhigen Proportionen der Klassik in dem gesteigerten Weltgefühl der Romantik auf.

Zu dieser Zeit, um 1830, bereisten Felix Mendelssohn Bartholdy und sein französischer Kollege Hector Berlioz ein unzufriedenes Italien. Die Revolution brodelte unterschwellig in dem noch immer in 20 Fürstentümer zersplitterten Land, offene Unruhen machten die Regierungen nervös. Patriotische Aufstände verjagten die fremden Landesherren, so den Herzog von Este in Modena und die ehemalige Kaiserin Marie Louise in Parma. Habsburgische Truppen hielten halb Italien besetzt, und wohin der lange Arm Österreichs nicht reichte, dort lasteten Polizei und Zensur des Papstes.

Auch der wild rotmähnige, extravagant gekleidete Franzose Berlioz bekam das Mißtrauen zu spüren, als die Polizei ein recht offenherziges Schreiben des Komponisten an den Redakteur der Pariser Zeitung *Le Globe* abfing. Metternich nannte den Franzosen in einem eiligen Rundschreiben an die österreichischen Gesandten von Rom, Neapel, Florenz, Turin und Parma einen Verderber der Jugend. Ein Einreisevisum nach Österreich sei dem Aufrührer im Falle des Falles zu verweigern.

Zwei so bedeutende wie verschiedene Musikerpersönlichkeiten dieser Zeit, Berlioz und Mendelssohn, begegneten sich im Frühjahr 1831 in Rom. Mendelssohn, der Deutsche, kam aus einem Land, dessen Kräfte nurmehr nach Innen gerichtet waren, gegen den Geist der Revolution. Es herrschte Haß gegen die ehemaligen Unterdrücker, der in einer lärmenden Deutschtümelei, unter anderem in ersten Burschenschaften seinen Ausdruck fand. Andererseits manifestierte sich vor allem der sehnsüchtige Wille des Biedermeier nach behaglicher, gemütlicher, politikfreier Bescheidenheit. Der Geist der deutschen Romantik prägt auch die sanfte Bilderwelt eines anderen Italienreisenden, des Malers Ludwig Richter, mit ihrem kleinstädtischen Flair der deutschen Jahrmärkte, den anheimelnden Abenden am Herd wie auch den idyllischen dörflichen Szenen in der italie-

nischen Landschaft. Sein Landsmann Felix Mendelssohn entging der Rührseligkeit der Idylle dank der tiefen Geistesbildung und humanistischen Kultur seiner Familie.

Hector Berlioz hingegen verkörperte in seiner Musik das Gesteigerte, Grelle, Disharmonische, ja Bizarre der französischen Romantik, die im Gegensatz zur deutschen Kunst starke politische Akzente suchte. Das Gegenstück zum deutschen Ludwig Richter war in Frankreich der farbensprühende, lebensvolle Eugene Delacroix. Die Verlockung der Frage, wie zwei so vollkommen verschiedene Zeitgenossen und Musiker wie Mendelssohn und Berlioz das Land Italien im selben historischen Augenblick erlebten, bleibt nicht aus.

Beide Musiker des 19. Jahrhunderts bewegte auf dem Weg nach Italien der Wunsch nach Bildung, Anregung und seelischer Erholung, nicht die Hoffnung früherer reisender Musiker auf eine Anstellung oder ein festes Einkommen. Seit der Renaissance war Kunst vorwiegend im Auftrag entstanden, das änderte sich in der Romantik: Man orientierte sich nicht mehr am Wunsch des Andern, und sei es auch ein Mäzen, sondern an den eigenen Visionen. Die Künstler hatten ein gänzlich neues Selbstverständnis, der Romantiker war ein Individuum, eine starke Persönlichkeit, die ihre Maßstäbe einzig und allein in der menschlichen Empfindung suchte. Der Beruf wurde zur bewußten Berufung, in einer nurmehr vorwiegend bürgerlichen Welt stand der Künstler als ein Auserwählter und Außenseiter zugleich.

In gewisser Weise aber lernten sowohl Händel als auch Mozart, die im Unterschied zu Mendelssohn und Berlioz auf Einnahmen, wenigstens in lockerer Folge, angewiesen waren, das Land Italien und seine Kultur intimer oder unmittelbarer kennen. Das Auftragswerk bedeutete für den Schaffenden des 18. Jahrhunderts keineswegs geistige Unfreiheit und Einengung wie später dem Romantiker, er verpflichtete sich einem Mäzen für ein Werk oder eine bestimmte Zeit. Die Künstler des Barock schufen im Sinne eines Gesamtkunstwerkes. So wie der Maler sorgsam auf die Beleuchtung der Umgebung eines Gemäldes achtete, auf die Größe und Perspektive des Saales, so suchte der Komponist nach der bestmöglichen akustischen Wirkung des Raumes, in dem die Aufführung stattfinden würde, suchte die Fähigkeiten der Sänger zu bedienen und ihre Schwächen zu kaschieren. Der Komponist, der sich noch immer als ein Dienender verstand, kannte überdies Auftraggeber und Bestimmung des bestellten Stückes, er kannte die Räume, in denen es aufgeführt wurde und oft sogar persönlich das Publikum, das schließlich dem vollendeten Kunstwerk lauschen würde. Sowohl Mozart als auch Händel dürften dieser Enge des Schaffens viel zu verdanken haben, beide durchliefen die italienische Schule, um schließlich in der Befreiung davon ihre Meisterschaft zu finden.

Für die früheren Musikerpersönlichkeiten wie für jene des 19. Jahrhunderts aber gilt, daß die ständig neuen Eindrücke und Erfahrungen der Fremde sie prägten. Im Grunde erfuhren die Reisenden aber weniger eine Veränderung als vielmehr eine tiefe Bestärkung des eigenen Streben und Seins: Wie Felix Mendelssohn in Rom beglückt für sich beobachtete, vermochte das reiche, freundliche Italien jeden nach seiner *Eigenthümlichkeit* anders anzuregen.

Über die Jahrhunderte hinweg war Italien ein ungleich beliebtes Reiseland. War es im Mittelalter noch der Gläubige, der nach Rom pilgerte, folgten bald die jungen Adligen, die eine *Kavalierstour* unternahmen. Im Idealfall diente diese der Bildung und Förderung der Weltgewandtheit der jungen Männer. In der Realität freilich geriet die Einführung in die geistigen Genüsse der Welt oft zu einer Bekanntschaft mit den verschiedenen Genüssen des Lebens.

Auf den Strassen nach Italien traf man vorwiegend Soldaten, Kuriere, Gesandte, Landstreicher, Bettler und vor allem Kaufleute. Äußere wirtschaftliche Zwänge blieben der wichtigste Grund für eine Reise. Die Reise als Selbstzweck war bis ins 18. Jahrhundert unbekannt. Erst zur Zeit der Aufklärung bevölkerten sich die Straßen dann mit einer Flut an angehenden Regenten, Gesandten, Hofmeistern, Hauslehrern, Theologen, Juristen, Ärzten, Naturforschern, Mathematikern, Ökonomen, Geschichtsforschern, Philosophen, Philologen, Malern, Musikern, Poeten, Kupferstechern, Bildhauern, Gartenkünstlern und bald auch mit reisenden Frauen – eine Novität. Der Zweck dieser Studien- oder Gelehrtenreisen war Forschung, Fortbildung, eine Kontaktaufnahme und Kenntnisnahme von Lehrmeinungen – kurz, der geistige Austausch.

Welche Mühsal eine Italienreise noch im 19. Jahrhundert bedeutete, ist heute kaum mehr vorstellbar. Eine Reise war anstrengend, zeitraubend, teuer und nicht zuletzt auch gefährlich. Der Reisende mußte überdies eine äußerst robuste Konstitution besitzen, um die monatelangen Strapazen zu überstehen. Lange Zeit pflegte man sogar sein Testament zu machen, bevor man auf eine Reise ging.

Der Italienreisende richtete seine Fahrt nach dem religiösen Festkalender aus. Man vermied möglichst den Sommer in Italien, indem man im Oktober einreiste und den Winter in Neapel oder Rom verbrachte.

Der Karneval mußte natürlich in Venedig verbracht werden, sodann eilte der Reisende nach Rom, um die Karwoche nicht zu verpassen. Das Klima in Florenz galt als besonders mild, hier verbrachte man gern den Sommer. Noch lieber jedoch überquerte man vor Antritt der großen Hitze wieder die Alpen. Eine Reise nach Italien dauerte mindestens vier Monate, nicht selten aber ein ganzes Jahr.

Gewöhnlich reiste man mit der Post. Praktisch war es, mit einem Vetturino, dem italienischen Fuhrmann, einen Gesamtpreis zu vereinbaren, der dann Fuhrwerk, Pferdewechsel und Mahlzeiten enthielt. Zu dem üblichen Fahrpreis kamen allerdings noch Chausseegeld, Brückengeld, Vorspanngeld, Torgeld, Schmier- und Trinkgeld hinzu. Der Reisende hatte sich vor Fahrtantritt im Posthaus einzufinden, wo die Sitzordnung in der Kutsche festgelegt wurde, um die besten Plätze gab es nicht selten sogar eine Schlägerei. Als Georg Friedrich Händel sich nach Italien begab, war die Reisezeit bereits kalkulierbar geworden, der finanzielle Aufwand schätzbar. Das Berliner Postverzeichnis macht im Jahr 1708 stundengenaue Angaben über Ankunfts- und Abfahrtszeiten und Reiserouten der Postkutschen. Postverzeichnissse und Postroutenbücher schwollen zu dicken Folianten an.

Wem die Fahrt in der normalen Postkutsche zu langsam ging, konnte die *Ordinari-Post* nutzen, die allerdings mit einem Gulden pro Postmeile teurer war (eine Postmeile betrug etwa 7,5 km). Noch kostspieliger war die *Extra-Post*, die wiederrum den Vorteil hatte, daß man Tempo und Route selbst bestimmen konnte. Die italienischen Kutscher galten übrigens als die schnellsten, so wie Frankreich für seine gut ausgebauten Strassen bekannt war oder England für sein ausgeklügeltes Verkehrssystem. Der 14jährige Wolfgang Mozart jauchzte in einem Brief an seine Mutter über einen temperamentvollen Kutscher und eine rasante Fahrt in der italienischen Kutsche.

Die Entfernung zwischen zwei sogenannten Etappen betrug ungefähr 25 Kilometer, die Reisegeschwindigkeit je nach Straße, Wetter, Jahreszeit und Gelände zwischen 5,5 und 7,5 Kilometer pro Stunde. Also saß man 3 bis 4,5 Stunden in der Kutsche bis zur Poststation, wo man nicht selten zwei Stunden zu warten hatte, da oft nicht genügend ausgeruhte Pferde vorhanden waren.

Eine Reise wurde am liebsten in Gesellschaft angetreten, ja manche schlossen sich vor ihrem Antritt zu Eidgenossenschaften, einer Art Reiseversicherung, zusammen und schworen einander gegenseitige Hilfe bei einem Unfall oder bei Krankheit. Es war überdies nützlich, stets einen Zeugen für bezahlte Rechnungen oder Gebühren zu haben, denn nur allzu gern nahmen betrügerische Wirte oder Zollbeamte den Reisenden aus.

Extreme Bergpässe machten es manchmal unmöglich, die Kutsche zu nutzen. Dann mußte der Reisende laufen, mitunter im strömenden Regen, oder wurde, wie am Monte Cenis, dem unbefahrbaren Alpenübergang, in Tragsesseln befördert. Die Fahrt in einer Kutsche wiederum konnte recht schnell enden, durch wechselnde Spurbreiten waren Hals- und Beinbrüche, Verletzungen aller Art an der Tagesordnung. Oder die Fuhrwerke blieben im Morast stecken. Für solche Situationen führte jede Kutsche einen Vorrat an Balken, Stricken und Reisigbündeln mit sich.

Von Bequemlichkeit konnte in den oft ungefederten, holpernden Kutschen keine Rede sein. Wolfgang Amadeus Mozart beklagte sich 1780 einmal bilderreich bei seinem Vater über eine Kutschfahrt:

> *[...] ich versichere Sie, daß keinem von uns möglich war nur eine Minute die nacht durch zu schlafen – dieser Wagen stößt einem doch die Seele heraus! – und die Sitze! – hart wie stein! – von Wasserburg aus glaubte ich in der that meinen Hintern nicht ganz nach München bringen zu können! – er war ganz schwierig [schwielig – A.K.] – und vermuthlich feüer Roth –*

> *zwey ganze Posten fuhr ich die Hände auf dem Polster gestützt, und den Hintern in lüften haltend – doch genug davon, das ist nun schon vorbey! – aber zur Regel wird es mir seyn, lieber zu fus zu gehen, als in einem Postwagen zu fahren.*

Die oft beißende Kälte im Winter machte die Sache nicht besser und konnte mit wollenen Decken und Fußsäcken aus Pelz nur mit mäßigem Erfolg bekämpft werden.

Es ist heute kaum mehr vorstellbar, wie der Reisende nach einer anstrengenden Tagesfahrt, die im Morgengrauen begann und oft erst am späten Abend endete, auch noch eine Opernvorstellung oder Gesellschaften besuchen konnte. Am folgenden Tag wurde die Reise wiederum frühmorgens fortgesetzt.

> *Reisen im Postwagen ermatten eben so sehr den Geist, als sie für den Körper schädlich sind. Wer nur ein paar Tage und eine Nacht im Postwagen gefahren ist, wird zu allen muntern Gesprächen nicht mehr fähig seyn, und alles was um und neben ihm vorgehet, fängt ihm an, gleichgültig zu werden. Das unbequeme enge Sitzen, oft bey schwüler Luft, das langsame Fortrutschen mit phlegmatischen und schlafenden Postknechten, der oft pestilenzialische Gestanck unsauberer Reisegesellschaften, das Tobackdampfen und die zottigen schmutzigen Reden der ehrsamen bunten Reisekompagnie, lassen uns bald des Vergnügens satt werden.*

In der normalen Postkutsche hatte man oft unter den anderen Insassen zu leiden, in der Extrapost hingegen unter der Langeweile. Was tat man während der wochenlangen Reisen, tagtäglich von früh bis spät in einen rumpelnden Kasten eingesperrt?

Mancher behalf sich mit einer Unmenge an Büchern, wie der französische Schriftsteller Stendhal. Napoleon soll sogar an die tausend Bücher in seiner Reisebibliothek gehabt und jene, welche ihm langweilig erschienen, einfach zum Fenster hinausgeworfen haben.

Der ermattete Reisende konnte in der Regel aller 30 km, also etwa im Abstand einer Tagesreise, ein

Wirtshaus finden. Klagen über die mangelnde Reinlichkeit der Herbergen, plagende Ratten und Ungeziefer, schreiende Kinder, die kärgliche Ausstattung füllen die Reiseliteratur. Die Zimmer waren oft feucht und übelriechend, Kamine oder Öfen fehlten, Kammern mit mehreren Betten oder nur Strohlagern waren keine Seltenheit. Der Schmutz in den Gasthäusern muß unerträglich gewesen sein, wenn sich doch selbst im Bett des Sonnenkönigs bekanntermaßen Wanzen fanden. Es wurde in den Reiseführern empfohlen, eigene Bettwäsche, wenigstens aber ein persönliches Besteck mit sich zu führen. Mancher vornehme Reisende besaß sogar eine Reisetoilette oder hatte, wie der vorsichtige Goethe, sein eigenes Bett dabei. Den Aufenthalt in den Wirtshäusern machten endlose Trinkgelage, Unzucht oder Diebstahl nicht angenehmer.

Gut gerüstet für eine Reise war nur, wer mindestens ein paar Terzerolen – handliche Pistolen für die Rocktasche – im Gepäck hatte und womöglich noch eine Stichwaffe. Noch 1848 empfahl Johann Friedrich Neugebaur in einem Reisehandbuch:

> *Die sicherste Waffe auf der Reise ist ein Dolch, den man im linken Rockärmel trägt, sodaß er durchaus nicht bemerkt werden kann.*

Einige Sicherheit für Hab und Gut bot dem besorgten Reisenden des 18. Jahrhunderts die englische Erfindung einer diebessicheren Schatulle, die am Boden des Herbergszimmers oder der Kutsche festschraubbar war. Eine andere englische Novität war die *iron machine*, ein Gerät, mit dem die Tür von innen gesichert werden konnte. Spezielle Reiseschreibkästen hatten raffiniert und verborgen gesicherte Geheimschubfächer.

Der Reisende schleppte ein gewaltiges Gepäck mit sich herum. Man brauchte natürlich eine Unmenge an Kleidung: Winter- und Sommersachen, Reisemäntel, Nachtgewänder, Gala- und Prunkröcke. War man doch nicht nur ein oder zwei kurze Wochen

unterwegs. Ein vollständiger kleiner Haushalt befand sich da in unzähligen Koffern. Dinge der Körperpflege wie Rasierzeug, Duftwässer, Puder, Eßgeschirr, Besteck gehörten dazu. Eine Uhr durfte nicht fehlen, weiterhin Feuerzeuge, Entfernungs- und Umrechnungstabellen, Postroutenverzeichnisse, Ferngläser, Landkarten, Schrittzähler, Stechzirkel, Reisebücher, Stadtansichten, Prospekte, natürlich eine Reiseapotheke und das wichtige Schreibzeug mit Tintenfass und Sandstreuer.

Der Reisende hatte mit Gefahren aller Art zu rechnen. Diebe und Räuber waren nur ein kleiner Teil der Unwägbarkeiten. Der Unkundige wurde oft betrogen, waren doch die hunderterlei verschiedenen Systeme der Maße, Gewichte, Münzen und Wegstrecken kaum überschaubar.

Größte Angst hatten die Reisenden natürlich vor Krankheiten. Ob die zahllosen und nachdrücklichen Ratschläge der Reisehandbücher, in jeglicher Hinsicht maßvoll zu leben, befolgt wurden, sei dahingestellt. Italien galt den Reisenden nicht umsonst als ein Land der Sinnenlust. Doch wurde die Vorsorge hochgeschrieben. Reichards *Handbuch für Reisende* empfahl die Mitnahme von Hirschfellen, die, ins Bett gelegt, gegen Infektionen schützen sollten. Ängstlich befolgte der Reisende auch höchst seltsame Vorschläge:

> *Für das Fieber, wenn es einen Reisenden befället, soll man eine Spinne nehmen, dieselbe zerdrücken, zwischen ein Tüchlein legen, und selbiges vor den Kopf binden, oder auf die Schläfe legen.*

Es wurde auch empfohlen, einen sogenannten *liquor probatorius*, eine mit Kalk versetzte Flüssigkeit, bei sich zu tragen. Er stelle den sicheren Indikator für oftmals mit giftiger *Silberglätte [Bleioxid – A.K.]* geklärten Wein dar, versicherte ein Handbuch. Wasser wurde ebenfalls mißtrauisch getestet. Ob die Qualität befriedigend war, konnte man laut Johann Friedrich Neigebaur herausfinden, indem man *Seife hineinwirft.*

> *Löst sich diese nicht auf, so ist das Wasser der Gesundheit schädlich.*

Als Quell größter Gefahren jedoch galt die Luft. Die Luft in Gasthäusern, Postkutschen, die Ausdünstungen der Betten – alles wollte kontrolliert und gemessen sein. Zu diesem Zweck besaß der Reisende ein *Aerometer* oder *Endiometer*, mit dem man die Qualität der Luft feststellen konnte. Die schlechte Luft, die *mal-aria*, lauerte überall, argwöhnte man. Die Nachtluft war ebenso berüchtigt wie die Fieberluft in den Sümpfen. Der Reisende wurde sogar ausdrücklich davor gewarnt, in sumpfigen Gegenden in der Kutsche einzuschlafen.

Die größte Furcht aber hatte ein Reisender davor, in einem fremden Land zu sterben. Dann waren die Schwierigkeiten keineswegs beendet, wie man denken möchte. Oft wurde Andersgläubigen ein Friedhofsbegräbnis verweigert.

So war der heutige römische Protestantenfriedhof an der Cestius-Pyramide ursprünglich eine Viehweide vor den Mauern der Stadt, auf der die verstorbenen Ausländer in der Nacht und ohne Kreuz begraben werden mußten.

Nicht umsonst galt noch im 18. Jahrhundert das Planen und Durchführen einer Reise als hohe Kunst. So empfahl Julius Bernhard Rohr 1719 in seinem Handbuch als Regel Nummer 1, sich selbst zu prüfen.

> *Geh, ehe du reisest, alle Umstände von deiner Reise, und von deiner Person durch. Formire dir hieraus Regeln der Klugheit entweder selbst, oder applicire diejenigen, die du von andern gehöret, oder von dir selbst gefunden, auf deinen Zustand.*

Ernst Friedrich Zobel sah weniger pragmatisch das Heil des Reisenden in einer festen Religion gegründet. Seine erste und dringlichste Empfehlung für *alle und jede in die Fremde ziehende junge Personen* war: *Für allen Dingen soll man fleißig beten.*

Kaum ein Mensch der heutigen Zeit würde auch nur den Bruchteil der Anstrengungen einer solchen Reise verkraften. Um sich inmitten dieser täglichen, keineswegs kleinen Sorgen, womöglich im tiefsten Morast unter strömendem Regen neben dem umgekippten Wagen sitzend, einmal wieder das erträumte Arkadien zu vergegenwärtigen, bedurfte es wahrlich der allerhöchsten Reisekunst. Johann Wolfgang von Goethe, ein erfahrener Italienreisender, muß sie besessen haben.

> *Der Genuß einer Reiße ist, wenn man ihn rein haben will, ein abstrackter Genuß, ich muß die Unbequemlichkeiten, Widerwärtigkeiten, das was mit mir nicht stimmt, was ich nicht erwarte, alles muß ich bey Seite bringen […] Dann habe ich einen reichen bleibenden Genuß und um dessentwillen bin ich gereißt, nicht um des augenblicklichen Wohlseyns oder Spases willen.*

Von dem anitzo in Italien so hochbeliebten und berühmten Mons. Hendeln

Georg Friedrich Händel

die Musik eines Sachsen, die alles übertrifft, was man jemals auf dem Clavecin und in der Komposition gehört hat. Man hat ihn sehr in Italien bewundert und er ist in hohem Maße geeignet, Kapellmeister zu werden. Kurfürstin Sophie von Hannover in einem Brief an ihre Enkelin, Sophie Dorothea, Preussische Kronprinzessin, 4. Juni 1710

Prinz Ferdinando de Medici ist nicht nur ein Musikliebhaber großen Stils.
Er musiziert auch selber ausgezeichnet – es heißt, daß er eine schwierige
Cembalosonate nur einmal vom Blatt und dann sogleich auswendig zu
spielen vermag. In Hamburg erholt sich der kunstsinnige Herr von seiner
weniger kunstsinnigen deutschen Gemahlin, so sagt man, und genießt
außerdem die hervorragenden Aufführungen im Theater am Gänsemarkt.
Wir sehen ihn soeben in angeregter Unterhaltung mit einem jungen
Mann befangen. Sie treffen sich oft, Ihro Durchlaucht und der 21jährige
Georg Friedrich Händel – Prinz Ferdinando profitiert von dem ausge-
zeichneten theoretischen und praktischen Können des jungen Komponisten. Nur eines bereitet ihm Kummer: der Deutsche will durchaus nicht
Notiz nehmen von den großen italienischen Tonkünstlern.
Der Granprincipe hat Händel sogar eine erlesene Auswahl an Noten
seiner berühmten musikalischen Sammlung geliehen, Händel solle doch,
er bitte sehr darum, die Italiener einmal näher studieren. Nun steht
Händel vor ihm und hat die Italiener näher studiert und findet gar nichts
daran und sagt es dem Prinzen glatt heraus. Er sähe

dieselben Sachen vielmehr für so etwas Mittelmäßiges an, daß die Sänger und Sänge-
rinnen, solche angenehm zu machen, nothwendig Engel seyn müßten.

Wortreich und geduldig widerspricht Prinz Ferdinando de Medici dem
kritikfreudigen Deutschen. Er müsse einfach nach Italien kommen, dann
würde er schon sehen, wie Stil und Geschmack dort so professionell
gepflegt würden. Es gebe übrigens kein besseres Land für einen Anfänger.
Ein wenig frech antwortet der junge Deutsche, er müsse sich also nur wundern, daß ein so großes Bestreben so kleine Früchte hervorbringe. Aber
gewiß, so lenkt er ein, wolle er ein Land, dessen Ruhm Ihro Durchlaucht,
der Granprincipe de Medici, so sehr lobe, und von dem er überdies so viel
Gutes gehört habe, einmal besuchen – sobald es ihm bequemlich fiele.
Der Prinz lächelt nachsichtig, und, hartnäckig, lädt er den etwas arrogan-
ten jungen Mann noch einmal nach Italien ein…
So oder ähnlich muß eine Begegnung zwischen Händel und dem Prinzen
Ferdinando de Medici verlaufen sein, glaubt man der Schilderung von
John Mainwaring, dem ersten Biografen Georg Friedrich Händels. In
Hamburg war soeben Händels Oper *Almira* aufgeführt worden, auch der

Die Anzahl der Schulen und Akademien,
darinn die Musik an verschiedenen Orten
dieses Landes getrieben wird, nebst der
ungemeinen Aufmunterung, die denen
angedeyet, welche in solcher Kunst vor-
treflich sind, haben sich längst mit dasiger
angenehmen Lage und Luftgegend dahin
verbunden, es zum vorzüglichsten Theil
der Welt zu machen, in dem, was dessen
Komponisten, Sänger und Instrument-
spieler betrifft. JOHN MAINWARING

Granprincipe hatte sie mit großem Vergnügen gehört. Neben dem immer etwas mißgünstigen Freund und harten Konkurrenten Mattheson hatte sich der knapp 21jährige Händel ganz der Oper verschrieben, anders als der zu diesem Zeitpunkt ebenfalls in Hamburg weilende Bach – dieser interessierte sich nur für Kirchenmusik. Zwei Opern, *Almira* und *Nero*, beide mit Erfolg an der Oper am Gänsemarkt aufgeführt, waren ein vielversprechender Auftakt zu einer Karriere als Opernkomponist gewesen. Der einzige Weg zum wirklichen Ruhm auf diesem hart umkämpften Gebiet aber führte nach Italien.

Vor Händel und nach ihm war Italien nicht nur das Land poetischer Sehnsüchte gewesen. Man mußte in Italien gewesen sein und sich vor einem anspruchsvollen und verwöhnten Publikum gegen Engländer, Deutsche, Franzosen, gegen die Italiener selbst durchgesetzt haben. Dann galt man etwas zu Hause. Seltsamerweise zog es nur wenige aus Georg Friedrich Händels Generation nach Italien. Aber noch immer war gültig, was Schütz einst gesagt hatte: man müsse die rechte musikalische hohe Schule in Italien suchen. Und so reiste der quersinnige Händel doch.

Wer damals etwas bedeuten, namentlich wer einen Kenner Liebhaber und Schützer der Künste, nach der Sprache dieser Zeit einen schönen „galanten" Geist abgeben wollte, mußte Italien, Frankreich und England gesehen […] haben.
FRIEDRICH CHRYSANDER 1858

CHITARRONE ⌐ Holz, Darm, Metall. Einlegearbeit. Italien. 18.Jh

STANGENREITERSTIEFEL ⌐ Leder,
Metall. 18. Jahrhundert

Georg Friedrich Händel reiste nicht als Gast des Granprincipe und nicht auf Kosten eines Herrn Binitz, wie Mattheson in seiner Biografie überliefert. Es war dem jungen Komponisten gelungen, 200 Dukaten für die Reise zurückzulegen. Er hatte haushälterisch gelebt und Musikstunden gegeben, dabei sogar der Mutter in Halle Geld geschickt. Mit den ersparten Dukaten trat Händel die Reise nach Italien nun unabhängig und ohne Verpflichtungen an.

Er verließ Hamburg in aller Stille. Nicht einmal von den Freunden hatte sich Händel verabschiedet, als er im Herbst 1706 eine Kutsche bestieg und sich auf den Weg nach Italien, ins gelobte Land der Oper, machte. Seine Reiseroute kennt man nicht, und auch die erste Station dieser Reise ist nicht sicher dokumentiert. Der übliche Weg nach Italien führte über Innsbruck und den Brennerpaß. Die Überquerung von Sterzing nahm 10 Stunden in Anspruch, es war eine berüchtigte halsbrecherische Strecke. Dann aber eröffnete sich jedem Reisenden eine berückende Landschaft, umso lieblicher nach dem schroffen, dunklen Gebirge – *alles singt und trällert vor sich hin,* schwärmte Martin Luther.

Georg Friedrich Händel betrat das Land im Herbst; er kam in einer unruhigen Zeit. Der spanische Erbfolgekrieg dauerte seit fünf Jahren an, Frieden würde es erst acht Jahre später geben. In Venedig hatte Prinz Eugen sein Hauptlager aufgeschlagen und in ganz Oberitalien lagerten die österreichischen Truppen. Am besetzten Venedig fuhr Händel vorbei, aller Wahrscheinlichkeit nach direkt gen Florenz. Die Stadt am Arno war die erste Station der Reise, der junge deutsche Komponist war zu Gast bei dem schon bekannten Granprincipe di Toskana.

Für eine Weile hört man nun nichts mehr von ihm. Der eigenhändige Vermerk *G. F. Hendel / Roma 1706* auf einer Kopie von Kantaten bezeugt aber, daß er noch im selben Jahr nach Rom weitergereist sein muß. Die Zeit in Florenz verbrachte Händel möglicherweise mit dem Studium der umfassenden, heute leider verlorenen musikalischen Bibliothek des Prinzen und dem Musizieren auf den täglichen Konzerten am Hofe. Der Granprincipe, ein großer Förderer der Künste, besaß nicht nur die berühmte Musikaliensammlung, sondern auch ein erlesenes kleines Theater in Pratolino auf dem Lande. In großem Stil veranstaltete er dort

M. Luther

Die Straßen seint alle mit Backsteinen paviret, an der Pforten haben sie eine sonderbare canailleuse Manniere, denen Etrangers das Geld abzuschwicken, absonderlich mit Zettulen, die man nehmen mues, umb frey und ungehindert durchzupassiren. Wir aber kehrten uns an nichtes und ließens auf unser Vittorino seine Rechnung und Beutel ankommen, womit wir einen Accord gemacht, uns ungeschoren in Rom zu liefern. Lambert Friedrich Corfey. Reisetagebuch

hochgerühmte jährliche Opernfestspiele. Einen durchreisenden Diplomaten, den Franzosen Charles de Brosses, beeindruckte vor allem die grandiose Gemäldesammlung und der prächtige, wenn auch düstere Palast des Granprincipe. Im Reisebericht des Franzosen lesen wir auch von den als wahrhaft arkadisch geschilderten Gärten des Prinzen, in denen sich auch Händel so manches Mal ergangen haben mag:

> *Die Pittigärten haben nicht die gemeinübliche Anlage und machen mir gerade deshalb unendlich viel Vergnügen: nichts als Berge, Täler, Gehölze, Hügel, Beete und Baumpflanzungen, und das Ganze ohne Regel und planvollen Aufbau, was einen ländlich anmutigen Eindruck macht! Da und dort verstreut ein paar schöne Statuen, Fontänen und Grotten; eine davon hat ein ausgezeichnetes Deckenfresko. Einige ungefährliche Tierarten wie Gazellen, Zibetkatzen und ähnliches Viehzeug werden darin gehalten.*

Ferdinando de Medici war den Beschreibungen nach eine interessante, ja schillernde Persönlichkeit, er stand mit herausragenden Geistern seiner Zeit wie dem neapolitanischen Komponisten Alessandro Scarlatti und dem römischen Kardinal Ottoboni in regem Austausch. Der Granprincipe muß aber mitunter ein großer Geizhals gewesen sein. Als sich Scarlatti einmal in finanziellen Nöten an ihn um Hilfe wandte, antwortete der Granprincipe dem Musiker, er werde für ihn beten.

Noch im selben Winter verließ Georg Friedrich Händel den Florentinischen Hof und begab sich nach Rom. Reiseberichte von Zeitgenossen müssen auch hier die genaue Kenntnis von Händels Route ersetzen, doch wählte er sicher die übliche Strecke der Postkutschen über Siena, den Lago di Bolsena, Montefiascone und Viterbo.

Etwa sieben Jahre zuvor waren der deutsche Hauptmann Lambert Friedrich Corfey und sein Bruder, Leutnant Christian Heinrich Corfey, dieselbe Strecke gereist. 30 Jahre nach Händel erkundete auch der schon bekannte Franzose Charles de Brosses, Graf von Tournai, das Land.

Für den Reisenden in der Postkutsche waren es damals 290 lange und im Winter besonders beschwerliche Kilometer von Florenz nach Rom. Die Brüder Corfey brauchten für die Strecke sechs Tage, de Brosses bewältigte sie in nur vier Tagen. Ob die Brüder Corfey nun bedächtiger reisten oder das Postwesen inzwischen eine so bedeutende Verbesserung erfahren hatte, sei dahingestellt. Händel jedenfalls war ungefähr innerhalb einer Woche in Rom.

> *Man kann sich nichts Abscheulicheres und Ermüdenderes vorstellen als diese Strecke. [...] es ist einfach unwürdig, daß die Beherrscher dieser Gegenden die Wege in so einem Zustand belassen.*

Die unbequemen Straßen, den Regen, den Schmutz und die nicht seltenen Deichsel- oder Achsenbrüche, über die de Brosses so sehr klagte, wird

C. de Brosses

Die Gallerie des Großhertzogs besteht aus zwei parallelen und 10 pas voneinander entfernten Flüglen, so 91 pas lang seint und mit einer Zwerggallerie nach die Seite des Arno aneinander gehenkt, von einer dorischen Architektur. CHARLES DE BROSSES

Daß die Teutschen wie in vielen andern und mehrentheils löblichen Dingen also auch in der Reiß-Begierde alle Nationes des Erd-Kreises übertreffen, solches ist aus der täglichen Erfahrung und den Augenschein bekannt, es bezeugen auch solches alle mit teutschen Passagieren, und zum Theil auch mit dergleichen Einwohnern reichlich versehene Europäische Länder. PAUL JACOB MARPERGER, LEIPZIG, 1723

Georg Friedrich Händel ebenso erlebt haben, sie gehörten zu einer Reise wie die kleinen Ärgernisse mit betrügerischen Wirten, Zollbeamten oder Mitreisenden. Der deutsche Hauptmann Corfey fand bei allen Strapazen dennoch die Muße, auf kulinarische Annehmlichkeiten der jeweiligen Region zu achten.

Fleißig probierte er die verschiedenen Weine, so den *delicaten Wein de Monte Pulciano*, den *Vino di Orvieto* und *den renomierten Moscadello del Montefiascone*. Auch Händel, der einen guten Schluck Wein zu schätzen wußte, ließ gewiß die Gelegenheit, so erlesene Tropfen zu probieren, nicht aus.

Mehr als diese leiblichen Tröstungen wird den für Majestätisches und Erhabenes empfänglichen Händel aber der überraschende Anblick der Stadt Rom entschädigt haben, wie er sich jedem von Viterbo her Kommenden bot: vor den Füßen breitete sich die gewaltige Stadt mit der hohen, aus dem Dunst des Wintertages ragenden und alles beherrschenden Kuppel des Petersdomes.

L. F. Corfey

Alda wir uns den renomierten Moscadello del Montefiascone geben ließen und zugleich auch das berühmte Epitaphum besahen außerhalb der Stat alla chiesa di St. Flaviano vorm hohen Altar, welches besteht aus einen schlegten und sehr ubel ausgehauenen Leichstein eines dem Vorgeben nach teutschen Bischofs vom Geschlegt de Fuc, welcher hiedurch nach Rom passierend den Wein so delicat gefunden, daß er von Viterbo wieder zurückgekehrt, um denselben noch eins zu probieren, aber denselben also probiert, daß er zu Montefiascone gestorben.

LAMBERT FRIEDRICH CORFEY.

PUDERZERSTÄUBER ⌐ Leder, Holz. Frankreich. 18.Jahrhundert

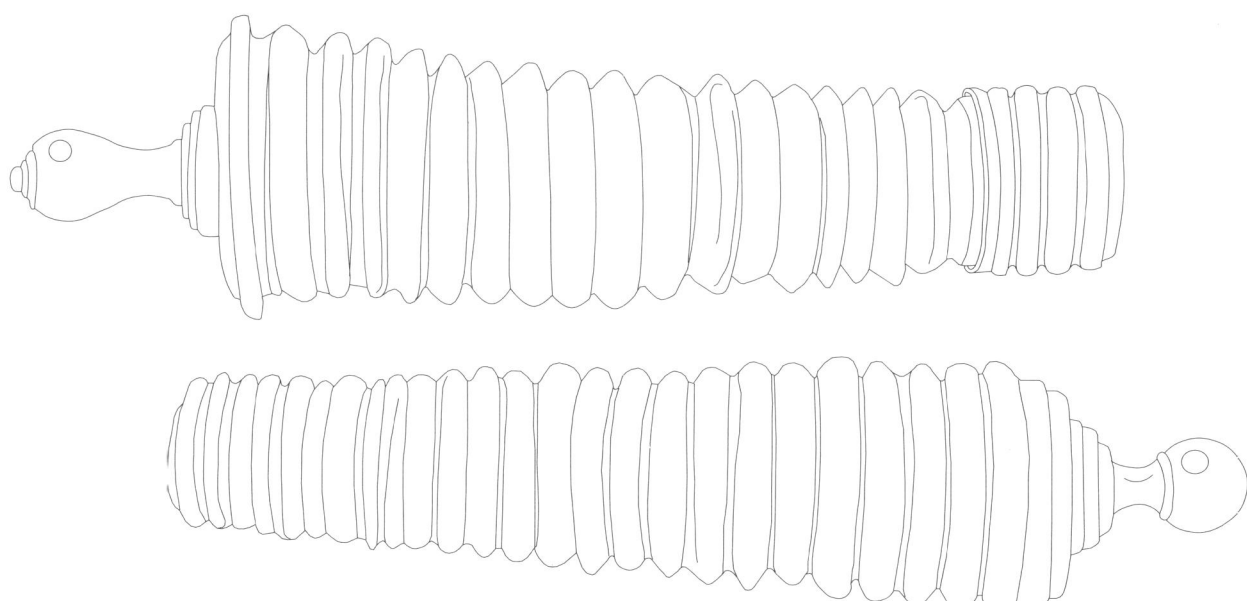

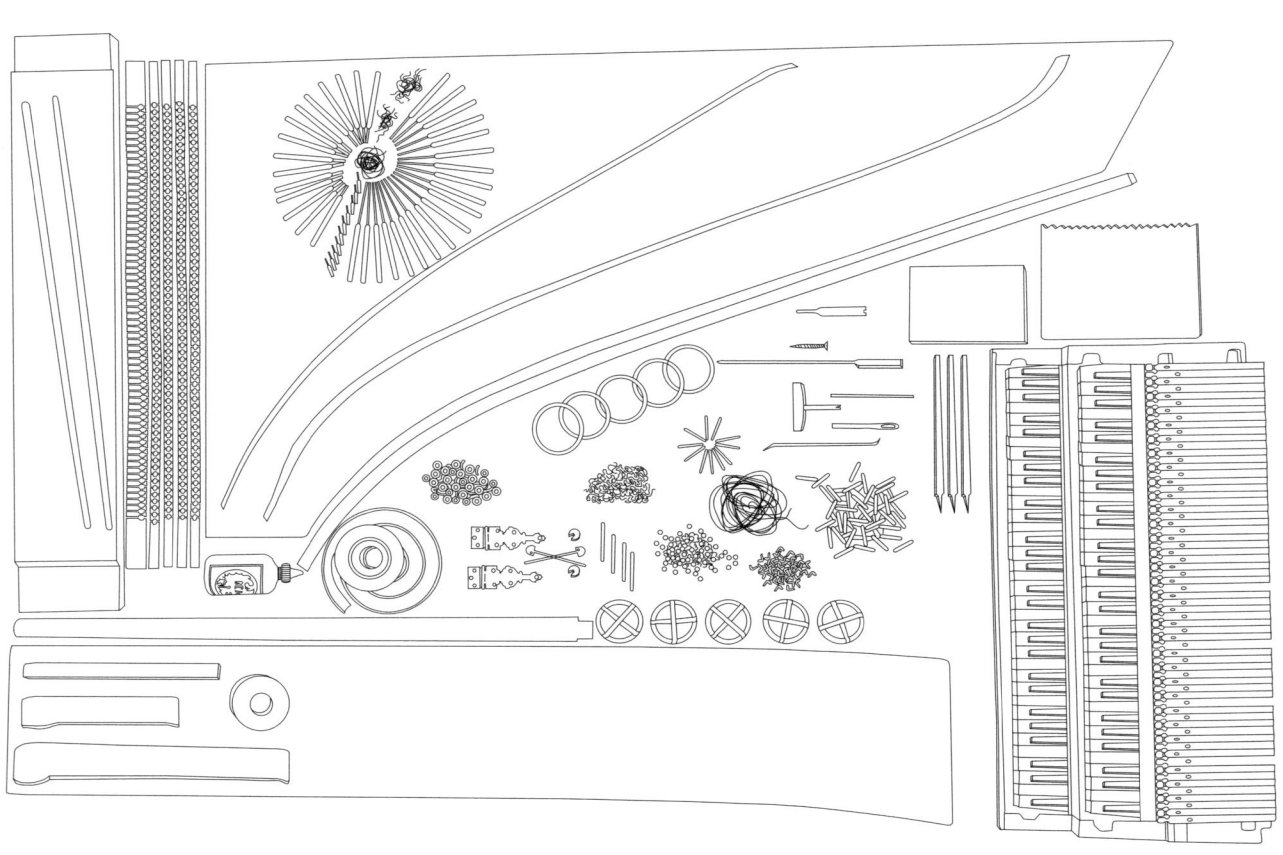

CLAVICORD. ZERLEGT ⌐ Holz, Metall.
18. Jahrhundert

3 Il sassone

F. Valesio

In unserer Stadt ist ein Sachse angekommen, ein ausgezeichneter Cembalospieler und Komponist, der heute seine Geschicklichkeit bewiesen hat, indem er die Orgel in der Kirche S. Giovanni spielte und allgemeines Erstaunen hervorrief.

Der Sachse, der am 14. Januar 1707 den tagebuchschreibenden Franceso Valesio und etliche weitere Römer mit seinem Spiel so verblüffte, war kein anderer als Georg Friedrich Händel. Wir staunen, den eben erst Angekommenen in einer römischen Bischofskirche spielen zu sehen. Welch hohe Wertschätzung mußte sich der Deutsche, ein Lutheraner, und so jung zudem, in den wenigen Wochen seines Aufenthaltes erspielt haben. Welcher Ruf mußte ihm vorausgeeilt sein.

J. Mainwaring

Der Protestantismus des Deutschen war nicht gern gesehen. Verschiedentlich versuchte man, Händel *aus dem Wege der Verdammnis wegzuleiten*, allerdings ohne Erfolg. Den Bekehrungsversuchen muß Händel auf so beharrliche wie diplomatische Weise widerstanden haben, daß man alsbald von ihm abließ und dem treuen Protestanten auch kein Schaden daraus erwuchs. Charles de Brosses gibt uns ein Bild vom katholischen Rom, das ein italienisches „leben und leben lassen" zelebrierte und sich schlußendlich nicht weiter davon stören ließ, ob der großartige neue Komponist nun Katholik oder Protestant war.

Der Virtuose diente dem Komponisten in Rom wie in Florenz als Empfehlung. Cembalospielend und improvisierend tastete Händel die musikverwöhnten Römer auf ihren Geschmack ab. Händel traf den römischen Geschmack. Händel begeisterte. Händel fand Eintritt in die illustren Kreise Roms. Fürstenhäuser, der römische Adel, selbst der päpstliche Hof empfingen ihn, rissen sich bald um den jungen Deutschen. Drei führende Kirchenmänner wurden die ersten römischen Mäzene Georg Friedrich Händels: die Kardinäle Colonna, Panfili und Ottoboni. Sie alle waren unschätzbar reich und geistig regsam. Der Franzose de Brosses machte seine eigenen Erfahrungen mit dem letzteren; den genußfreudigen Kardinal Ottoboni beschrieb er als *ohne Moral, ohne Glauben, schamlos, heruntergekommen, Freund der Künste, großer Musiker.*

C. de Brosses

Ottoboni, der 22jährig unter Verletzung der Kirchenrechte von seinem Onkel, Papst Alexander VIII., zum Kardinal ernannt worden war, führte ein bekanntermaßen ausschweifendes Leben. Der kluge und gebildete

Die Gedankenfreiheit in religiösen Dingen [...] mitunter sogar mündliche Offenherzigkeit darüber, blüht in Rom mindestens wie in irgendwelcher anderen Stadt, die ich kenne. Man braucht nicht meinen, der Inquisitionsgerichtshof sei so satanisch, wie er schwarz ist [...]. CHARLES DE BROSSES

Leute, die einen gewissen Rang haben, können leicht in vierzehn Tagen überall vorgestellt sein und mit den führenden Persönlichkeiten der Gesellschaft bekannt werden. In der Hinsicht nehmen die Römer den Fremden ausgezeichnet auf, sie öffnen ihre Häuser und sind auch weiterhin liebenswürdig im Verkehr. CHARLES DE BROSSES

Mann galt aber jenseits dessen vielen Zeitgenossen als beeindruckende Persönlichkeit, er wird als besonnen und freigebig, ja verschwenderisch und leutselig beschrieben. Ottoboni hatte als päpstlicher Vizekanzler und Sopraintendante der päpstlichen Kapelle die luxuriöse Möglichkeit, über die hervorragendsten Sänger und Musiker zu verfügen und setzte diese auch in den Mittwochskonzerten seiner Accademia Poetico-Musicale ein. Er leistete sich ein eigenes Orchester unter der Leitung des berühmten Arcangelo Corelli, dem er in seinem Palast nahe der Chiesa San Lorenzo eine fürstliche Suite eingerichtet hatte.

Auch Georg Friedrich Händel genoß die Gastfreundschaft des Kardinals in dessen prachtvollem Palazzo an der Via del Corso, wo noch heute Nachfahren des Kardinals wohnen. Dem Komponisten standen wie an den meisten anderen Orten ein Palast zu Dienste mit freier Tafel, Kutsche und aller übrigen Bequemlichkeit.

Der junge Mann trat selbstbewußt auf. Die fremde Sprache hatte er sich schnell und mit Geschick angeeignet, in den aristokratischen Kreisen bewegte er sich weltmännisch, so gar nicht schwerfällig-deutsch. Woher nahm der bürgerliche, knapp 22jährige Händel eine solche Sicherheit im Umgang mit den Reichen und Mächtigen?

Die römisch-aristokratische Gesellschaft, die sich in exklusiven weltlich-humanistischen Zirkeln traf, hatte auf den Ankömmling sicher große Anziehungskraft. Jeder weltliche Fürst oder Kardinal, der auf sich hielt, gab einmal in der Woche einen literarisch-musikalischen Abend, eine *Accademia* oder *Conversazione*. Selbstverständlich wurde der Musik und der Dichtung große Bedeutung beigemessen, nur das Neueste an Kantaten, Poesie, Theater wurde den Gästen geboten. Bei alldem kam auch das leibliche Wohl der Geladenen nicht zu kurz.

Die Conversazioni bedeuteten für den jungen Komponisten die Bekanntschaft mit einer einzigartigen Verbindung des südlich-sinnlichen Barock mit einer distinguierten Vornehmheit, die so wohl nur in Rom zu finden war. In den gebildeten Kreisen mit höchstem Kunstanspruch spielte sich das Leben anders ab als im biederen Deutschland, im maßvollen Hamburg oder gar in Halle. Überraschend schnell wurde aus dem deutschen Georg Friedrich Händel ein *Giorgio Federigo Hendel* oder auch *Monsù Hendel*. *Proteus* nannte man ihn bewundernd ob seiner Wandlungsfähigkeit.

Die Accademia Poetico-Musicale des Kardinals Ottoboni bot von allem das Erlesenste. So begegnete Händel in den kostbar und mit feinstem *gusto* geschmückten Räumen des Palazzo Ottoboni den besten Musikern Italiens, so dem Orgelvirtuosen und Komponisten Bernardo Pasquini,

Von dem Glanz des geselligen Lebens, das Händel fast überall in Italien, namentlich aber in Rom und Neapel umgab, kann man sich nach dem was diese Städte heute darbieten schlechterdings keinen Begriff machen [...]. FRIEDRICH CHRYSANDER 1858

Zu Händels Zeiten war das gebildete Italien eine einzige große zusammenhängende Gesellschaft, die Jedem, den sie würdig befand auf ihre Fittige zu nehmen, auch dem Fremden, leicht von einem Orte zum andern half und allenthalben eine angenehme glänzende Wohnstatt bereitete [...] Rom war der Mittelpunkt und der eigentliche Geist dieser Gesellschaft. FRIEDRICH CHRYSANDER 1858

dem weltberühmten 54jährigen Arcangelo Corelli und auch den beiden Scarlattis: Alessandro, der Opernkomponist, war das Haupt der Neapolitanischen Schule, sein Sohn Domenico hatte sich als begnadeter Cembalist und angehender Komponist bereits einen Namen gemacht. An einem der festlichen Abende kam Kardinal Ottoboni auf die Idee, den jungen Domenico Scarlatti, der ein *vortreffliches Klavier spielte*, mit dem vielbewunderten Deutschen *zu einer Probe ihrer beyderseitigen Geschicklichkeit anzustellen*.

J. Mainwaring

Soweit die Unnatur eines erträumten Schäferlebens natürlich stehen kann, war es hier der Fall, und ein gewaltiger Abstand namentlich gegen Deutschland wo ähnlich angelegte Dinge zu einer ebenso armseligen als kostspieligen Tändelei ausarteten.

FRIEDRICH CHRYSANDER, 1858

Die Gesellschaft war begeistert, man versprach sich einigen Spaß davon. Beide Musiker gaben alsbald eine Probe ihres Könnens. Unentschieden schwankte das Publikum, nachdem sie auf dem Klavier gespielt hatten. Nach dem Orgelspiel aber blieb nicht mehr der geringste Zweifel. Der kraftvolle Händel war dem feineren Scarlatti auf dem mächtigen Instrument überlegen.

J. Mainwaring

> *Scarlatti selbst mußte bekennen, daß er von Händel auf der Orgel übertroffen sey, und gestund gar gern, daß er keinen Begriff von seiner Stärke gehabt, ehe er ihn darauf gehöret hätte […]. Die eigentliche Vortrefflichkeit des Scarlatti schien in einer gewissen Zierlichkeit zärtlicher Ausdrückungen zu bestehen. Dahingegen besaß Händel etwas Glänzendes und Funkelndes im Spilen, bey erstaunlicher Fertigkeit der Finger. Was ihn aber, von allen anderen, die dergleichen Gaben hatten, förmlich unterschied, war die entsetzliche Vollstimmigkeit, und nachdrückliche Stärke, die er dabei bewies.*

Erstaunlicherweise entstand eine große Symphatie zwischen den so unterschiedlichen Musikern. Sie schlossen sofort Freundschaft, eine der wenigen engeren italienischen Bekanntschaften Händels, oder gar die einzige, von der man weiß.

Kein Schatten des Neides auf den Erfolgreicheren blieb. Ja, Domenico Scarlatti hängte sein Herz mit solcher Treue an Händel, wie man es wohl nur in der ersten, offenherzigen Jugend zu tun vermag, und begegnete fortan jeder Huldigung seines Spiels mit dem Verweis auf Händel und dem Zeichen des Kreuzes.

Seinerseits schätzte auch Händel den gleichaltrigen italienischen Musiker hoch. Den bescheidenen Domenico oder *Mimo*, wie er den Freund bald nannte, empfand er als angenehmen Menschen. Auch die gemeinsame Leidenschaft für gutes Essen und feinen Wein trug sicher zu dem menschlichen Verständnis der beiden Musiker nicht unwesentlich bei.

Domenico Scarlatti sah man im Alter diese seine Vorliebe deutlich an: er war so dick, daß er als Pianist beim Klavierspiel besondere, über Kreuz gespielte Griffe nicht mehr greifen konnte. Und auch von Händel weiß man ja, daß er nicht nur an Höhe ein Riese war.

Man speist hier ausgezeichnet. Wildbret allerdings ist mäßig, aber alle gewöhnlichen Lebensmittel, Brot, Obst, Fleisch von Schlachtvieh, besonders Rindfleisch ist vorzüglich; von letzterem kann man gar nicht Gutes genug sagen. Soviel besser das Pariser Rindfleisch als das der Provinz ist, ebenso weit übertrifft das römische noch das Pariser. Gerichte von Fadennudeln, Vermicelli oder Maccaroni sind sehr beliebt. Unter den Kompotten gebe ich dem von Zedratfrüchten den Vorzug, bei dem die Früchte geviertelt und mit wenig Zucker wie Apfelkompott in Wasser gekocht sind.

CHARLES DE BROSSES

Mit einer atemberaubenden Schnelligkeit hatte sich Händel in die römische Gesellschaft eingeführt. In den exklusiven Zirkeln war er nicht nur als brillanter Musiker begehrt. Begeisterte zeitgenössische Berichte schildern uns Händel als einen attraktiven Mann und vor allem anregenden Gesellschafter, der einen *natürlichen Hang zu Witz und Laune* besaß, und überdies die seltene Gabe,

> *die gemeinsten Vorfälle auf eine ungewöhnliche Art zu erzählen [...]. Niemand erzählte je eine Geschichte mit größerer Wirkung. Aber der Zuhörende mußte eine ausreichende Kenntnis von wenigstens vier Sprachen besitzen: nämlich Englisch, Französisch, Italienisch und Deutsch, denn in seinen Erzählungen machte er von allen Gebrauch.*

Die Komik seiner Erzählkunst muß nicht zuletzt in dem Kontrast zu seiner gravitätischen Erscheinung gegründet haben. Sein Biograph Mattheson, der Händel noch persönlich gekannt hatte, schilderte ihn als einen Menschen, der äußerlich wenig lachte, und sich gern stellte, *als ob er nicht bis fünfe zählen könne.* Gepaart mit *Feuer* und *Würde* hatte ein solches gesellschaftliches Talent besonders in Italien großen Erfolg.

In Rom war es sicher nicht einfach, neben einer Menge konkurrierender internationaler Künstler die Intrigen und Befindlichkeiten der Gesellschaft zu umschiffen. Eine durch unerschütterliches Selbstbewußtsein gestärkte Zurückhaltung und der ausgeprägte Sinn für Selbständigkeit mögen die Grundlage für einen gesellschaftlichen Erfolg in Rom gewesen sein. Empfehlungen hat Händel zeitlebens nicht verschmäht. Aber das in sich ruhende Wesen des Komponisten, das so verwandt zu der maßvollen Atmosphäre der Stadt klang, war gewinnend und der Haltung der Patrizier wesensverwandt. Beziehungen entstanden so wie von selbst.

Bei all seinen Mäzenen blieb Händel in Italien ein Herr unter Herren, ein Künstler, niemals Dienstleister. Weder bei Kardinal Ottoboni noch dem Marchese Ruspoli war Händel angestellt. Zwar hatte er sich verpflichtet, eine gewisse Anzahl an Musikstücken abzuliefern, Gehaltsabrechnungen sind jedoch nicht bekannt geworden. Händel war eher ein Gast und Freund. Eine solche gesellschaftliche Position in den allerobersten Kreisen zu erreichen, glückte weder Wolfgang Mozart noch Joseph Haydn.

Eine gewisse distanzierte Haltung kennzeichnet Georg Friedrich Händels Persönlichkeit, engere Freundschaften außer zu dem herzlichen Domenico

---

C. Burney

W. C. Quin

J. Mattheson, 1740

Händel's Figur war groß; und er war untersetzig, stämmig und unbehülflich in seinem Anstande; sein Gesicht aber, dessen ich mich noch lebhaft erinnere, als ob ich ihn gestern gesehen hätte, war voller Feuer und Würde, und verrieth Geistesgröße und Genie. Er war zufahrend, rauh und entscheidend in seinem Umgange und Betragen; aber ohne alle Bösartigkeit und Tücke. Auch war in seinen lebhaftesten Aufwallungen des Zorns und der Ungeduld eine gewisse Laune und Spaßhaftigkeit [...]. Charles Burney

Sein gewöhnlicher Ausdruck war etwas schwerfällig und sauer, wenn er aber einmal lächelte, dann war es, als ob die Sonne aus einer dunklen Wolke hervorbreche. Dann durchblitzte ein Zug von Geist, Witz, Humor sein Gesicht, wie ich es kaum jemals bei einem anderen Menschen wahrgenommen habe [...]. Sein Lächeln war wie der Himmel. Charles Burney

[...] „seinen erlauchten Freund" [...] Dieser Ausdruck wird denjenigen nicht zu stark scheinen, die da wissen, was für aufrichtige Hochachtung und herzliches Wohlwollen er sich von Personen des höchsten Ranges zuzuziehen wußte. Mainwaring in Bezug auf den Kardinal Panfili

Scarlatti scheint er in Italien nicht geschlossen zu haben. Selbst zu seinen Landsleuten pflegte er keine Anhänglichkeit – Händel beobachtete, genoß, verarbeitete. Die gewöhnliche Unbeweglichkeit der Ausländer in Rom, die am liebsten unter sich waren, reizte den Diplomaten de Brosses zu spöttischenBemerkungen. Er kenne Engländer,

Er wird bewundert, doch aus einem bestimmten Abstand, denn er ist oft allein.

Auktion Musikautographen / Katalog 498

> *die von Rom abreisen werden, nichts als Engländer gesehen haben und kaum wissen, wo das Kolosseum steht.*

Wirkliche Nähe in den Beziehungen Händels läßt sich wohl nur zu seiner Familie ahnen. Briefe des Komponisten aus den italienischen Jahren sind nicht bekannt, aus späteren Briefen spricht jedoch ein ausgeprägter Familiensinn und große Wärme. Als im letzten Jahr von Händels Italienaufenthalt seine jüngere Schwester Johanna Christina mit 19 Jahren in Halle starb, hat dies Händel sicher tief getroffen. Private Angelegenheiten aber wußte der schweigsame Mann so erfolgreich vor den Augen der Öffentlichkeit zu verbergen, daß selbst Zeitgenossen weniges zu erzählen wußten, was über allgemeine Feststellungen hinausging.

Aber darauf muß man in der Fremde gefaßt sein: die Augen werden satt, aber das Herz bleibt leer; Vergnügungen Ihrer Neugierde, soviel Sie wünschen, Freuden seiner Geselligkeit keine. Sie leben nur mit Menschen zusammen [...]. Und wie liebenswürdig [...] im übrigen sein mögen, wie soll man verlangen, daß sie sich umeinander Mühe geben, weiß doch der eine wie der andere, daß man in wenig Tagen auf Nimmerwiedersehen auseinander geht.

Charles de Brosses

DOSE mit Schönheitspflästerchen
Gold. Taft. Miniaturgemälde. 18.Jahrhundert

C. de Brosses

KLAPPBESTECK ⌐ Fleischgabel, Löffel,
Gabel, Messer. Silber. 18.Jahrhundert

Erst seit einem Monat in Rom bekannt, konnte Händel schon sein erstes Auftragswerk aufführen. Eine Rechnung des Kopisten Alessandro Ginelli ist auf den 12. Februar 1707 datiert, einige Tage später kam die Kantate *Il delirio amoroso* zur Aufführung, sicher im Palazzo des Auftraggebers und Textdichters, des Kardinals Panfili.

Das erste geistliche Werk, das der Komponist in Rom schuf, war der Psalm *Dixit Dominus*, den er im April für den Kardinal Colonna, seinen dritten bedeutenden Mäzen, komponierte. Eine ganze Reihe Psalmen wie das jenseitig-schwebende *Nisi Dominus* oder das lichtvolle *Laudate pueri Dominum* für zwei Oboen, Streicher und Continuo entstand.

Bald darauf schrieb Händel eine seiner bedeutendsten italienischen Kompositionen: *Il trionfo del tempo e del disinganno*, sein erstes Oratorium. Wieder war der Auftraggeber und Dichter des Librettos – eines dramatisierten Disputes von vier Allegorien: der Schönheit, des Vergnügens, der Zeit und der Erkenntnis – der greise und literarisch ambitionierte Kardinal Panfili.

Wenige Jahre zuvor hatte der Papst das römische Opernhaus als Stätte ausschweifender weltlicher Lust während eines Karnevals schließen lassen, ja die Opernaufführungen als Buße für die schrecklichen Zerstörungen bei einem Erdbeben generell verbieten lassen. Die vergnügungssüchtigen und schlauen Römer wollten auf diese Zerstreuung um keinen Preis verzichten und fanden schnell eine Lösung, die den Schein wahrte. Das geistliche und das weltliche Oratorium – letzteres wurde nicht ohne Grund mitunter als *Oratorio erotico* bezeichnet – übernahmen die Aufgabe der Oper. Fortan wetteiferte die römische Aristokratie im aufwändigen, ehrgeizigen Ausstatten der Oratorien, die einer Oper in nichts nachstanden, als daß die Aufführung mit Kulissen und in Kostümen, jedoch nicht szenisch ausgeführt wurde. Allerdings, so eine strikte Anweisung, durften keine Frauen singen. Kastraten übernahmen die Frauenrollen, eine Anordnung, die zwangsläufig zu ungeheuer komischen Situationen führte, wie mancher Reisende beschrieb: wenn zum Beispiel die Rolle einer zarten, jungen und ohnmächtelnden Dame von einem dickleibigen, bärtigen Kastraten gesungen wurde, der wiederrum einen stämmigrauhwangigen zweiten Kastraten in lieblichen Wendungen anschmachtete.

Wenn das Haus nicht bauet der Herr,
die Bauleute mühn sich vergeblich,
Wenn die Stadt nicht behütet der Herr,
so wacht vergeblich der Wächter.
Umsonst, wenn ihr euch erhebt
vor dem Tag,
euch müht bis spät in die Nacht:
Ihr esset das Brot einer harten Mühsal,
dem von ihm Geliebten gibt er es im Schlafe.
Sieh, ein Geschenk Herrgottes sind Söhne;
ein Lohn ist des Leibes Frucht.
Wie in der Hand des Kriegers die Pfeile,
so sind die Söhne
aus den Jahren der Jugend.
Heil dem Mann, der mit ihnen füllt
seinen Köcher;
Nicht versagen sie im Streit
mit dem Gegner am Tore.
Ehre sei dem Vater und dem Sohn
und dem Heiligen Geist;
wie im Anfang, so auch jetzt
und alle Zeit und in Ewigkeit.
Amen.

Il Trionfo del Tempo e del Disinganno wurde pompös aufgeführt, wahrscheinlich im Teatro del Collegio Clementino, oder im Palast des Kardinals selbst. Händel muß ein zahlreiches und überdies virtuos besetztes Orchester zur Verfügung gestanden haben, er baute kunstvolle Soli für Violine, Bratsche, Cello, Orgel und sein Lieblingsinstrument, die Oboe, ein. Am Konzertpult der allein 20 Violinen stand Arcangelo Corelli, den Händel in seiner stürmischen Art manches Mal zu verschrecken pflegte: Während der Proben zu dem Oratorium kam es sogar zu einem Zusammenstoß zwischen dem sanften, *kaltsinnigen* Corelli und dem hitzigen Händel. Der alte Meister fand sich in dem französischen Stil der Ouvertüre nicht zurecht und beklagte sich – wohl ein wenig kokett – daß er in den händelschen Ouvertüren *sehr viel Schweres antreffen müßte*. Als er es aber doch versuchte, spielte er für Händels Geschmack so langweilig und blutleer, daß der Komponist die Geduld verlor. Der junge Sachse riß dem distinguierten Herrn Corelli in aller Respektlosigkeit und Ungeduld seiner 21 Jahre die Geige aus der Hand und spielte die Stellen feurig und nach seiner Vorstellung. Corelli ließ sich aber nicht überzeugen, letztendlich mußte Händel dem ersten Kapellmeister nachgeben und eine neue Ouvertüre im italienischen Stil schreiben.

Das Oratorium *Il Trionfo del Tempo e del Disinganno* wurde nur einmal aufgeführt und so blieb es nachfolgenden Generationen unbekannt. Doch soll es das lebenslange Lieblingswerk des Komponisten gewesen sein. Unter anderem für seine *Agrippina* plünderte Händel später dieses Oratorium. Solches Verfahren war nicht ungewöhnlich, Komponieren bedeutete noch immer auch ein Handwerk, das rasch gemacht sein wollte. Vivaldi brüstete sich als alter Herr damit, daß er ein komplettes Concerto schneller zu komponieren wüßte als der Kopist schreiben könne. *Alles ist hier Modesache*, urteilte der Franzose de Brosses über die schnellebige Gier nach Neuem. Die bedenkenlose Übernahme eigener und fremder Kompositionen verkürzte die Arbeit enorm. Aber im Auswahlprozeß und in der Neubearbeitung und feinen Verwendung bewies Händel eine starke Originalität und Schöpferkraft.

Die sagenhaft reiche Familie Panfili besaß nicht nur einen Palast am Corso, ein weiterer prachtstrotzender Palazzo befand sich auf der Piazza Navona. Möglicherweise beobachtete Händel von hier aus die Festa del Lago, das berühmte, dem traditionellen venezianischen Schiffestechen nachgestaltete Seefest. An einem Sonnabend schloß man die Schleuse, die das Wasser der Fontana del Moro ableitete und die Piazza füllte sich bald mit Wasser; am darauffolgenden Sonntag war alles für das Fest bereit. Kutschen, als Schiffe verkleidet, in Seeungeheuer oder Fische verwandelt,

J. Mainwaring

J. Mainwaring

Seine Eminenz besoldet die besten Musiker und Künstler von Rom, unter anderem Arcangelo Corelli und den jungen Paolucci, der für den besten Sänger Europas gehalten wird. Charles Burney

Das gültige Ansehen, welches Händel bey den Sängern und der ganzen Bande zu behaupten wuste, oder vielmehr die Unterwürfigkeit, worinn er sie hielt, hatte mehr zu bedeuten, als man sich einbildet. Es waren die vornehmsten Mittel, Ordnung und Wohlstand zu beobachten, Einigkeit und Ruhe zu verschaffen, die selten in solchen Gesellschaften lange zu dauern pflegt. John Mainwaring

Jeden Mittwoch ist ein hervorragendes konzert in seinem palast, an dem wir teilnahmen. Eis und delicate getränke wurden serviert, und das ist auch der Brauch, wenn die Kardinäle oder römischen Fürsten sich gegenseitig besuchen. Eine große Ungelegenheit bei all diesen Konzerten und Empfängen ist nur, daß man belästigt wird durch ganze Horden von belanglosen kleinen Abbés, die da auftauchen, um sich den Bauch mit den herrlichen Getränken zu füllen; am Ende stecken sie sich die Kristallkaraffen ein, und die Servietten dazu. Lambert Friedrich Corfey

wurden dann unter Spritzen und Schäumen zum kindlichen Vergnügen der vornehmen Beobachter durch das Wasser gezogen – eine willkommene Belustigung im drückend heißen römischen Hochsommer. Es mag sein, daß Händel sich dieses von Tausenden Fackeln festlich beleuchteten Schauspiels erinnerte, als er seine Wassermusik niederschrieb.

Auch an die Feuerwerksmusik Händel denkt man, liest man Hauptmann Corfeys schwärmerische Beschreibungen der fein inszenierten römischen Lustbarkeiten mit ihren unvergleichlichen Feuerwerken. Der Deutsche war so nachhaltig beeindruckt, daß er nach seiner Rückkehr aus Italien ein leidenschaftlicher Veranstalter von solcherart magisch-stimmungsvoller Inszenierung, einem rechten Sinnbild des Barock, sein würde.

Der Erholung außerhalb Roms dienten der Familie Panfili das berühmte Belvedere in Frascati und die Villa Panfili. Im herrlichen Garten der Villa spreizen noch heute melancholische letzte Pfauen, bunte Gespenster einstiger Pracht, ihre Federn. Panfili hat seinen deutschen Protegé sicher oft auf seine fürstlichen Landsitze, in die duftende und schimmernde Welt arkadischer Illusionen eingeladen. Seine Wertschätzung für den jungen, genialen Musiker ging weit über das übliche Mäzenatentum hinaus. Der Kardinal verfaßte eine begeisterte Preiskantate auf Händel, den er schmeichelhafterweise einen neuen, besseren Orpheus nennt:

> *Handel, meine Muse kann nicht [...] singen / Verse, die deiner Leier würdig wären.*

Der Komponist vertonte ohne weiteres die eigene Verherrlichung. Später gab dies immer wieder Anlass zu mißgünstiger Nachrede – substanzlosen Anfechtungen, bedenkt man, daß solcherart gegenseitige Lobpreisungen unter Mitgliedern der arkadischen Akademie durchaus üblich waren. Händel war *zwar ruhmbegierig im höchsten Grade, aber eitel durchaus nicht*, hatte, wie Mattheson schrieb, andererseits auch

> *keine solche ausschweifende Bescheidenheit an sich, die ihn hätte hindern sollen,*
> *Panfilis Begehren Genüge zu tun.*

Im Alter von seinem späteren Biografen Mainwaring auf die Kantate angesprochen, reagierte Händel übrigens mürrisch. Der Komponist tat den Kardinal und seine Dichtungen ein wenig undankbar ab und bezeichnete den alten Gönner sogar als *old fool*.

Kardinal Benedetto Panfili

J. Mattheson

Vor den Palais des Embassadeurs alla Piazza di Spagna sprang eine Fontana von Wein und am Abend wurde zu St. Pietro eine Illumination gehalten, nemblich die Cuppol mit unzahlbaren Lichtern besteckt, welches von weitem schiene, als wann alle die Leisten und Gesimbsen verguldet weren. Im Castello di St. Angelo wurden ebenfals rundherumb Lichter oder vielmehr Pechkrentze angezündet und nach vielen Raquetten 2 Girandole exhibirt [...], welches eines von den rarsten Veuen und Plaisiers ist, so da können erdagt werden. Es fliegen auf einmahl, ich weiß nicht wieviel tausend Raquetten, Schwermer und Sternbutzen zugleich auf, nicht anders, als wan der Aethna oder Vesuvius alle sein vorratiges Feur auf einmahl ausspeihen wolte, welches wir vom Berg Pincio zusahen. Lambert Friedrich Corfey

Villa Panfilia ante portam Pancratii soll woll die gröste seien, so umb Rom zu finden. Das Haus ist durchgehens voller Schildereyen. Allhie seint mehr Busta und Statuen, als ich jemahlen anderswo, ausgenommen Florentz, weiß gesehen zu haben, und zwarn sehr sauber und woll conservirt. Auswendig ist das Haus ebenfals mit Statuen, Busta und Basreliefs sehr pregtig verzirt. Der Garten hat woll 6 Meilen im Umkreis und etliche angenehme Fontanen. Lambert Friedrich Corfey

Es war September geworden, Georg Friedrich Händel war nun bereits ein halbes Jahr in Rom. Welchen Ruf er sich in dieser Zeit erworben hatte, läßt ein Brief von Ferdinando de Medicis Privatsekretär ermessen, der seinem Dienstherren am 24. September 1707 aus Rom von den beeindruckenden Erfolgen Händels berichtet. Er nennt den alten Bekannten des Prinzen nurmehr *Il famoso sassone.*

Il famoso sassone war Händel also nun, der berühmte Sachse. Der Granprincipe hatte den jungen Mann im Auge behalten. Mehr noch, er hatte ihm den ersehnten Opernauftrag erteilt, und so unterbrach der Komponist seinen glänzenden Aufenthalt in Rom ein erstes Mal, um im Oktober 1707 zur Uraufführung seiner ersten italienischen Oper nach Florenz zu reisen. Wann Georg Friedrich Händel den Auftrag erhielt und von wem das Libretto stammte, wissen wir nicht. Daß er aber weder mit dem Textbuch noch seiner eigenen Komposition zufrieden war, bestätigen Zeitgenossen. Die Oper, unter dem einfacheren Namen Rodrigo bekannt geworden, hieß ursprünglich *Vincer se stesso e la maggior vittoria – Sich selbst besiegen ist der größte Sieg.* Als Honorar erhielt der Komponist 100 Zechinen und ein silbernes Service. Dies, so Mainwaring, mag *zum genugsamen Beweise dienen, wie wohl er empfangen worden.*

Obwohl oder vielleicht gerade weil dieser Aufenthalt schlecht dokumentiert ist, rankt sich um ihn die einzige amouröse Geschichte, die aus Händels Leben bekannt ist. Demenstprechend gern und verschieden wurde sie erzählt, obgleich es wahrscheinlich ist, daß sie der auschmückenden Phantasie verschiedener Biographen enstammt. Mainwaring spricht von der angeblichen Liebe Händels zu der Sängerin Vittoria Tarquini taktvoll und mit feiner Zurückhaltung.

> *Das Frauenzimmer war schön und hatte eine ziemliche Zeit der Gnade Sr. Großherzoglichen Durchl. genossen. Allein, die natürliche Beunruhigung gewisser Herzen machte sie in ihrer Erhebung so unempfindlich, daß sie sich entschloß, ihre Gunst auf eine andere Person zu werfen.*
>
> *Händels Jugend und gute Gestalt in Vereinigung mit seinem Ruhm und musikalischen Wissen hatte sich ihrem Gemüte eingedruckt. Und ob sie gleich die Kunst besaß, ihre Neigung vor der Hand zu verbergen, war es doch nicht in ihren Kräften, wenigstens nicht in ihrem Vorsatz, dieselbe zu unterdrücken.*

Das Gerücht von seiner Geschicklichkeit hatte die Neubegierde des Großherzogs und seines Hofes bereits erwecket, und man erwartete ein oder anderes Werk von seiner Komposition mit großer Ungeduld. Weniger Erfahrung und weniger Jahre Reife seiner Urteilskraft hatten ihm bishero einen Fortgang zuwege gebracht, der den äußeren Umkreis seiner Wünsche erfüllte. Nun aber kam es mit ihm in einem fremden Lande auf die Probe an, woselbst die Setzart ebensosehr von dem Stile seines Vaterlandes, als der Umgang, die Gewohnheit und der Gebrauch der Italiener von dem deutschen unterschieden war. Ob er nun schon merkte, daß er dabei etwas kurz kommen mögte, ließ doch seine Ehrbegierde nicht zu, die Probe, zu welcher man ihn einlud, auszuschlagen. JOHN MAINWARING

A. Merlini, 24. 12. 1707

J. Mainwaring

J. Mainwaring

Vittoria Tarquini – *la Bombace*, wie sie ihrer umfangreichen Gestalt wegen genannt wurde – existierte tatsächlich und war eine der bevorzugten Sängerinnen Ferdinando de Medicis. In der Besetzungsliste für die Oper *Rodrigo* taucht ihr Name jedoch nicht auf.

Das Gerücht wurde schon zu Händels Lebzeiten gern aufgegriffen. Un-längst entdeckte Anthony Hicks einen im Jahr 1710 geschriebenen Brief der Kurfürstin Sophia von Hannover, in dem sie Händel erwähnt und ihn einen gut aussehenden Mann nennt, von dem man sagt, er sei der Lieb-haber der Victoria gewesen.

Ein gut aussehender Mann war der Komponist allerdings. Der jugendliche Händel war schon damals *groß, stark und breit vom Leibe*, dabei aber im Gesicht noch knabenhaft schmal mit klugen Augen, wie ihn ein Miniaturporträt aus dieser Zeit zeigt.

Außer der nebulösen Liebesgeschichte sind nur wenige Hinweise auf das Florentiner Zwischenspiel bekannt. Es ist sogar möglich, daß die Oper *Rodrigo* nie aufgeführt wurde, es existieren kaum Dokumente. So rückt der Florenzaufenthalt ins Legendenhafte. Genährt wird dieses Bild noch durch eine lebenslange Schweigsamkeit und scheinbare Abneigung Händels gegen diesen Aufenthalt.

J. Mainwaring

Vittoria, eine Sängerinn von großer Geschicklichkeit und noch größerer Schön-heit, war die erste Sängerinn am Hofe und hatte die ganze Gunst des Großherzogs. Sie fühlte aber stärker für Händel, verheelte es ihm nicht und fand sein Herz gefühlvoll und erwiedernd wie sie es wünschte und erwartete; und der Groß-herzog – Italiäner und Großherzog! – ertrug es und behielt Händeln lieb.

JOHANN FRIEDRICH REICHARDT, 1758

Seine Gesichtszüge waren überaus markant, und der Gesamteindruck seines Gesichts war ruhig (placid), Würde mit Wohlwollen mischend und mit solchen Herzenseigenschaften, die zum Vertrauen einladen und Achtung gebieten.

JOHN HAWKINS, 1776

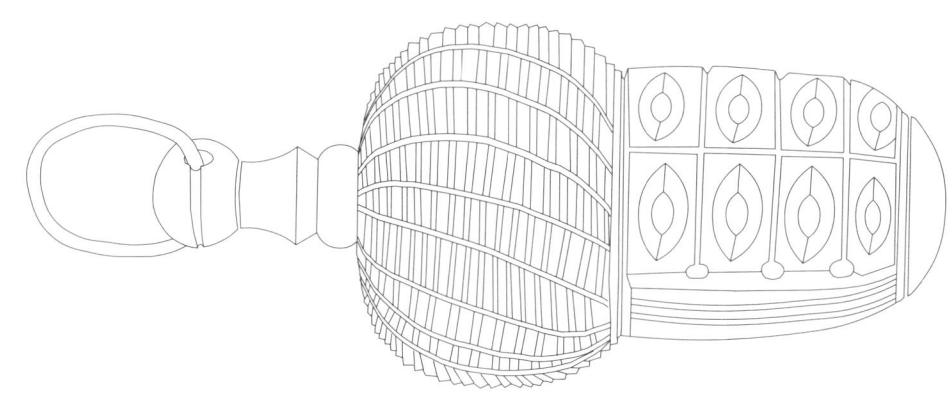

FLOHFALLE ⌐ Holz, Metall
18. Jahrhundert

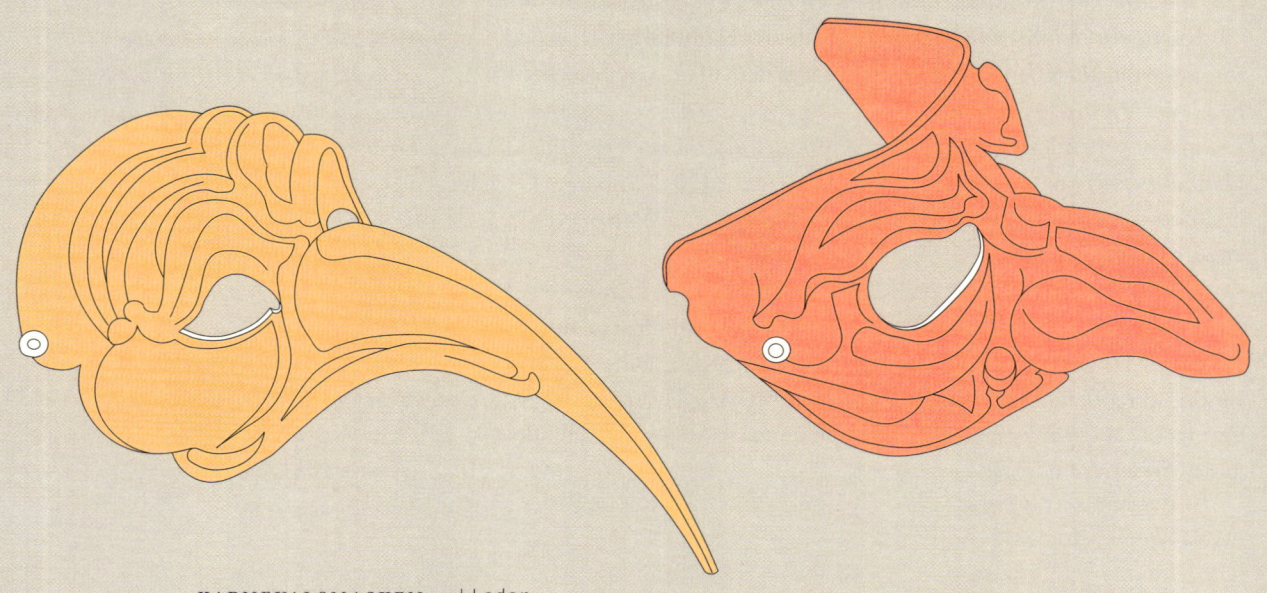

KARNEVALSMASKEN ⌐ Leder.
Venedig. 18.Jahrhundert

Nach Rom kehrte Georg Friedrich Händel vorerst nicht zurück. Denn die bunteste Zeit des Karneval nahte, und nichts lag näher, als aus diesem Anlass endlich Venedig zu besuchen. Venedig war noch immer die Königsstadt der Oper, auch wenn Neapel energisch versuchte, ihr diesen Rang streitig zu machen.

Die Strapazen der Reise von Florenz nach Bologna, die de Brosses als *eine der schlimmsten Tagesreisen* beschrieb, nahm der Komponist diesmal wohl gern auf sich. Ob sich Händel in Bologna länger aufhielt und wie Charles de Brosses die Architektur und Malerei bewunderte oder aber wie Corfey die kulinarischen Schätze den künstlerischen vorzog, können wir nur vermuten.

Sicher erleichtert stieg Händel in Ferrara aus der ungefederten Postkutsche in ein Schiff um, das die wesentlich bequemere Reisevariante darstellte. Nach einer kurzweiligen Tagesreise auf dem Po erreichte man ausgeruht Venedig. Hier mußte sich Händel wahrscheinlich selbst um ein Quartier kümmern. Wo er logierte, ist unbekannt. Die venezianischen Herbergen müssen aber nicht so entsetzlich schlecht gewesen sein wie ihr wirklich miserabler Ruf, der Franzose de Brosses zumindest war freudig überrascht.

Die Gelegenheit, die italienische Oper zu studieren, war selten so günstig wie in der Karnevalszeit, die eine Menge neuer Opern brachte. Mag sein, daß der junge Händel aber nicht nur die neuesten Aufführungen verfolgte. Zu dieser Zeit beherrschten die Komponisten Quirino Gasparini und Antonio Lotti die Oper in Venedig. Sie waren Komponisten und Geschäftsleute zugleich und betrieben ihre Opernhäuser auf eigenes Risiko. Einige Jahre später tat Händel es ihnen in London gleich.

Zweifellos studierte der Komponist auch die venezianische Instrumentalmusik. In den Konservatorien der Waisenhäuser Venedigs wurde sie auf höchstem Niveau gepflegt. De Brosses gibt uns über diese seltsam anrührende Tradition Auskunft:

Am besten in Venedig musizieren vier Waisenhäuser, die ausschließlich mit Waisenmädchen, außerehelich geborenen oder solchen besetzt sind, deren Eltern keine Mittel zu ihrer Erziehung haben. Der Staat läßt sie auf seine Kosten aufziehen und zu guten Musikantinnen ausbilden. Kein Wunder, daß sie wie Engel singen, geigen, flöten, Oboe,

Die venezianische Maske besteht in einem Mantel von schwarzer Seide, wie die Abbeemäntel, die Bürger tragen sie auch von rothem oder grauem Tuch, weil sie dauerhafter sind. Auf dem Kopf trägt man eine Bahute (Bauta) oder Kappe, welche den Kopf bis ans Kinn bedeckt, und bis über die Schulter hinab geht. Das Gesicht ist mit einer weißen Wachsmaske (volto) bedeckt, welche bis auf den Mund geht, und man setzt einen weißen Federhut dazu auf, um sie fest zu halten. Die Venezianer drücken den Hut so tief über die Maske, daß sie nur eben sehen können; und weil die Fremden nicht daran gewohnt sind, so kennt man sie gleich daran. Dieses ist die Tracht beyderley Geschlechts, man unterscheidet die Frauenspersonen nur an den unter dem Mantel hervorragenden Röcken.
VOLKMANN

In den größeren Städten ist man vorzüglich aufgehoben; freilich sind sie schlecht auf den Dörfern, aber das ist nichts Besonderes, sondern gerade wie in Frankreich.
CHARLES DE BROSSES

Cello und Kontrabaß spielen, und selbst vor den größten Instrumenten nicht zurück-schrecken. Sie leben zusammen wie Nonnen im Kloster und sind hier in Venedig die einzigen, die Musik ausüben. In jedem Konzert wirken einige vierzig Mädchen. Ich schwöre Ihnen, es gibt keinen ergötzlicheren Anblick, als so eine junge, hübsche Nonne, die im weißen Kleid und ein Granatblumensträußchen über dem Ohr ihr Orchester anführt und mit unübertrefflicher Anmut und richtigem Gefühl den Takt schlägt.

Der Karneval dauerte in Venedig gewöhnlich von Oktober bis März. Eine Unmenge konkurrierender Opernhäuser überbot sich in Opernvorstellungen und Komödien. Die Veranstaltungen waren öffentlich, für zwei Lire konnte jeder Bürger einen Platz in der Oper erstehen. Der Andrang war groß, das Publikum kennerisch. Ihren eigentlichen Gewinn aber machten die Theater mit den fürstlichen Familien, die aus ganz Europa in die Lagunenstadt pilgerten wie heute etwa nach Bayreuth. Die Aristokraten mieteten sich eine der teuren Logen für das ganze Jahr, und zwar in allen Theatern Venedigs.

Die Oper war ein Ereignis, der wichtigste Treffpunkt der Gesellschaft. Die Vorstellungen fanden am Abend statt, nicht am Nachmittag wie im sparsamen Deutschland; Fackeln und Tausende von Kerzen erleuchteten die Räume. Mit nie wieder erreichtem Aufwand und Pomp wurden im Barock die Stücke inszeniert; Drachenwagen und Eulenkutschen schossen durch einen leuchtenden Theaterhimmel, Götter thronten in den morgenroten oder schwarz drohenden Wolken, feuerspeiende Ungeheuer und Geisterscharen bevölkerten eine verzauberte Bühne. Dem Menschen des Barock war alles recht, um einen neuen, noch spektakuläreren Effekt zu erreichen. Echte Kamele, Pferde und sogar Elefanten defilierten über die Bühne, Soldatentrupps hinterdrein, Hunderte von Menschen, die sich Gefechte und Kanonaden lieferten, daß es eine Lust war. Das Groteske und Irrwitzige war schon zuwenig, das verwöhnte Publikum wollte Gesehenes immer wieder „getoppt" wissen.

Der Hochmeister des Barock, Gian Lorenzo Bernini, war einer der größten Könner der Opern-Inszenierung. Einmal brachte er gar die Engelsburg und den rauschenden Tiber auf die Bühne, und Menschen, die in richtigen Booten und Schiffen auf wirklichem Wasser fuhren. Mitten in der Vorstellung aber brach plötzlich der Damm, der die Zuschauer von der Bühne trennte, und das Wasser stürzte ungehemmt mit einer solchen Wucht in den Zuschauerraum, daß alles in heller Aufregung die Flucht ergriff. Der Perfektionist Bernini aber hatte alles so genau berechnet, daß das Wasser vor der ersten Zuschauerreihe haltmachte und die wohlig erschrockenen Zuschauer unbehelligt blieben. Bei einer anderen Vorstellung verblüffte Bernini auf ähnliche Weise das Publikum, als während

Die vornehmste und wesentlichste dieser Pflichten besteht [...] darin, allwöchentlich dreimal zur Oper zu fahren [...]. Nebenbei gesagt, benehmen sich die Damen hier recht ungezwungen, plaudern, oder besser gesagt, schreien während des Stückes bis zur gegenüberliegenden Loge hinüber, stehen auf, klatschen in die Hände und rufen: bavo, bravo. Die Herren benehmen sich gemäßigter; wenn ein Akt vorüber ist, der ihnen gefallen hat, begnügen sie sich, so lange zu heulen, bis man wieder von vorne anfängt. CHARLES DE BROSSES

Die Pracht der Ausstattung in den italienischen Opern ist, zumal mit der bei uns üblichen Dürftigkeit verglichen, derart, daß ich nur einen ganz schwachen Begriff davon geben kann; man muß es gesehen haben [...]. CHARLES DE BROSSES

Dies Können zu entfalten, dazu geben ihre Riesentheater in Räumen, wie wir sie in unseren Jammersälen in Paris nie haben, Gelegenheit [...]. Statt der Choristen und Tänzer, mit denen wir unser Schauspiel bevölkern und schmücken, füllen sie das ihre mit einem großen Apparat von Aufzügen, Opferhandlungen, Zeremonien jeder Gattung, die sie bis ins Kleinste getreu, merkwürdig und ergötzlich nachbilden [...]. So habe ich hier Heerführer auf herrlichen, wirklichen Pferden an der Spitze ihrer Truppen einreiten sehen, die Pferde freilich hatten, wie es schien, an der Musik nur mäßiges Vergnügen und nicht viel mehr an dem Trab über die Bühnenbohlen. CHARLES DE BROSSES

eines festlichen Karnevalsaufzuges mit brennenden Fackeln die Kulissen in Brand gerieten. Ehe das schreiende Publikum aber Reißaus nehmen konnte, erlosch das gigantische Feuer und die Bühne verwandelte sich in eine blühende Wiese mit einem friedlich grasenden Esel.

Über die buchstäbliche Narrenfreiheit im Karneval kann man einiges Aufschlußreiche in den Briefen Charles de Brosses' nachlesen. Die Masken gaben den Menschen den zügellosen Übermut der Anonymität, der noch gesteigert wurde durch die Selbstverständlichkeit, mit der sonst undenkbare Grenzen überschritten wurden.

Auf den Kanälen und in den Gäßchen muß ein unvorstellbar entfesseltes Leben geherrscht haben. De Brosses erzählt von allein dreißigtausend Fremden, die sich in der Karnevalszeit in Venedig aufhielten. Sechzigtausend Gondoliere besorgten den Verkehr auf den Wasserstraßen, und nicht nur das. Die Gondeln waren schwimmende Privatgemächer, hier konnte man

> *lesen, schreiben, plaudern, sein Liebchen karessieren, trinken, essen und dabei in der ganzen Stadt umher seine Besuche machen […]. Man kommt darin recht schnell vorwärts, so rasch wie die Wagen unserer Lebeherrchen fahren sie natürlich nicht. Den Kopf etwa aus dem Fenster herauszustecken möchte ich Ihnen aber trotzdem lieber nicht raten, glatt wie eine Weißrübe könnte ein anderer Hairachen ihn Ihnen abschneiden.*

Sicher genoss Georg Friedrich Händel den Karneval in vollen Zügen. Eine berühmte Anekdote beleuchtet das lustvolle Vexierspiel des Verdekkens und Entdeckens, das auch Händel mit der Anonymität einer Maske trieb. Mainwaring weiß von einer Karnevalsgesellschaft, die der gut maskierte Komponist wie auch Domenico Scarlatti besuchten, folgende hübsche Geschichte zu berichten:

> *In einer Maskerade daselbst entdeckte man ihn, als er, mit der Larve vor dem Gesicht, auf einem Flügel spielte. Scarlatti befand sich von ungefähr neben ihm und sagte zu den Anwesenden, es könnte dieser Spieler kein andrer sein als der berühmte Sachse oder der Teufel selbst.*

Ob diese Geschichte der Wahrheit entspricht oder nicht: die grenzenlose Verehrung Domenico Scarlattis für Händel kommt hier zum Ausdruck. In Venedig blieb Georg Friedrich Händel vermutlich von November 1707 bis Februar 1708, es ist unbekannt, ob in dieser Zeit Kompositionen entstanden. Die Monate in der verwunschenen Lagunenstadt verbrachte er wohl mehr als Lernender und Genießender, denn als Schöpfender.

Wenn Sie aber durchaus von mir etwas drüber haben wollen, will ich Ihnen verraten, daß nirgend in der Welt Freiheit und Läßlichkeit unbeschränkter herrschen als hier, in Venedig. CHARLES DE BROSSES

Weil die italienischen Opern sehr lange, nemlich vier bis fünf Stunden währen, so sind die Logen als kleine durch eine Wand von einander abgesonderte Zimmer anzusehen, darinn man sich einander besucht, und ordentliche Gespräche anstellt, sonst würde es unmöglich seyn, ein so langweiliges Schauspiel und die ermüdenden Recitativen mit Geduld abzuwarten. Die besten Opern haben gemeiniglich nur wenige vorzüglich schöne Arien, und zwey oder drey interessante Scenen; die aber doch zuletzt nicht sehr mehr rühren, weil eine Oper oft dreyßig und mehrmal hinter einander aufgeführt […] wird. Daher kommt es, daß man so wohl im Parterre, als in den Logen ein beständiges Gemurmel, und oft auch laut reden hört […]. Inzwischen macht das unaufhörliche Getöse vom Gehen, Oeffnen der Logen, Lachen und Reden, daß ein Fremder, der ein Liebhaber der Musik ist, alle Aufmerksamkeit anwenden muß, und doch schwerlich seinen Endzweck anders als bey den großen Arien der ersten Sänger erhält, da die Zuschauer gemeiniglich etwas stiller sind, und solche am Ende mit einem lauten Beyfall beehren. VOLKMANN BAND I

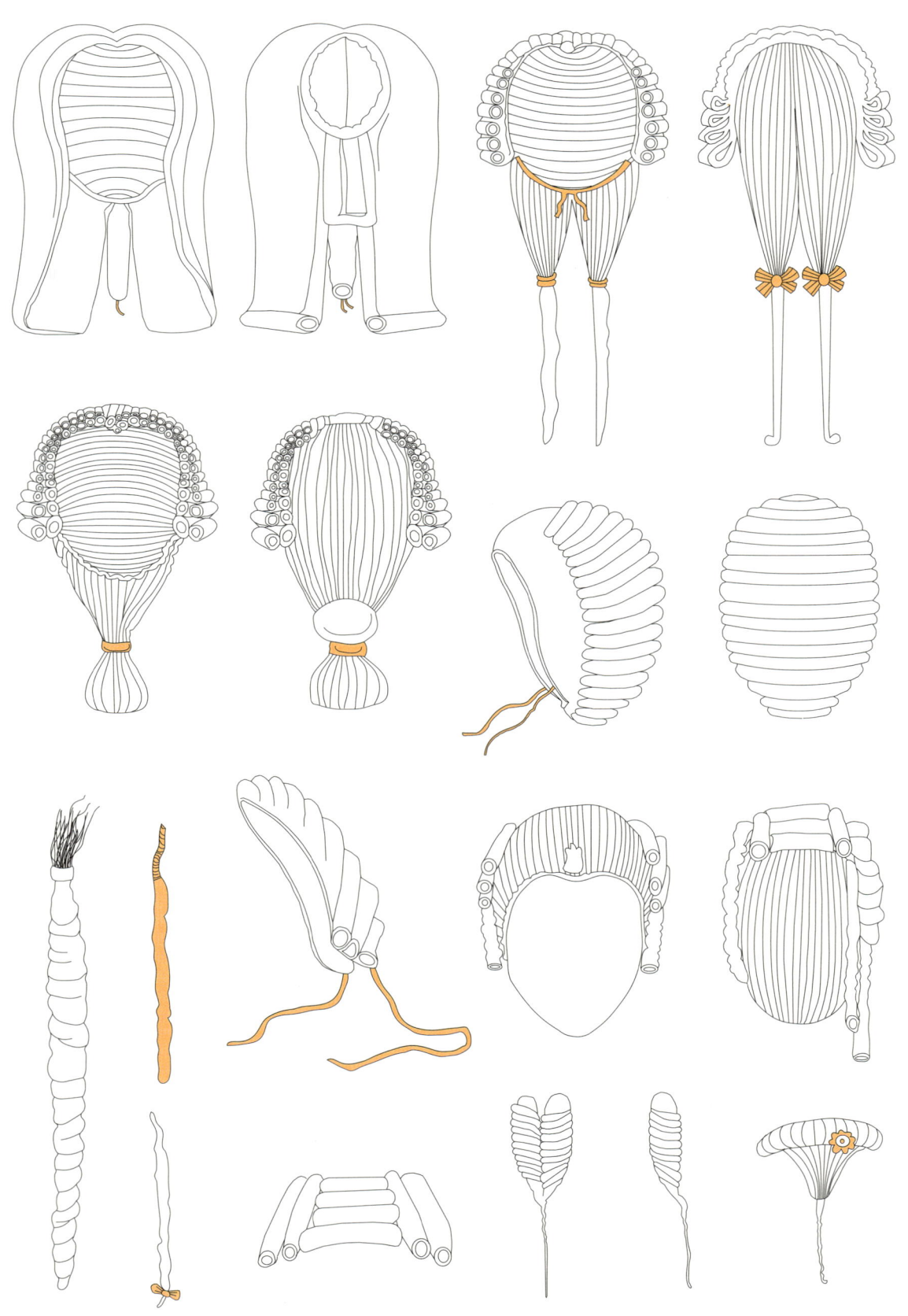

PERÜCKEN ⌐ Pferde- und Menschenhaar, Draht, Bänder, Spitzen. Frankreich. 18. Jahrhundert

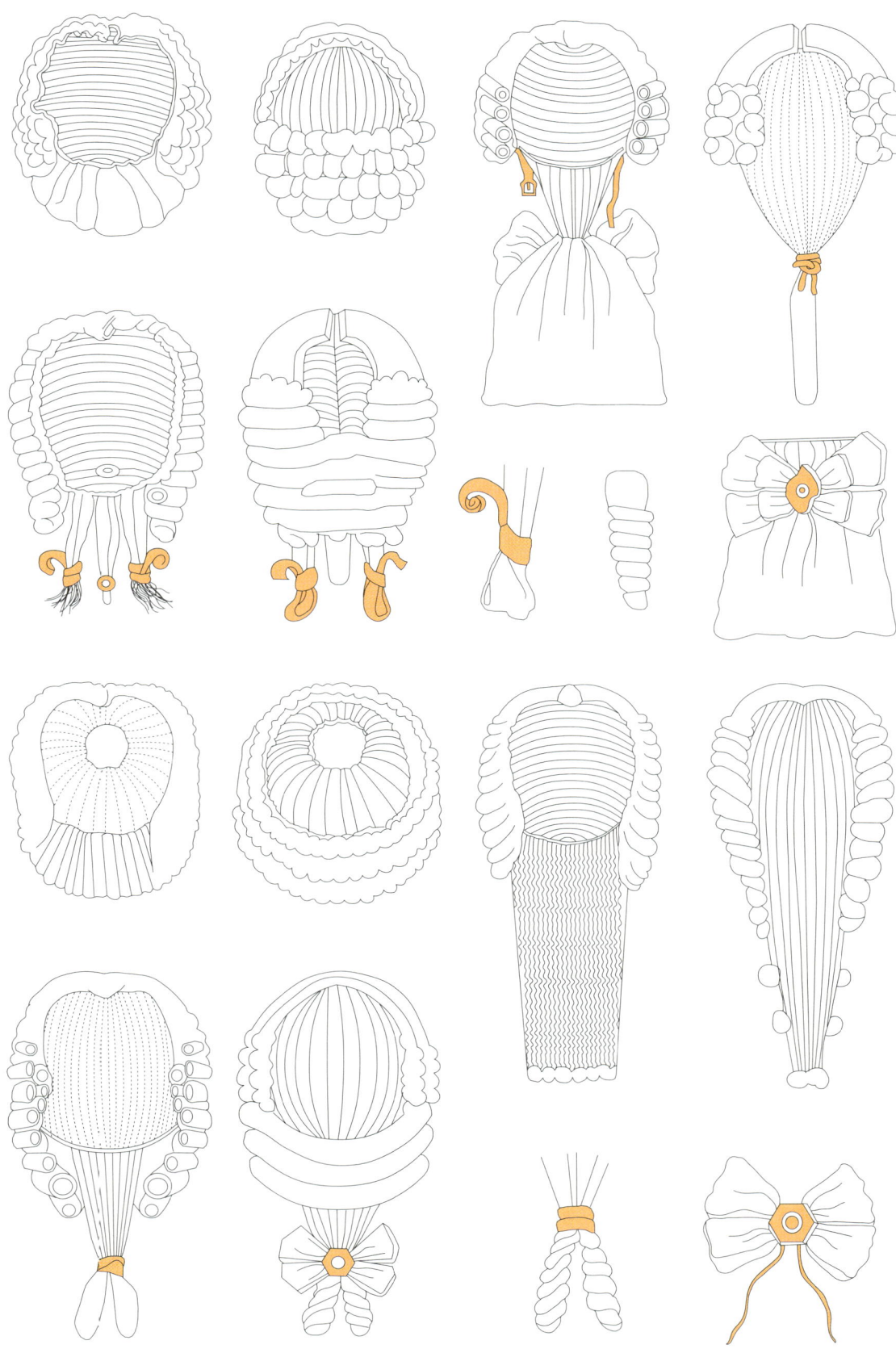

SPITZENSTRUMPF ⌐Spitze.
Italien. 18. Jahrhundert

Der Kopist Angelini erhält Scudi –.20 für die Abschrift einer Cantata consist.e in 2 fogli di Monsu Endel. Diese Eintragung des Angelo Valerij, seines Amtes *Maestro di Casa* im Hause Ruspoli, in die *Liste delle Spese*, die Liste der Ausgaben, ist die erste, die Händel namentlich erwähnt. Den *Libri delle Giustificazioni*, den sorgfältig geführten Haushaltsbüchern des Marchese Ruspoli, verdanken wir aufschlußreiche Informationen zu Händels Aufenthalt im Hause des Fürsten und über Kompositionen, die Händel hier ausführte. Anhand der Rechnungen und Quittungen von Kopisten, Buchdruckern und -bindern, von Musikern, Kunstmalern, Handwerkern, Möbelverleihern vermag man auf den Tag genau nachzuvollziehen, wann etwa der Eishändler Giovanni Battista Mattei dem überhitzten Monsu Hendel 45 Pfund Eis lieferte. Die Rechnung für die oben genannte Kantate wurde am 26. Februar 1708 in die Haushaltsliste eingetragen. Am selben Tag wurde in Rom auch die Oratoriensaison mit einem Werk Alessandro Scarlattis, dem *Giardino di Rose*, eröffnet. Georg Friedrich Händel war zur Stelle. Aus dem Rausch des extrovertierten, farbentrunkenen Venedig war er rechtzeitig zum Beginn der Fastenzeit wieder im gemessenen, würdevollen Rom angelangt. Ein Kontrast, wie man ihn sich schroffer nicht vorstellen kann.

Ein neuer Oratorienauftrag war der Grund für Händels Einzug in das Haus des Marquese Ruspoli; in den Palazzo Bonelli an der Piazza de Santi Apostoli mußte eigens für den deutschen Riesen ein größeres Bett geschafft werden.

Am Ostersonntag sollte das neue Oratorium *La Resurrezione* aufgeführt werden. Die Vorbereitungen zu dieser teuersten und aufwändigsten Aufführung, die jemals im Hause des Fürsten Ruspoli stattgefunden hatte, begannen früh. Ungewöhnlich viel Zeit wurde Händel bei der Arbeit an seinem ersten geistlichen Oratorium gegönnt: Mindestens sieben Wochen blieben für die Komposition, wie aus den vielen Änderungen in der Dirigierpartitur des Oratoriums, die sich ursprünglich in der römischen Bibliothek des Sammlers Fortunato Santini befunden hatte und 1960 in Münster wiedergefunden wurde, hervorgeht.

Während der Vorbereitungen für das Ereignis pflegte der Marchese weiter die Tradition seiner Sonntagnachmittage. Ein anderes, ein subtileres Versteckspiel als in Venedig, eine spirituelle Maskerade, fand in den

Zahlung für den Transport eines Bettes und andere Einrichtung für Mons'u Endel: 20 baiocchi. LIBRI DELLE GIUSTIFICAZIONI

Zahlung an den Juden für einen Monat Miete für besagtes Bett und leinene Bettsachen: 60 baiocchi. LIBRI DELLE GIUSTIFICAZIONI

anmutigen Gärten auf dem Esquilin statt. Die von Tanz und Klang, Versen und Improvisation erfüllten Nachmittage des Fürsten verklangen zauberhaft in Abende voll bukolischer Phantasien.

Schon sommerlich warm war es, und die arkadischen Hirten, die da unter duftenden Zypressen wandelten, laue Erfrischung an den Fontänen suchten, die in kunstvollen Ruinen lagerten und in den Hütten idealer Wälder ihr stilisiertes und feingeistiges Spiel trieben, hießen für einen Abend nicht Arcangelo Corelli, Alessandro Scarlatti, Benedetto Marcello oder Bernardo Pasquini, nicht Kardinal Ottoboni, Panfili oder Marchese Ruspoli. *Arcomelo Arimanteo* sprach da mit *Terpandro*, *Driante* wandelte Arm in Arm mit dem ernsten *Protico*, weiter hinten sieht man auch den *Acclamato Creteo*, den *Fenizio* und den *Olinto* nahen.

Einen solchen Abend läßt Händel in einer seiner Arien atmosphärisch vor uns aufblühen. Mit der dunklen Farbe der Flöten und der beweglich-zarten Linie der Singstimme malt er regelrecht das Bild lieblicher Bäche, die sich murmelnd und in kunstvollen Serpentinen durch schattiges Grün schlängeln. In der Arie *Vaghe Fonti* aus der Oper *Agrippina* begegnet man der gezähmten barocken Natur der Gärten Ruspolis wieder; hier ist ein friedvolles, ideales Land, hier ist Arkadien.

Für die feierlichen Akademien des Marchese Ruspoli komponierte Georg Friedrich Händel unentwegt: Kantaten, Arien und Instrumentalstücke entstanden. Die arkadische Gesellschaft verlangte nach immer Neuem, so waren auch Wettbewerbe und Improvisationen überaus beliebt. Der junge Deutsche nahm als Gast an den Nachmittagen teil, denn noch hatte er das für ein Mitglied vorgeschriebene Alter von 24 Jahren nicht erreicht. Die Mitglieder dieser künstlichen Welt – internationale Fürsten, Adlige, Kardinäle, Künstler – waren durchaus imstande, Rangunterschiede außer Acht zu lassen. Sie nannten sich *arkadische Hirten* und gaben sich griechisch anmutende Namen.

Ursprünglich war die Akademie 1690 von der im römischen Exil lebenden exzentrischen Königin Christine von Schweden zur geselligen Pflege der Künste gegründet worden. Erklärtes Ziel der ersten Arkadier war es gewesen, die erstarrte italienische Dichtung von künstlichen Manierismen zu befreien und ihr Natürlichkeit und Einfachheit wiederzugeben. Die ehemals nur literarische Akademie hatte sich nun längst auch der Pflege der Musik gewidmet.

Natürlich wurde an den festlichen Nachmittagen auch den leiblichen Bedürfnissen Rechnung getragen. Der deutsche Soldat Corfey, der eine solche Akademie miterlebte, zeigte sich weniger von den künstlerischen als von den kulinarischen Kostbarkeiten beeindruckt: *Die liqueurs, Confi-*

L. F. Corfey

Auf St. Jakobstag wurde der Anfang gemacht von der Accademia d'Arcadia. Es kommen nemblich alle die vornehmste Poeten von Rom beyeinander in prato di Salviati auf die Arth und Manier, wie die Pastores der alten Arkadier pflegten zu thuen, wovon die Leges Arcadum in Palatio Meldung thuen, alwo es auch vor diesen pflegte gehalten zu werden. Sie hatten alda am Hugel im Schatten eines finsteren Walds ein Facon eines Amphitheatri aus Wasen und drei Cardinales Albano, Panfilio, Ottoboni eingeladen. Die meiste Concepten waren Gluckwunschungen, daß der Pabst wieder gesund worden, Italienisch mehr als Lateinisch. Wan sie aber andere lustige und verliebte Sachen ihr Spiritum geschliffen, pflegen sie die Cardinales nicht einzuladen, dan ihre Poesien pflegen auch woll subtile Pasquinaden zu seien, wovon vor unsere Abreise diese wenige erinnern wollen. LAMBERT FRIEDRICH CORFEY

turen und aus Suckerteich so künstlich und zart gemachte Figuren von allerley Invention schienen miteinander […] umb den Vorzug zu streiten.

Händel hat den Köstlichkeiten sicher wacker zugesprochen, dies soll aber auch *der einzige Trieb gewesen sein, dessen völlige Befriedigung er sich erlaubte.*

Am Ostersonntag, dem 8. April 1708, war es dann endlich soweit, das neue Oratorium *La Resurrezione* sollte aufgeführt werden. Ein feierliches, lichtes Werk war es und ein Gegenstück zur dunklen Passion Alessandro Scarlattis, die am Mittwoch der vergangenen Karwoche aufgeführt worden war.

Angespornt von dem vorzüglichen Orchester, das ihm Ruspoli bot, hatte Georg Friedrich Händel eine einzig schöne Musik komponiert. Die vergangenen Monate hatte er genutzt und an Ort und Stelle musikalische Studien getrieben; *La Resurrezione* steht ganz in der Tradition des italienischen Solo-Oratoriums.

Das Libretto stammt von Carlo Sigismondo Capece: Im Himmel disputieren Luzifer und ein Engel in einem Wechsel aus Arien und Rezitativen über den Sinn der Kreuzigung und über die Macht Christi, die Seelen Sterblicher aus der Hölle zu erlösen. Auf Erden klagen Maria Magdalena, Maria Cleophas und der Evangelist Johannes. Wie löst sich alles in jubelnder Freude auf, als ihnen die Auferstehung verkündigt wird!

Keine Kosten und kein Aufwand waren gescheut worden, diese Aufführung sollte alles Bisherige übertreffen, der Oratorienliebhaber Papst Clemens XI. beeindruckt sein!

Ruspoli hatte sogar zusätzliche Musiker engagiert, anhand der Haushaltslisten kann man die genaue Zusammensetzung des von Arcangelo Corelli geleiteten Orchesters rekonstruieren; 23 Violinen, 4 Violen, 6 Celli, 6 Kontrabässe, 1 kleine Baßgeige, 2 Trompeten, 1 Posaune und 4 Oboen bildeten einen für diese Epoche ungewöhnlich imposanten Klangkörper. Normalerweise spielten bei Ruspoli 10 bis 12, bei festlichen Anlässen höchstens 25 Musiker. Luxuriös war außerdem, daß die Proben bereits eine Woche vor der Aufführung begannen.

Zu diesem so sorgfältig vorbereiteten Ereignis wurden eine solche Menge Menschen erwartet, daß man die Bühne aus dem ersten Stockwerk des Palazzo Ruspoli in das geräumigere Erdgeschoß verlegen mußte. Erhalten gebliebene Rechnungen des Schreiners Crespineo Pavone ermöglichen es, den gewaltigen Aufwand, der auch in der Dekoration getrieben wurde, bis ins Detail nachzuvollziehen.

Die Eleganz und Raffinesse der Bühne suchte ihresgleichen, selbst die aufwändig geschnitzten Notenständer waren neu und vergoldet.

Gerühmt wurde später von den begeisterten Zuschauern vor allem der pompöse Hintergrundvorhang, er stellte den Inhalt des Oratoriums, die

Diese „Conversazioni" sind wirklich, was ihr Name sagt; man spaziert in den Gemächern auf und ab und unterhält sich, manchmal wird musiziert, immer aber gibt's Schokolade und Eiswasser die Fülle. Noch mehr liebe ich die vorzüglichen Sorbetts mit Zimt, die gehaltvoller sind als die dünnen mit Limonade und doch nicht so derb wie das Gefrorene. CHARLES DE BROSSES

Heute Abend gab der Marchese Ruspoli im Palazzo Bonelli […] ein wunderschönes musikalisches Oratorium, […] in Anwesenheit zahlreicher Adliger und einiger Kardinäle. FRANCESCO VALESIO, 8. 4. 1708,

47

Auferstehung des Herrn, bildlich dar. Fürstlich war auch die Bezahlung der Künstler, zusätzlich zu ihrem Honorar erhielten sie kostbare Ringe, das Haushaltsbuch führt auf:

> ein Rosendiamant, mit Rubinen und Diamanten, ein anderer mit 16 kleineren Diamanten, ein Smaragd mit sechs Diamanten.

Lista delle Giustificazioni

Händels Name taucht allerdings nicht auf, es ist unbekannt, wie Ruspoli ihn für das Oratorium honorierte.

Die Aufführung der *Resurrezione* wurde ein rauschender Erfolg. Der Römer Valesio notierte in seinem Tagebuch, daß fünf Kardinäle und Mitglieder der allerhöchsten adeligen und bürgerlichen Gesellschaft anwesend waren, und daß es eine prachtvolle Aufführung war.

Leider war die Premiere auch ein Skandal. Die Hauptrolle der Maria Magdalena sang anstelle eines Kastraten die begnadete Margarita Durastante. Diese Sensation war in aller Munde, sogar der bayrische Gesandte Graf Lambach berichtete darüber nach München. Der Papst reagierte mit einem strengen Verweis. Am Ostermontag glätteten sich aber die Wogen. Es wurde eine weitere Aufführung angesetzt, und diesmal sang, papstgerecht, ein Kastrat.

Dreimal wurde das Oratorium *La Resurrezione* aufgeführt, ein ums andere Mal prächtig und mit vielem Aufwand. Der Andrang war so groß, daß man 1500 Textbücher drucken mußte – für die Oratorien des berühmten Alessandro Scarlatti druckte man gewöhnlich nur 300 Stück! Es war ein einmaliger, ein überwältigender Erfolg.

Auch dieses Oratorium ließ Georg Friedrich Händel nie wieder aufführen. Er nutzte es aber später in gewohnter Weise als Ideenquelle für neue Kompositionen.

Dal Marchese Ruspoli si sono sentiti buoni Oratori per lo più la compositione del Virtuoso Sassone. Ultimamente vi fece cantare una sua Canterina che tiene in Casa; fù fatto chiamare dall'Em^mo Paolucci; che li rappresentò venir' poco gusto inteso, che facessir cantare in sua casa e con palchi canterine, e li ordinò il desistere senz'altre repliche; et alla Cantarina non potesse cantare in lioghi pubblica pena la frusta, con L'Esilio. GRAF LAMBACH, AN DEN BAYRISCHEN HOF, 17. APRIL 1708

PASTA CON FRUTTI DI MARE ⌐Miesmuscheln, Venusmuscheln, Garnelen, einige möglichst kleine Tintenfische

Anfang Mai verzeichnete der Maestro di Casa die Rückgabe des für Händel gemieteten Bettes, und die Summe von 38,75 Scudi in der Haushaltsliste. Es war der Betrag für Speisen und Getränke des Monsú Endel, der zwei Monate im Hause Ruspoli gewohnt hatte. Die erstaunliche Höhe des Betrages zeigt sich im Vergleich mit dem Gehalt der Primadonna Margarita Durastante, sie erhielt monatlich 20 Scudi. Der Komponist Caldara bekam ebenfalls 20 Scudi, ein einfacher Bassist 10 Scudi.

Der Marquese Ruspoli fuhr nun aufs Land in seine Villa in Vignanello; die Scarlattis reisten ab, Corelli verließ die Stadt. Clemens XI. gab Befehl, von den achtzehn Toren Roms acht zuzumauern – es wurde höchste Zeit zu gehen: Prinz Eugen zog kriegerisch gegen Rom. Auch Händel sah sich gezwungen, die Stadt zu verlassen.

Er ging nicht gern. Stammt eine mit *Partenza [Abschied – A.K.]* überschriebene Kantate aus diesen Wochen? Von allen Städten, in denen er in Italien weilte, muß ihm diese Stadt, die in ihrer gelassenen majestätischen Ruhe wie keine andere dem händelschen Wesen entsprach, die liebste gewesen sein. Gefangen von der einmaligen Atmosphäre schrieb auch de Brosses:

> Ja ich glaube, ich beschriebe lieber das ganze übrige Italien viermal, als Rom einmal. Denn Rom ist wirklich schön, ja so schön, daß mir verglichen damit alles andere Bagatelle scheint.

Eine labyrinthische, eine stinkende Stadt, das war Rom zu Händels Zeiten auch. Die engen Gassen und Sträßchen stammten oft noch aus antiker Zeit, erbärmliche Hütten wechselten regellos mit den schönsten Palästen. Auf dem Forum Romanum weideten Schafe, hausten, wie auch heute noch, Hunderte huschender, unheimlicher Katzen aller Größen und Farben. 240 Klöster drängten sich in einer Stadt mit 150 000 Einwohnern, Kirchen ohne Zahl zwängten sich zwischen eng stehende Häuser.

Mittendrin aber blühte das barocke Rom, Bernini war erst 26 Jahre tot. Die uralte Stadt wurde von dem breiten und ruhigen Tiber damals in zwei ungleiche Hälften geteilt, auf der einen Seite lag der vorwiegend barocke Teil, auf der anderen das kleine und ärmliche Trastevere. Erst im Jahr 1876 wurde der bis dahin launische Fluß innerhalb Roms kanalisiert, eine Erleichterung für die Römer: *Die Tibur ist ein trübes Wasser und, wiewoll die Ufer sehr hoch seint, fliest sie dannoch öfter über und causirt großen Schaden [...].*

C. de Brosses

L. F. Corfey

Im Sommer werden alle Plätze und Spatzirgenge mit Wasser begossen, so in einen Augenblick geschehen ist, nemblich es wird ein großes Fas auf einem Karren geführt und hinten im Zapfenloch eine lederne Rohre, ungefer 6 Fues lang und 3 dick, befestiget mit einen kopf, wie die Gartensprützen in Teutschland haben, so von einen Kerl mit ein Seil hin und her geschwungen wird. Lambert Friedrich Corfey

Wie Sie wissen, genießt der Tiber außerhalb seines Vaterlandes keines hohen Ansehens: ja man hält ihn nicht selten für einen kümmerlichen, gelben Gebirgsbach. Damit tut man ihm aber Unrecht. Wohl ist er so gelb oder noch gelber als irgendeine gelbe Schönheit des Reiches Bedschapur, hat aber doch immerhin die Breite unserer mittleren Ströme [...]. Da er jedoch nicht lange vorher aus den Bergen kommt, ist er ziemlich reißend und tritt bei starken Regengüssen oder Schneefällen plötzlich über die Ufer. Dann ist er außer Rand und Band und benimmt sich wie ein rauflustiger Junge; wir haben ihn schon in seiner vollen Glorie gesehen." Charles de Brosses an Herrn von Blancey u. Herrn von Neuilly, Rom, Oktober 1739

beobachtete der deutsche Hauptmann Corfey und bezeichnete den Tiber, von dem es hieß, daß er in seinem Schlamm die Pest berge, als *nichtsnutzes Rivier*. Berüchtigt unter den Reisenden war besonders die Luft im damaligen Rom, die als ungesund galt. Den Ratschlag der Reisehandbücher, stets in allen Dingen Maß zu halten, befolgte nicht nur der Hauptmann Corfey ängstlich.

L. F. Corfey

> *Es tötet die Fremden, die sich hier niederlassen, die schlechte Luft Roms, den Einheimischen ist sie nicht angenehm. Fremder, damit du hier am Leben bleibst, soll dir der siebte Tag Medizin geben. Fern bleibe scheußlicher Geruch, die Anstrengung sei mäßig, vertreibe Hunger und Kälte, Genuß und Liebe laß fort, und es gelüste dich nicht, aus kalter Quelle den Durst zu stillen.*

Ob Händel einen Blick für die künstlerischen Reichtümer Roms hatte? Er war ein Augenmensch, heißt es. Der Besuch einer Gemäldegalerie soll für den Komponisten die angenehmste Erholung von musikalischer Arbeit gewesen sein. Später besaß Georg Friedrich Händel sogar selbst eine kleine Sammlung erlesener Gemälde, darunter zwei Rembrandts. Vielleicht ist er ja nach seiner Ankunft in Rom ebenso wie Charles de Brosses *schleunigst an diesen Ort der Wonnen*, den Vatikan gelaufen, um den *göttlichen Raffae!* zu sehen. Mainwaring jedenfalls bestätigt Händel ein tiefes Interesse an der Bildenden Kunst.

C. de Brosses
J. Mainwaring

> *Rom machte ihn durch tagtäglichen Umgang mit dem besten, was in diesem Bereiche vorhanden ist, zu einem leidenschaftlichen Liebhaber derselben.*

Hinter allen diesen Freuden und Genüssen, geistiger wie leiblicher Art, lauern jedoch für den Fremden in Rom zwei tückische Dämonen: die große Unreinlichkeit in den Gassen, deren pestilenzialische Dünste übrigens den sonst in Dingen des Geruchsorgans so sehr empfindlichen Römer gar nicht afficiren, und die Aria cattiva, welche [...] den Aufenthalt für den Nichteingeborenen zu dem ungesundesten macht, den man sich denken kann, da die bösartigsten Fieber in ihrem Gefolge sind. Wer es vermag flieht daher während dieses Zeitraumes die Stadt der Städte und sucht in angenehmer Villeggiatura Geist und Sinn zu erstarken. Zu anderen kleinen Unannehmlichkeiten rechnen wir noch die mangelhafte Polizei, die schlechte Beleuchtung, die grenzenlose Bettelei u.s.w.; doch kommt man mit etwas leichtem Sinn, guter Laune und Muth leicht darüber hinweg. DAMENKONVERSATIONSLEXIKON 1837

RIECHSALZFLÄSCHCHEN Gold.
Frankreich. 18.Jahrhundert

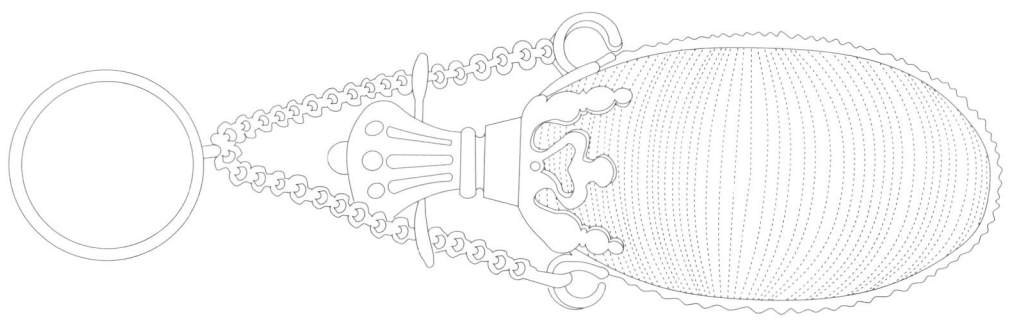

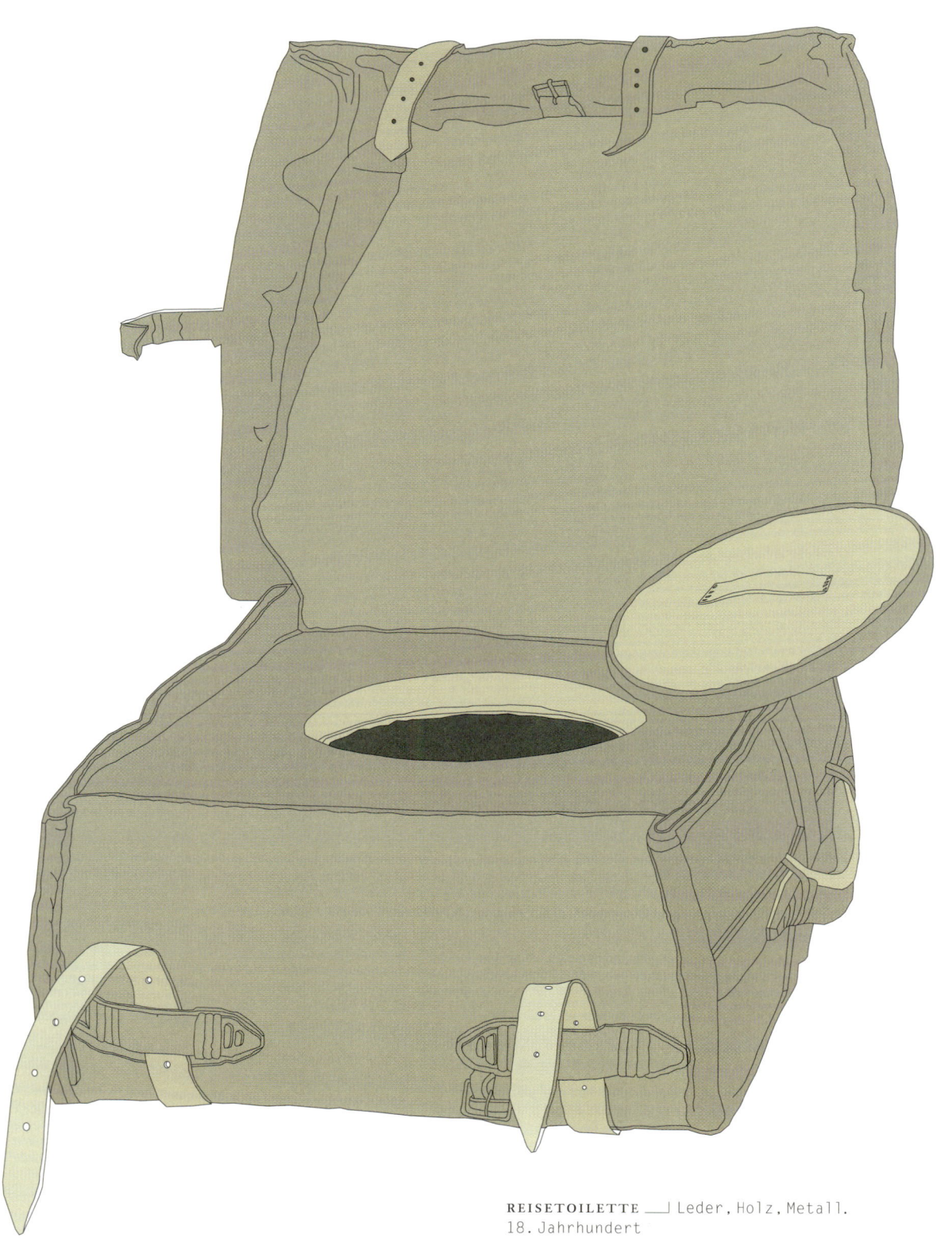

REISETOILETTE ⌟ Leder, Holz, Metall,
18. Jahrhundert

Rom leerte sich. Wer konnte, verließ eilig die Ewige Stadt. Auch Georg Friedrich Händel machte sich auf den Weg. Er reiste nach dem Süden, in das Königreich Neapel. Um 1710 gab es zwei Möglichkeiten, die zweihundert Kilometer von Rom nach Neapel zu bewältigen: den kürzeren Seeweg und den Landweg auf der Via Appia,

dem größten und schönsten Denkmale, daß uns das Altertum hinterlassen hat und gleichzeitig seinem ehrwürdigsten, da dies erstaunlich gewaltige Unternehmen keinen anderen Zweck als das öffentliche Wohl hatte.

Ob Georg Friedrich Händel auf dem Tiber bis Fiumicino fuhr und sich dort einschiffte wie die Brüder Corfey, oder wie der Franzose de Brosses den Landweg wählte, wissen wir nicht. Er kam aber wohlbehalten in der lärmenden Weltstadt an, wo er schon ungeduldig erwartet wurde.

So lange er in Neapolis verharrete, ließen ihn die vornehmsten Herren, welche daherum wohnten, zu sich bitten; und glücklich war derjenige, der ihn zuerst erhielt, und am längsten bewirtete.

Der Herzog von Alvito gab sich die Ehre, die neue Berühmtheit zu beherbergen. Unter den anderen gastfreundlichen Herren, die sich um den Komponisten bemühten, war auch Kardinal Vicenzo Grimani; er stand kurz vor seiner Ernennung zum Vizekönig des in spanischem Besitz befindlichen Königreiches von Neapel – ein bedeutender Herr. Mit ihm gewann Händel einen neuen gewichtigen Protektor, und nicht nur das: Grimani entwarf für Georg Friedrich Händel den Text für eine neue Oper. Mit größerem Talent als der römische Panfili schrieb Kardinal Grimani ein witzig-feines Libretto und traf damit wohl den Nerv Händels. Tonangebend in der aufstrebenden Opernstadt Neapel war Händels alter römischer Bekannter Alessandro Scarlatti. Neben anderen lokalen Berühmtheiten lernte Händel den jungen Nicola Porpora kennen, der soeben seine ersten Schritte auf dem Gebiet der Oper machte und Jahre später in England sein gefährlichster Rivale sein würde. Viel zu lernen und zu sehen gab es für den wißbegierigen Händel in Neapel, das Charles de Brosses gar für die *Hauptstadt der musikalischen Welt* hielt. Die lebensdurchpulste, schillernde Stadt, die mit 400.000 Einwohnern wesentlich volkreicher als das alte Rom war, befand sich im musikalischen Aufbruch und hatte der Opernstadt Venedig bereits den Rang abgelaufen.

Ich reise lieber von Dijon nach Paris, obwohl das weiter ist, als von Rom nach Neapel; denn außer den schlechten Straßen hat die Strecke das Üble , daß Sie nirgends auch nur halbwegs erträglich unterkommen. Worte wie: Küche, Lebensmittel, Essen, Kochtöpfe und so weiter, sind in der Sprache dieses Landes völlig unbekannte Laute. CHARLES DE BROSSES

55

Im 18. Jahrhundert bestimmte nun nicht mehr die Lagunenstadt, sondern Neapel den Opernstil. Diesen neuesten, modernen Stil zu studieren hatte Händel nun Gelegenheit, und er wird es ausführlich getan haben. Sicher besuchte der Musiker auch die berühmten Konservatorien Neapels, in denen die besten Kastraten der Welt erzogen wurden.

Volkmann

> *Die meisten Kastraten, welche in und außer Italien singen, sind aus der neapolitanischen Fabrik, weil Armuth und der unglückliche Reiz des Gewinnstes das Volk grausam genug macht, die Kinder auf diese Art zu verstümmeln, zumal wenn sie mehr Söhne haben. Die Italiener schätzen solche Stimmen, wenn sie schön sind, so hoch, daß die Entrepreneurs der Opern große Summen dafür bezahlen.*

Viele Eltern dieser sehr armen Region Italiens ließen die grausame, halb-offizielle Operation an ihren Söhnen vornehmen und schickten sie in die Konservatorien, die eine einzigartige musikalische Ausbildung boten. Das Risiko war hoch, daß die Knaben ihre Stimme verloren und in ihrer tragischen Lebenssituation nicht einmal Trost in Ruhm und Wohlstand fanden. Immerhin stand Kastraten eine Priesterlaufbahn offen.

Die einzigartig schöne Lage Neapels muß Händel besonders beeindruckt haben. War diese sanfte, üppige Landschaft nicht ein Arkadien, wie man es schöner kaum besingen konnte? Es verwundert nicht, daß sich Händel in einer solchen Umgebung dem Reichtum an Volksweisen zuwandte, Melodien der Hirten notierte, die Siziliana unter den Tanzweisen für sich entdeckte. Eine freundliche Erinnerung an die einfachen Melodien der Pifferari, der kalabresischen Hirten, klingt noch Jahre später im *Pastorale* des *Messias* auf.

Aber auch Neapel selbst besaß damals einen einzigartigen Reiz. Bevölkert von einem internationalen Menschengewirr herrschte eine weltstädtisches Flair in der unüberschaubar großen Hafenstadt. Durch die Straßen rollten reich geschmückte Equipagen, die Herrschaften pflegten einen breiten Lebensstil und schwelgten in Prunk und Protz. Die geistige Atmosphäre allerdings, so schilderten es Reisende, wirkte beklemmend.

C. de Brosses

> *Es herrscht ein unangenehmer Ton hier, selbst die Gesellschaften sind unerquicklich, da über allem ein Hauch von Aberglauben und Zwang liegt.*

Der nordische Reisende de Brosses war von der Maßlosigkeit Neapels abgestoßen, das unbekümmerte Miteinander von Geschmacklosem und üppig zur Schau gestelltem Reichtum konnte den Romgewohnten nicht befriedigen, er sehnte sich nach Rom zurück, *wo man in der ganzen Welt am besten lebt und am zwanglosesten zu verkehren weiß.*

Händel blieb nicht lange in Neapel. In den zwei Monaten arbeitete er an der neuen Oper zu Grimanis Libretto und schuf eine Kantate, *Se tu non lasci amore.* Von Donna Aurora Sanseverino, der Gattin des Herzogs von

---

Man behauptet, daß von hundert kaum einer geräth, und eine recht schöne Stimme bekommt. Es scheint, daß man in Rom dieses barbarische Verfahren dadurch billigt, daß es diesen elenden Geschöpfen, wenn es mit der Stimme fehl schlägt, erlaubt wird, Priester zu werden […]. da die Priester nach dem kanonischen Rechte keinen Leibesfehler haben, und unverstümmelt seyn müssen, so hat man glücklicher Weise den Gesetzen die Erklärung zu geben gewußt, daß diese Priester für unverstümmelt gehalten werden, wenn sie bey der Messe nur dasjenige, was sie durch die Operation verloren haben, bey sich führen. Volkmann

Hier im Neapolitanischen begriff Händel auch erst recht den wahren Sicilianenstyl, in welchem er nachher so viel Schönes gesetzt hat. Den besten Theil seines Wissens und seiner Kunst nahm er aus der Anschauung des Lebens her; es paßt daher so ganz zu seiner Natur, daß er sich eben an diesen Orten die Musik der verschiedenen Nationen vorführte. John Mainwaring

Seine Lage zwar ebensowohl wie das Stadt-bild ist ganz köstlich […]. Aber wirklich schöne Gebäude gibt es hier gar nicht, […] die Springbrunnen auf den Plätzen sind kümmerlich, die Straßen wohl gerade, aber eng und schmutzig, […] die zu Unrecht gepriesenen Kirchen zeigen vielen Schmuck ohne Geschmack und prunken ohne wirkliche Pracht […] Der berühmte Neapeler Hafen ist weder schön noch zweckmäßig. Charles de Brosses

Laurenzano, in Auftrag gegeben, entstand eine Serenata: *Acis, Galatea e Polifemo*. Sie war für die Vermählung ihrer Nichte Beatrice mit Händels Gastgeber, dem Duca d'Alvito gedacht. Den Text für die Miniatur-Pastoraloper hatte der Privatsekretär der Herzogin, Abbate Nicola Giuvo, nach den Metamorphosen des Ovid geschrieben. Der Inhalt der Serenata war für eine Hochzeit allerdings seltsam gewählt, wird hier doch die unglückliche Liebe der Galathea, einer Tochter des Meeresgottes Nereus, zu Acis, einem Königssohn beschrieben. Polyphem, ein ungeschlachter Riese, liebt Galathea seinerseits und erschlägt den Nebenbuhler Acis mit einem Felsblock. In ihrem Schmerz bittet Galathea ihren Vater, das Blut des Geliebten in eine silberne Quelle zu verwandeln und den Toten als Flußgott wiedererstehen zu lassen.

Händel wendete den tragischen Mythos ins unterhaltsam-leichte, sicher mit Blick auf den frohen Anlass der fürstlichen Hochzeit. Der grausame Riese, der im Mittelpunkt der kleinen Oper steht, wandelte sich unter seiner Feder zu einem plump-lächerlichen Tölpel. Jede einzelne Person, sogar jedes Gefühl – Eifersucht, Rache, Liebessehnsucht, Begierde – charakterisierte Händel mit einer anderen Tonart und Klangfarbe. Das war etwas vollkommen Neues.

Das Stück wurde in Neapel bald nur noch *la famosa serenata* genannt, es war ein großer Erfolg für Georg Friedrich Händel. Exklusiv für die fürstliche Feier komponiert, kam es nur noch zweimal zur Aufführung.

Dem Komponisten muß die traurige Liebesgeschichte jedoch gefallen haben, er griff den Stoff in London wieder auf und schrieb das Oratorium *Acis und Galathea*.

In großer Eile reiste Händel aus Neapel ab, hätte er sonst nicht die Uraufführung seiner Serenata am 16. Juni 1708 abgewartet? Ein anderer muß die Premiere der kleinen Oper geleitet haben, das Haushaltsbuch des Marchese Ruspoli jedenfalls zeigt am 14. Juli die Zahlung einer Kantate an Händel, und damit seine erneute Anwesenheit in Rom.

Neapel ist eine uberaus alte Stadt, hat vor diesen Parthenope geheißen […] Sie wird la gentile genennet, ist sehr volckreich, hat lauter gerade Gassen und ein schönes Pavè von großen Quadersteinen, welches man sonsten nicht leicht finden wird […] Die Kirchen seint durchgehens prägtig von Marmor, Silber, Gold und köstlichen Parameten, die Heuser hoch, massiv und oben platt. Die Leute gehen alle auf spanisch gekleidet, dahero man sich nicht verwundern mues, wan einen auf der Gassen die Dons begegnen, mit almegtigen großen Brillen auf den Nasen und eine Spada an der Seiten […] Die Hüthe, wan sie auch nur von Stroh seint, mussen doch inwendig und auswendig mit Taffet gefudert seien, welche sie nimmer, weder im Hause, weder bey der Arbeit und kaum in den Kirchen quitiren. Es ist alda simblich wollfeil zu leben, der Wein aber viel zu starck. VOLKMANN

SCHNALLEN ⌐ Silber, Diamanten, Gold. 18. Jahrhundert

Lista delle Spese

Lähmend heiß sind die römischen Sommertage, in Totenstille erstarren die glühenden Gassen. In dieser unerquicklichsten Zeit des Jahres, in der jeder Römer die Stadt möglichst flieht, kehrte Georg Friedrich Händel zurück. Erträglich war die drückende Hitze auch in diesem Sommer wohl nur in geschlossenen, abgedunkelten Räumen. Am 30. Juli 1708 findet man in der Haushaltsliste des Fondo Ruspoli einen Vermerk über die Lieferung von Vorhängen für *Monsú Hendels* Räume. Wieder war er Gast im Hause Ruspoli. Wieder unterrichtet uns das Haushaltsbuch getreu von den regelmäßigen und üppigen Lieferungen der *cibarie del Sassone*, und auch davon, daß Händel schließlich Mitte September das gastfreundliche Haus und die heilige Stadt erneut verließ.

Die folgende Zeit liegt weitgehend im Dunkeln. Erst ein Jahr später finden sich Händels Spuren in Florenz, am Hofe des Granprincipe de Medici wieder. Und schon führen sie auch von hier wieder weg: Händel machte sich auf den Heimweg. Als er im November 1709 in Florenz aufbrach, trug er ein Empfehlungsschreiben des Prinzen Ferdinando de Medici an Karl Philipp von Pfalz-Neuburg in Innsbruck bei sich. Der Granprincipe zählt in seinem Schreiben geflissentlich die Tugenden des Gastes auf: Herr Giorgio Federigo Hendel habe eine ehrenwerte Gesinnung, er sei begabt mit feinen Manieren, beherrsche die italienische Sprache mit großem Geschick und besitze ein wahrhaft mehr als mittelmäßiges Talent für die Musik.

Ehe jedoch ganz von Abschied die Rede war, lieferte der mit mehr als mittelmäßigem Talent begabte Signor Hendel noch ein furioses Finale seiner Italienreise und sich selbst die Fahrkarte in den nächsten Lebensabschnitt.

Im Winter 1709/1710 kam in Venedig seine Oper *Agrippina* zur Aufführung. Sie wurde im Teatro di San Giovanni Crisostomo, einem der drei venezianischen Theater der Familie Grimani, aufgeführt, welches als das vornehmste und prächtigste der ganzen Stadt galt. Es war die 441. Oper, die seit 1673 in Venedig aufgeführt wurde, und die 56. Oper im Teatro San Giovanni Crisostomo.

Sensationelle 27 Mal mußte die *Agrippina* wiederholt werden. Es wurde ein Triumph, der seinesgleichen suchte. Noch beachtenswerter machte den

Nel tempo che si é qua trattenuto Giorgio Federigo Hendel, nativo di Sassonia, si é fatto conoscere si dotato di onorati sentimenti, di Civili maniere, di gran pratica delle lingue e di talento piú che mediocre nella Musica, che siccome egli ha saputo conciliarsi tutta la mia piú cordiale benevolenza, cosí, nel suo ritorno in Germania, non ho io (potuto) non procurargli tutti gli appoggi piú validi, e, specialmente, la piú divota, benigna considerazione di V. A., portata dal nobilissimo Genio ad onorare i soggetti di Virtú e di spirito [...]

EMPFEHLUNGSBRIEF FERDINANDO DE MEDICIS AN KARL PHILIPP VON PFALZ-NEUBURG

Erfolg der Oper, daß das Theater lange Zeit geschlossen war, und die Theater Gasparinis und Lottis zur selben Zeit ebenfalls sehr erfolgreiche Opern aufführten. Im Orchester der *Agrippina* spielte auch ein gewisser Gianbattista Vivaldi die Geige – der Vater des rothaarigen Komponisten. Ob sich aber Georg Friedrich Händel und Antonio Vivaldi in Venedig begegnet sind, entzieht sich unserer Kenntnis.

Was das begeisterte Publikum der *Agrippina* nicht wußte (und was es gewiss auch nicht interessiert hätte) war, daß die neuartige Oper zum größten Teil, zu ganzen fünfundachzig Prozent aus bereits vorhandenem – und nicht nur eigenem – Material „zusammengestückt" war, wenn man einen solchen Begriff für die feine und psychologisch schlüssige Art, in der Händel ein überzeugendes Ganzes schuf, anwenden darf. Die *Agrippina* ist ein Meisterstück der italienischen Jahre.

J. Mainwaring

Es war ein solch rauschender Erfolg, wie er selbst dem Erfolggewohnten bisher nicht vergönnt gewesen war. Man kann ruhig behaupten, daß Venedig Kopf stand. Das Publikum war *gleichsam wie vom Donner gerührt*, will man Mainwaring glauben.

An einem kalten Wintertag des Jahres 1709 ist das Theater San Giovanni Crisostomo festlich beleuchtet. Dick in Mäntel verpackte Gestalten steigen in der Dunkelheit aus den Gondeln, tauchen in den Lichtkreis des Opernhauses, verschwinden eilig hinter den schweren Türen, die ein livrierter Diener stumm öffnet und wieder schließt. Unangenehm weht die feuchte Kühle unter Mäntel und Kapuzen. Das schwarze Wasser plätschert leise, wenn eine neue Gondel anlegt.

Innen ist es anheimelnd warm, zu warm fast, die Luft summt von Geschwätz und Lachen, schwer liegt der Geruch von Kerzen und Fackeln über den Reihen; schon senkt sich der gigantische, mit tausenden Kerzen besteckte Leuchter herab, das tuschelnde, aufgeregte Publikum beugt sich über die Textbücher, zündet Wachslichter an, um besser sehen zu können. Aus dem Halbdunkel leuchtet hie und da das Rot einer Kardinalsrobe.

Ein hintergründiges Stück soll diese erste Oper der Karnevalssaison sein, der Anspielungen voll! Ein germanisch-römisches Intrigenspiel. Man ist gespannt.

Und da hebt sich der Vorhang: Claudio, Agrippina, Nero, Pallas, Narziß, Lesbos, Poppea, Ottone; sie lieben, weinen, trauern, sehnen, hassen, lügen. Sie verwirren sich in verschlungen hinterhältige Verschwörungen, verstrickten sich in Leidenschaft, treiben ein ränkevolles Spiel auf Leben und Tod, Macht und Ruhm. Dramatischer kann es kaum noch werden. Das ist eine Oper ganz nach Geschmack des Publikums! Und jeder im Saal versteht die Satire auf den päpstlichen Hof, jede Anspielung wird hell bejubelt.

Wir haben kaum eine Vorstellung von dem Eindruck, den Musik auf ein italiänisches Publikum macht. Es geht kein bedeutender Ton verlohren. Der kleinste wohlangebrachte oder unerwartete Vorschlag, ein fremdes Intervall erregt ein allgemeines Seufzen und Stöhnen oder Jauchzen, und der Ton ihres Ausrufs ist immer so ganz bestimmt leidenschaftlich, drückt immer so ganz den Eindruck aus, daß der Tonkünstler, der Sinn dafür hat, nie einen Augenblick ungewiß seyn kann, ob und welchen Eindruck sein Werk gemacht hat. […] das kleinste Geräusch kann die Zuhörer mit starr auf den Sänger gehefteten Augen flehentlich rufen machen: zito zito per carità! (Still, um Gottes willen, still!) Ein süßes einschmeichelndes Rondo kann ein ganzes Publikum in die höchste Wollust versetzen; ein brillantes mit Bravour vorgetragenes Allegro kann es außer sich bringen und laut Jauchzen und Jubeln machen. Und da äussert dann jeder den Beifall nach seinen eigenen Worten und Tönen, und das letzte allgemeine Klatschen und Toben im Theater gereicht oft nur zur Befriedigung und Erholung der Zuhörer. JOHANN FRIEDRICH REICHARDT

Aber diese Musik! Unter Klatschen und Toben und Bravo-Rufen beginnen und verklingen an diesem Abend die Arien. Das eben noch schwatzende, tratschende Publikum verschmilzt zu einem einzigen seufzenden, ächzenden, *Ah* und *Oh* rufenden Körper, wenn sich die Figuren da vorn preisgeben in all ihrer Menschlichkeit. Ein Teufel ist dieser Sachse, welche Komödie malt er da mit Tönen. *Viva il caro Sassone, es lebe der liebe Sachse!* rufen sie, und *Bravo, bravissimo!*.

> *Jedermann war, durch die Größe und Hoheit seines Stils, gleichsam vom Donner gerührt: denn man hatte nimmer vorher alle Kräfte der Harmonie und Melodie in ihrer Anordnung, so nahe und gewaltig miteinander verbunden gehöret.*

Es riß das Publikum von den Sitzen, es applaudierte,

> *daß ein Fremder aus der Art, mit welcher die Leute gerühret waren, sie alle miteinander für wahnwitzig gehalten haben würde.*

Im tobenden Publikum saß auch ein gewisser Herr Baron Kielmannsegge, Oberstallmeister des Kurfürsten von Hannover. Noch viermal sah er sich die *Agrippina*, den großen Erfolg der Saison an, dann war sich der wichtige Herr seiner Sache sicher. Er begab sich zu dem jungen Georg Friedrich Händel und bot dem neuen, strahlenden Star der Opernwelt die Stelle eines Kapellmeisters in Hannover an. Händel nahm an, den Blick bereits nach viel weiter als nach Deutschland gerichtet. Sein starkes und unternehmungsfreudiges Wesen drängte voran, Italien lag hinter ihm.

Richterliche Talarträger, die Mäntel der Nobili, die Kaftane der Türken, Griechen, Dalmatiner und Levantiner aller Stämme, Männer und Weiber, die Schragen der Marktschreier und Taschenspieler, predigende Mönche und Marionetten, das alles steht und wirbelt allstündlich auf diesem Platz durcheinander und macht ihn im Verein mit der rechtwinkligen Ausbiegung, in die er sich bei der Chiesa di San Marco erweitert, zum schönsten und sonderbarsten Platze der Welt [...]. Von ihm aus überblickt man dies seltsamste Gemisch, in dem sich hier Meer und Land, Gondeln und Kramläden, große Schiffe und Kirchen, Ankömmlinge und Abreisende in jedem Augenblicke mengen und entwirren. CHARLES DE BROSSES

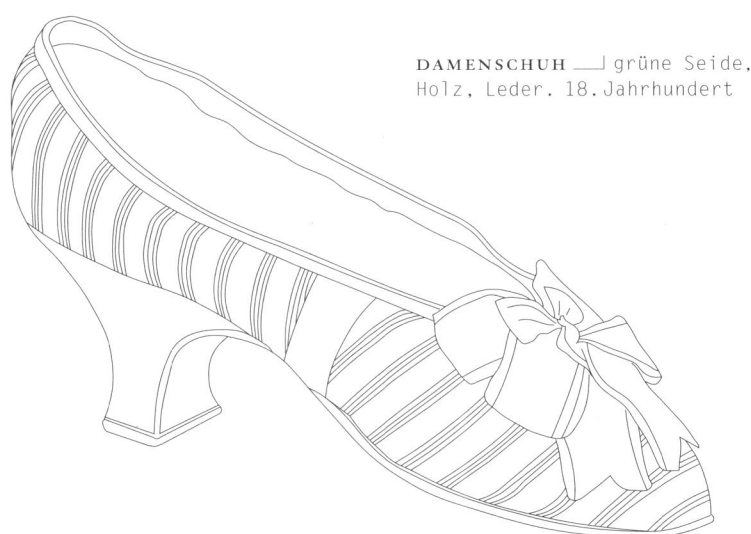

DAMENSCHUH ⌐ grüne Seide, Holz, Leder. 18. Jahrhundert

Zeittafel

Georg Friedrich Händel macht in Hamburg die Bekanntschaft des Gran-principe di Toskana, Ferdinando de Medici.

Spätsommer / früher Herbst Händel verläßt Hamburg und tritt seine große Italienreise an.

Aufenthalt in Florenz am Hofe des Granprincipe di Toskana, Ferdinando de Medici.

Spätherbst Georg Friedrich Händel verläßt Florenz und reist weiter nach Rom.

Zu einem unbestimmten Zeitpunkt erreicht Händel die Ewige Stadt.

14. Januar Tagebucheintragung des Römers Francesco Valesio zur Ankunft eines erstaunlichen Sachsens.

Händel spielt in der Kirche San Giovanni in Laterano in Rom die Orgel und erregt großes Aufsehen.

Bekanntschaft mit den Kardinälen Pietro Ottoboni, Benedetto Panfili und Carlo Colonna, sowie dem Fürsten Ruspoli.

12. Februar Rechnung des Kopisten Alessandro Ginelli zu *Il delirio amoroso.* (frühester Beleg einer Tätigkeit für den Kardinal Panfili).

18. Februar wahrscheinlich Aufführung der Kantate *Il delirio amoroso.*

Beendet in Rom den Psalm 109 *Dixit Dominus*.

Eintrag in der autographen Partitur: *S. D. G. / G. F. Hendel / 1707 / (4.[?]11[?]) d'aprile / Roma (e)* Komponiert wurde der Psalm wahrscheinlich in Auftrag des Kardinals Carlo Colonna.

14. Mai
Kopistenrechnung von Antonio Giuseppe Angelini für das Oratorium *Il trionfo del tempo e del disinganno*. Wahrscheinlich Erstaufführung im Collegio Clementino.
Text: Benedetto Panfili

16. Mai
Zahlungsvermerk im Haushaltsbuch:
Kopien bezahlt für diverse Kantaten siehe Beleg.
(Auftraggeber Ruspoli)
Kantate: *Diana Cacciatrice*

12. Juni, Pfingstsonntag.
Aufführung von *O qualis de coelo sonus* in der Klosterkirche San Sebastiano in Vignanello (Landsitz Ruspolis).

13. Juni
Motette *Coelestis dum spirat aura* wird ebenda aufgeführt.

26. Juni, Sonntag.
Palazzo Bonelli: vermutlich Aufführung der Kantata *Armida abbandonata*

30. Juni
Zahlungsvermerk im Haushaltsbuch:
(Fondo Ruspoli, Libri delle Giustificazioni, Lista delle spese), gemacht in Vignanello: *fünf Werke*.

6. Juli
Zahlungsvermerk, beachtliches Honorar für Händel (83 Scudi), wahrscheinlich für die Kantate *Il Consiglio*.

8. Juli
Händel beendet in Rom die D-Dur Fassung des 112. Psalms *Laudate pueri Dominum* (handschriftlicher Eintrag).

13. Juli
beendet in Rom den Psalm *Nisi Dominus*.

16. Juli
Fest der Madonna del Monte Carmel.
Es erklingt eine Motette Händels (Kopie in der Colonna-Bibliothek, mit dem Vermerk: *[…] für das Fest […]*).

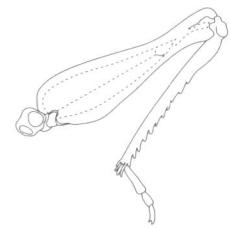
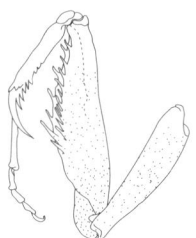

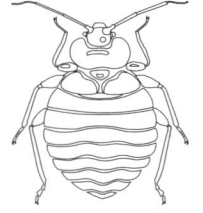

20. September
Casa Panfili. Eintrag der
Kopistenrechnung für
das Oratorium
La Bellezza ravveduta.

22. September
Zahlungsvermerk
der Casa Ruspoli für
das Abschreiben
verschiedener Kantaten.

24. September
Brief des Sekretärs von
Ferdinando de Medici
an selbigen: Erwähnung
Händels als *famoso sassone.*
Beweis für seinen
Aufenthalt in Rom.

14. Oktober
Zahlungsvermerk der
Casa Ruspoli:
Kopistenrechnung für
eineKantate

Händels erste italienische
Oper, *Vincer se stesso e la
maggior vittoria (Rodrigo)*
wird in Florenz am
Teatro Cocomero
wahrscheinlich auf-
geführt. Auftraggeber
ist der Granprincipe
di Toscana, Ferdinando
de Medici. Händel wird
mit 100 Zechinen und
einem Porzellanservice
entlohnt.
Den Auftrag hatte der
Komponist möglicher-
weise schon während
seines Aufenthaltes im
Herbst 1706 erhalten.
Händel komponierte die
Oper bereits in Rom.

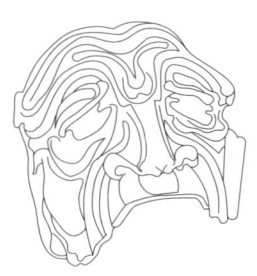

November 1707
bis Februar 1708
Vermutlich erster
Aufenthalt in Venedig.
Studium der Musikkultur
der Lagunenstadt.

Der Herzog von
Manchester lädt Händel
nach England ein.

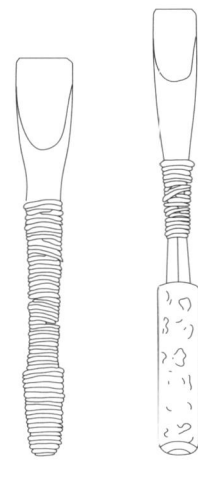

26. Februar
Erste wirklich nament-
liche Erwähnung Händels
in den Haushaltsbüchern
der Casa Ruspoli.
Aufführung der dort
erwähnten Kantate ver-
mutlich zu einer Nach-
mittags-Conversazione.

3

3. März
Beendet die Kantate
Lungi dal mio bel nume.
(Eintrag in die
autographe Partitur)

Mitte März
Zahlungsvermerk der
Casa Ruspoli für den
Transport eines Bettes
etc. belegt, daß Händel
etwa seit der letzten
Februarwoche wieder
bei Ruspoli im Palazzo
Bonelli wohnte.

27. März
Kopistenrechnung für
La Bellezza ravenduta.

4

8. April, Ostersonntag
Uraufführung von
La Resurrezione am Abend
im Palazzo Bonelli.
Notiz des Römers Valesio
bezüglich der pracht-
vollen Aufführung.
Arcangelo Corelli leitet
das Orchester.
Die Uraufführung ist ein
Skandal, da eine Frau die
Hauptrolle singt.

9. April
Erneute Aufführung,
diesmal mit einem
Kastraten in der
weiblichen Hauptrolle.

21. April
Zahlungsvermerk für den
Maler Rossi (Kulisse)

27. April
Zahlungsvermerk für
den Drucker der
1500 Libretti für das
Oratorium *La Resurrezione*

5

Anfang Mai
Eintrag in das Haushalts-
buch der Casa Ruspoli:
Rückgabe des gemieteten
Bettes. Händel weilte
nicht mehr im Hause
Ruspoli.
Außerdem Abrechnung
von außerordentlich
hohen Beträgen für
Speisen und Getränke.
Verzehr von zwei
Monaten: 38.75 Scudi.

Händel reist nach Neapel
ab, vermutlich, als der
Marchese Ruspoli sich auf
seinen Landsitz begibt.
Die Kantate *Stelle, perfide
stelle*, von Händel mit
Partenza überschrieben,
stammt möglicherweise
aus dieser Zeit.

8. Mai
Honorarforderungen
an Ruspoli für die Aus-
stattung der Aufführung
von *La Resurrezione*.

6

16. Juni
Händel weilt als Gast im
Hause des Duca d'Alvito.
Er komponiert im
Auftrag der Donna
Aurora Sanseverino,
Gemahlin des Nicola
Gaetani d'Aragona,
Herzog von Laurenzano,
hier die *Kantata a tre.
Aci, Galatea e Polifemo*.
Die Kantate kommt bei
der Hochzeit ihrer Nichte
Beatrice mit dem Duca
d'Alvito zur Aufführung.

7

12. Juli
Händel komponiert das
Terzett *Se non lasci amore*.
(Eintrag in der auto-
graphischen Partitur)

14. Juli
Zahlungsvermerk der
Casa Ruspoli für eine
Kantate des *Mons. Hendel*
Ob Händel anwesend war
(zwei Tage, nachdem
er in Neapel das Terzett
komponierte), ist nicht
belegt.

Mitte Juli
Händel ist wieder, zum
letzten Mal, in Rom.

30. Juli
Fondo Ruspoli: Vermerk
über die Lieferung zweier
Vorhänge für Händels
Zimmer, Beleg für seinen
Aufenthalt bei Ruspoli.

31. Juli
Zahlungsvermerk über
Speisen für Händel.

8

Juli/August
Panfili schreibt einen
Text für eine Preiskantate,
die den jungen Händel
als Orpheus verherrlicht.
Es ist die vierte Dichtung
Panfilis, die Händel
vertont.

9. August
Kopistenvermerk
der Casa Ruspoli über
10 Kantaten.

31. August
Zahlungsvermerk über
cibarie del Sassone belegt
Händels Anwesenheit
im Hause.

9

11./12. September
Händel verläßt das Haus
Ruspolis (siehe Vermerk
über die Bezahlung des
Lebensmittelhändlers)
Ob Georg Friedrich
Händel mit seinem
Gönner Ruspoli auf
dessen Landsitz reiste
oder am:

28. Oktober
der Aufführung einer
weiteren *cantata con
stromenti* im Palazzo
Bonelli beiwohnte,
ist nicht belegbar.

Letzter Beleg für seinen
Aufenthalt in Rom ist
die Rechnung des
Eishändlers Giovanni
Battista Mattei:
*Im September für „Monsu
Hendel" geliefert: 45 Pfund Eis*

Mitte September
Vermutlich begab sich
Händel an den Hof des
Granprincipe di Toskana.

16. September
Trauung von Händels
Schwester Dorothea
Sophia

10

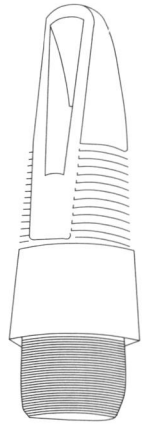

28. Oktober
Aufführung einer
cantata con stromenti
im Palazzo Bonelli.

Winter 1708/09
Es ensteht vermutlich
Ah che troppo ineguali,
möglicherweise im
Auftrag des römischen
Senats. Der Text nimmt
unmittelbar Bezug auf
die politischen und
kriegerischen Ereignisse,
und ist gleichsam eine
Bitte um Frieden
(am 15. Januar zwischen
dem Papst und dem
Kaiser geschlossen).

Ende des Jahres
Georg Friedrich Händel
kehrt nach Rom zurück.

2. Februar
Uraufführung der
Kantate *Donna che in ciel.*
(vermutlich in der Kirche
Ara Coeli)

24. November
Letzte Kopien und letzte
Dokumente für Händels
Arbeit für Ruspoli.

Vermutlich wurde
während Georg Friedrich
Händels Tätigkeit für
den Marchese Ruspoli
an jedem Sonntag eine
neue Kantate des jungen
deutschen Komponisten
aufgeführt.

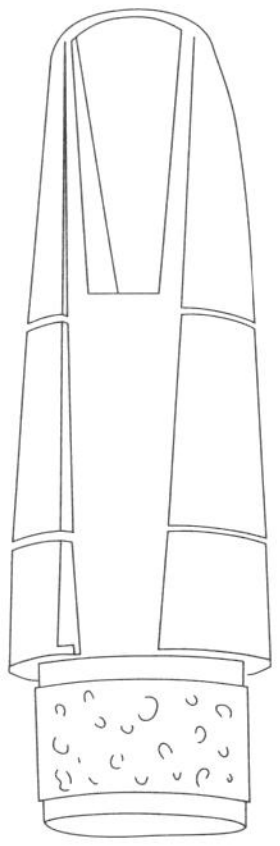

29. März
Aufführung der
Kantata del sepolcro.
Händel weilt weiterhin
in Rom.

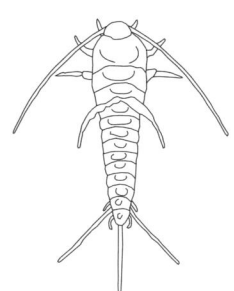

22. Juli
Händels Schwester
Johanna Christiana stirbt
in Halle mit 19 Jahren.

November
Händel weilt längere Zeit
in Florenz.

Anfang November
Georg Friedrich Händel
verläßt Florenz, um nach
Venedig zu fahren.

Ende Dezember/
Anfang Januar
Agrippina wird als erste
Oper des Karnevals
aufgeführt. Das genaue
Datum der Uraufführung
ist nicht überliefert.
Die Premiere der Oper
findet im größten der
drei venezianischen
Theater Grimanis, in San
Giovanni Crisostomo,
statt. Es ist die 441. Oper,
die seit 1673 in Venedig
aufgeführt wurde,
im Teatro San Giovanni
Crisostomo
das 56. Opernwerk.

Werkverzeichnis Italien

Opern	HWV 5	RODRIGO. *Vincer se stesso è la maggior vittoria.* Adaption von Silvani. 1707
	HWV 3	DER BEGLÜCKTE FLORINDO (größtenteils verloren). Text: Heinrich Hinsch. 1708
	HWV 4	DIE VERWANDELTE DAPHNE (größtenteils verloren). Text: Heinrich Hinsch. 1708
	HWV 6	AGRIPPINA. Text: GRIMANI. 1710
Oratorien	HWV 46A	IL TRIONFO DEL TEMPO E DEL DISINGANNO Text: Pamphili. 1707
	HWV 47	LA RESURREZIONE *Oratorio per la resurrezione di nostro signor Gesù Cristo.* Text: Capece. 1708
Serenade	HWV 72	ACI, GALATEA E POLIFEMO. 1708
Konzert	HWV 288	SONATA in B-Dur. ca. 1707
Ouvertüre	HWV 336	OVERTURE in B-Dur. 1707 (?)
Lateinische und italienische Kirchenmusik	HWV 230	AH, CHE TROPPO INEGUALI. 1708
	HWV 231	COELESTIS DUM SPIRAT AURA. 1707
	HWV 232	DIXIT DOMINUS. 1707
	HWV 233	DONNA, CHE IN CIEL. 1707
	HWV 234	GIUNTA L'ORA FATAL (Autorenschaft in Frage). 1709
	HWV 235	HAEC EST REGINA. 1707
	HWV 236	LAUDATE PUERI. ca. 1707
	HWV 237	LAUDATE PUERI DOMINUM. Juli 1707
	HWV 238	NISI DOMINUS. April 1707
	HWV 239	O QUALIS DE COELO. 1707
	HWV 240	SAEVIAT TELLUS. 1707
	HWV 241	SALVE REGINA. 1707
	HWV 243	TE DECUS VIRGINUM. 1707
Kammerkantaten	HWV 77	AH! CHE PUR TROPPO È VERO
	HWV 78	AH! CRUDEL, NEL PIANTO MIO
	HWV 79	ALLA CACCIA. *Diana cacciatrice*
	HWV 80	ALLOR CH'IO DISSI
	HWV 81	ALPESTRE MONTE
	HWV 82	AMARILLI VEZZOSA. *Il duello amoroso*
	HWV 83	ARRESTA IL PASSO. *Aminda e Fillide*
	HWV 84	AURE SOAVI, E LIETI
	HWV 86	BELLA MA RITROSETTA
	HWV 88	CARE SELVE, AURE GRATE
	HWV 90	CHI RAPÌ LA PACE AL CORE

HWV 174	UN SOSPIR A CHI SI MUORE
HWV 175	VEDENDO AMOR
HWV 176	VENNE VOGLIA AD AMORE. *Amore uccellatore*
HWV 177	ZEFFIRETTO, ARESTA IL VOLO
HWV 179	AHI, NELLE SORTI UMANE
HWV 180	AMOR, GIOJE MI PORGE
HWV 181	BEATO IN VER CHI PUÒ
HWV 182 A–B	CARO AUTOR DI MIA DOGLIA
HWV 184	CHE VAI PENSANDO, FOLLE PENSIER
HWV 186	FRONDA LEGGIERA E MOBILE
HWV 187	GIÙ NEI TARTAREI REGNI
HWV 188	LANGUE, GEME, SOSPIRA
HWV 189	NO, DI VOI NON VUÒ FIDARMI
HWV 190	NO, DI VOI NON VUÒ FIDARMI
HWV 191	QUANDO IN CALMA RIDE
HWV 192	QUEL FIOR CHE ALL'ALBA RIDE
HWV 193	SE TU NON LASCI AMORE
HWV 195	SPERO INDARNO
HWV 196	TACETE, OHIMÈ, TACETE
HWV 198	TROPPO CRUDA, TROPPO FIERA
HWV 200	QUEL FIOR CHE ALL'ALBA RIDE
HWV 201 A–B	SE TU NON LASCI AMORE

Unter Auslassung von:
HWV 85, 87, 89, 109, 119, 121, 124 (den englischen Jahren zugeschrieben) und
HWV 178, 183, 185, 194, 197, 199 (wahrscheinlich Hannover).

Der nehmliche hanswurst, Wolfgang in Teütschland, Amadeo in italien, De Mozartini.

Wolfgang Amadeus Mozart

Ein Mensch von mittelmässigen Talent bleibt immer mittelmässig, er mag reisen oder nicht – aber ein Mensch von superieuren Talent (welches ich mir selbst, ohne gottlos zu seyn, nicht absprechen kan) wird – schlecht, wenn er immer in den nemlichen Ort bleibt.
WOLFGANG AMADEUS MOZART AN SEINEN VATER, PARIS, 2.9.1778

1 Unnütze Leute

Maria Theresia 12. 12. 1771

Die alte Dame sitzt allein im Halbdunkel ihres Gemaches. Unbeweglich ruht der massige Körper in der Tiefe des Lehnstuhles, die schwarze Witwenkleidung verschmilzt mit dem Schatten des ausladenden Sitzmöbels. Nur das große weiße Gesicht und die beweglichen Hände leuchten im Schein weniger Kerzen. Das silberne Tintenfass klirrt, wenn sie die Feder energisch eintaucht; sie schreibt einen Brief.

> *Du bittest mich, den jungen Salzburger in Deinen Dienst zu stellen. Ich weiss nicht wozu, in der Meinung, Du habest keinen Kompositeur nötig noch unnütze Leute. Wenn es Dir trotzdem Vergnügen macht, so kann ich Dich nicht hindern. Ich sage nur dies: Halse Dir nicht unnütze Leute auf und verleihe solchen Leuten weder Titel noch Ämter, die sie doch nur schänden, wenn sie dann wie Bettler durch die Welt ziehen. Uebrigens hat er eine grosse Familie.*

Während die Kaiserin Maria Theresia diesen Brief an ihren Sohn, den Erzherzog Ferdinand von Mailand schrieb, saßen der junge Salzburger und sein Vater Leopold bereits in einer Kutsche nach Salzburg. Wenige Tage zuvor hatten sie Mailand nach wochenlangem, vergeblichem Warten verlassen. Leopold Mozarts geheime Wünsche hatten sich nicht erfüllt. Wolfgang Amadeus Mozart hatte die erhoffte Festanstellung am Mailänder Hof nicht erhalten.

Mit welcher freudigen Kraft war der junge Wolfgang vor wenigen Monaten an die Komposition der kleinen Festoper *Ascanio in Alba* gegangen. Es war bereits die zweite Oper, die er für Mailand schrieb, ein Jahr zuvor war der *Mitridate* ein großer, ein rauschender Erfolg gewesen. Und auch dieses letzte Werk hatte euphorischen Beifall gefunden. Kein geringerer als der berühmte Johann Adolf Hasse war der Konkurrent des jungen Komponisten Wolfgang Mozart gewesen. Der Altmeister war ebenfalls beauftragt worden, für die Vermählung des Gouverneurs und Generalkapitäns der Lombardei, des Erzherzogs Ferdinand mit der Prinzessin Maria Ricciarda Beatrice von Modena eine Oper zu komponieren.

L. Mozart 19. 10. 1771

Nach Leopold Mozarts Ansicht hatte das Werk des Sohnes *die Oper von Hasse so niedergeschlagen, daß ich es nicht beschreiben kann.* Ja, Hasse selbst neigte sich vor dem Genie des Kindes: *Dieser Knabe wird uns alle vergessen machen.*

J. A. Hasse

Der junge Komponist wußte sich diesmal sicher zu bewegen unter den launischen Sängern und neidischen Musikern, im vergifteten Umfeld

[…] wegen der bewusten Sache [Anstellung Mozarts – A.K.] ist gar nichts zu machen. mündlich werde ich dir alles sagen. L. Mozart an seine Frau. 27. 2. 1772

Ich kann dir zum vergnügen zum voraus sagen, daß ich hoffe die Composition des Wolfg: werde einen großen Beyfall finden. Erstlich, weil Sgr: Manzoli, so wohl als alle anderen singenden Personen nicht nur mit ihren Arien im höchsten Grade zufrieden, sondern, mehr als wir selbst begierig sind, die Serenata mit allen Instrumenten heute abends zu hören.

Zweytens, weil ich weis, was er geschrieben hat, und was für einen Effekt es machen wird: und weil nur gar zu gewiß ist, daß er so wohl für die sänger, als für das Orchester recht gut geschrieben hat. L. Mozart an seine Frau. 28. 9. 1771

kleinlicher Theaterintrigen. Und Wolfgang wurde mit weit größerer Achtung behandelt als noch bei der Arbeit an der ersten, noch mißtrauisch erwarteten Oper.

In einer ungeheuer kurzen Zeit hatte der Knabe den *Ascanio* komponiert. Wie anders als noch ein Jahr zuvor klangen die Briefe an die daheimgebliebene Mutter, Wolfgang war bester Laune, selbst eine Erkältung hatte ihm nichts von seiner guten Stimmung genommen.

> *Ober uns ist ein Violinist, unter unser auch einer, neben unser ein Singmeister, der lektion gibt, in dem letzten Zimmer gegen unser ist ein Hautboist. Das ist lustig zum Komponieren! Gibt einem viel Gedanken.*

Die gelungene Oper honorierte das fürstliche Hochzeitspaar mit auffallenden *Bravissimo-Maestro*-Rufen, langem Händeklatschen und einer mit Diamanten besetzten Uhr.

Heute ist die Opera des Hasse; weil der Papa nicht ausgeht, kann ich nicht hinein. Zum Glück weiß ich schie alle Arien auswendig, und also kann ich sie zu Hause in meinen Gedanken hören und sehen. WOLFGANG AMADEUS MOZART, MAILAND, 2.11.1771

[…] und diesen augenblick gehen wir ins Theater, dann den 16ten war die opera und den 17. die Serenata, die so erstaunlich gefahlen, daß man sie heute wieder repetieren muß. Der Erzherzog hat neuerdings 2 Copien angeordnet. alle Cavalier und andere Leute reden uns beständig auf den Strassen an, dem Wolfg: zu gratulieren. LEOPOLD MOZART AN SEINE FRAU, MAILAND, 19.10.1771

HANDHALTUNG für Violoncello. 17. Jahrhundert

FIG 16   FIG 17   FIG 18

Nach dieser zweiten, glänzend bestandenen Probe schien Leopold Mozart in Mailand alles möglich. Zumal dem überglücklichen Vater von höchster Stelle angedeutet wurde, daß eine Anstellung des begabten jungen Komponisten in Erwägung gezogen würde. Wolfgang schrieb bezeichnenderweise an seine Schwester *Ich habe keine Lust mehr auf Salzburg.*

Von der Neuigkeit ließ der vorsichtige Leopold Mozart nichts verlauten. So überschwenglich aber klangen seine Briefe, daß Frau Mozart schließlich bedauerte, nicht mitgereist zu sein – ganz zu schweigen vom Nannerl, das sehnsüchtig nach dem festlichen Mailand seufzte.

So sehr seufzte das Nannerl, daß Leopold Mozart streng nach Salzburg hatte schreiben müssen: *Italien bleibt immer stehen.* Es war schließlich keine Vergnügungsfahrt, was Wolfgang und er da unternahmen. Es galt den Heranwachsenden unterzubringen, als Kapellmeister möglichst, und am liebsten an einem großen Hof. Und außerdem – die Hitze! Das knappe Geld! Ein andermal.

Die Salzburger hatten die ausgedehnten, sagenhaft aufwendigen Feierlichkeiten der Vermählung des Erzherzogs abgewartet. Wolfgang hatte sich bei den Pferde- und Wagenrennen amüsiert, die Verheiratung und Speisung der 500 Brautpaare durch die Kaiserin beobachtet, auch die wilde, ausgelassene *Cuccagna* bestaunt, bei der das Volk einen Tempel voller Lebensmittel plündern durfte, und bei der verschwenderisch der Wein aus vier Springbrunnen floß. Die Mozarts entgingen allerdings nur knapp einem Sturz von der Zuschauertribüne, die kurze Minuten vor ihrer Ankunft zusammengebrochen war und viele Opfer gefordert hatte.

Ungewöhnlich lange blieben die Mozarts nach der Premiere des *Ascanio* in Mailand. Aber die in Aussicht gestellte Privataudienz beim Erzherzog ließ noch immer auf sich warten. Nicht mehr scherzend, nurmehr nüchtern schrieb Leopold Mozart an die Frau nach Salzburg:

> der Kopf ist mir voll, und ich hab mehr zu überdenken, als ihr euch einbilden könnt. daß die Serenata ungemeinen Beyfall gehabt, hat seine Richtigkeit. ob aber, wenn eine Besoldung ledig wird, Sr. Hochf: Gdn sich des Wolfgang erinnern wird, zweifle sehr.

Am 30. November 1771 endlich, nach wochenlangem Warten, hatte der Erzherzog die ersehnte Audienz gewährt. Wenige Tage später reisten die Mozarts ab; der Erzherzog hatte sich bedeckt gehalten. Möglich, daß Ferdinand auf einen Ratschlag seiner Mutter, der Kaiserin Maria Theresia wartete. Als der Brief aus Wien eintraf, waren die Mozarts längst unterwegs nach Hause.

Ob Leopold Mozart etwas geahnt hat von den kränkenden Worten Maria Theresias, die doch vor kurzem noch den kleinen Wolfgang auf ihren Knien hielt und herzte? Daß aber der Mailänder Traum vorbei war, wußte der kluge Mann sicher.

Ich würde nicht Platz finden alle zubereitungen zu diesen Feyerlichkeiten zu beschreiben [...]. Kurz hundertsachen, die mir nicht beyfallen. – alles, alles ist in Bewegung! LEOPOLD MOZART AN SEINE FRAU, MAILAND, 21.9.1771

[...] ein dergleichen Balco ist eingebrochen, folglich sind über 50 Personen nicht nur schwer beschädiget worden, sondern viele haben sich arm und Beine, andere die Hand, andere den Fuss, andere den Rüggrad, andere ein paar Rippen etc: abgebrochen, löcher in den Kopf gefallen, 2 Frauenzimmer sind gleich tod geblieben, und zwar die 2 schwestern des H: de Dominicus, welcher mit dem H: von Troger bey euch war; ein Religiös ist bald darauf gestorben; andre viele sind in der gefahr auch zu sterben. LEOPOLD MOZART AN SEINE FRAU, MAILAND, 16.11.1771

[...] ich glaubte den 18ten ganz gewiß abzureisen, allein seine Königl: Hoheit der Erzherzog wollen noch mit uns sprechen, wenn sie von Varese zurückkommen, so in 8 tägen geschehen wird, folglich wird unser aufenthalt noch hier über 10 Täge sich erstrecken. gedult! wir werden doch, wenn gott will, bald einander sehen. Wir sind, Gott Lob, gesund. LEOPOLD MOZART AN SEINE FRAU, MAILAND, 16.11.1771

L. Mozart, 11. 05. 1768, an Hagenauer

Zwei Jahre zuvor waren Vater und Sohn Mozart zu ihrer großen Italien-reise aufgebrochen. Zum ersten Mal blieben die Mutter und die 18jährige Schwester, eine hochbegabte Pianistin, aber leider eine Frau, zu Hause. Der junge Wolfgang Amadeus Mozart stand an einem Scheidepunkt sei-nes Lebens. Aus der europäischen Sensation, dem zauberischen Wunder-kind, wurde ein Halbwüchsiger, der mit dem Staunen und Wohlwollen der trägen Öffentlichkeit nicht mehr rechnen konnte.

Eine delikate Lebenssituation für ein Wunderkind, noch mehr für seinen Vater. Leopold Mozart wußte um die Schwierigkeiten eines solchen Über-ganges. Wie er jedoch den Zauber des Unerklärlichen in der Leistung des Kindes zu nutzen wußte, strebte der kluge Kalkulierer Leopold nun nach einer Karriere für den bald Erwachsenen.

Leopold Mozart nahm Urlaub von seinem Vizekapellmeisterposten, und begab sich mit seinem Sohn auf eine Reise nach Italien

[…] oder sollte ich vielleicht in Salzburg sitzen in lehrer hofnung nach einem bessern Glück seufzen, den Wolfg: groß werden und mich und meine Kinder bey der Nas herumführen lassen, bis ich zu Jahren komme, die mich eine Reise zu machen verhindern, bis der Wolfg: in die Jahre und denjenigen Wachstum kommt, die seinen Verdiensten die verwunderung entziehen?

Zweifellos war es auch der von der Oper leidenschaftlich begeisterte junge Wolfgang, der darauf drängte, nach Italien zu reisen. Im gelobten Land der Oper selbst einen Opernauftrag zu erlangen war das Ziel des mozartschen Unternehmens. Und warum sollte dies nicht gelingen? Beachtliche Proben seines musikdramatischen Könnens hatte der gerade 14jährige Wolfgang mit *Bastien und Bastienne* und der opera buffa *La Finta semplice* längst gegeben.

Wolfgang Amadeus Mozart trat die Reise als dritter, allerdings unbesol-deter Konzertmeister der Hofkapelle an. Den auf Reisen nützlichen offiziellen Titel hatte ihm der wohlwollende Fürsterzbischof Siegmund Christoph Graf von Schrattenbach kurz vor der Abfahrt verliehen. Erste Kontakte nach Italien hatte Leopold Mozart bereits mühelos knüpfen können. Oberitalien stand weitgehend unter österreichischer Herrschaft. Die Fremdherrschaft brachte eine immense Förderung von Wirtschaft und Kultur, einen regen geistigen und kulturellen Austausch, zudem eine

Gnädigster Lands Fürst und Herr Herr! Die Eltern bemühen sich, ihre Kinder in den Stand zu setzen, ihr Brod für sich selbst gewinnen zu können: und das sind sie ihrem eigenen und dem Nutzen des Staats schuldig. Je mehr die Kinder von Gott talente erhalten haben; ie mehr sind sie verbunden Gebrauch davon zu machen um ihre eigene und ihrer Eltern Umstände zu verbessern, ihren Eltern beyzustehen, und für ihr eigenes Fortkommen und für ihrer Zukunft zu sorgen. Diesen Talentwucher lehrt uns das Evangelium. Ich bin demnach vor Gott in meinem Gewissen schuldig meinem Vatter, der alle seine Stunden ohn-ermüdet auf meine Erziehung verwendet, nach meinen Kräften dankbar zu seyn, ihm die Bürde zu erleichtern. WOLFGANG AMADEUS MOZART AN DEN ERZBISCHOF HIERONYMUS VON SALZBURG, SALZBURG, 1. 8. 1777

Ohne reisen (wenigstens leüte von künsten und wissenschaften) ist man wohl ein armseeliges geschöpf! WOLFGANG AMADEUS MOZART AN DEN VATER, PARIS, 11. 9. 1778

weite Verbreitung der italienischen Kultur im Ausland. Das italienische Bürgertum wußte diese Vorteile zu schätzen und arrangierte sich nicht ungern mit den Fremden, die italienischen Fürsten verharrten in politischer Untätigkeit. Die Mozarts reisten in ein stabiles Land.

Er reiset mit seinem Hrn. Vater, Leopold Mozart, welcher ebenfalls ein Mann von Talent und ein angesehener Kapellmeister ist, [...] Der italienische Boden, der doch sonst der Sitz des guten Geschmacks, besonders in dieser Kunst ist, wird in diesen Zweyen genug zu bewundern finden.
AUS DER MANTUANER PRESSE, 16. 1. 1770

VIOLENKOPF ⎯⎜ Holz, Ebenholz
18. Jahrhundert

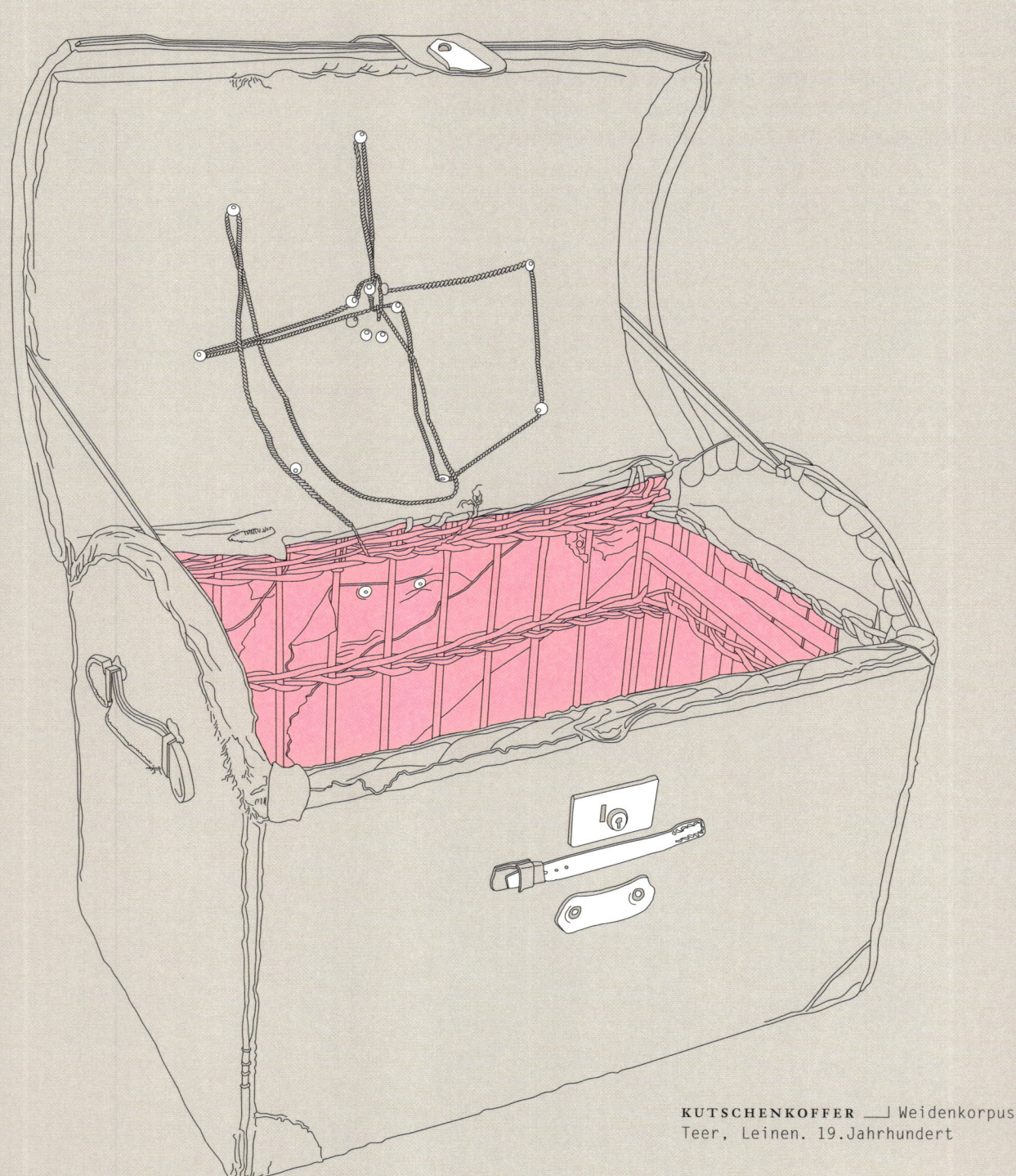

KUTSCHENKOFFER ⌐ Weidenkorpus,
Teer, Leinen. 19.Jahrhundert

Wir sind Gott Lob gesund

Die Anstrengungen der Italienreise waren für Wolfgang Amadeus Mozart nichts Neues. Einen großen Teil seiner Kindheit hatte er auf Reisen und unter ständig wechselnden Lebensbedingungen verbracht.

Die langen, mühevollen Tagesetappen in schlecht gefederten, zugigen Kutschen (nicht einmal in einer eigenen Kutsche wie auf der großen Westeuropa-Reise 1763 bis 1766) mit den anschließenden stundenlangen Opernbesuchen oder Akademien müssen für den Jungen eine unvorstellbare Tortur bedeutet haben. Doch scheint Wolfgang unter den Strapazen nicht unmittelbar oder bewußt gelitten zu haben. Im Gegenteil spricht aus den spielerischen Inventionen der Briefe oft nur Freude an der Fremde und am Neuen, am anregenden Moment. Und deren gab es in Italien gewiss viele.

Ein robustes Kind jedoch war Wolfgang Mozart nicht. Der Vater hatte oft Gelegenheit, einer seiner Leidenschaften, dem Quacksalbern, nachzugehen. Zu diesem Zweck führte er eine gut sortierte Reiseapotheke mit sich, der dann jeweils der passende *thee* oder *Violensaft* entnommen wurde, wenn etwa ein kleiner *Catarrh* zu kurieren war. Das mußte meist schnell gehen, waren doch Wolfgang und sein Vater auf die Einnahmen der Konzerte und Akademien angewiesen. Jede Krankheit bedeutete materiellen Verlust. Wenn gar der Vater einmal erkrankte, blieben der gedankenlos unordentliche Wolfgang und der Reisehaushalt sich selbst überlassen. Verzweifelt beobachtete der in Bologna ans Krankenbett gefesselte Leopold Mozart ein anwachsendes Chaos:

> Stelle dir einmahl unsre Hauswirtschaft vor, wenn ich nicht von der Stelle kann; du weist was der Wolfg. ist.

So ermahnte der Vater denn seinen Sohn ständig zu maßvoller Zurückhaltung – in einem fremden, zumal südlichen Land konnte man nicht vorsichtig genug sein. Diesen Ratschlag muß Wolfgang Mozarts wenigstens in seiner Jugend beherzigt haben.

Der Vater Leopold durchlebte die physischen und psychischen Strapazen der Reise bewußter als sein Sohn, dem der Gedanke an materielle Sorgen vorerst fremd war. Die stete Geldsorge verfolgte Leopold Mozart. Einer seiner ersten Briefe aus Italien enthält denn auch die realistische Feststellung, *daß wir in Italien nicht reich werden, und du weist, daß genug gethan ist, wenn man seine Reisekösten machet [...] Ich danke vielmahl [...] Gott, daß ich euch zu Hause gelassen.*

L. Mozart, Florenz, 3. 4. 1770
L. Mozart, Bologna, 28. 7. 1770
L. Mozart, Mailand, 26. 1. 1770

[...] wenn man seine Gesundheit nicht durch Unordnung und überflüssiges fressen und Sauffen etc. verderbt, auch sonst keinen innerlichen Natursfehler hat, so ist nichts zu besorgen. wir sind aller Orten in der Hand Gottes.
LEOPOLD MOZART AN SEINE FRAU, MAILAND, 17. 2. 1770

Du weist, daß er [Wolfgang – A.K.] sich selbst mässiget; und ich kann dich versichern, daß ich ihn noch niemals so achtsam auf seine Gesundheit gesehen als in diesem Lande. alles was ihm nicht gut scheinet lässt er stehen, und er isset manchen Tagen gar wenig; und befindet sich fett und wohl auf und den ganzen Tag Lustig und fröhlich. LEOPOLD MOZART AN SEINE FRAU, MAILAND, 17. 2. 1770

L. Mozart, Mailand, 26. 1. 1770

Die beiden Reisenden hatten unentwegt zur Disposition zu stehen, womöglich mußte sich Wolfgang noch am Abend der Ankunft auf einer Akademie produzieren. Von den Fürsten und Adligen war jedoch keinerlei Verbindlichkeit zu erwarten. Ein unerwartet schöner Tag, der sich für die Jagd natürlich besser eignete, oder auch nur persönliche Unlust genügten, um ein Konzert abzusagen. In Mantua ließ sich der Fürst von Thurn und Taxis rundweg und offensichtlich verleugnen. Den nicht umsonst in solchen Dingen empfindlichen Leopold traf dies tief in seinem Stolz.

> Behüte mich der Himmel, daß ich jemand in seinen Geschäften stöhren sollte […] sondern ich ersparte das Geld hinzufahren, und S:E:H: Fürst die Angst, die er etwa hatte, verbunden zu seyn uns einige kleine Höflichkeiten, für die am Salzb. Hofe und von der Salzb: Noblesse empf: Ehren, wieder entgegen zu erweisen.

Doch solche Willkür war einkalkuliert, und Leopold Mozart begegnete ihr gewöhnlich mit Maß und Kühle. Wenn schließlich ein Konzert oder eine Akademie zustandekam, war das Honorar keineswegs gesichert. Leopold Mozart klagte, daß er wohl ein reicher Mann wäre, wenn all die Küsse, die man seinen Kindern gegeben hatte, Geldstücke gewesen wären. Von den goldenen Uhren, Tabatieren und Manschettenknöpfen, die von den noblen Herrschaften überreicht wurden, meinte der Vater schon einen Stand aufmachen zu können. Wolfgang gar kam der skurrile Gedanke, sich bei den Konzerten mit seiner reichen Sammlung an Uhren über und über zu behängen, auf daß der jeweilige gebende Fürst einmal zu einem handfesten Geldsack greife anstatt zu den zierlichen Preziosen. Doch selbst diese Geschenke waren eine Gunst, die gewährt wurde – oder eben nicht.

L. Mozart, 4. 2. 1778

Der gute Rechner Leopold Mozart schaffte es, die Reisekasse in einem erträglichen Gleichgewicht zu halten, eine bewundernswerte Leistung angesichts der Unwägbarkeiten einer solchen Reise. Fehlgeschlagene Vorhaben verschmerzte der pragmatische Mann bald und wandte sich schnell neuen Dingen zu: *Es ist besser ich habe, als wenn ich hätte.* Anders würde ein „Familienunternehmen" wie das mozartsche auch kaum zu realisieren und vor allem zu ertragen gewesen sein. Jahrelang zog die Familie durch die Lande, täglich abhängig von Glück und Zufällen, von der Gesundheit und dem Wetter, von Gunst und Laune der Reichen und Mächtigen.

So sparsam, ja knauserig Leopold Mozart sein konnte, so weltmännisch wußte er sich im rechten Augenblick zu geben. Leopold wußte, was er sich wert war, und auf welche Weise man dies der Welt zeigen muß. Dazu gehörte seiner Meinung nach unbedingt die äußere Erscheinung.

Du wirst übl zufrieden seyn, daß ich dir unsere Einnahme nicht umständlicher schreibe. Ich thue es darum nicht, weil man in Salzb. nur die Einnahm ansiehet, und auf die Ausgaabe nicht denket, ja wenige, und sehr wenige sind die wissen was Reisen kostet. LEOPOLD MOZART AN SEINE FRAU, NEAPEL, 5. 6. 1770

übrigens muß man sich freylich meistens mit der Bewunderung, dem Bravo bezahlen lassen […]. LEOPOLD MOZART AN SEINE FRAU, MAILAND, 17. 2. 1770

Wir leben gesund, Gott sey gelobt, und wenn wir gleich nicht Reich sind, so haben wir doch immer ein wenig mehr als die Nothwendigkeit. LEOPOLD MOZART AN SEINE FRAU, MAILAND, 27. 2. 1770

Ich danke vielmahl meinem Gott, daß ich euch zu Hause gelassen. Erstens würdet ihr die kälte nicht haben ausstehen können. zweytens hätte es erstaunlich Geld gekostet, und wir hätten die Freyheit der wohnung nicht gehabt, die wir itzt haben. LEOPOLD MOZART AN SEINE FRAU, MAILAND, 26. 1. 1770

Der Beschreibung prachtvoller Kleider, die in Neapel angefertigt wurden, widmete er in seinen Briefen einen besonderen Raum – daß Wolfgangs neuer Rock aus rosenfarbigem Moiree und mit silbernen Spitzen besetzt, innen aber lichthimmelblau gefüttert, sein eigener Rock jedoch zimtfarben und apfelgrün sei, war Leopold Mozart immerhin nicht nur eine Erwähnung wert. Wolfgang, der ein Leben lang den Hang zu prunkvoller Aufmachung behielt, fand gar, daß sie in den Kleidern *schön wie die Engeln* seien. Der Mutter daheim wurde ebenfalls der Kauf qualitätvoller neuer Kleidung anempfohlen, denn:

> *was seyn muß, das muß seyn. und Nimm dir nichts schlechtes, man macht keine Ersparung, wenn man etwas schlechtes kauft.*

Dies galt auch für Herbergen, die Leopold Mozart auf der Reise wählte. In Verona stiegen Wolfgang und sein Vater im überaus vornehmen und teuren Gasthof *Delle due Torri* ab, Quartier so berühmter und nobler Gäste wie der Kaiserin Maria Theresia, Franz I. und Goethe. Später sollten hier auch Alexander von Rußland, Viktor Emmanuel II.,Garibaldi und Heinrich Heine logieren.

Oft genug waren die Herbergen trotz allem unbequem und kalt, oder die Reisenden mußten gar, wie in Rom, ein Bett teilen. Wolfgang Mozart war keineswegs verwöhnt, und schon die mit Ziegelsteinen vorgewärmten Betten im Kloster San Marco in Mailand bedeuteten für den Jungen einen unerhörten Luxus. Von diesem gastlichen Augustinerkloster war auch der Vater angetan, konnte er doch meist nur klagen:

> *ich bin ein geblagter Mann. / nichts als anlegen und ausziehen; Einpacken und Auspacken, und noch dazu kein warmes zimmer, verfrieren wie ein Hund, alles was ich nur berühre, ist Eyß […].*

Auf die überdies kostengünstigen Klöster, deren es eine Menge in Italien gab, kamen die Mozarts im Laufe ihrer Reise noch mehrfach zurück, so auf dem Weg nach Neapel.

Selten genossen Wolfgang und sein Vater private Gastfreundschaft wie bei der mütterlich besorgten römischen Signora Uslenghi (die ihnen ihre gesamte Wohnung mitsamt dem Klavier der Tochter zur Verfügung stellte) oder bei dem Grafen Pallavicini in Bologna. Er lud die Mozarts im August 1770 ein, den unerträglich heißen Sommer auf seinem Landsitz zu verbringen. In behaglichem Luxus und einer selten entspannten menschlichen Atmosphäre konnte Wolfgang hier in Ruhe seine erste Opera seria vorbereiten. Die häusliche Umgebung war für den jungen Mozart sicher eine Wohltat.

[…] wir haben unsre schönen düchene Kleider in Rom gelassen, und haben unsere 2 schöne gallonierte Sommerkleider anlegen müssen […]. Es sind zwei schöne kleider, die aber, bis wir nach Hause kommen, wie die alten Jungfern aussehen werden. Leopold Mozart an seine Frau, 19. 5. 1770

Um 1 uhr sind wir im Kalterl angelanget, und haben unter einem ganz grausamen gestank ein eingemachtes Kalbfleisch zum Mittagsmahl genohmen; dazu tranken wir ein paar Trunck gutes Bier, dann der wein war ein Laxiertrankl […]. Leopold Mozart an seine Frau, Wörgl, 14. 12. 1769

[…] da wir itzt in Mayland im Kloster der Augustiner di S. Marco wohnen; nicht, daß wir etwa alda frey sind, nein! sondern, daß wir allda bequemm, sicher, und nahe bey Sr: Ex: Graf Firmian wohnen können. wir haben 3 grosse Gastzimmer. in dem ersten zimmer Brennen wir feuer, speisen, und geben audienz: im zweyten schlafe ich, und stehet das Coffre; im dritten schläft der Wolfg. und die andere kleine bagage etc. wir schlaffen ieder auf 4 guten Materatzen, und alle Nacht wird das Bette eingewärmt; so daß der Wolfg. beym schlaffengehen allzeit in seinem vergnügen ist. Leopold Mozart an seine Frau, Mailand, 26. 1. 1770

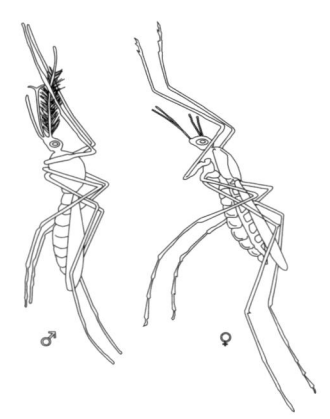

GEMEINE STECHMÜCKE ⌐
Culex pipiens,
Familie Stechmücken (Culicidae)

ABTRITTSFLIEGE ⌐
Psychoda phalaenoides,
Familie Schmetterlingsmücken
(Psychodiae)

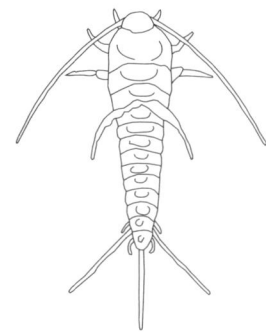

SILBERFISCHCHEN ⌐
Lepisma saccharina,
Ordnung Borstenschwänze
(Thysanuta)

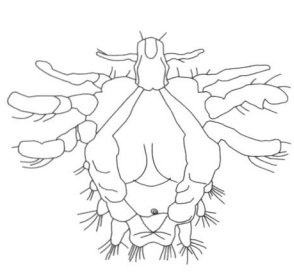

FILZLAUS ⌐
Pthirus pubis,
Unterordnung Anoplura

AMERIKANISCHE GROSSSCHABE ⌐
Periplaneta americana,
Ordnung Schaben (Blattodea)
KAKERLAKE ⌐ Blatta orientalis,
Ordnung Schaben (Blattodea)

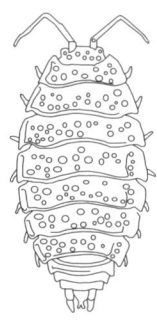

KELLERASSEL ⌐
Porcellio Scaber,
Ordnung Asseln (Isopoda)

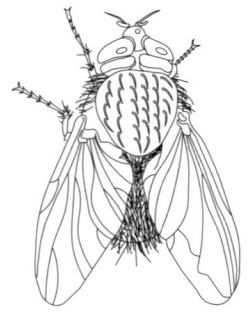

SCHMEISSFLIEGE ⌐
Calliphora vicina,
Ordnung Diptera

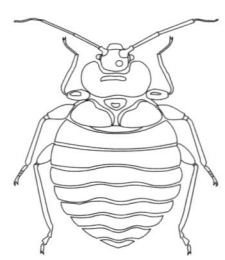

BETTWANZE ⌐
Culex lectularius,
Familie Plattwanzen (Cimicidae)

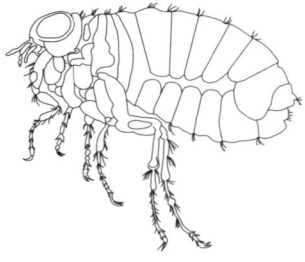

MENSCHENFLOH ⌐
Pulex irritans Ordnung,
Siphonaptera (Flöhe)

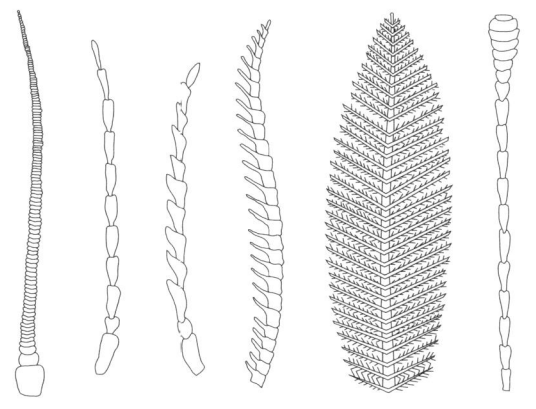
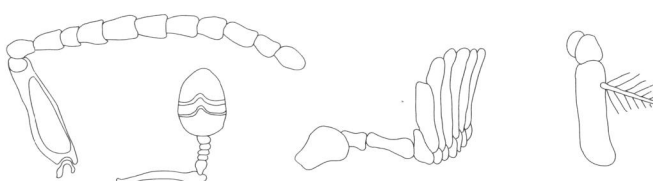

FÜHLERFORMEN ⌐
Insekten

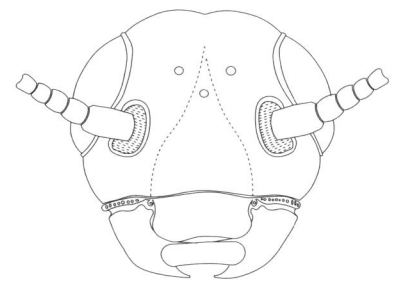

INSEKTENKOPF ⌐
Schema Vorderansicht

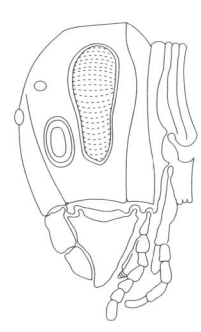

INSEKTENKOPF ⌐
Schema Seitenansicht

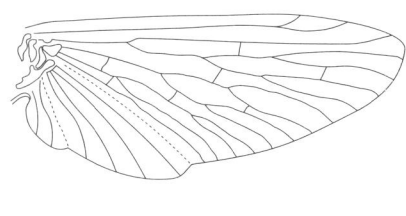

FLÜGELGEÄDER ⌐
Schema Wichtige Adern

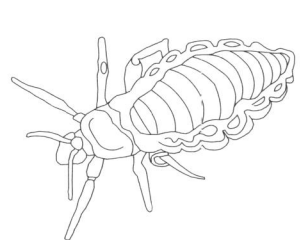

KLEIDERLAUS ⌐
Pediculus humanus corporis,
Unterordnung Anoplura

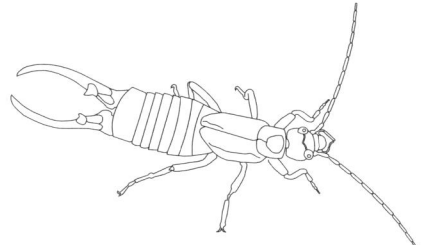

GEMEINER OHRWURM ⌐
Forficula auricularia,
Ordnung Dermaptera

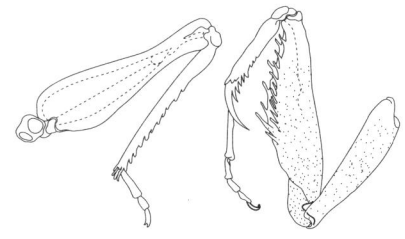

BEINFORMEN ⌐
Sprungbein, Fangbein

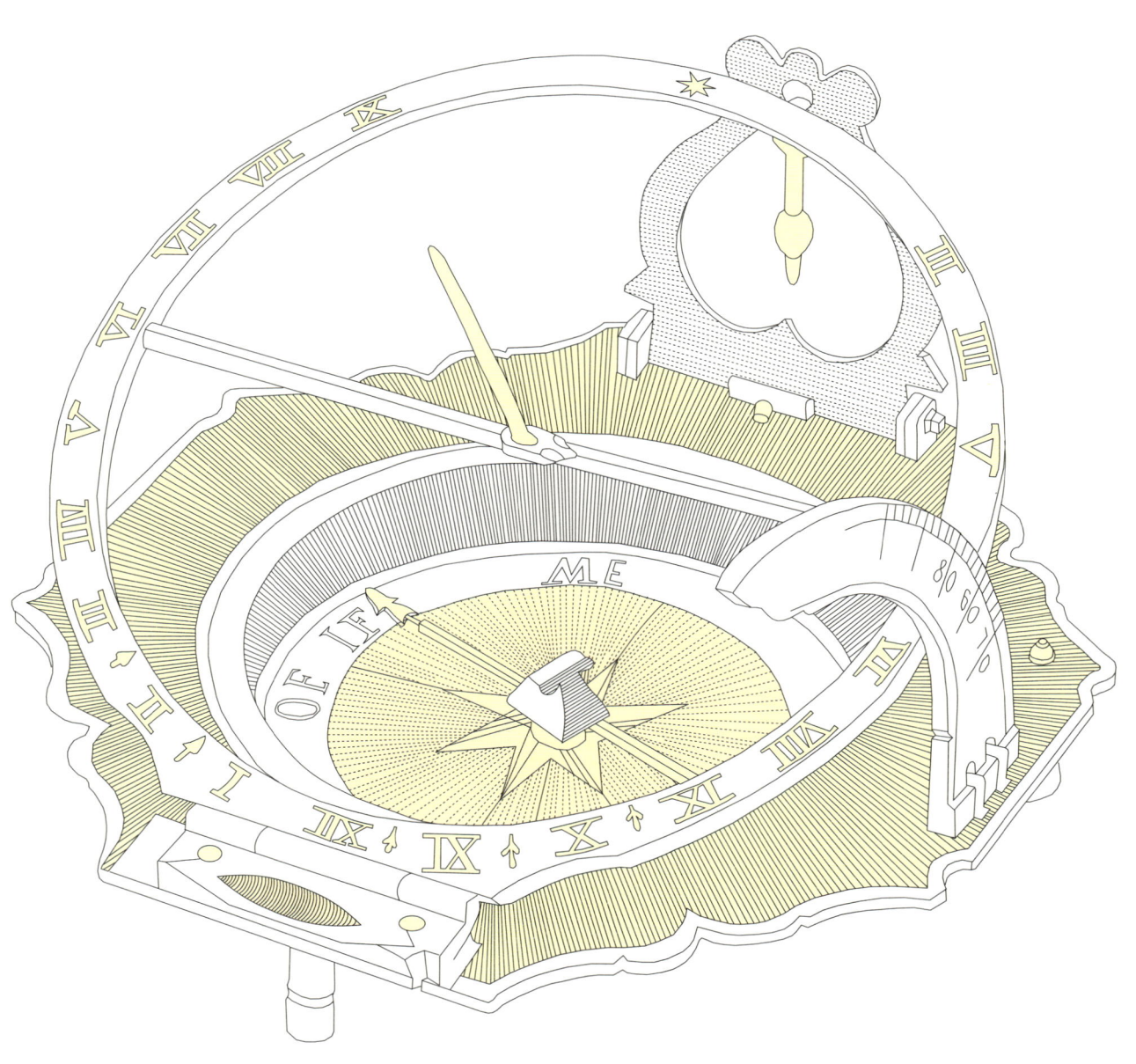

KLAPP-SONNENUHR ⌐mit Kompaß
Bronze, Messing. Augsburg um 1750

Gut gerüstet wurde die Reise nach Italien im Winter 1769 angetreten, der auf den Straßen Europas erfahrene Reisende Leopold hatte alles bedacht. Im umfangreichen Gepäck befanden sich neben den mit kluger Umsicht besorgten Empfehlungsschreiben eine generöse erzbischöfliche Gabe von 120 Dukaten, das unvermeidliche Paar Terzerolen, ein Dolch und vor allem Johann Georg Keyßlers *Neueste Nachrichten durch Deutschland, Böhmen, Ungarn, die Schweiz, Italien und Lothringen* – wahrlich kein handlicher Reiseführer, wie wir ihn heute kennen. Das mehrbändige Riesenwerk war unter anderem dazu gedacht, daß sich

> *Wolfgang durch Lesung guter Bücher in verschiedenen Sprachen die Vernunft mehr ausbilde, sich auch in anderen nützlichen Wissenschaften umtue.*

Eine zweite Ausgabe des *Keyßler* befand sich in der Salzburger Hausbibliothek der Mozarts, *damit du wenigst im Zimmer reisen kannst, wenn gleich nicht bey uns bist*, schrieb Leopold an seine daheimgebliebene Frau.

Die Reiserouten wählte Leopold Mozart mit Bedacht und stets unter einem lehrreichen Gesichtspunkt. So nahmen sie auf dem Weg von Rom nach Bologna keineswegs die kürzeste Strecke. Die Salzburger reisten eher bedächtig die zauberhaft schöne Strecke entlang der Küste über Spoleto, Foligno, Loreto, Ancona, Pesaro, Rimini, Forlì, Imola. Wo sich eine Orgel fand, da spielte Wolfgang, auch wenn noch man am selben Tag weiterfuhr. Wichtigste Station für den Vater war auf dieser Strecke die Stadt Loreto. Hier erwarb Leopold (der eben noch arg schimpfend den abscheulichen Aberglauben der Neapolitaner verurteilt hatte) eine nicht unbeträchtliche Anzahl Devotionalien und Reliquien.

Das dicke Reisehandbuch leistete den Mozarts auf der an Kunstschätzen reichen Strecke gute Dienste, auch wenn die Salzburger sicher viele der herrlichen Städte kaum eingehend besichtigen konnten. Der Reiseführer informierte detailliert über die Gegend, die Einwohner und allerlei Gebräuche der Region. In dem renommierten Reiseführer findet man allerdings auch seltsame Hinweise:

> *Die Gestalt und Farbe der Einwohner von Ancona, absonderlich des Frauenzimmers, ist schöner als in dem übrigen Italien, dergestalt, daß sie fast scheinen allhier von anderm Geblüte zu seyn, und währet dieses über Senegallia, Fano und Pesaro bis Rimini. Wenn es wahr ist, daß die blühende Jugend, welche sich auf den Akademien*

Der Zulauf von Fremden verursacht in loreto eine starke Zufuhr von lebensmitteln: und ob die Wirthe gleich die Fremden so viel möglich übersetzen, so wird man hingegen jedoch auch wohl gespeiset. Die Einwohner sind höflich, und findet man auf den Postwechslungen von Rom bis Bologna bescheidenere Leute, als von Florenz nach Rom: welches vermuthlich daher kömmt, daß der Umgang mit den Fremden ihnen bessere Manieren giebt. Anbey bemerket man, daß das gemeine Volk in Abforderungen der Trankgelder viel höflicher und begnügsamer gegen diejenigen Fremden ist, welche von Rom zurück kommen, als gegen die, so erst dahin gedenken. Denn von diesen letzten haben sie die Gedanken, daß solche Reisende noch nicht eigentlich wissen, was ihnen von Rechtswegen zukomme [...] In der Gegend von Loreto und der Stadt selbst hat man einen starken Ueberlauf von Bettlern. Auf der landstraße haben sie im Frühlinge die Gewohnheit, den Reisenden Bluhmen in den Wagen zu werfen, um desto eher eine Beysteuer zu erhalten.

JOHANN GEORG KEYSSLER ÜBER LORETO

aufhält, nebst dem zahlreichen Hofstaate vieles beyträgt, daß Leipzig, Halle und Dresden in Deutschland gleichsam Baumschulen des schönsten Frauenzimmers sind: so könnte man auch die gute Gestalt des weiblichen Geschlechts von Fano, Ancona etc. dem häufigen Durchreisen der Fremden und Pilgrime beymessen.

Die Sehens- und Merkwürdigkeiten der Reise hätten die Mozarts gewiss aufmerksamer genießen können, wären da nicht die Unmengen an krabbelndem, kneifendem, beißendem, stechenden Ungeziefer gewesen. Dem genervten Wolfgang blieben von der Reise von Rom nach Bologna nur *loreto glökeln und kerzen und häubeln, und flöhe* in Erinnerung.

Ein verrückter Kutscher, eine schlechte Straße, ein Schlammloch, ein müdes Pferd, ein Achsenbruch – im 18. Jahrhundert gab es viele Gründe für die zahlreichen Unfälle von Kutschen. Mit lebensgefährlichen Vorfällen rechnete man und lebte schlecht und recht damit. Einem Unfall entgingen auch die Mozarts nicht. Auf der Fahrt von Neapel nach Rom stolperte das Pferd und stürzte, die Kutsche kippte um. Leopold Mozart verletzte sich schwer bei dem Versuch, seinen fallenden Sohn zu schützen. An der tiefen und schmerzhaften Wunde über das ganze Schienbein hatte der Vater noch monatelang zu leiden. Wolfgang kam ungeschoren davon.

[…] übrigens war dieses eine der mühsammsten Reisen, die ich gemacht habe. theils wegen des wenigen und unterbrochenen schlafes, theils wegen der unglaub: menge der flöhe und wanzen, die auch einen ganz ermüdeten Cörper nicht schlaffen lassen. LEOPOLD MOZART AN SEINE FRAU, BOLOGNA, 20. 7. 1770

KAMM UND LOCKENWICKLER
Holz. 18. Jahrhundert

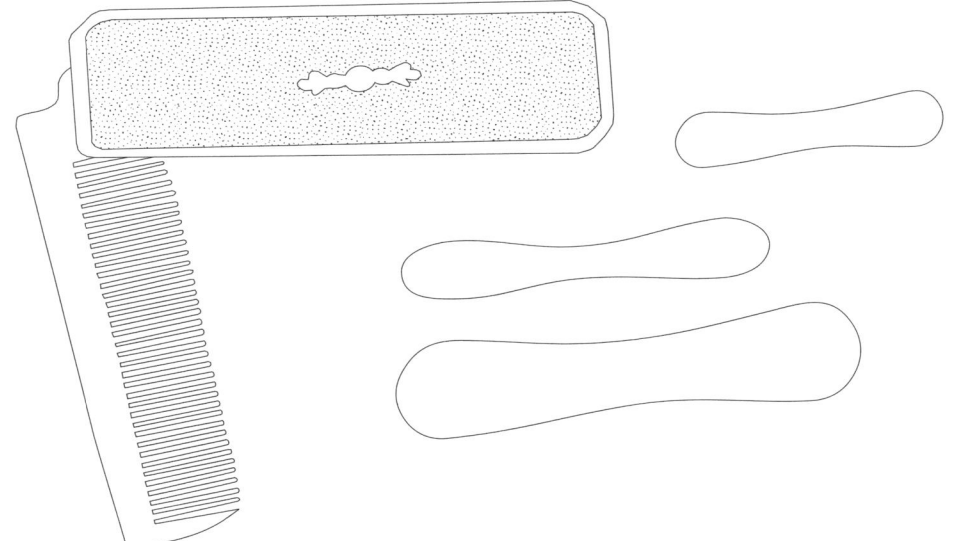

Die daheimgebliebenen Frauen mochte Leopold Mozart nicht beunruhigen; er verschwieg den bösen Unfall. Erst als die Heilung vorangeschritten war, erfuhr Frau Mozart davon. Dann allerdings setzte der Vater den Vorfall mit Genuss in Szene: *du weist daß 2 Pferd und ein Postillon 3 Bestien sind.*

L. Mozart, Rom, 27. 6. 1770

Die Strecke Neapel–Rom war nicht nur aufgrund des bösen Unfalls strapaziös gewesen. Die Mozarts nahmen die Extrapost, um die bekanntermaßen *abscheulichsten Wirtshäuser* zu meiden. In 27 Stunden und in der größten Julihitze fuhren sie ohne Pause von Neapel nach Rom. Der Junge war bei der Ankunft natürlich zu Tode erschöpft. Kaum, daß er sich in einen Sessel niedergesetzt hatte, fing er

> *augenblicklich zu schnarchen und so vest zu schlaffen an, daß ich ihn völlig auszog und ins beth legte, ohne daß er nur das mindeste zeichen gab, daß er wach werden könnte, sondern er schnarchte immer fort, obwohl ich ihn zu zeiten vom sessl aufheben und wieder niedersetzen und endlich gänzlich schlaffend ins beth schleppen muste. als er nach 9 uhr morgens erwachte wuste er nicht wo er war, und wie er ins Beth gekommen; und er lag schier die ganze Nacht auf dem nämlichen Platz.*

Auf den Reisen der Mozarts nahm Italien einen besonderen Platz ein. Kein anderes Land hatte eine solche Fülle und Dichte an historischen Denkmälern und Kunstschätzen zu bieten. Der hochgebildete Leopold Mozart nutzte diesen Umstand und suchte Wolfgangs geschichtlichen Sinn zu wecken. Mit dem allerdings nicht übermäßig interessierten Knaben besuchte er alle erreichbaren Sehenswürdigkeiten. In Verona wurden das antike Amphitheater und das Museum Lapidarium (die erste systematische Antikensammlung Europas) besichtigt, in Bologna stand die Accademia Clementina auf dem Programm, eine berühmte Sammlung, die besonders dem Vater Mozart zusagte um ihrer wissenschaftlichen Übersichtlichkeit und Ordnung willen.

In Rom, dieser grandiosen, weltgeschichtlichen Stadt, so Leopold Mozart, *soll gewiss nichts unbeobachtet verbleiben, was immer hier zu sehen ist.* Der gewaltige Petersdom war das erste, was der Vater Wolfgang in Rom zeigte. Von

W. A. Mozart, Rom, 14. 4. 1770

dem gigantischen Bau war der junge Musiker jedoch nicht sonderlich beeindruckt, den Besuch erwähnt er nur albernd am Rande eines Briefes:

> *[…] ich hab die ehr gehabt den hl. petrus seinen fus zu sanct pietro zu küssen, und weil ich das unglück habe so klein zu seyn, so hat man mich dan als den nehmlichen alten fechsen Wolfgang Mozart / hinauf gehebt.*

Weder Leopold noch Wolfgang Mozart widmeten den landschaftlichen Schönheiten Italiens viel Aufmerksamkeit und schon gar keinen Raum in den langen Briefen. Zwar schrieb Wolfgang aus Neapel einmal kindlich begeistert seiner Schwester von dem rauchenden Vesuv. Aber das ist auch

Wir haben das Amphiteatrum und das Musäum Lapidarium gesehen. in Kayslers Reisebeschreibungen wirst du es lesen, und ich werde ein Buch wegen der Altertümer v. Verona mitbringen […] ich würde die Briefe zu sehr beschweren und Theuer machen, wenn ich die Zeitungsblätter, die vom Wolfg: in Mantua und anderen Orten schreiben, einschicken wollte. […] wir drincken alle tag euere gesundheit, der Wolfg: vergisst es niemals Lebe wohl ich bin dein alter Mzt. LEOPOLD MOZART AN SEINE FRAU, MANTUA, 11. 1. 1770

[…] was ich hier alles gesehen, übertrift das Museum Britanicum: dann hier sind nicht nur die Naturseltenheiten, sondern alles, was nur immer Wissenschaft heisst, gleich einem Lexicon in schönen zimmern reinlich und ordentlich verwahret zu sehen: kurz! du würdest erstaunen. LEOPOLD MOZART AN SEINE FRAU, BOLOGNA, 27. 3. 1770

schon alles, was wir an Äußerungen über die südliche Natur kennen. Eine romantische Bootsfahrt regte den Jungen lediglich zu der Feststellung an, daß er nun endlich einmal auf dem *Merditeranischen meere (merda = scheiße – A.K.)* gefahren sei. Ob der 14jährige Wolfgang Amadeus Mozart einen Sinn für die erschütternde Verbindung der verfallenden antiken Kostbarkeiten mit der zauberischen Natur Neapels hatte, wissen wir nicht. Pompeji und Herculaneum müssen in ihrer Unerschlossenheit damals einen unglaublich romantischen Eindruck geboten haben. Romantische Betrachtung allerdings war die Sache der Mozarts nicht. Der Ausflug in die Umgebung Neapels wurde kaum um des Naturgenusses oder gar der künstlerischen Anregung willen unternommen, sondern unter dem Gesichtspunkt des Nützlichen und Lehrreichen.

Das Volksleben in Neapel erfuhr eine weit größere Aufmerksamkeit von seiten der Mozarts, entsprechend dem aufklärerischen Denken der Zeit. Mit wachem Interesse wandte sich der junge Mozart Menschen zu. An den lebhaften und sprühenden, den leidenschaftlichen Italienern mag er manches beobachtet haben, was später einem Don Giovanni, einem Figaro oder einer Elvira zugute kam. Seine unheimliche Fähigkeit, in den Opern Zwischenmenschliches mit psychologischer Blickschärfe musikalisch zu charakterisieren, gründet wohl auch in dieser Gabe der Menschenbeobachtung.

Mozarts briefliche Parodien, seine kleinen Inszenierungen des Banalen, die mutwilligen Karrikaturen gewinnen Klarheit und Scharfsicht, wenn von Musik oder Musikern die Rede ist. Trotz seines geringen Alters zeigt sich in den italienischen Briefen ein analytischer Geist, mit großer Sicherheit und klarem Blick urteilte der junge Mozart auf Anhieb über Kollegen. Kritik äußerte Wolfgang mit Freiheit und ohne einen Gedanken an Rücksicht. Rücksicht konnte und wollte das Genie Mozart in musikalischen Dingen niemals üben. Dies sollte ihm später noch viele Feinde machen.

Der strenge Erzieher Leopold Mozart hatte ein waches Auge auf die Entwicklung des Sohnes. Dazu gehörte vor allem, daß Wolfgangs musikalisches Können bei der Routine des täglichen Präsentierens nicht stagniere oder im Vorführen von Kunststückchen ende – eine müßige Sorge bei einem Wolfgang Mozart, der sich stets in schöpferischer Unruhe befand, ja aus ihr lebte. Leopold wußte nur Gutes nach Salzburg zu berichten.

> *[…] der Wolfg. bleibt mit seiner Wissenschaft auch nicht stehen, sondern wächst von tage zu tage, daß die grösten kenner und Meister nicht worte genug finden ihre Bewunderung auszudrücken und an tag zu geben.*

L. Mozart. Rom, 21. 4. 1770

Das Reisen reiniget den geschmack, vermehret die Bilder, zerstäubet die Vorurtheile, besseret nicht selten die Sitten. Ein schöner Geist Italiens hat also das Reisen mit Recht einem Flusse verglichen, der, je weiter er von seiner Quelle sich entfernet, desto wasserreicher sich verbreitet: Oder den Gesundbrunnen, die in ihrem Laufe desto vortrefflichere Eigenschaften an sich ziehen, je köstlichere Adern der Mineralien sie durchgerieselt haben. VON DEM NUTZEN DES REISENS, 1768

[…] die prima Dona singt gut, aber still, und wenn man sie nicht agiren sehte, sondern singen nur allein, so meinete man, sie singe nicht, dan den mund kan sie nicht eröfnen, sondern winselt alles her […]. WOLFGANG AMADEUS MOZART AN SEINE SCHWESTER, MAILAND, 26. 1. 1770

Regelmäßige mathematische Übungen gehörten ebenso wie das tägliche Geigenspiel zum Bildungsprogramm Leopolds, der gesellschaftlich hochbeanspruchte Wolfgang schrieb sogar in Rom noch an die Schwester, sie möge ihm doch Rechenexempel schicken! Obwohl die Bildende Kunst höchstens im summarischen Sinne zum Interessenkreis der Mozarts gehörte, legte Leopold Mozart scheinbar Wert darauf, daß Wolfgang sich im bildnerischen Darstellen übe. 1770 zeichnete ein eifriger Wolfgang in Rom den *hl. Petrus mit dem Schlüsselamt, den hl. Paulus mit dem Schwert und samt den hl. Lucas […]*.

Bei all der Hektik des Reisens, neben zahllosen Bekanntschaften, fast täglichen Konzerten und zeitraubenden Akademien komponierte Mozart vor allem und unentwegt. Der künstlerische Ertrag der Reisezeit war gewaltig, vermutlich aufs höchste angeregt von neuen, ständig wechselnden Umgebungen und Personen, vor allem aber von der Erfüllung einer leidenschaftlichen Sehnsucht, die schon der Achtjährige hegte: Opern zu komponieren.

Cara sorella mia! Ich bitte Dich, Du wirst die Künste von der Rechenkunst finden, denn du hast sie selbst aufgeschrieben, und ich habe sie verloren, und weiß also Nichts mehr davon. Also bitte ich Dich, sie mir zu copieren, nebst andern Rechenexempeln, und sie mir her zu schicken.
WOLFGANG AMADEUS MOZART AN SEINE SCHWESTER, ROM, 21.4.1770

Er hat jetzt immer eine Opera im Kopf.
LEOPOLD MOZART AN SEINE FRAU, 28.5.1764

MUNDSTÜCKE ⌐ diverse

W. A. Mozart, Wörgl, 12/1769

Trotz des kalten Winterwetters und der Aussicht auf eine lange Trennung (mindestens ein Jahr würden sie unterwegs sein) waren die Reisenden voller Zuversicht. In kindlicher Freude an einer abenteuerlichen Kutsch-fahrt schrieb Wolfgang am zweiten Reisetag an seine *Allerliebste mama*:

> *Mein Herz ist völig entzücket, aus lauter Vergnügen, weil mir auf dieser Reise so lustig ist, weil es so warm ist in den wagen, und weil unser gutscher ein galanter Kerl ist, welcher, wen es der weg ein bischen zuläst so geschwind fahrt […].*

W. A. Mozart, Verona 1770

Bei solch temperamentvollem Kutscher erreichte man schnell Verona, das erste Ziel der Reise. *Iezt hört der Teutsche tölpel auf, und fängt das welsche Tölpel an*[…], alberte Wolfgang in einem Brief an seine Schwester. Zwei glück-liche Wochen der Erholung gönnten sich Wolfgang und Leopold Mozart in der gelösten Atmosphäre der schönen Stadt. Die Veroneser Geist-lichkeit, der Adel und das Bürgertum empfingen sie mit Herzlichkeit und großer Wärme.

W. A. Mozart, Verona 1770

Zum ersten Mal hörte Wolfgang Amadeus Mozart eine italienische Oper in ihrem Ursprungsland. Es war Pietro Guglielmis Opera seria *Ruggiero*. Die gesanglichen Leistungen der Primadonna, Schwester des berühmten Geigers und Komponisten Antonio Lolli, und bereits eine alte Bekannte der Mozarts, sagten dem kritischen Vierzehnjährigen nicht zu: sie habe eine *schnoffelte voce, e canta sempre um ein vierteil zu tardi, ò troppo à buon ora*.

W. A. Mozart, Verona, 7. 1. 1770

Der freche Schabernack, der in der Karnevalszeit auch in der Oper getrie-ben wurde, gefiel dem Jungen wesentlich besser. Maskiert ließ man alle gesellschaftlichen Konventionen fallen, das war ganz nach Wolfgangs Geschmack.

L. Mozart, Verona, 7. 1. 1770

Wie auf fast allen Stationen der Reise, gab der junge, berühmte Wolfgang Mozart auch im gastlichen Verona ein Konzert. In der kleinen Kloster-kirche San Tommaso herrschte an diesem Tag ein unsägliches Lärmen und Gedränge, *ieder wollte den kleinen Organisten sehen*. Seinen Platz an der Orgel erreichte der schmächtige Knabe nur mit Hilfe einiger starker Männer.

Gazzetta di Mantova, 12. 1. 1770

Die anwesenden Mitglieder der ehrwürdigen Veroneser *Accademia filarmonica* waren hingerisssen von dem *Naturwunder* Mozart. *Um ein ewiges Andenken davon zu bewahren*, gab der hohe Finanzbeamte Pietro Lugiati, vom Können des Knaben verzaubert, bei dem Maler Saverio Della Rosa ein Bildnis in Auftrag. Das Porträt, das in wenigen Tagen entstand, zeigt den Vierzehn-

Gestern sind wir hier angelanget, und sind eine Stund darauf, nämlich um 6 Uhr in die opera gegangen. Wir sind, Gott Lob, gesund […] Leopold Mozart an seine Frau, Mantua, 11. 1. 1770

Allein was die Schönheit anlangt, darf man selbige [die Stadt Verona – A.K.] mit den meisten großen Städten des untern Italiens keineswegs in Vergleichung ziehen. Die meisten Straßen darinnen sind enge, krumm, kothig, mit schlechten Häusern bebauet, und fällt sie überhaupt mit ihrer angenehmen Gegend viel besser in die Augen, wenn man sie von einer benach-barten Höhe in Augenschein nimmt, als man sie hernach in der That findet […]. Die zahl der Einwohner wird anitzt auf acht und vierzig bis fünfzigtausend Seelen geschätzet. Johann Georg Keyssler. Über die Stadt Verona

KUNSTSTICKEREI ⏤ an einem Rock
dunkelblaue Seide, gelbe Stickerei.
18. Jahrhundert

P. Lugiati an M. A. Mozart, Verone, 22. 4. 1770

jährigen mit einem direkten, unkindlichen Blick, der in einem seltsamen Widerspruch zu seiner Anmut und ätherischen Erscheinung steht. Im prächtigen roten Rock eines Kapellmeisters sitzt der Knabe am Cembalo seines Gastgebers, auf dem Pult liegen aufgeschlagene Noten. Ein Tintenfaß und eine Feder auf dem Deckel des Instrumentes scheinen anzudeuten, daß er die Noten soeben niedergeschrieben hat. Das Gemälde ist der einzige Schlüssel zu dieser fragmentarischen Komposition, die unter dem Namen *Veroneser Allegro* bekannt geworden ist. Es ist allerdings umstritten, ob es überhaupt ein mozartsches Werk ist.

Das heute in französischem Privatbesitz befindliche Bildnis des jungen Mozart berührte den Auftraggeber Lugiati immer wieder aufs innigste.

> *Sein süßes Bild ist mir Trost und Anreiz, manchmal mich wieder der Musik zu widmen.*

In bewegten Worten dankte Lugiati den Eltern Mozart in einem ungewöhnlich persönlichen Brief für die treue Fürsorge und wache Förderung des genialen Kindes.

Mit besonderer Treue brachten auch andere Veroneser Wolfgang Amadeus Mozart Begeisterung und Zuneigung entgegen. Lange nach der Abreise der Mozarts widmeten die Bürger dem jungen Musikgenie noch immer schwärmerische Sonette und Poesien. Ein Jahr später, unmittelbar nach der glanzvollen Premiere der Oper *Mitridate* in Mailand, ernannte ihn die *accademia filarmonica* zum Ehrenkapellmeister, eine hohe Würdigung und ein Zeichen dankbarer Erinnerung.

[...] doch war sein Ansehen sehr kinderhaft, und eben so auch trugen alle seine Handlungen das Gepräge dieses Lebensalters. Zum Beyspiele: während er mir vorspielte, kam eine Lieblingskatze herein, worauf er sogleich sein Clavier verliess, auch konnten wir ihn eine gute Zeit hindurch nicht wieder zurück bringen. Zuweilen ritt er auch auf einem Stocke zwischen den Beinen im Zimmer herum.

SIR DAINES BARRINGTON AN MATTHEW MALY, SEKRETÄR DER KÖNIGLICHEN GESELLSCHAFT. ERHALTEN DEN 28. NOVEMBER 1770

Schon nach wenigen Tagen verließen die Mozarts die freundliche Stadt. Die Tagesreise nach Mantua war kurz, aber anstrengend. Eine grimmige Kälte setzte Wolfgang dermaßen zu, daß der zarte Junge bei der Ankunft aussah, *als wenn er einen Feldzug gethan hätte: nämlich ein wenig Rothbraun.* Der weniger geplagte Vater konnte immerhin scherzen: *Meine schönheit hat noch nicht viel gelitten, sonst würde ich in verzweiflung gerathen […].*

Schon eine Stunde nach ihrer Ankunft fuhren die Reisenden in die Oper, um Johann Adolf Hasses *Demetrio* zu hören. Die Geschehnisse auf der Bühne beobachtete der keineswegs müde Knabe wie immer äußerst kritisch.

Das eisige Wetter in Mantua schien symptomatisch, ein unterkühlter Empfang von seiten der Adligen drückte die Stimmung und weckte Vorahnungen Leopold Mozarts.

La seconda Dona macht ein Ansehen wie ein granadierer, und hat auch eine starke stime, und singt wahrhaftig nicht übel auf daß sie daß erste mahl agiret.

WOLFGANG AMADEUS MOZART, MANTUA, 11. 1. 1770

> *Viel wird in Italien nicht herauskommen: das einzige Vergnügen ist, daß eine mehrere Begierde und Einsicht hier ist, und daß die Italiäner erkennen, was der Wolfg: verstehet.*

Dennoch überwog die Hoffnung – niemals hätte ein Leopold Mozart die Reise fortgesetzt, wäre er von deren Vergeblichkeit überzeugt gewesen. Im Theatersaal der *Reale Accademia di science, lettere ed arti*, von dessen Schönheit der Vater angetan war, gab der junge Österreicher schließlich doch ein gefeiertes Konzert. Leider, so bedauerte der Vater, erhielt der Künstler kein Honorar, denn *alles gehet frey hinein.*

Erhalten blieb die Ankündigung dieses Konzertes mit einem gewaltigen und sensationsträchtigen Programm. Der *espertissimo giovanetto* improvisierte als Sänger auf *vorher nie gesehene Worte*, spielte Sonaten aus dem Stegreif, eine Fuge über ein unbekanntes Thema und außerdem etliche eigene Kompositionen auf dem Cembalo. Das Genie des jungen Wolfgang Mozart setzte sich auch hier durch. Die Mantuaner Presse feierte am 19. 1. 1770 das *wundersame Talent* des *unvergleichlichen Knaben W. A. Mozart.* Man spürte deutlich,

> *dass dieser Jüngling nur die in der Musik erfahrensten Männer zu beschämen ihnen geboren zu seyn scheine.*

In Mantua feierte der hochgelobte junge Wolfgang Amadeus Mozart am 27.Januar 1770 seinen vierzehnten Geburtstag.

Die Mozarts reisten bald nach Mailand weiter. Ehe sie aber diese wichtige Station ihrer Reise erreichten, erlebten sie in Cremona eine Oper von Hasse, wobei der Vater besonders das Orchester lobte, des feinen Klanges der Streicher wegen. Es erklangen ausschließlich Instrumente von Stradivari, Guarneri und Bergonzi.

Den 16ten d. M. hielt man auf dem Schauplatze der königl. Akademie die gewöhnliche philharmonische Akademie, um bey der Durchreise des unvergleichlichen Knaben W. A. Mozart Gelegenheit zu haben, das wundersame Talent und die ausserordentlich meisterliche Geschicklichkeit in der Tonkunst, welche er in seinem Alter von 13 Jahren besitzt, von dieser ganzen Stadt bewundern zu lassen. Sowohl für die Sänger als für die klingenden Instrumente in so vielen concertirenden und obligaten Stimmen, als man nur will, gleich den besten Meistern zu schreiben, ist ihm eine so leichte und geringe Sache, dass er es gleichzeitig auch auf dem Claviere zu spielen weiss.

MANTUANER PRESSE, 16.1. 1770

ROKOKO-ORNAMENT ⏤ an bestickter Herrenweste. 18. Jahrhundert

Mailand war die erste große Station auf der Italienreise und sollte überraschend die Erfüllung von Wolfgang Mozarts großem Opernwunsch bringen.

Die Begegnung mit dem noblen Karl Joseph Graf von Firmian, Generalgouverneur der Lombardei, war für die Mozarts überdies menschlich wohltuend. Der kluge Beamte Maria Theresias und Freund Winkelmanns hatte in Mailand bedeutende Steuerreformen durchgeführt. Firmian, den Winkelmann für den *größten und gelehrtesten Mann von allen Leuten hoher Geburt, die er kenne* hielt, besaß eine gewaltige Bibliothek, die heute den Grundstock der Mailänder Brera bildet. Der weitsichtige und diplomatische Graf begegnete den beiden Mozarts wohlwollend, er *distinguierte* sie mit *besonderer Gnade und vorzüglichkeit* und wurde zum wichtigsten Protektor des italienischen Vorhabens.

Am 7. Februar wurden Wolfgang und Leopold Mozart feierlich an die gräfliche Tafel geladen. Dem genialen Knaben überreichte der feinsinnige Firmian zum Dank für dessen Cembalospiel keine goldenen Tabatieren oder Uhren. Das *sehr angenehme present*, eine wertvolle Turiner Gesamtausgabe der Werke Metastasios, muß Wolfgang gefreut haben, noch in Mailand vertonte er vier Texte aus dem Buch.

Wolfgang Amadeus Mozart und sein Vater waren gern gesehene Gäste im Hause Firmian, der Junge spielte auf etlichen Soireen mit hunderten adliger Gäste und auf einer Akademie, die der Vater veranstaltet hatte. Natürlich wurde das wunderbare Talent des Knaben auch hier bestaunt und bewundert. Im Hause des Grafen begegnete Wolfgang zwei außerordentlichen Musikerpersönlichkeiten: dem Kapellmeister, Organisten und Komponisten Giovanni Battista Sammartini, dem Lehrer Glucks, und dem Opernkomponisten Nicola Piccini, dessen musikalische Anregungen für Wolfgang bedeutsam wurden.

Mit der Vertonung Metastasios hatte sich Wolfgang das Wohlwollen des Grafen Firmian endgültig gesichert. Der vorsichtige Mann hatte allerdings auch Erkundigungen am Wiener Hof eingezogen, ein freundliches Empfehlungsschreiben des angesehenen Adolf Hasse wird sein übriges getan haben. Graf Firmian legte Wolfgang und seinem Vater den ersehnten und generösen Opernvertrag für die nächste Karnevalssaison vor.

Die Stadt Mayland [...] ist in Vergleichung mit Turin für häßlich zu rechnen, weil sie wenige gleiche, und viele sowohl krumme als enge Straßen hat. Hiezu kommen die papiernen Fenster, welche allhier in noch größerer Menge, als zu Turin oder Florenz anzutreffen sind, und die Stadt desto mehr verunzieren, je öfter man zu Mayland auch in großen Pallästen Glas und Papier (welches letztere an die Stelle einer zerbrochenen Scheibe aufgekleibet worden) in einem Fensterflügel beysammen findet. JOHANN GEORG KEYSSLER

In dieser Stadt, die sehr groß und volkreich ist, wird die Musik viel getrieben. Sgr. [Giovanni] Battista Sammartini [...] ist Organist von zwei oder drei Kirchen hieselbst. CHARLES BURNEY, JULI 1770

Wen man die Sau nennt, so kommt sie gernt: ich bin wohlauf, gott lob und danck, und kan kaum die stunde erwarten, eine antwort zu sehen, ich küsse der mama die hand, und meiner schwester schicke ich ein bladernades busel, und bleibe der nehmliche [...] aber wer? [...] Der nehmliche hanswurst, Wolfgang in Teütschland, Amadeo in italien, De Mozartini. WOLFGANG AMADEUS MOZART AN SEINE MUTTER, MAILAND, 10.2.1770

Freie Wohnung und eine gute Bezahlung von 100 Golddukaten sicherten eine ruhige Arbeit an der Oper. Diese sollte am 26. Januar 1770 in Szene gehen und *Mitridate, Re di Ponto* heißen.

In der Freude über den Auftrag genossen die Mozarts den Mailänder Karneval mit seinen erlesenen Opernaufführungen. In dieser Zeit entstanden auch Motetten für zwei Sängerknaben, 15- und 16jährige Kastraten, mit denen sich Wolfgang angefreundet hatte. Nur eines der Stücke ist erhalten, das frische und klare, noch ganz dem italienischen Opernstil verhaftete *Quaerne superna*.

Die Anwesenheit des Komponisten zum Einstudieren der Oper wurde erst im November verlangt, so blieb den Mozarts nun ein halbes Jahr. Der Vater beschloß, eine Reise nach Rom und Neapel zu unternehmen. Graf Firmian verabschiedete die lieb gewordenen Gäste mit dem Geschenk einer goldenen Tabatiere, 20 Gigliati und der vielleicht nützlichsten Gabe, einigen Empfehlungsschreiben. Sie werden den Mozarts bald bedeutende Türen von Bologna bis Neapel öffnen.

Gern trennte sich Leopold Mozart nicht von dem bequemen Quartier und der gastlichen Stadt Mailand. *Du weist wie Beschwerlich, traurig und mühesam das abreisen ist*, schrieb er an die Frau nach Salzburg; *aber du weist, daß Rom der Ort ist, wo man sich nothwendig aufhalten muß.*

L. Mozart, Rom, 13. 3. 1770

Heut den 3. Merz ist der letzte faschinstag. Diese ganze Woche hindurch waren alle Täge ganze Compagnien Masqueraden, die durch die ganze Stadt zohen [...]. Es war nicht übl zu sehen: und überdas waren heute viele Wägen mit Cavagliers en Masque, und eine grosse Menge anderer Masquierter Personen auf allen Strassen. Kurz! alles ist auf der Gasse oder am Fenster. LEOPOLD MOZART AN SEINE FRAU, MAILAND, 3. 3. 1770

Mich freuet es recht von ganzen herzen, das du bey dieser schlittenfahrt dich so sehr ergözet hast, und wünsche dir Tausend gelegenheiten zur ergözung, damit du recht lustig dein Leben zubringen mögest. Aber eins verdrüst mich, daß du den H. v. Mölk so unendlich seüfzen und leiden hast lassen, und das du mit ihm nicht schlittengefahren bist, damit er dich hätte umschmeißen könen; wie viel schnupf-dichel wird er nicht den selbigen Tag wegen deiner gebraucht haben, vor weinen [...]. WOLFGANG AMADEUS MOZART AN SEINE SCHWESTER, MAILAND, 26.1.1770

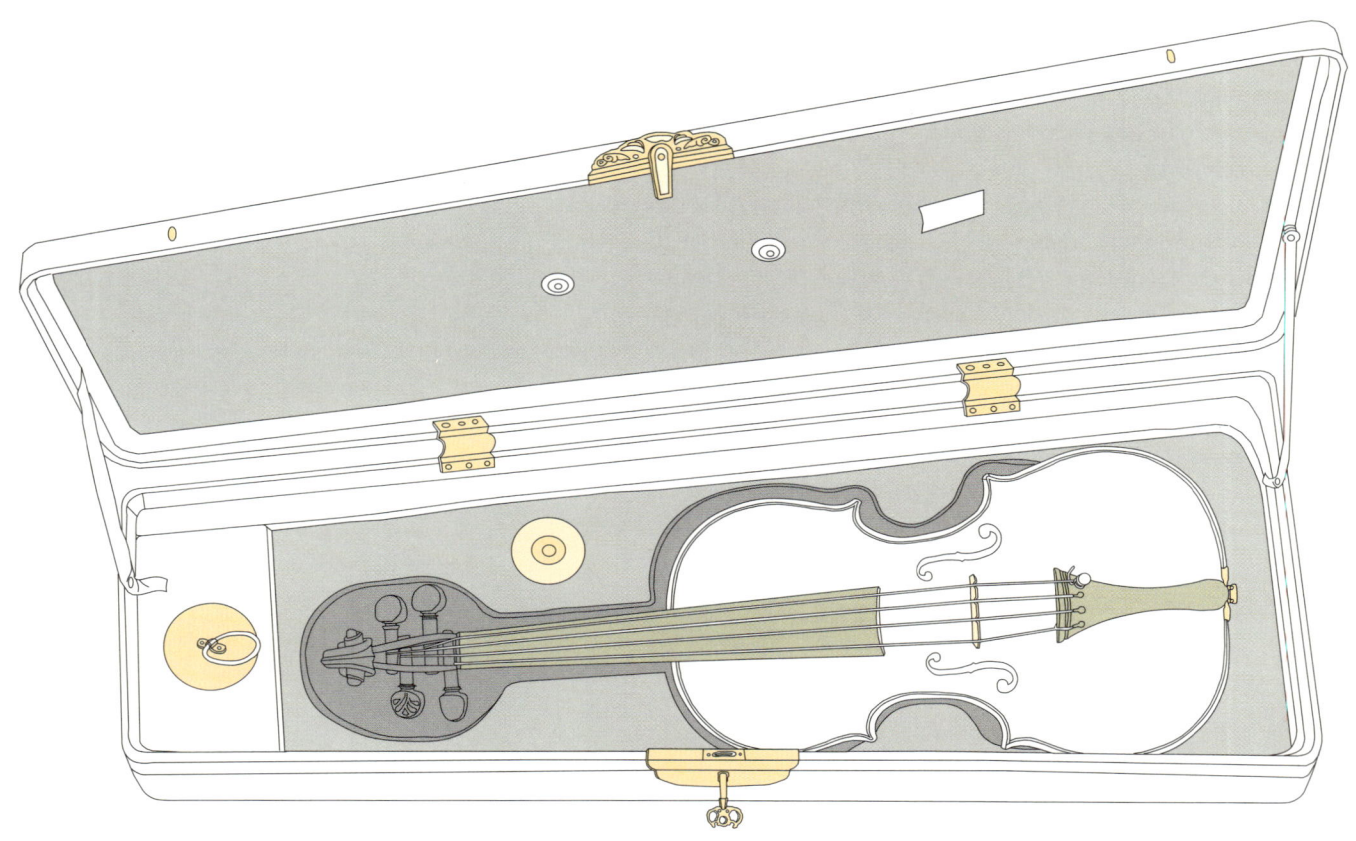

VIOLINE MIT KASTEN ⌐Holz, Metall,
Samt, Metall, Elfenbein, Schildpatt,
Leder. 18. Jahrhundert

Über Parma, das sich arrogant gab – sowohl vom Ministersekretär des Herzogtums Parma, dem Marquese von Fellino, als auch vom kaiserlichen Minister, Franz Philipp Knebel von Katzenellenbogen, wurden sie vollkommen ignoriert – reisten Wolfgang und sein Vater unverzüglich nach Bologna.

Das folgenreiche Bologneser Konzert fand auf einem prunkvollen Empfang statt, der allerdings weniger zur Auszeichnung des Wunderkindes stattfand, als vielmehr zu Ehren des ebenfalls kürzlich eingetroffenen Grafen Kaunitz-Riedberg. Der Gastgeber, Feldmarschall Giovanni Luca Markgraf Pallavicini-Centurioni, hatte 150 Personen des höchsten Adels zu seinem Fest geladen.

Für den jungen Mozart wurde der Abend durch die Bekanntschaft mit dem völlig zurückgezogen lebenden Padre Giovanni Battista Martini wichtig. Wolfgang widerfuhr eine hohe Ehre, denn der Kirchenkomponist, Theoretiker und Musikhistoriker von größtem Einfluß und Verständnis kam einzig, um ihm zu lauschen. Die Erwartungen des Padre wurden um ein Vielfaches übertroffen. Der in seinen Äußerungen gewöhnlich zurückhaltende Martini nannte Wolfgang nach dem Konzert überwältigt ein *musikalisches Wunder*.

G. L. Pallavicini an seinen Vetter, Bologna, 28. 3. 1770

Der Gastgeber, Feldmarschall Pallavicini, wußte um das Gewicht des Urteils eines Padre Martini. In einem Empfehlungsschreiben nach Rom betonte er die begeisterte Wertschätzung des berühmten Martini für den jungen Wolfgang. Der Feldmarschall vertraute so sehr in das Genie des jungen Mozart, daß er sogar um eine Audienz beim Papst bat, umso mehr, als der Knabe *ohne Instrumentenlärm in Gegenwart eines einzigen Kapellmeisters […] Proben seines Könnens geben wird.*

Den vierzehnjährigen Wolfgang beschäftigte in Bologna anderes. Geplagt von heftigem Heimweh, bat er in seinen Briefen kläglich, daß ihm die Schwester doch mehr schreiben möge. Selbst leere Briefe wären ihm recht!

W. A. Mozart, Bologna, 24. 3. 1770

Alle Posttage, wann die deutschen Briefe kommen, schmeckt mir das Essen und Trinken viel besser. Leopold Mozart dagegen war mit den Gedanken bereits in Rom. Er bedauerte, in Bologna vorerst nicht länger verweilen zu können, beschloß aber, der musikalisch wichtigen Stadt auf der Rückreise mehr Zeit zu widmen. Nach fünf kurzen Tagen machten sie sich wieder auf den Weg.

Was mich sonderheitlich vergnüget, ist, daß wir hier ungemein beliebt sind und der Wolfgang noch mehr bewundert wird als in allen anderen Städten Italiens, weil hier der Sitz und Wohnplatz von vielen Meistern, Künstlern und Gelehrten Leuten ist. Hier ist er auch am stärksten versucht worden. Und dies vergrößert seinen Ruhm durch ganz Italien, weil der P. Martini, der Italiäner Abgott, mit solcher Verwunderung von dem Wolfgang spricht […].
LEOPOLD MOZART AN SEINE FRAU, BOLOGNA, JANUAR 1770

Der erste [Padre Martini – A.K.] wird von ganz Europa als der tiefsinnigste Theorist und der andere als der größte praktische Tonkünstler dieses oder vielleicht eines jeden Alters und Landes angesehen. CHARLES BURNEY

An einem Tag wurde die Reise nach Florenz bewältigt – am 30. März 1770 erreichten sie die majestätische Stadt am Arno, die den für gewöhnlich alles andere als schwärmerischen Leopold Mozart zu dem erstaunlichen Ausruf begeisterte, *daß man hier leben und sterben soll.*

L. Mozart, Florenz, 3 /1770

Eine Erkältung Wolfgangs wurde in Eile kuriert, denn Leopold Mozart war bereits ungeduldig, am Florentinischen Hofe vorstellig zu werden. Der Großherzog Leopold von Toskana und spätere Kaiser Leopold II. war bereits ein alter Bekannter aus Wien. Er empfing die Mozarts gnädig, ebenso wie sein Staatsminister Graf Franz Xaver Wolf Orsini-Rosenberg, der in Wolfgangs Leben noch eine große Rolle spielen sollte. Bei der obligatorischen Akademie in der Sommerresidenz Poggio Imperiale wurde Wolfgang Amadeus Mozart von dem großartigen und berühmten Geiger Pietro Nardini begleitet. Vater Leopold berichtete mit lässigem Stolz nach Salzburg, daß sein Wolfgang die schwersten Fugen und Themata *wie man ein stück brod isst, weggespielt und ausgeführt* habe.

L. Mozart, Florenz, 3. 4. 1770

Um diesen Florenzaufenthalt rankt sich die Geschichte der romantischen Freundschaft zwischen dem jungen Mozart und dem kongenialen Thomas Linley, einem Schüler Nardinis. Zwei Tage nach seiner Ankunft lernte Mozart den gleichaltrigen Linley im Hause der Dichterin Corilla kennen, einer ungewöhnlichen und emanzipierten Dame. Der kleine Engländer war nicht nur ein sagenhaft begabter Geiger, sondern komponierte mit ebensolchem Talent. Die Knaben musizierten sogleich miteinander und gaben sogar ein gemeinsames Konzert. Wohl aus den ebenbürtigen künstlerischen Intentionen wuchs eine augenblickliche und so innige Freundschaft, daß Vater Leopold erstaunt schrieb:

> *[…] diese 2 knaben producierten sich wechselweise den ganzen abend unter beständigen umarmungen. den anderen tag ließ der kleine Engelländer, ein allerliebster Knab, seine Violin zu uns bringen, und spielte den ganzen nachmittag, der Wolfg. accompagnierte ihm auf der Violin.*

Den bezaubernd schönen, mädchenhaften *Tomasino,* dargestellt mit seiner Schwester, zeigt ein Gemälde Gainsboroughs aus dieser Zeit. Die seltene Freundschaft der beiden Musiker hielt bis zum frühen Unfalltod Linleys ungebrochen, wenngleich nur brieflich. Es blieb bei dieser einen Begegnung. Als sich die Kinder nach wenigen Tagen trennen mußten, war es ein Abschied fürs Leben. Den herzzerreißenden Kummer Linleys beobachtete Vater Mozart erstaunt und ergriffen.

L. Mozart, Rom, 4 /1770

> *Der kleine Tomaso weinte die bittersten Thrännen, weil wir den tag darauf abreiseten.*

Der abschiedgewohnte Wolfgang war nicht minder traurig. Eine Geste des zurückbleibenden Thomas Linley berührt durch ihre gravitätische Feierlichkeit: er überreichte dem scheidenden Freund ein Abschiedssonett.

Den 30t Merz sind wir abends glück. in Florenz angelanget, den 31. sind wir den ganzen Tage, und der Wolfg. bis zum Mittagessen im Bette geblieben, weil er durch den Regen und starken Wind, den wir über das Gebürg hatten einen kleinen Catharr bekommen. ich ließ ihn thee und Violensaft nehmen und ein wenig schwitzen. LEOPOLD MOZART AN SEINE FRAU, FLORENZ, 3. 4. 1770

Der Umgang ist in Florenz auf einem angenehmen Fuß und ungezwungen. Wenige Orte in Italien sind für Fremde in diesem Punkte so vorteilhaft. Der Ton der Gesellschaft ist munter, frey, und zuweilen witzig. VOLKMANN

Von Tommasino, wie man ihn nennt, und dem kleinen Mozart spricht man in ganz Italien als von zwei Genies, die die größte Hoffnung geben. CHARLES BURNEY

Zur Abreise des W. A. Mozart hieß die kleine Dichtung, die Linley dem Freund zu Ehren bei ihrer gemeinsamen Bekannten Corilla in Auftrag gegeben hatte. Am Stadttor von Florenz trennten sich die beiden Knaben. Der Vater schrieb nach Salzburg: *Ich wünschte, daß du diese Szene gesehen hättest.*

Das Schicksal will's! / Du mußt von hinnen fahren. / Nur in Gedanken darf ich dich geleiten. / Betrübt, nach Stunden, die voll Frohmut waren, / Träum' ich von Wiederkehr der schönen Zeiten […]. Ich lauschte Dir mit innigstem Empfinden Und durfte liebend Deine Kunst umhegen. / O Götter, laßt dies Herz mir nie entschwinden, / Dem ich ergeben bleibe allerwegen, / Mich dankerfüllt an sein Genie zu binden! / Als Zeichen ergebener Hochachtung und Zuneigung / Tommaso Linley. Auszug aus dem Abschiedsgedicht an Mozart, von Corilla Olimpica verfasst

STIMMGABEL MIT KASTEN ⌐ Leder, Samt, Holz, Metall. 18. Jahrhundert

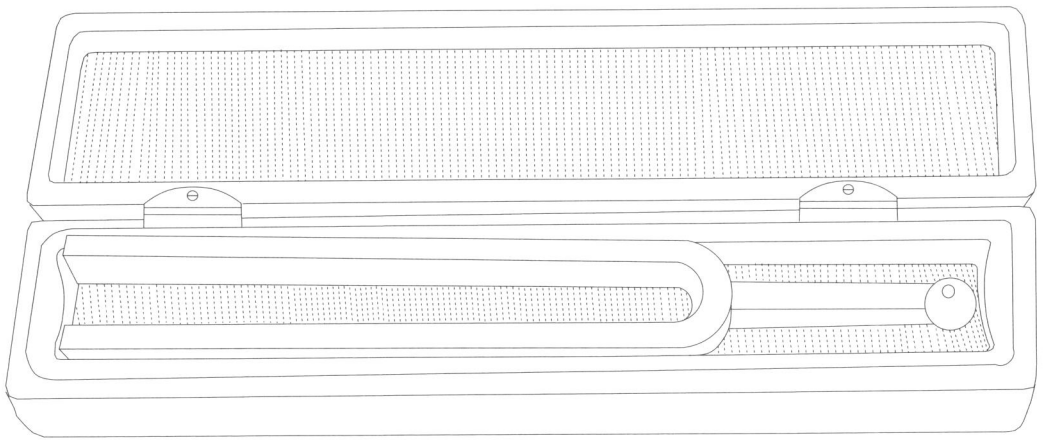

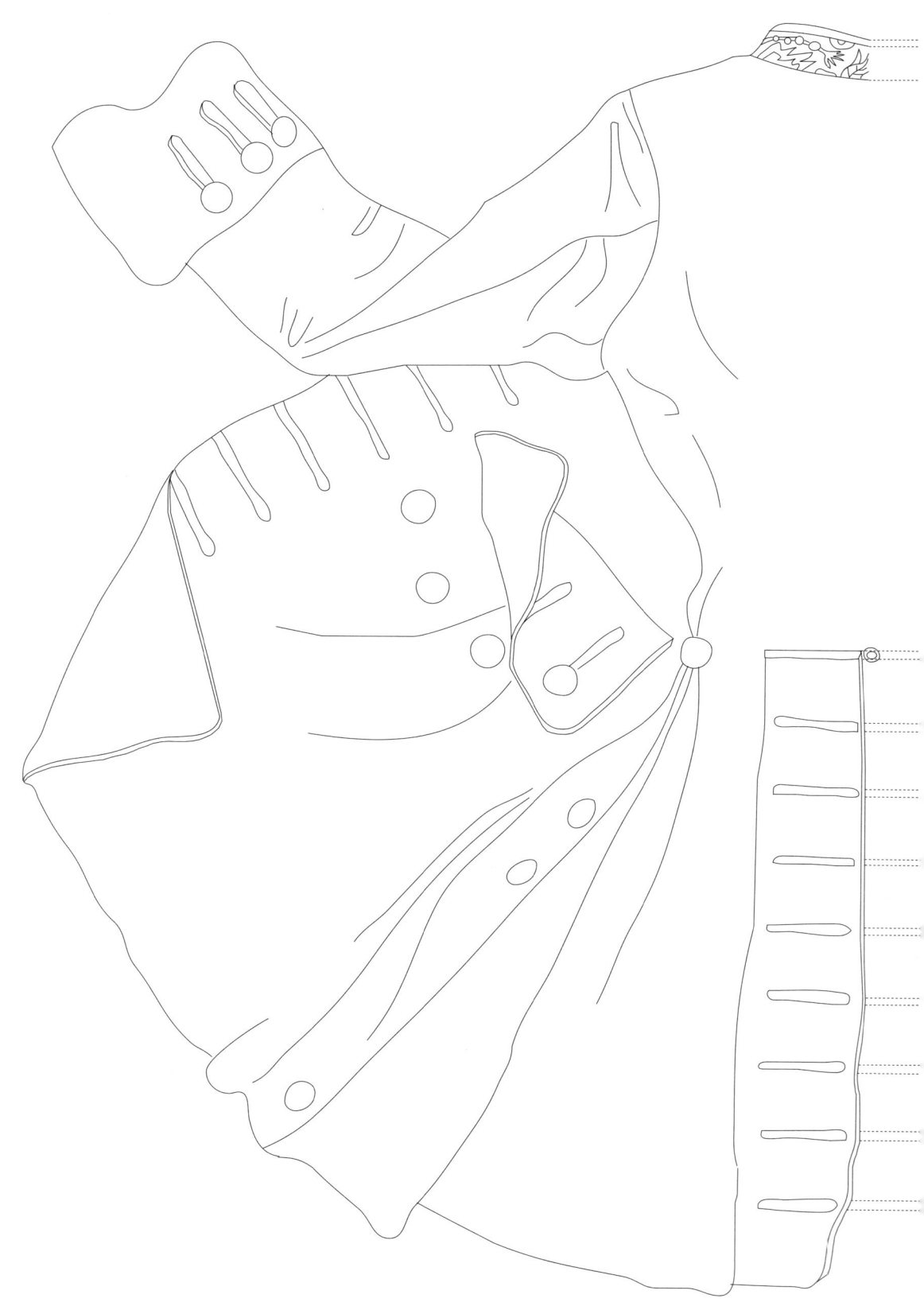

JUSTAUCORPS Männerrock
18. Jahrhundert

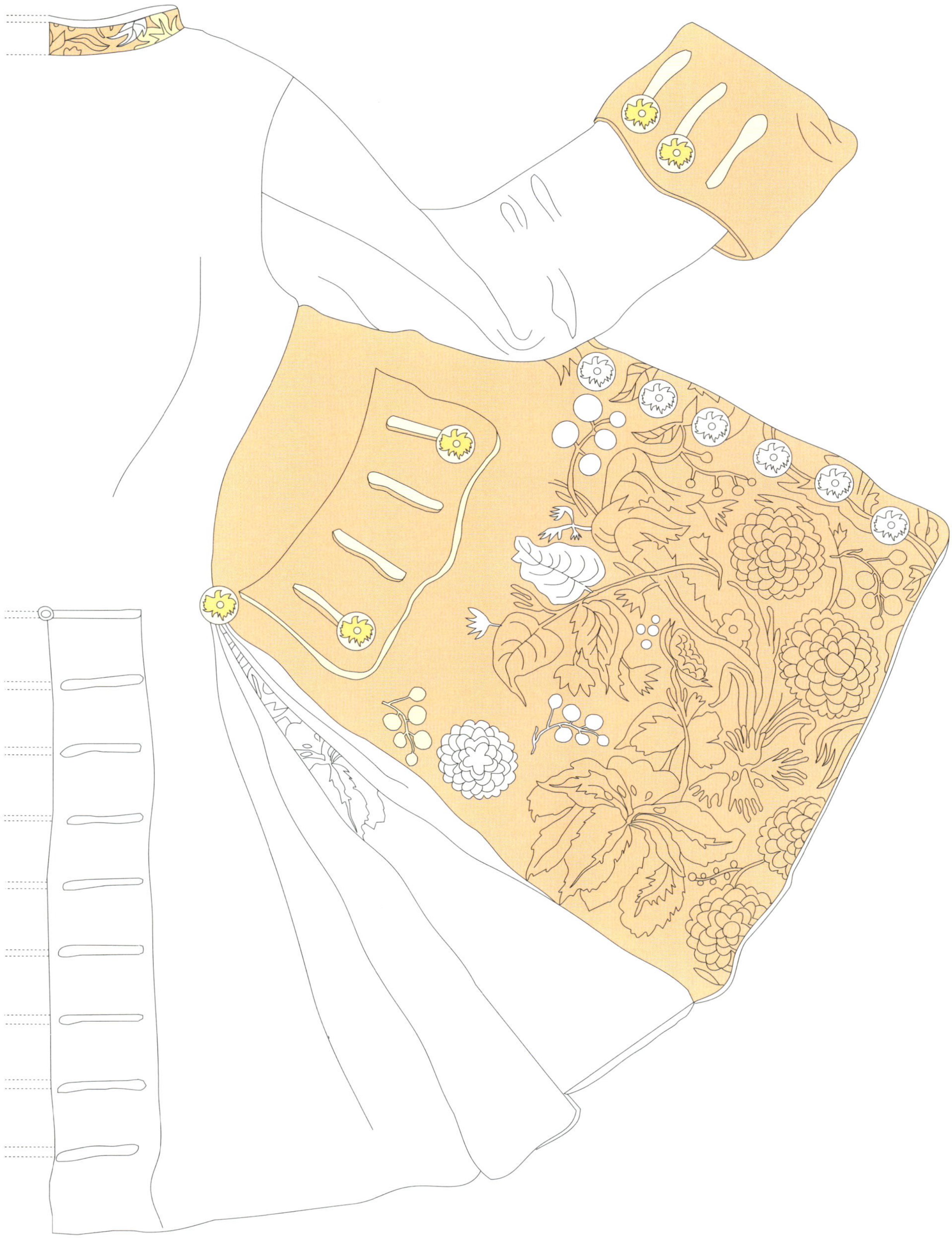

HANDSCHUHE ⌟Seiden- und
Silberstickerei. um 1775

Die Ewige Stadt empfing die Reisenden mit einem großartig theatrali-
schen Gewitter. Unter Blitz und Donner fuhren Wolfgang und Leopold
Mozart durch die Via Flaminia über die Piazza del Popolo in Rom ein;
der spöttelnde Vater nahm das ohrenbetäubende Krachen als Salutschüsse
und fühlte sich endlich einmal als großer Herr gewürdigt.

Am selben Tag noch eilten die Mozarts in die Sixtinische Kapelle, um das
berühmte Miserere von Gregorio Allegri zu hören, das alljährlich am
Mittwoch der Karwoche aufgeführt wurde. Eifersüchtig bewacht, war die
Kopiatur des 1638 entstandenen neunstimmigen Doppelchores bei Strafe
der Exkommunikation verboten, die Musiker durften die Noten nicht
einmal mit nach Hause nehmen. Die Kopiatur war ein erklärtes Sakrileg.
Allein, wir haben es schon. der Wolfg: hat es schon aufgeschrieben, teilte überraschend
beiläufig Herr Leopold Mozart der Mutter mit. Wolfgang hatte es nach
einmaligem Hören aus dem Gedächtnis niedergeschrieben. Frau Mozart
in Salzburg stockte bei dieser Nachricht der Atem.

Bald schlugen die Wogen ob dieser Unbotmäßigkeit außerhalb Roms aber
höher als in der heiligen Stadt selbst. Die besorgten Nachfragen der Frau
wehrte der Vater gelassen und sogar amüsiert ab:

> *da wir den Articul wegen dem Miserere gelesen, haben wir alle beyde hell lachen*
> *müssen. Es ist deswegen gar nicht die mündeste sorge. Man macht andern Orts mehr*
> *daraus. ganz Rom weis es; und selbst der Pabst weis es, daß der Wolfg. das Miserer*
> *geschrieben. Es ist gar nichts zu beförchten: es hat ihm vielmehr grosse Ehre gemacht,*
> *wie du in Kurzem hören wirst.*

Am Gründonnerstag gelang es Leopold und Wolfgang, nach der Fuß-
waschung bis zur Kardinalstafel vorzudringen, allerdings nur durch eine
amüsante und nützliche Verwechslung, die Leopold Mozart sinnesgegen-
wärtig ausnutzte. Kurz vor der Ankunft der Mozarts war ein hoher Gast
in Rom angekommen. Prinz Xaver August von Sachsen, ein Enkel August
des Starken, reiste inkognito. Die Schweizer Garde hielt den aufgeputzten
und geschniegelten Wolfgang für einen Kavalier oder gar Prinzen aus
dessen Gefolge, den Vater hingegen für den Hofmeister. Leopold Mozart
war von dieser seiner Degradierung und Wolfgangs prinzlicher Erhöhung
zutiefst belustigt. Im Inneren des Vatikan angelangt, trat der junge
Komponist ohne Scheu an den Kardinal Pallavicini heran und sprach den

L. Mozart. Rom, 14. 4. 1770

Ich bin Gott lob und danck gesund, und
küsse der mama die hand wie auch meiner
schwester das gesicht, nasen, mund, hals
und meine schlechte feder, und arsch wen
er sauber ist. Wolfgang Mozart: Rom 1770
WOLFGANG AMADEUS MOZART, NACHSCHRIFT
ZU EINEM BRIEF LEOPOLD MOZARTS AN DIE
FAMILIE, ROM, 2.5.1770

Uebrigens ist die Lebensart in Rom itzt
viel angenehmer, als sie ehemals gewesen,
indem man fast täglich in Gesellschaften
vornehmer Leute von beyderley Geschlechte
gehen kann; das unverheiratete Frauen-
zimmer aber kömmt dabey nicht so zum
Vorscheine, wie in andern Ländern, weil
sie durch ganz Italien so lange in Klöstern
stecken, bis sie entweder alt oder verhei-
rathet sind. JOHANN GEORG KEYSSLER

L. Mozart, Rom, 14. 4. 1770

hohen Würdenträger mit größter Unbefangenheit an. Dieser erkannte ihn als den *berühmten Knab, von dem mir so vieles geschrieben worden.* Zwischen beiden scheint sofort eine gegenseitige Sympathie geherrscht zu haben, ein lockeres, freundliches Gespräch entspann sich.

> *Der Cardinal bezeigte ein grosses vergnügen darüber, sagte, daß der wolfg. gut italiänisch spreche, und unter anderen sagte er: ik kann auck ein benig deutsch sprecken [...].*

Ein heiterer und leichter Anfang in Rom war gemacht. Wohlwollende, ja enthusiastische Empfehlungsbriefe, im ganzen 20 Rekommandationsschreiben, trugen dazu bei, daß der junge bestaunte Wolfgang und sein Vater in rascher Folge Einladungen zu Gesellschaftsabenden, Empfängen und Akademien erhielten. Leopold Mozart ließ keine einzige aus, schließlich wußte man nicht, was sich noch alles daraus ergeben konnte.

Am 19. April war der wunderbare Wolfgang Mozart bei dem neapolitanischen Prinzen St. Angelo zu Gast; am 20. April spielte er gar im Palazzo der Prinzessin Maria Flaminia Chigi, in Anwesenheit des Kardinalsekretärs und des im römischen Exil lebenden englischen Kronprätendenten Charles Edward Stuart. Das *Diario dell' Archivio Capitolino* berichtete begeistert über die Genialität des *giovanetto tedesco*. In der folgenden Woche produzierte sich der junge Mann bei der Fürstin Cornelia Barberini-Colonna, am 28. April wiederum beim Gesandten von Malta. Am 29. April gab der Graf Giuseppe Maria Althems, Duca di Gallese, einen Empfang. Mozart spielte überall vielbewundert und bestaunt.

M. D. Baron de Saint-Odile, 7. 5. 1770

Am 30. April schließlich besuchten sie den toskanischen Gesandten Baron de Saint-Odile, der den Mozarts ein wertvolles Empfehlungsschreiben an den Sekretär des kaiserlichen Gesandten in Neapel, Giuseppe Bonecchi, mitgab. Ungewöhnlich warme und persönliche Worte fand der Baron in diesem Brief über *mon petit Mozart*. Wolfgangs Spiel muß den kranken und von beruflichen Querelen geplagten Mann in besonderer Weise berührt, ja erheitert haben.

L. Mozart, Rom, 4. 7. 1770

Die *große Ehre*, die Wolfgang bei seinem zweiten Romaufenthalt widerfuhr, muß Leopold Mozart bereits geahnt haben. Trotzdem ungläubig, deutete Leopold der Mutter das Außerordentliche nur zögernd an:

> *da wir letzlich beym Cardinal waren, sagte er etlich mahl zum Wolfg. Sigre. Cavaliere, wir glaubten, es wäre spaß.*

Breve des Papstes, 4. 7. 1770

Es war kein Spaß, und am 26. Juni 1770 unterzeichnete Clemens XIV. das Breve, durch das Wolfgang Amadeus Mozart die höchste Klasse des Ordens vom Goldenen Sporn verliehen wurde, *das nämliche was Gluck hat*, vermerkte Leopold Mozart stolz. Begründet wurde die allerhöchste Auszeichnung allerdings nur damit, daß Wolfgang sich von *frühester Jugend an in süßester Weise im Cembalospiel ausgezeichnet* habe. Von den Kompositionen

---

In Rom habe für Kost und Zimmer noch keinen kreuzer bezahlt [...]. Ich war gänzlich Herr im Hause; und da die Frau sich der Bezahlung halben bey meiner abreise nicht erklären wollte, so beschlossen H. Marcobruni und ich bey unserer Rückreise ein Mittl zu finden auf eine oder die andere Art meine Bezahlung zu machen. Wenn nichts anders zu thun ist, so werde etwas Kauffen und der Tochter ein ansehnliches present machen. LEOPOLD MOZART AN SEINE FRAU, NEAPEL, 29. 5. 1770

du willst wissen ob der Wolfg. noch singt und geigt etc etc. Er geigt, aber nicht öffent. – Er singt, aber nur allzeit wenn man ihm einige Worte vorlegt – Er ist etwas gewachsen, – ich bin weder fetter noch mägerer – und die welsche speisen haben wir auch gewohnt [...]. LEOPOLD MOZART AN SEINE FRAU, ROM, 2. 5. 1770

Du fragst ob der Wolfg. die opera schon angefangen hat. daran wird noch nicht einmahl gedacht. Man weis noch nicht, weder die Compagnie noch das Buch. LEOPOLD MOZART AN SEINE FRAU, ROM, 30. 6. 1770,

des genialen Knaben war keine Rede. Am 5. Juli 1770 überreichte der Kardinal Pallavicini im Palazzo Quirinale feierlich dem frischgebackenen *Cavaliere dello speron d'oro* die kostbaren Ordensinsignien: ein goldenes Kreuz an einem roten Band, einen Degen und Sporen. Die amtliche und vorgeschriebene Patenschaft für den jungen *Cavaliere* übernahm – seltsame Fügung – ein gewisser Hieronymus Graf Colloredo, zu diesem Zeitpunkt noch Bischof von Gurk, er sollte später in Mozarts Leben eine unangenehme Rolle spielen. Gerade Colloredo als Pate müßte um die außerordentlichen Privilegien gewußt haben, die einem Träger des Ordens zustanden. Das waren: jederzeit freier Eintritt zu den päpstlichen Gemächern, Befreiung von der Gerichtsbarkeit und eine explizite Stellung unter den Schutz des Heiligen Stuhles. In einer feierlichen Urkunde wurde es schriftlich und hochoffiziell festgesetzt. Es hätte dem bürgerlichen Wolfgang Amadeus Mozart nun zugestanden, in Salzburg an der Tafel des Landesfürsten zu sitzen. Ausgerechnet Hieronymus Graf Colloredo, kurze Zeit später Landesfürst in Salzburg, ignorierte das und erkannte den Rang nicht an. Dies sollte der Anstoß zum Bruch zwischen Mozart und Colloredo sein.

Vorerst aber war Mozart der hochgeehrte Held des Tages. Außer ihm und dem Komponisten Orlando di Lasso besaß kein anderer Musiker den Orden in diesem höchsten Grade, der mit den oben beschriebenen Privilegien verbunden war. Selbst der so berühmte Willibald Gluck war „nur" *Lateransritter*. Gluck trug übrigens seinen Orden und den Titel mit großem Stolz und öffentlich. Wolfgang Amadeus Mozart hingegen unterzeichnete zwar in der ersten Zeit seiner „Ritterschaft" Kompositionen mit dem Titel *Del Sign. Cavaliere W. A. Mozart.* Getragen hat er den Orden jedoch selten, und bald gar nicht mehr. Sich Ritter zu nennen, fiel ihm nicht ein, höchstens einmal ironisch *Ritter zum Sauschwanz.* Ein einziges Gemälde, daß 1777 für Padre Martini angefertigt wurde, zeigt Wolfgang Amadeus Mozart mit dem Ordensband.

Zwei Tage nach der Verleihung des Ordens wurde den Mozarts die Ehre einer Audienz zuteil, die im Palazzo Santa Maria Maggiore, einer der fünf päpstlichen Patriarchalkirchen, stattfand. Hochgeehrt und zufrieden verließen Wolfgang und Leopold Mozart die heilige Stadt.

Demgemäß wollen wir dir ob deiner aufrichtigen Treue und Ergebenheit gegen uns und eben diesen Stuhl [den päpstlichen – A.K.] uns ob anderer deiner Verdienste Gunstbezeugungen widerfahren lassen, die unserer Gnade und Wohltätigkeit würdig sind, indem wir dich von Exkommunikationen, Suspensionen und Interdikten aller Art sowie von andern Urteilen, Zensuren und Strafen der Kirche, die bei irgendwelcher Gelegenheit oder aus irgendeinem Grund von einer Rechtsinstanz oder einem Menschen verhängt worden, wenn du darin auf irgendwelche Weise verstrickt bist, um diesem Briefe Wirksamkeit zu verleihen, durchaus freisprechen und auch künftig freigesprochen haben wollen.

4. 7. 1770, AUSZUG AUS DEM BREVE DES PAPSTES CLEMES XIV.

Ich glaube, ich habe Ihnen schon geschrieben, daß der kleine Mozart hier ist und daß er weniger wunderbar ist, obwohl immer noch das gleiche Wundertier. Aber er wird stets nur ein Wundertier sein, und das ist alles.

Dieses beiläufig-spöttische Urteil schrieb der Nationalökonom und Staatsmann Abbé Ferdinando Galliani über den soeben in Rom mit dem Orden *Zum Goldenen Sporn* hochgeehrten jungen Musiker.

Freilich war der 15jährige Mozart weniger wunderbar als der 6jährige kleine Wolfgang Jahre zuvor in Paris, wo ihn der Abbé kennengelernt hatte. Der geistreiche Zeitgenosse bewies wenig Instinkt, als er in dem Heranwachsenden noch immer nur eine Sensation sah, nicht aber das Genie erkannte.

In seiner Blindheit gegenüber dem Wunderkind stand und steht Galliani nicht allein. Die reißerischen Reklamen für die Konzerte seiner Kinder, die Leopold Mozart in die Zeitungen setzte, und die ihn leicht dem Verdacht der Scharlatanerie aussetzten, unterscheiden sich kaum von der Anpreisung hochbegabter Wunderkinder unserer Zeit. Daß die besten Geister der Zeit solcherart umworbenen „Wundern" Mißtrauen entgegenbringen, ist verständlich. Um wieviel mehr die Trägheit, den Wandel des Wunderkindes zum erwachsenen Meister nachzuvollziehen und ernst zu nehmen, zumal wenige Kinder die Möglichkeit oder das Format zu einer solchen Entwicklung besitzen.

Vielleicht liegt hier eine Erklärung für die, im praktischen Sinne, seltsame Folgenlosigkeit des italienischen Unternehmens. Alle geradezu spielerisch erreichten Erfolge führten ins Leere, zumindest, was die konkreten Pläne des „Impresario" Leopold betraf. Des Vaters vorausschauende und lebenskluge Befürchtungen bewahrheiteten sich im Grunde.

Tröstlich wirkt ein tiefes Vertrauen, das Könner und Kenner wie Martini oder Hasse in den jungen Komponisten setzten.

Der junge Mozart ist für sein Alter sicher ein Wunder, und ich liebe ihn wirklich unendlich. Der Vater ist, soweit ich sehe, ewig und mit allem unzufrieden; darüber wird inzwischen auch hier geklagt. Er vergöttert seinen Sohn etwas zu sehr und tut was möglich ist, ihn zu verderben; aber ich habe von dem natürlichen Sinn des Jungen eine so gute Meinung, dass ich hoffe, er wird sich trotz der Schmeicheleien des Vaters nicht verderben lassen, sondern ein wackerer Mensch werden.

Abbé F. Galliani, Rom, 7. 7. 1770

J. A. Hasse, Wien, 23. 3. 1771

Es […] ist sicher, daß – falls seine Entwicklung mit dem Alter schritthält – er ein Wunder wird, wenn ihn sein Vater nicht zu sehr verwöhnt und ihn nicht gewaltsam verzieht, indem er ihn mit übertriebenem Lob überschüttet, was ich als einziges fürchte […]. Johann Adolf Hasse an einen Bekannten in Venedig, Wien, 30. 12. 1769

Der Herr Mozart ist ein sehr höflicher und gebildeter Mann, und seine Kinder sind sehr gut erzogen. Der Knabe ist außerdem hübsch, lebhaft und anmutig und hat ausgezeichnetstes Benehmen; man kann nicht umhin, ihn liebzugewinnen, wenn man ihn kennt. Johann Adolf Hasse an einen Bekannten, Venedig, 30. 12. 1769

Wenn der große Hasse den Vater Leopold hart verurteilt – er mochte den fanatisch an das gottgegebene Genie seines Sohnes glaubenden Mann nicht – mag man ihm nicht gänzlich folgen. Denn wie sich Mozarts Genie beim Komponieren und Musizieren offenbarte, so war des Vaters Fürsorge und vorauseilende Förderung wegbereitend.

Al Signore / Amadeo Mozart / Giovanetto
Ammirabile / Sonetto Estemporaneo.
Se nel puro del Ciel la Cetra al Canto
desta fra dolci carmi il divo Amore,
onde quanto è quaggiù col vario errore
al conosciuto suon risponde intonato;
Bene, o amabil Garzon, dar ti puoi vanto,
che tu ne formi l'armonia migliore;
poi che Natura in te Scolpi nel core.
Voi, che tant' anni in sù le dotte carte
per isfogar l'armonico desio,
l' opra chiedete, ed il favor dell' Arte;
Voi Sapete s' egli era il pensier mio;
che al dolce Suon de le sue note sparte
ite dicendo: sa la fè sol Dio.
In Argomento di Maraviglia e di Amore.
Zaccari Giovanni Domenico Betti,
Verona, anakreontisches Sonett auf
Wolfgang Amadeus Mozart, Januar 1770

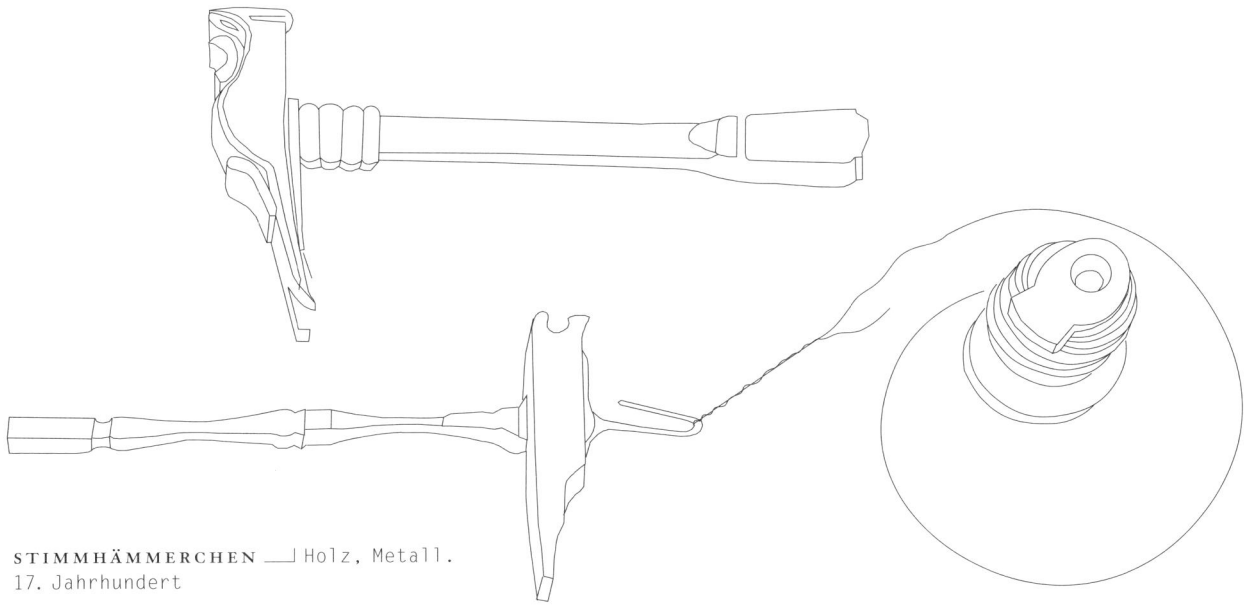

STIMMHÄMMERCHEN ⌐ Holz, Metall.
17. Jahrhundert

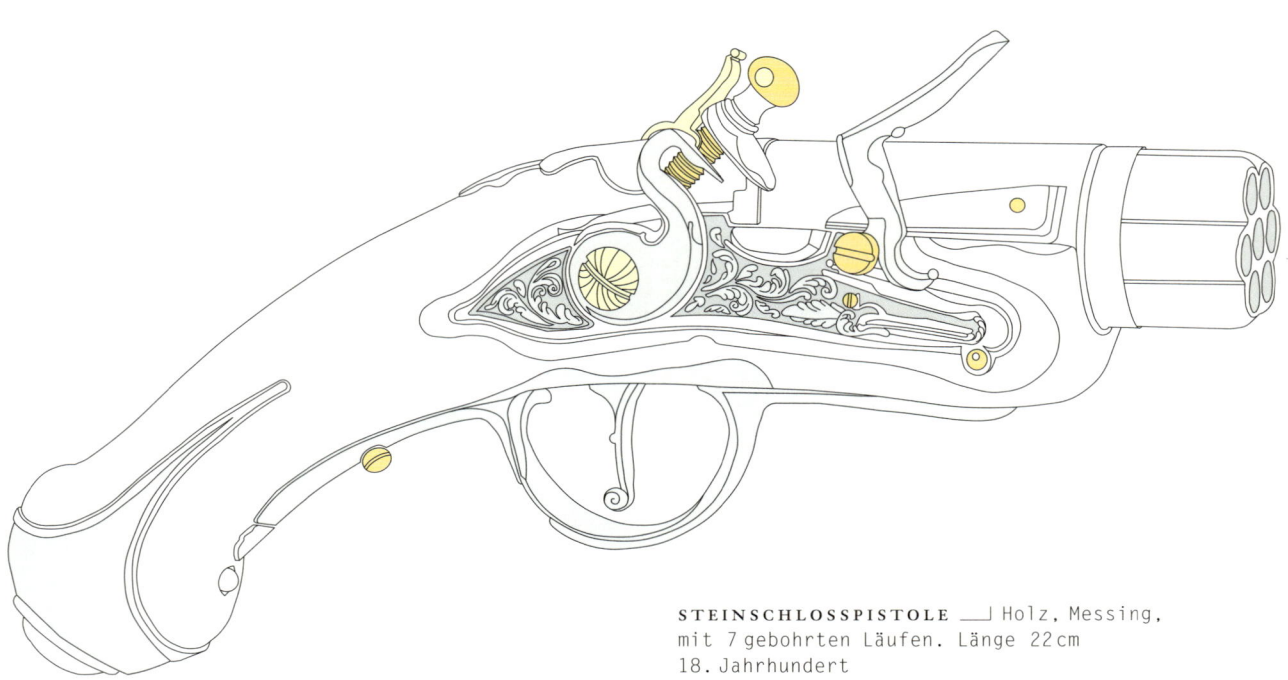

STEINSCHLOSSPISTOLE ⌐ Holz, Messing,
mit 7 gebohrten Läufen. Länge 22 cm
18. Jahrhundert

In die Reise nach Neapel, in das Zentrum der modernen Oper, setzte
Leopold Mozart wohl besondere Hoffnung. Bald nach der Ankunft jedoch
ahnte der Vater, daß sie hier wenig erreichen würden. Die Königin,
eine alte Bekannte, zu deren Vermählung Wolfgang 1768 in Wien gespielt
hatte, zeigte sich erstaunlich träge und reserviert. Es gelang Leopold
nicht einmal, eine „musikalische Audienz" zu erwirken. Zwar machte die
hohe Dame reizende Komplimente, doch blieben diese ohne praktische
Fortsetzung in Leopolds Sinne. Von ihrem allerhöchsten Gatten gar
schwieg Leopold erbittert:

> Was der König für ein Subjectum ist, schicket sich besser zu erzählen als zu beschreiben.

Der König von Neapel gefiel sich in stumpfer Ignoranz, er liebte weder
Tanz noch Musik und beschäftigte sich überhaupt nur mit der Jagd.
Zu Gesicht bekam Wolfgang den Herrscher nur einmal in der Oper:
der hohe Herr kam erstens zu spät und schlief zweitens sofort ein.
Der unbestechliche Beobachter Mozart erfasste sofort die Situation:

> der König ist grob neapolitanisch auferzohen, und steht in der opera allkeizt auf eine
> schämerl, damit er ein bissel grösser als die königin scheint

Die Oper des verehrten Komponisten Niccolò Jomelli, die an jenem
Abend zur Aufführung kam, beurteilte der 14jährige mit der gewohnten
Klarsicht:

> sie ist schön, aber viel zu gescheid, und zu altvätterisch fürs theatro.

Die Zeit im damals mit 300.000 Einwohnern vergleichsweise riesigen
Neapel brachte nicht annähernd solche gesellschaftlichen Erfolge wie
in Rom, dafür aber einmal ruhevolle Tage. Wolfgang war für die un-
vorhergesehene Verschnaufpause sicher dankbar. Plötzlich fand er sogar
Zeit für lange, ausgelassene Briefe, wo bisher ein knapper Nachsatz zu
des Vaters gewissenhaften Berichten das Äußerste gewesen war. Bei dem
bequemen Leben in Neapel erholte sich der strapazierte Junge. In einem
Brief beschreibt Wolfgang eine herrlich faule Zeit. Vater und Sohn
standen spät auf, speisten schon bald zu Mittag in der Trattoria, machten
wieder ein Schläfchen und schließlich die obligatorische Spazierfahrt.
Denn wer auf sich hielt, zeigte sich abends auf dem Passeggio. Eine tägliche
prächtige Wagenparade wurde unter Kanonendonner und Fackelschein
absolviert. Wolfgang Amadeus Mozart komponierte in dieser Zeit nichts.

*Die Weege waren seit 14 tägen nach
Neapel sehr unsicher, und ist ein Kaufmann todt geschlagen worden, man hat
aber von Rom alsogleich die Sbirri und
die blutdurstigen Päbst. Soldaten hinaus-
geschickt [...]. Ich gehe von hier nicht
weg, bis ich nicht weis, daß es sicher ist, [...].*
LEOPOLD MOZART AN SEINE FRAU, NEAPEL,
28. 4. 1770

*Wegen des Lufts in Neapl kannst du ausser
aller Sorge seyn, hier ist sehr gesunde Luft.
Wenn wir nur wieder über Rom hinaus
sind, dann Rom selbst ist nicht so gar übl,
aber gewisse gegenden ausser Rom sind
etwas gefährlich.* LEOPOLD MOZART AN SEINE
FRAU, NEAPEL, 22. 5. 1770

*[...] der Wolfg. befindet sich, Gott Lob,
gesund, nur hat er ein wenig zähnwehe,
wie gewöhnlich auf einer seyte.*
LEOPOLD MOZART AN SEINE FRAU, NEAPEL,
28. 5. 1770

Ein entspannter Mozart, der seine Ferien genießt, ist trotzdem schwer vorstellbar. Mozart befand sich immer in Bewegung. Die Mühen des fast pausenlosen Reisens, die Leopold Mozart dem Sohn seit der frühesten Kindheit zumutete, trugen zu der steten Nervosität Mozarts sicher bei. Doch liegt der eigentliche Grund wohl in einer schöpferischen Unruhe. Diese anhaltende psychische Aktivität konnte sich erruptiv und unvermittelt äußern, etwa, wenn Mozart noch als Erwachsener mitten im Gespräch aufsprang und in weiten Sätzen über Tische und Stühle sprang, eine kleine physische Improvisation. Zeitgenossen beschreiben den Knaben als quecksilbrig-ruhelos, ein Zustand, der sich nur änderte, wenn Mozart musizierte. Dann ruhte sein sonst *unsteter* Blick *ernst* und *versammelt* in sich.

So mag Wolfgang Mozart während der ruhigen Tage in Gedanken schon bei seiner ersten Oper gewesen sein, die in wenigen Monaten in Mailand über die Bühne gehen sollte, obwohl das Textbuch noch immer auf sich warten ließ. In Neapel, der modernsten Opernstadt des Augenblicks, studierte Wolfgang mit Aufmerksamkeit die neu-neapolitanischen Stilprinzipien. Der *Mitridate*, wenige Monate später entstanden, ist vollendet in diesem Stil geschrieben. Anregend, ja lehrreich war sicher auch die Bekanntschaft mit bedeutenden Persönlichkeiten des Musiklebens der Stadt wie dem Großmeister der Opera buffa, Giovanni Paisiello. Das Interesse an dem wunderbaren Kind ließ in Neapel seltsamerweise schnell nach, oder war im Grunde gar nicht vorhanden. Eine einzige Akademie fand bei dem Grafen Kaunitz-Riedberg statt. Sie brachte 150 Zechinen ein, ein Betrag, den die Mozarts *nötig* hatten.

Sie suchten nicht viele Menschen auf. Zu den wenigen gehörten der alte Bekannte Baron Fridolin Tschudi und der allmächtige Staatsmann und Wissenschaftler Marchese Bernardo Tanucci, der den Herrscher in vielen Dingen vertrat, wenn nicht ersetzte.

Wolfgang im rosenfarbenen Moiré, Vater Leopold im neuen zimtfarbenen Rock, machten sie am Sonntag, dem 20. Mai 1770 ihre Aufwartung bei dem Premierminister Tanucci. Die Frau des bedeutenden Mannes betrug sich liebenswürdig gegen den jungen Musiker, und schickte den Mozarts ihren Haushofmeister mit der Anweisung, daß dieser den Österreichern alle Seltenheiten und Kostbarkeiten der Stadt zeigen möge. Leopold war beeindruckt von der generösen Geste. Der vornehme Wagen der Tanuccis ermöglichte auch die Teilnahme am täglichen *Passeggio* der Noblesse. Einige alte Bekannte trafen die Mozarts in Neapel wieder, darunter den englischen Gesandten, Sir William Hamilton. Er lud Wolfgang in seinen an Kunstwerken überreichen Palast zum gemeinsamen Musizieren ein.

Schreibe mir, wie es den H. Canari geht, singt er noch? Pfeift er noch? weist du warum ich auf den Canari dencke? weil in unsern vorzimmer einer ist, welcher ein gseis macht wie unsrer. WOLFGANG AMADEUS MOZART AN SEINE SCHWESTER, NEAPEL, 9. 5. 1770

neapl ist schön, ist aber vollkreich wie wien und paris. und london und neapl in der impertinenz des volks, weis ich nicht, ob nicht neapl london übertrift, indem hier das volk, die laceroni ihren eigenen obern oder haupt haben, welcher alle monat 25 ducati d' argento von könig hat nur die laceroni in einer ordnung zu halten. WOLFGANG AMADEUS MOZART, NEAPEL, 19. 5. 1770

Heunt raucht der Vesuvius starck. poz bliz und ka nent aini. haid homma gfresn beym H. Doll, des is a deutscha Compositeur, und a brawa mo. anjezo beginne ich meinen lebenslauf zu beschreiben. alle 9 ore, qualche volta anche alle Dieci mi sveglio, e poi andiamo fuor di casa, e poi pransiamo d' un tratore e Dopo pranzo scriviamo, et di poi sortiamo, e indi ceniamo, ma che cosa? – – – Al giorno di graßo, un mezzo pullo overo un piccolo boccone d' un arosto, al giorno di magro, un piccolo pesce, e poi andiamo a Dormire. Est ce que vous avez compris? redma dafia Soisburgarisch don as is geschaida. wia sand got lob gsund, do Voda und i […]. WOLFGANG AMADEUS MOZART AN SEINE SCHWESTER, NEAPEL, 5.6.1770

Hamilton selbst spielte ganz passabel Geige und seine Frau galt als hervorragende Pianistin. Daß Mrs. Hamilton vor Aufregung zitterte, als sie vor dem jungen Musikgenie spielen sollte, vermerkte Vater Leopold nicht ohne Genugtuung.

Von der menschlichen Atmosphäre Neapels hielten die Mozarts nicht viel, Wolfgang noch immer mehr als der Vater. Die Lebenslust und Lebhaftigkeit der Neapolitaner gefiel dem jungen Komponisten. Der Vater aber fand nur tadelnde Worte, die sicher auch dem Verdruß über den gleichgültigen Empfang entsprangen:

wenn das volk nicht so gottloß und auch gewisse Leute nicht so dumm wären, die sich es sonst nicht einfallen lassen, daß sie dumm sind. und der Aberglauben! – dieser ist hier so eingewurzelt, daß ich sicher sagen darf, daß hier eine völlige Ketzerey eingerissen, die man mit gleichgiltigen Augen ansiehet.

Ob der ergebnislosen Tage in der Hafenstadt war Leopold Mozart – im Gegenteil zu seinem Sohn, der das Leben in Neapel genossen zu haben scheint – mißmutig und schwankend in der Stimmung. Es ergab sich rein gar nichts, und Leopold Mozart beschloß, widerstrebend, die Abreise.

Der Rückweg nach Rom wurde weniger bedächtig gestaltet als der Hinweg, auf dem man in Gesellschaft einiger Augustinermönche mit Muße die süditalienische Landschaft durchreist hatte. Die geistliche Begleitung schien damals dem verängstigten Leopold Mozart sicherer, eine Reihe von Raubüberfällen machte die ohnehin gefährliche Strecke nach Neapel unsicher.

Für den Rückweg wählte Leopold die schnelle Extrapost. Den unerträglich heißen italienischen Sommer plante Leopold Mozart möglichst weit nördlich zu verbringen. Noch vor der großen Hitze wollten sie das milde Bologna erreicht haben.

Die Unfläterey, die Menge der Bettler, das abscheuliche volk, ja das gottlose volk, die schlechte Erziehung der Kinder, die unglaubliche Ausgelassenheit so gar in den Kirchen macht, daß man auch das gute mit ruhigerem gemüthe verlässt. LEOPOLD MOZART AN SEINE FRAU, NEAPEL, 9. 6. 1770

Dieses Geschrei durch einander, diese wilde verzerrte Gesticulation, diese wunderliche Zeichensprache mit den Armen, die sie wie Windmühlenflügel bewegen, ist nur dem Neapolitaner eigen. Die Männer dieses Volkes sind fast durchaus schön, dunkelbraune Kern- und Kraftgestalten mit großen, schwarzen Augen, malerisch leicht bekleidet; und doch machen sie keinen bleibenden Eindruck auf den Fremden. Die Unbeweglichkeit der Gesichtszüge contrastirt zu unangenehm mit jener fast krampfhaften Lebhaftigkeit der Action, um nicht den Begriff von Falschheit zu erwecken [...]. Der Blick des Neapolitaners ist unsicher umherschweifend, wie das böse Gewissen, und wäre der Gang dieser Salvator-Rosa-Figuren nicht weibisch und schleppend, man würde fürchten, das Banditenmesser schon zwischen den Rippen zu fühlen, indem man an diesen wilden Lazzaroni-Gestalten vorbeigeht, wovon 30.000 die Marmorstufen der Paläste und Kirchen, den hafendamm der Heiligen Lucia und den Strand der Mergelina belagern. DAMENKONVERSATIONSLEXIKON, 1837

Bevor jedoch Abschied genommen wurde von Neapel, besann sich
Leopold Mozart auf die antiken Sehenswürdigkeiten der Umgebung,
der Reiseführer empfahl sie schließlich ausdrücklich. Möglicherweise
hatte auch Sir Hamilton, ein leidenschaftlicher Altertumskenner,
die Mozarts zu dem finalen Antikenbesuch bewegt.

So machten sich Wolfgang unter der kundigen Anleitung seines hoch-
gebildeten Vaters daran, die Gegend um Neapel historisch zu erkunden.
Sie unternahmen einige Ausflüge – als zwei echte Touristen mit einem
so gedrängten Ausflugsprogramm, daß selbst dem heutigen Schnell-
touristen die Sinne schwinden. Die beiden Ausflügler wurden begleitet
von einem beachtlichen Gefolge an Führern und Bedienten,

die alle […] erklärten niemals einen so jungen knaben dieser Orts gesehen zu haben,
welcher diese Altherthümmer zu sehen an diese Orte gekommen wäre.

Bajae, der ehemals so großartige Badeort der Römer mit seinen prächtigen
Villen, Tempelresten, dem Grabmal der Agrippina, den Thermen, der
Piscina mirabilis, den Neroischen Bädern war das erste Ziel der Ausflügler.

Man muß alle seltenheiten zu sehen allezeit eine flambo mit haben, indem vieles
unter der Erde ist.

In Cumae sahen sie die berühmte Grotte der sagenumwobenen Sibylle.
In Pozzuoli rochen die Mozarts die giftigen Dünste der Solfatara
und besichtigten das gewaltige Amphitheater, die phlegräischen Felder,
die Grotta di Pozzuoli am Fuße des Posilipp. Sie bewunderten den
Averner- und den Agnanosee, der damals noch nicht trockengelegt war,
das Mare morto, die berühmte Hundsgrotte und den alten Hafen von
Misenum.

Das enorme Pensum hatten die Mozarts in drei kurzen Tagen absolviert.
Leopold Mozart war scheinbar von der Überfülle des Sehenswerten
erdrückt. Der sonst leidenschaftliche Erzähler von Geschichten und
Episödchen lieferte der Mutter daheim einen trockenen Pflicht-Bericht,
den er schließlich entnervt mit etlichen *etc.* abkürzte. Für die nächste
Woche, so schrieb er, sei ein weiterer Ausflug zum Vesuv geplant, auch
nach Pompeji und Herculaneum, *welches alles Geld kosten wird,* schloß er
trocken.

Wolfgang, der mittlerweile braungebrannt und gesund war, bereitete
der abenteuerliche Ausflug zum rauchenden Vesuv größtes Vergnügen.

L. Mozart, Neapel, 16. 6. 1770

L. Mozart, Neapel, 16. 6. 1770

L. Mozart, Neapel, 16. 6. 1770

L. Mozart, Neapel, 16. 6. 1770

Ohngefähr fünfhundert Schritte vor
Pozzuoli und gleichfalls an dem Ufer des
Meeres lassen viele Leute, welche
von Podagra oder von Gliederkrankheiten
geplaget sind, eine Grube etwan zween
Fuß tief machen, sich darein legen, mit
Sand den leib und vornehmlich die
kranken Glieder bedecken, und wenn der
Sand allzuwarm ist, denselben mit darauf
gegossenem Seewasser ein wenig abkühlen.
Diese Cur soll viele gute Wirkungen
jederzeit gethan haben, und kömmt mit
derselben in etwas überein, daß in Pohlen
die Bettler, wenn sie mit venerischen
Krankheiten behaftet sind, sich drey bis
vier Wochen lang in einen Misthaufen
eingraben lassen, da sie dann durch die
natürliche Hitze des Mistes und durch den
Gebrauch eines schweißtreibenden Tranks
solcherart wieder hergestellt werden,
daß sie frisch und gesund, obgleich mit
einer ganz neuen und krebs-rothen Haut
gleichsam aus ihren Gräbern hervor-
kommen. JOHANN GEORG KEYSSLER

[…] es ist ganz etwas seltsammes für
Neapl, daß die Hize noch nicht stärker ist.
dessen ungeachtet werden wir zimmlich
schwarz nach Hause kommen, dann die
Luft bringt es mit sich, und wenn die
Sonne sich sehen lässt, merket man es
alsobald, daß man in Neapl ist. du weist
ja, daß der Wolfg. sich immer wünschet
Brounet zu seyn. LEOPOLD MOZART AN SEINE
FRAU, NEAPEL, 29. 5. 1770

Der Vater mag besonders den Erläuterungen des *Keyßler* gefolgt sein, in denen dieser sich praktischen Dingen widmete, so zum Beispiel der Erläuterung der verschiedenen schmackhaften Weinsorten, die am Vesuv wuchsen. Wichtig war für den leidenschaftlich an wissenschaftlichen Neuerungen interessierten Leopold Mozart eine reiche Sammlung von Lavasteinen, die er sorgfältig aufbewahrte und als ein besonderes *Souvenir* mit nach Hause brachte. Der Vater war mehr als ein „Hobby"-Forscher, er besaß die neuesten Meßinstrumente und die modernsten Mikroskope. Stolz betont er in einem Brief an seine Frau den wissenschaftlichen Wert seiner Sammlung:

L.Mozart, Neapel, 9. 6. 1770

> *Nicht von der Lava so iedermann leicht haben kann: sondern untersuchte Stücke mit der Beschreibung der Mineralien, so selbe in sich halten; die rar sind, und nicht leicht zu bekommen.*

Letzten rasche Besichtigungen galten dem Königsschloß in Caserta, das nördlich von Neapel gelegen und von einem riesigen Park mit raffinierten Wasserspielen umgeben war, dem Stadtteil Capodimonte mit seiner berühmten Porzellanfabrik und der seit Jahren unfertigen Baustelle des königlichen Palastes. Beim Abschied von Neapel fand Leopold Mozart ungewohnt bedaurende Worte.

L.Mozart, Neapel, 9. 6. 1770

> *Es ist auf eine gewisse Art schade, daß wir nicht länger hier verbleiben können, indem verschiedene artige sachen den Sommer durch hier zu sehen sind; und eine beständige Abwechslung der früchte, kräuter und blumen, von Wochen zu Wochen hier zu sehen ist. die Lage des Ortes, die Fruchtbarkeit, Lebhaftigkeit, Seltenheiten etc. hundert schöne Sachen machen mir meine Abreise aus Neapl traurig.*

Heut sind wir Mittags zu speisen auf der höhe à S. Martino bey den Carthäusern gewesen, und […] nach dem tische haben wir alle seltenheiten und Kostbarkeiten dieses Orts gesehen, und die Aussicht bewundert. Montag und Erchtags etc. werden wir den Vesuvium etwas näher betrachten, Pompea und das Herculanum die Stätte so man ausgrabt und die bereits gefundenen Seltenheiten bewundern, Caserta etc. und Capo di Monte besehen etc.

Leopold Mozart an seine Frau, Neapel, 16. 6. 1770

HAUSRATTE ⏤ Rattus rattus,
Ordnung Nagetiere (Rodentia)

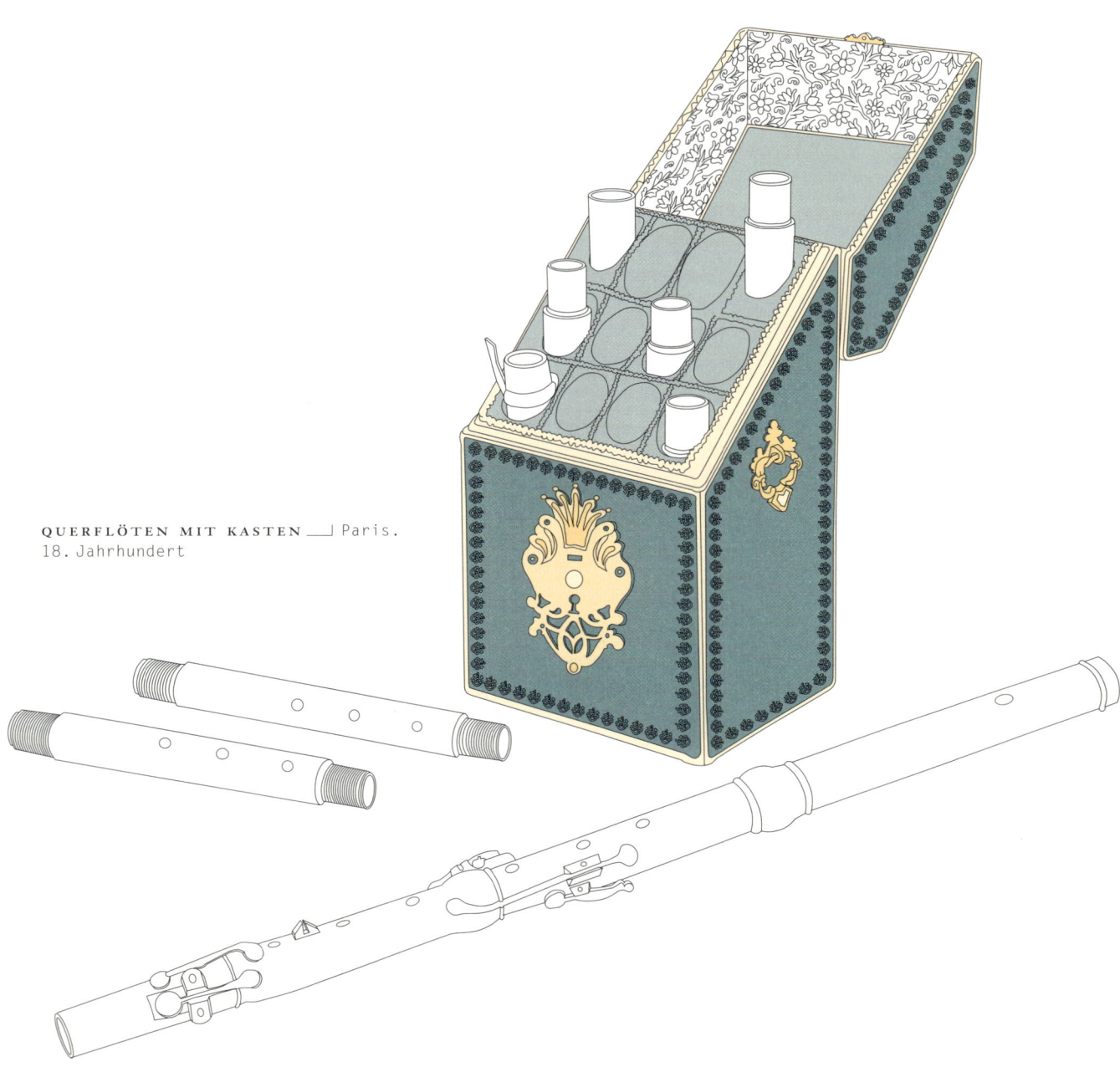

QUERFLÖTEN MIT KASTEN ⌐ Paris.
18. Jahrhundert

Seit acht Monaten waren die Mozarts fast ununterbrochen in Italien unterwegs. Das milde Bologna sollte der erste große Ruhepunkt der langen Reise werden.

Von Leopold Mozart, dem Reiseleiter, Impresario, und oft genug auch Bedienten seines genialen Sohnes fiel nach Monaten der Aktivität die Anspannung ab. Der Vater konnte sich endlich einmal erlauben, das Bett zu hüten, und das war auch nötig. Das in Neapel schwer verletzte Bein heilte nur schlecht, hinzu kamen unerträgliche Schmerzen auch an dem anderen Bein. Mit dem *bettsitzer Mzt.* und in der drückenden Hitze aber langweilte sich der unbeschäftigte Wolfgang unsäglich:

> *meine einzige Lustbarkeit besteht dermalen in englischen Schritten, und Capriol und spaccatmachen. Italien ist ein Schlafland! es schläfert einem immer!*

Ein Buch, welches ihm die liebenswürdige römische Gastgeberin, Frau Uslenghi, zum Abschied geschenkt hatte, war schnell ausgelesen – leider, denn die verzauberten Geschichten aus *Tausend und einer Nacht* gefielen Wolfgang: *es ist recht lustig zu lesen.* Da endlich traf nach Monaten das Textbuch für den *Mitridate* und eine Liste mit den Namen der Sänger ein. Nun konnte der Knabe mit dem Komponieren beginnen – es blieb nur noch wenig Zeit.

Ein glücklicher Umstand kam der Arbeit an der Oper zugute. Markgraf Pallavicini, den die Mozarts bei ihrem ersten Aufenthalt in Bologna kennengelernt hatten, lud Vater und Sohn unerwartet auf sein herrliches Landgut, die Villa *Alla Croce del Biacco* ein, um hier den Sommer zu verbringen. Die erbärmlich schwitzenden Nordländer nahmen gern an und erhielten die kühlsten Zimmer der Villa neben der sala terrena, außerdem einen Läufer und einen Bedienten nur für ihre Bedürfnisse. Die Mozarts waren beeindruckt von dem Luxus, der sie umgab,

> *sogar das Nachtgeschirr ist aus Silber und die Tischtücher sind feiner als manches Edelmannes Hemd.*

Pfirsiche, Melonen und Feigen des fruchtbaren Landstriches wuchsen ihnen förmlich *ins Maul,* Wolfgang schloß Freundschaft mit dem gleichaltrigen Sohn des Hauses, Leopold kurierte sein Bein, die Oper *Mitridate* nahm Form an: Es war ein heiterer Sommer. Auch die in der Frische des Landaufenthaltes wiedererwachende Spottlust der beiden Mozarts fand

W. A. Mozart, Bologna, 8./1770

L. Mozart, Bologna, 11. 8. 1770

Bologna ist sowohl in Ansehung ihrer Größe, als auch wegen der Menge ihres Adels, der Anzahl ihrer Einwohner und guten Handlung, nach für Rom die beste und reichste Stadt des ganzen Kirchenstaats zu achten. […] Die Einwohner paßiren […] für aufgeweckte Köpfe, die ihre lustigen Einfälle und bon mots mit einem satirischen Sticheln wohl zu vergesellschaften wissen. Gegen die Fremden brauchen sie viele Höflichkeit, und so viel der äußerliche Augenschein giebt, sind sie in ihren Handwerken und Manufacturen fleißig und arbeitsam.

Johann Georg Keyssler

L. Mozart, 25. 8. 1770

hinreichend Futter an einem scheinbar ausgesprochen hedonistisch veranlagten Dominikanerpater, der ebenfalls bei Pallavicini zu Gast weilte. Solche Heiligkeit schmeckte sogar Leopold Mozart, er bestellte bei Frau Mozart in Salzburg für ihre Rückkehr *ein paar schön vergoldete Schein […] denn wir kommen sicher als heilige nach Haus.*

Sie blieben bis in den Oktober hinein. In diesem Sommer machte sich etwas bemerkbar, der Vater schrieb es nicht unbesorgt an die Mutter nach Salzburg: Wolfgang Amadeus Mozart war kein Kind mehr.

> *Wenn der Wolfg. so fortwächst, so wird er zimmlich gross nach Hause kommen […]. Du därfst dir ihn aber desswegen eben nicht gar so gross vorstellen, genug, dass alle glieder grösser und stärker werden. Stimme zum singen hat er itzt gar keine. diese ist völlig weg; er hat weder Diefe noch Höhe, und nicht 5 reine Töne.*

L. Mozart, 25. 8. 1770

Über den unerwünschten Stimmbruch war besonders Wolfgang ungehalten. Der Stimmwechsel raubte ihm jegliche Möglichkeit, die neue Oper vorab singend zu probieren, so wie er es liebte. Trotzdem schritt die Arbeit am *Mitridate* rasch voran.

Anläßlich einer Akademie bei San Giovanni in Monte, die Vater und Sohn Mozart als Besucher erlebten, lernten sie den englischen Reiseschriftsteller Charles Burney kennen. Der musikliebende Engländer erwähnt in seinen Reisebeschreibungen das Treffen mit dem genialen Knaben. Ausführlicher schildert er aber die musikalisch außerordentliche Atmosphäre Bolognas. Zwei der berühmtesten Bologneser Musiker von Weltrang, die auch für Wolfgang bedeutsam wurden, kannte Burney persönlich gut, so den berühmten Padre Martini und den schon damals legendären, alternden Kastratensänger Farinelli.

Martini nahm sich bei diesem zweiten Aufenthalt in Bologna des Knaben an. In anregenden und bald täglichen Gesprächen machte der Musikhistoriker ihn mit der musikalischen Vergangenheit Italiens und der Polyphonie näher bekannt, wobei Wolfgang für die unmittelbare musikalische Anregung empfänglicher als für die historischen Exkurse gewesen sein mag. Wolfgang behielt aus dem Unterricht bei dem charismatischen Mann eine lebenslange Begeisterung für die Polyphonie, welche die Salzburger Studien nicht hatte wecken können. Von Wolfgangs menschlich wie fachlich einzigartigem Lehrer schrieb Charles Burney verehrungsvoll, er sei

C. Burney

> *von ganz Europa als der tiefsinnigste Theorist […] dieses oder vielleicht eines jeden Alters und Landes angesehen […]. Er verbindet mit einem unsträflichen Leben und edler Einfalt der Sitten eine natürliche Gefälligkeit, Güte und Menschenliebe. Nie habe ich nach so kurzem Umgange einen Menschen mehr liebgewonnen. Nach wenigen Stunden fühlte ich mich ihm so vertraut wie einem alten Freunde oder geliebten Bruder […].*

Ich bin auch noch lebendig, und zwar sehr lustig. heünt kam mir die lust auf einem eesel zu reitten, dan in Italien ist es der brauch, und also habe ich gedacht, ich mus es doch auch probieren. wir haben die ehre mit einem gewissen Domenicaner umzugehen, welcher für heilig gehalten wird, ich zwar glaube es nicht recht, dan er nimmt Zum frühstück oft Eine taßa ciocolata, gleich darauf ein guts glas starcken spanischen wein, und habe selbsten die ehre gehabt mit diesen heiligen zu speisen, welcher praf wein und auf die lezt ein ganzes glas voll starcken wein bey der tafel getruncken hat, zwey gutte schnitz melooni, sperschig [pfirsche – A.K.], biern [Birnen – A.K.], 5 schallen Caffe, ein ganzes deller voll Vögeln, zwey volle deller von milch mit lemonien; doch dieses könte er mit fleis thun, aber ich glaube nicht, dan dieses wäre zuviel, und aber er nimmt vielle sachen zur Jausen auf nachmittag.

WOLFGANG AMADEUS MOZART,
BOLOGNA, 21.8.1770

[…] ich muß meinen musikalischen Lesern nicht verschweigen, daß ich bei diesen Musikern Herrn Mozart und seinen Sohn , den kleinen Deutschen, vorgefunden habe, dessen frühzeitige und stets übernatürliche Talente uns vor einigen Jahren in London in Erstaunen setzten, als er kaum über seine Kinderjahre hinaus war. Seit seiner Ankunft in Italien ist er zu Rom und Neapel sehr bewundert worden.

CHARLES BURNEY

Der Padre verehrte dem jungen Musiker zum Andenken an die wohl für
beide Seiten prägende Begegnung die ersten zwei Bände seiner berühmten *Storia di Musica* und empfing von Vater Mozart als Gegengeschenk
dessen *Violinschule*.

Den berühmten Kastraten Farinelli – oder Carlo Broschi, wie er eigentlich hieß –, einen bescheidenen und einfachen Menschen, lernten die
Mozarts in diesem Sommer kennen. Der Sänger, der sich unweit Bolognas
zur Ruhe gesetzt hatte, lud das junge Musikgenie und dessen Vater zu
einem Besuch in seine ländliche Villa ein. Hier werden die Mozarts nicht
weniger als Burney über das etwas wunderliche Landhaus, in dem die
Sängerlegende ganz ihren Erinnerungen lebte, gestaunt haben:

> Er besitzt eine Menge Klavierinstrumente, die in verschiedenen Ländern gemacht
> sind; er benennet sie mit den Namen der größten italienischen Maler, je nachdem
> sie bei ihm in Gunst stehen. Sein erster Liebling ist ein Pianofort, welches 1730 zu
> Florenz verfertiget worden, auf welchem mit goldenen Buchstaben der Name Raffael
> d'Urbino steht; hierauf folgt ein Coreggio, Tizian, Guido usw. Er spielte sehr lange
> auf seinem Raffael mit feinem Urteil und Delikatesse […].

Bei ihrer Rückkehr vom Landsitz Pallavicinis erwartete Wolfgang
Amadeus Mozart eine neue, außerordentliche Ehrung. Der Knabe hatte
die Ehre, eine Prüfung für die Aufnahme an die ehrwürdige Akademie
von Bologna absolvieren zu dürfen. Dies war eigentlich statutenwidrig,
denn das geforderte Alter für einen Prüfling waren 20 Jahre. Außerdem
mußte der Kandidat zumindest Mitglied der Sänger- oder Instrumental-
klasse gewesen sein. Für den genialen jungen Mozart wurde eine Aus-
nahme gemacht.

Die feierliche Prüfung fand am 9. Oktober 1770 statt und dauerte laut
Protokoll nicht länger als eine Stunde. Der Prüfling Mozart hatte sich in
der Akademie einzufinden und hier in Klausur den choralen Cantus
firmus *Quaerite primum regnum Dei* zu bearbeiten, ein Aufgabe, die ihm aus
der Salzburger Kirchenmusiktradition bereits vertraut war.

> alda gab ihm der Princeps accademiae und die 2 Censores – die alle alte Capellmeister
> sind – in gegenwart aller Mittglieder eine antiphona aus einem antiphonario vor,
> die er in einem Nebenzimmer, wohin ihn der Pedellus führte und die thüre zuschloss,
> 4 Stimmig setzen muste. Nachdem er solche fertig hatte, wurde solche von den Censo-
> ribus und alien Capellmeistern und Compositoribus untersucht, und alsdann darüber
> Votiert, welches durch weis und schwarze Kugeln geschieht. das nun alle Kugeln weis
> waren; so wurde er geruffen, und alle Klatschten bey seinem Eintritte mit den Händen
> und wünschten ihm glück; nachdem ihm vorher der Princeps accademiae im Namen
> der Gesellschaft die aufnahme angekündigt hatte. Er bedankte sich, und dann war
> es vorbey. Herr Pinsechi und ich waren unterdessen auf einer andern Seyte des Saals

---

*Es ist aber sehr zu bedauern, daß der gute
Pater Martini schon so alt und so schwach
ist, indem er einen sehr schlimmen Husten,
geschwollen Beine hat und überhaupt
kränklich aussieht […].* CHARLES BURNEY

*Es wird jedem Liebhaber der Musik und
vornehmlich denen, die ihn gehört haben,
angenehm sein zu erfahren, daß
Sgr. Farinelli noch lebt und frisch und
munter ist.* CHARLES BURNEY

*Quamvis ipsa Virtus sibi, suisque Sectato-
ribus gloriosum comparet Nomen, attamen
pro majori ejusdem majestate publicam
in notitiam decuit propagari. Hinc est quod
hujusce nostrae Philharmonicae Accade-
miae existimationi, et incremento
consulere, singulorumque Academicorum
Scientiam, et profectum patefacere inten-
dentes, testamur Domin. Wolfgangum
Amadeum Mozart es Salisburgo – sub die
9 Mensis Octobris Anni 1770. inter
Academiae nostrae Magistros Compositores
adscriptum fuisse.* AUSZUG AUS DEM DIPLOM,
MIT DEM MOZART ZUM MITGLIED DER
HILHARMONISCHEN AKADEMIE VON BOLOGNA
ERNANNT WURDE.

in der accademischen Bibliothek eingesperrt, alle verwunderten sich, daß er es so
geschwind fertig hatte, da manche 3 Stunde mit einer Antiphona von 3 zeihlen
zugebracht […]. Er hatte es in einer starken halben stunde fertig.

Stillschweigend überging Leopold Mozart in seinem Bericht den Umstand, daß Wolfgangs Bearbeitung des Antiphons gleich mehrere Verstöße gegen die Regeln des strengen Satzes aufwies. Eine erhaltene Abschrift des Padre Martini hingegen zeigt eine saubere Bearbeitung ohne Fehler. Möglicherweise legte der Padre stillschweigend diese „korrigierte" Version der Komission vor.

Eine solche „Mogelei" wäre von der Hand des gefürchteten und unbestechlichen Kritikers Martini nicht das Zugeständnis einer mangelhaften Arbeit. Ein Ausdruck größten Vertrauens in das Genie des jungen Mozart liegt in der liebenswürdigen Unkorrektheit. Diesen Eindruck unterstützt ein Empfehlungsschreiben, das der Padre dem scheidenden Wolfgang mit auf den Weg gab. Darin spendete er der Leistung des Cembalisten, Geigers und Sängers Wolfgang Amadeus Mozart höchstes Lob. Daß zu diesem Zeitpunkt Wolfgang aber alles andere als ein brillanter Sänger war, wissen wir aus dem oben zitierten Brief des Vaters.

Das am 10.Oktober von 17 Prüfern unterzeichnete Diplom brachte der Pedell den Mozarts ins Haus. Unter den unterzeichnenden Prüfern war unter anderem auch der Kirchenkomponist und berühmte Gesangslehrer Lorenzo Gibelli, 36 Jahre später sollte er Lehrer des 14jährigen Rossini werden.

Attesto io infrascritto, come avendo avuto sotto gli occhi alcune Composizioni Musicali di vario stile, e avendo più volte ascoltato il Cembalo, il Violino, e cantare il Sig. Cav. Giov. Amadeo Wolfgango Mozart di Salisburgo, M.ro di Musica della Camera di Sua Altezza l'eccelso Principe Arcivescovo Salisburgense in età d'anni 14, con mia singolar ammirazione l'ho ritrovato versatissimo in ognuno delle accenate qualità di musica, avendo fatta qualunque prova sopra tutto nel suono del Cembalo con darli vari soggetti all'improviso, quali con tutta maestria ha condotta con qualunque condizione che richiede l'Arte. In fede di che ho scritta e sottoscritta la presente di mia mano.
GIOVANNI BATTISTA MARTINI, MINOR CONVENTUALE. BOLOGNA, 12.10.1770

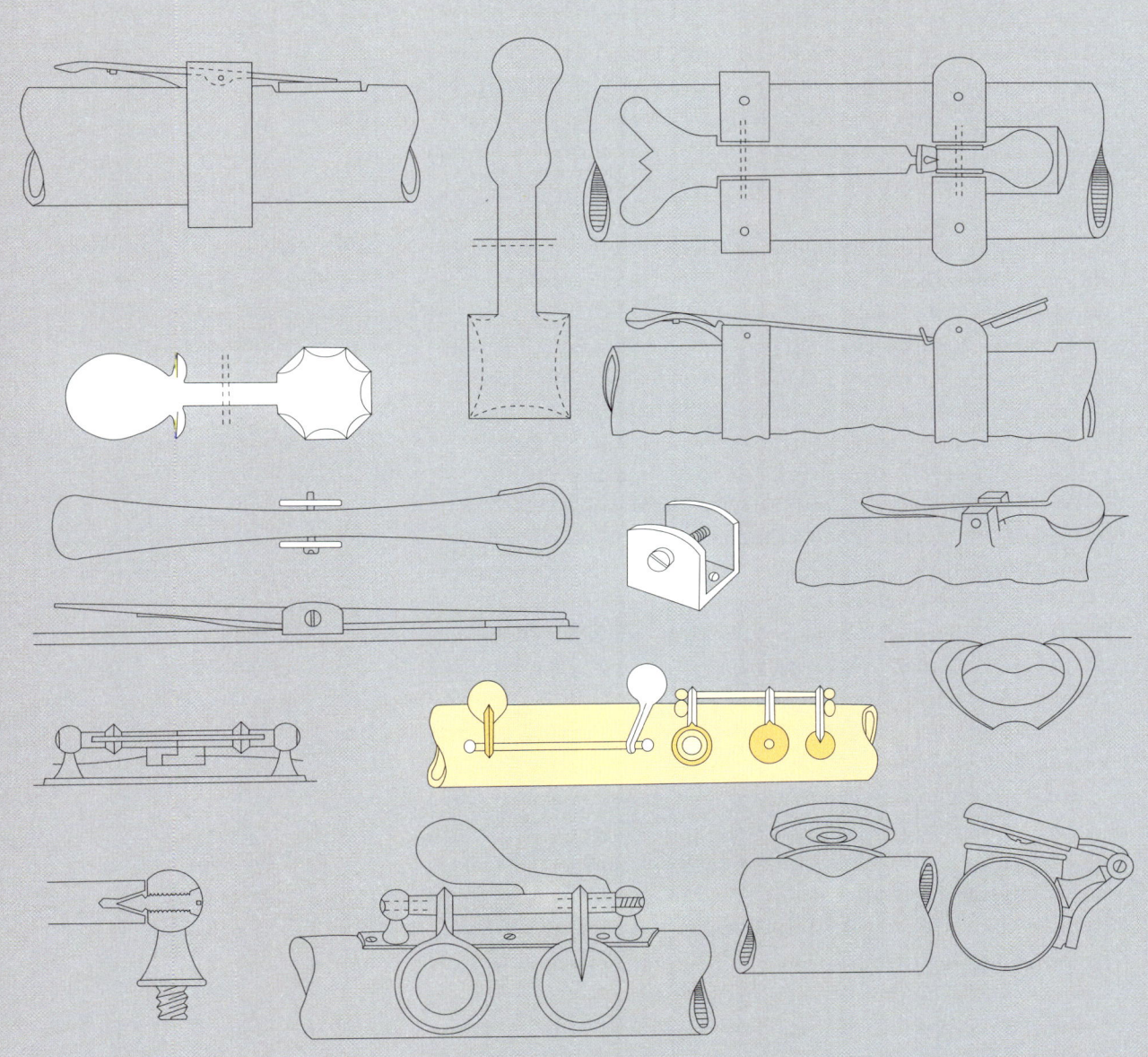

In Mailand wartete auf Wolfgang die erste große italienische Bewährungs-
probe. Ein erstes Mal würde eine Opera seria von ihm aufgeführt werden.
Bis dahin war noch einiges zu tun. In der Nähe des Theaters mieteten
die Mozarts eine Zweizimmerwohnung, und nun war der schöne Sommer
endgültig vorbei. In den folgenden zehn Wochen mußte Wolfgang hart
arbeiten.

Die endgültige Besetzung des *Mitridate* wurde erst jetzt bekannt gegeben.
Es begann ein fieberhaftes Schaffen an den Arien, jeder einzelne der
anspruchsvollen Sänger wollte ordentlich bedient sein. Die Partien
mußten, den persönlichen Stärken oder Schwächen des Sängers gemäß,
perfekt *an den Leib* geschrieben werden. Diese zeitübliche Anforderung
bedeutete eine unsägliche Mühe für den Komponisten. Es bedurfte
eines gehörigen Maßes an Geduld, etwa dann, wenn eine Sängerin fand,
sie müsse nach einer allzu langen stillen Partie nun etwas Brillantes
zum Besten geben. Von keiner anderen Oper Mozarts existieren so viele
Fassungen, Entwürfe und Fragmente der einzelnen Stücke. Gewiß war
der junge Komponist bei dieser seiner ersten Opera seria noch unsicher
im Umgang mit den weiblichen und männlichen Operndiven.
Antonia Bernasconi, die Sängerin der Aspasia, mißtraute dem 14jährigen
kleinen Tonsetzer gründlich. Um in jedem Fall glänzen zu können,
studierte sie vorsichtshalber die entsrpechende Arien des Komponisten
Quirino Gasparini ein, der ebenfalls den *Mitridate* vertont hatte. Als sie
aber schließlich Mozarts Arien sah, war sie

> *ausser sich für freuden über die Stücke, die ihr Wolfgang nach Wunsch und Willen
> geschrieben hatte.*

Hinter dem Rücken der Mozarts wurde – natürlich – intrigiert. Neider
setzten das Gerücht in Umlauf, daß die Arien im *Mitridate* nicht das Werk
des jungen Mozart, sondern des Turineser Quirino Gasparini seien.
Überdies könne ein so junger Knabe

> *das zum Theater nötige chiaro ed oscuro unmöglich verstehen und einsehen. Niemals
> war bey Mannsgedenken eine solche Begierde die erste opera in Mayland zu sehen,
> als disses mahl; indem bevor ein erschröcklicher widerspruch war, und da zwey sagten
> daß die opera gut seyn werden, schon 10 andere waren, die zum voraus wusten,
> daß es eine Dalkerey, andere, daß es ein mischmasch, andere aber daß es eine deutsche
> barbarische Musick seyn werde.*

*Damit Ihr nicht glaubet, daß ich kranck
bin so schreibe ich diese zwey zeilen.
lebet wohl, meinen handkuß an die mama.
an alle gute freunde meine empfehlung.
ich habe auf dem domplatz hier 4 kerle
hencken sehen. sie henken hier wie zu lion.
Wolfgang.* WOLFGANG AMADEUS MOZART,
MAILAND, 30.11.1770

*Du glaubst, die opera ist schon fertig, du
irrst dich sehr, wenn es an unserem Sohne
gelegen hätte, so würden 2 Opern fertig
seyn. Allein in Italien geht es ganz närrisch
zu, und du wirst alles zu seiner Zeit hören.*
LEOPOLD MOZART AN SEINE FRAU, MAILAND,
1.12.1770

L. Mozart, Mailand, 11/1770

Die spannungsgeladene Theateratmosphäre war so unerträglich, schrieb Leopold Mozart nach Hause, *daß man Pomeranzen scheißen möchte.* Aber gerade jetzt entfaltete er eines seiner großen Talente, die Diplomatie, und stand seinem Sohn zur Seite: *Die Bataille wurde durch Gegenwart des Geistes und ein beständiges Nachdenken gewonnen.*

Der unerfahrene junge Komponist wurde aber auch unterstützt, Leopold Mozart vermerkte es dankbar. Neben dem berühmten Giovanni Battista Sammartini und dem Maestro di Cembalo Lampugnani nennt er in einem Brief die Kapellmeister Gaetano Piazza und Giovanni Colombo sowie den Domkapellmeister Fioroni.

W. A. Mozart, Mailand, 20. 10. 1770

Die angespannte Situation muß den 14jährigen trotz allem sehr bedrückt haben, wenige knappe Sätze unter den Briefen des Vaters wirken abwesend und ernst, dem sonst jederzeit frechen Wolfgang hatte es völlig den Humor verschlagen.

> *Meine liebe Mama Ich kan nicht viell schreiben dann die finger thuen sehr weh von so viel Recitativ schreiben: Ich bitte bette die Mama für mich daß die opera gut geht, und daß wir dan glücklich wieder beysamm seyn können […].*

L. Mozart, Mailand, 10. 11. 1770

Der Vater hatte Mitleid mit dem überarbeiteten Jungen. Er bat die Mutter und Freunde daheim, ab und an einen Scherz in die Briefe zu schreiben, um den allzu ernsten Wolfgang aufzuheitern: *ich bin froh, wenn er zu zeiten etwas lustiges unter die Hände bekommt.* Leopold Mozart wachte streng über die Gesundheit des Sohnes und achtete auf einen geregelten Tagesablauf. Soweit möglich, durfte Wolfgang nur am Vormittag schreiben, der Nachmittag war erholsamen Spaziergängen vorbehalten.

L. Mozart, Mailand, 12. 12. 1770

Wie strahlend löste sich diese gespannte Situation auf, als am 12. Dezember 1770 die erste Orchesterprobe alle Bedenken der Sänger und Musiker mit einem Schlage zerstreute. Die Neider verstummten und *redeten nicht eine sylbe mehr; der Copist ist voll vergnügen, welches in italien ein sehr gute Vorbedeutung ist.* Der skeptische Pietro Benedetti, Sänger der Hauptrolle, war sogar dermaßen vergnügt, daß er übermütig scherzte, *daß wenn dieses Duetto nicht gefalle, er sich noch einmal wolle beschnatzeln [= kastrieren – A.K.] lassen.*

So erlebte Wolfgang Amadeus Mozart am 26. Dezember 1770 sicher mit einem leichteren Gefühl die Premiere seiner ersten großen Opera seria, des *Mitridate, Re di Ponto.*

Hier hilft auch nichts die Protection zum Beyfall der opera, dann ieder der hineingehet will reden, schreyen und urtheilen für sein geld, wie er es findet. Leopold Mozart an seine Frau, Mailand, 1770

bitte gott daß die opera gut gehen möchte […] ich bin wie allzeit Dein bruder wolfgang Mozart dessen finger von schreiben Müdhe Müdhe Müedes müde sind. Wolfgang Amadeus Mozart an seine Schwester, Mailand, 10.11.1770

[…] so viel ich ohne vätterliche Partheylichkeit sagen kann, finde, daß er die opera gut, und mit viellem Geist geschrieben hat. die Sänger sind gut. Nun kommt es aufs orchester an; und letzlich auf die Caprice der Zuhörer. folglich kommt auch vieles aufs glück an, so wie in einer Lotterie. Leopold Mozart, Mailand, 8.12.1770

L. Mozart, Mailand, 29.12.1770

L. Mozart, Mailand, 5.1.1770

Sie wurde ein grandioser Erfolg. Unter tosendem *Viva il Maestro, Viva il Maestrino*-Rufen und einem *erstaunlichen Händeklatschen* ging die Oper des jungen Österreichers über die Bühne. Zwei Vorstellungen spielte der Komponist am ersten Cembalo noch selbst, mit dem befreundeten Lampugnani am zweiten. Ab der dritten Vorstellung war es ihm vergönnt, seine Oper von verschiedenen Plätzen aus dem Publikum zu erleben. Voll unbändigen Stolzes berichtete der glückliche Vater davon nach Salzburg. Genugtuung über eine scheinbar doch ausgleichende Gerechtigkeit spricht aus den Worten des Mannes, der viele Kränkungen hatte hinnehmen müssen.

> *Wenn man mir vor ungefehr 15 oder 18 Jahren, da Lampugnani in Engelland und Melchior Chiesa in Italien so vieles geschrieben, und ich ihre Opera Arien und Sinfonien gesehen, damals gesagt hätte, diese Männer werden der Musick deines Sohnes dienen und wenn er vom Clavier weggehet, hinsitzen und seine Musik accompagnieren müssen, so würde ich einen solchen als einen Narren ins Narrenspital verwiesen haben. Wir sehen also, was die Allmacht Gottes mit uns Menschen machet, wenn wir seine Talent, die er uns gnädigst mittheilet nicht vergraben.*

Zwanzigmal wurde das mit den obligatorischen Zwischenballetten insgesamt sechsstündige Werk aufgeführt. Eine kleine Sensation und gegen alle Gewohnheit war, das die Primadonna bei der Premiere eine Arie wiederholen mußte – die Bernasconi feierte als *Aspasia* Triumphe. Die Mailänder Presse rühmte die musikalische Grazie der Komposition und das treue Verona ehrte den jungen Komponisten mit dem Titel eines Ehrenkapellmeisters. In einem Neujahrsschreiben nach Bologna wurde dem Padre Martini stolz und ausführlich von den neuen Triumphen berichtet.

Nach einem solchen Erfolg häuften sich natürlich die Einladungen, der *cavaliere filarmonico*, wie Wolfgang in Verbindung seiner gewichtigen Titel nun scherzhaft genannt wurde, nahm an etlichen Akademien teil. Wichtigste Folge seines neuen Ruhmes aber war ein neuer Opernauftrag für die Mailänder Karnevalssaison 1772/73.

Was hatte der Oper *Mitridate* einen solchen rauschenden Erfolg gebracht? Das Textbuch war der farben- und kontrastreiche Stoff einer typischen Barockoper, die Handlung um den kleinasiatischen Despoten Mithridates V., der mit den Römern mehrfach in kriegerischem Streit lag, gebaut. Eine Tragödie des Dichters Jean Racine lag dem Libretto zugrunde, welches der Abbate Giuseppe Parini aus dem Französischen übersetzt und Vittorio Amedeo Cigna-Santi in ein effektvolles Opernbuch umgestaltet hatten. Beliebte Libretti wurden mehrfach von verschiedenen Komponisten vertont. So auch der *Mitridate*, den unter anderem der

Letzten Mittwoch ist das Herzogliche Theater wiedereröffnet worden mit der Aufführung des Dramas „Mitridates, König von Pontus", das das Publikum zufriedenstellte durch den guten Geschmack der Bühnenbilder, die ausgezeichnete Musik und die Geschicklichkeit der Sänger. Einige Arien der Frau Antonia Bernasconi drücken lebhafte Leidenschaft aus und gehen ans Herz. Der junge Kapellmeister, der erst 15 Jahre alt ist, vertieft sich in die Schönheiten der Natur und weiß sie mit der seltensten musikalischen Grazie darzustellen.

MAILÄNDER ZEITUNG VOM 2.1.1771

Das Theater ist hier sehr breit und prächtig; es sind fünf Reihen Logen auf jeder Seite, jede Reihe zu hundert, und parallel mit ihnen läuft eine breite galerie als ein Zugang zu jeder Reihe Logen rund um das ganze Haus herum; jede Loge enthält sechs Personen, die zur Seite gegeneinander über sitzen. Auf der Kommunikationsgalerie sind besondere Zimmer für jede Loge, worin Kamine und gute Anstalten zu Erquickungen und zum Kartenspiele sind. CHARLES BURNEY

erwähnte Quirino Gasparini und Alessandro Scarlatti schon einmal in Musik gesetzt hatten. Wie der junge Komponist zu diesem Libretto stand, ist uns nicht bekannt. Wenige Jahre später aber sollte Mozart die Textbücher nicht mehr hinnehmen, wie sie ihm vorgesetzt wurden – mit Schärfe und dramaturgischer Sicherheit äußerte sich Mozart zum Libretto des *Idomeneo*. Die Textbücher seiner Jugendopern aber hatte er zu akzeptieren, taten dies doch selbst renommiertere Komponisten ohne zu murren.

Von dem jungen Mozart wurde eine Opera seria im herkömmlichen Stil und in den üblichen abstrakten und starren Formenschemata erwartet, eine Nummernoper also. In einer Opera seria war die Handlung streng gegliedert, jeweiliger Höhepunkt des Auftrittes eines Protagonisten war die Arie, das Kernstück der klassischen Opera seria. Das Recitativo secco diente dem Erzählen der Handlung, die Arie dem farbigen Betonen eines Hauptaffektes. Die Protagonisten erfüllten vorgegebene, ewig gleiche Schemen von Güte, Intrigantentum, Großmut oder Verrat, Weisheit oder finsterer Bosheit. In die meist antiken Stoffe wurden gern Bezüge zu dem jeweiligen Auftraggeber eingewoben, die ihn natürlich dann entsprechend leuchtend erscheinen ließen. Diese rigiden Vorgaben mit ihrer ermüdenden Aneinanderreihung der Rezitative machen uns Barockopern im Allgemeinen und die Jugendopern Mozarts im speziellen oft schwer genießbar.

Der unerfahrene Wolfgang Amadeus Mozart stand vor der Aufgabe, für ein international renommiertes Opernhaus eine Opera seria zu schreiben, seine erste dazu! Kein anderer Komponist hatte in so jungen Jahren jemals eine solche gewaltige Aufgabe zu meistern. Der Vierzehnjährige schrieb das Verlangte und löste die Aufgabe bravourös. Noch waren die Charaktere nicht blutvoll und lebendig ausgeformt wie in späteren Werken. Ein Experiment aber konnte sich der junge Komponist in seinem Erstlingswerk nicht leisten und wollte es auch nicht. Doch scheint in einigen Stücken wie der Cavatina *Se ti lauri il crine adorno* schon etwas Mozartsches, Zärtliches auf, etwas jenseits des Erlernten und Erforderten. Ein ungeheurer Schritt war getan. Der neue Opernstar und sein stolzer Vater verabschiedeten sich leichten Herzens von Mailand, zumal es nun endlich wieder in die Heimat gehen sollte. Venedig freilich mußte man vorher sehen.

Der Geschmack am Theater ist so stark und allgemein, , daß es keine Stadt in Italien giebt, wo nicht im Winter auf einem oder mehreren Theatern gespielt wird. Im Karneval zu Venedig sind in dieser einzigen Stadt fünf bis sechs Theater auf, und alle Abende der ganzen Woche mit Zuschauern angefüllt: Das eine ist für die große ernsthafte Oper, das andre für die komische bestimmt; und in drey oder vieren werden Komödien aufgeführt. Im Jahr 1761 zählte man zu Florenz und den umliegenden Gegenden mehr als zwanzig Theater. JOHANN JAKOB VOLKMANN, HISTORISCH-KRITISCHE NACHRICHTEN VON ITALIEN. 1770

Ich hab schon lang nichts mehr geschrieben, weil ich mit der opera beschäftiget war, da Ich ietzt nun Zeit habe will ich meine schuldickeit mehr beobachten. Die opera gott lob und danck gefält indeme alle abend das theater voll ist, welches auch alle in verwunderung setzet in dem vielle sagen, daß sie so lang in Mayland sind keine erste opera so voll gesehen als diesmal […]. gestern war der Copist bey uns und sagt daß er meine opera Just für den hof nach lisbona schreiben muß. WOLFGANG AMADEUS MOZART AN SEINE SCHWESTER, MAILAND, 12.1.1771

127

Venedig, die Stadt des Karneval – welche Stadt könnte einem Wolfgang
Amadeus Mozart besser gefallen, dem Knaben, dessen Hang zum Burles-
ken, dessen Vorliebe für spielerische Travestien und komödiantische
Maskeraden, dessen Lust am Absurden wir aus zahlreichen seiner Briefe
kennen. Mozart erlebte die Lagunenstadt auf dem Höhepunkt des
Maskenfestes – die Reisenden erreichten die Stadt am Rosenmontag.
Das Zügellose des venezianischen Karneval wurde damals von den internationalen Besuchern zwischen Begeisterung und empörter Ablehnung
empfunden. Der Mozartsche Reiseführer urteilte rigide. Die unmäßige
und ruinöse Spiellust der Karnevalisten, die Sittenlosigkeit, die gerissenen
Wahrsager, die geschmacklosen volkstümlichen Komödien seien bar-
barisch, kann man im *Keyßler* lesen. Wolfgang Amadeus Mozart hat sich
sicher dieser Meinung nicht angeschlossen.
Die Mozarts wohnten in bester Lage, wenige Schritte von San Marco
entfernt und in nächster Nähe zum Teatro nobile San Bendetto. Sie
versäumten keine Aufführung in Venedig, einer der ersten Opernstädte
Europas. Sehenswürdigkeiten wie das Arsenal, die Kirchen, Ospedali
und Konservatorien wurden ebenfalls besichtigt. Besonderes Vergnügen
bereiteten Wolfgang die gemächlichen Spazierfahrten in den eleganten
Gondeln, aus denen man den durch Gassen und über Brückchen toben-
den Karneval beobachten konnte. Dem Vater allerdings wurde übel von
dem Schaukeln der schlanken Schiffe. Noch im Schlaf, so klagte er der
Frau, bewege sich sein Bett auf und ab.
Die Bekanntschaft mit dem Kaufmann Johann Wider, von dem Salzburger
Freund Hagenauer vermittelt, war eine der angenehmsten der ganzen
italienischen Reise. Im Hause Widers fanden sie jederzeit gastfreundliche
Aufnahme und freie Tafel, so sie nicht anderweitig geladen waren.
Der liebenswürdige Mann gehörte zu den Menschen, von denen *wenige
dergleichen angetroffen zu haben* der mit Menschenkenntnis hinlänglich aus-
gestattete Leopold Mozart der Frau daheim versicherte. Eine andere
Bekanntschaft blieb reserviert. Abbate Giovanni Maria Ortes, musikali-
scher Freund Johann Adolf Hasses, hielt Leopold Mozart für hochmütig.
Nach dem aufsehenerregenden Mailänder Erfolg wurde der junge
Komponist umworben, Leopold schrieb beglückt nach Hause, sie wüßten

*Ich lebe auch noch und bin, gott lob und
danck, gesund: [Weist du, was es ist:]
die attácca geben zu lassen; daß ist, sich auf
den boden dem hintern brellen lassen, um
ein rechter Venezianer zu werden: mir
haben sie es auch wollen thuen, haben alle
7 weibsbilder zusamm geholfen, und doch
waren sie nicht im stande mich zu boden
zu bringen […].* WOLFGANG AMADEUS
MOZART AN SEINE SCHWESTER, VENEDIG,
20.2.1771

*Alle Welt hat sich verkleidet, man nennt
niemand bei seinem Namen, man
sagt immer „Servitore umilissimo, giora
mascara".* WOLFGANG AMADEUS MOZART AN
SEINE SCHWESTER, VENEDIG, 7.1.1771

*[…] ich glaube nicht, daß sie mit dieser
Stadt sehr zufrieden sind, in der sie
glaubten, die Leute würden sie aufsuchen,
und zwar mehr, als sie selbst die Leute
aufsuchen […]. Es ist interessant zu
beobachten, mit welcher Gleichgültigkeit
der Knabe diesen mißlichen Verhältnissen
gegenübersteht, während der Vater ein
wenig bissig erscheint.* ABBATE GIOVANNI
MARIA ORTES AN SEINEN FREUND JOHANN
ADOLF HASSE IN WIEN, VENEDIG, 2.MÄRZ 1771

L. Mozart, Venedig, 2/3 1770

gar nicht, wohin zuerst. Neben einer *großen* und *schönen* Akademie gönnten sie sich in Venedig aber wieder ein paar entspannte Tage. Zufrieden reisten sie nach einem Monat ab, per Schiff begaben sie sich von Venedig nach Padua, begleitet von der ganzen freundlichen Familie Wider und dem Abbate Ortes.

Einen Tag blieben sie in Padua, hier erhielt der Held des Tages, der junge Wolfgang Mozart, den Auftrag für ein Fastenoratorium, *La Betulia liberata*. Auftraggeber war der Paduaner Musikliebhaber Don Giuseppe Ximenes Principe d' Aragona, ein musikalischer Bekannter des Padre Martini. Ob und wann das Oratorium, das Wolfgang nach seiner Rückkehr in Salzburg komponierte, aufgeführt wurde, ist nicht bekannt. Die weitere Geschichte des geistlichen Werkes verläuft im Dunkeln.

In Verona gab es ein Wiedersehen mit dem herzlichen Pietro Lugiati, der seine Gäste beglückt verwöhnte und umsorgte. Die Mozarts versäumten auch nicht, der Akademie eine Dankesvisite abzustatten. Ein schöner Zufall wollte es, daß zwei Nachrichten die Mozarts ausgerechnet in Verona erreichten. Der endgültige Opernkontrakt für Mailand lag schon bereit, *Lucio Silla* sollte die neue Oper heißen. Die Honorarbedingungen waren verbessert wurden, beachtliche 130 Gigliati sollte Mozart erhalten. Vom Wiener Hof kam außerdem die überraschende Nachricht, daß den jungen Komponisten ein weiterer großer Auftrag erwarte.

Die Heimkehr war sicher leicht und beschwingt. Am 28. März, einem Gründonnerstag, kamen Wolfgang Amadeus Mozart und sein Vater nach 15 langen Monaten der Abwesenheit wieder in Salzburg an.

wir machten iedermann glauben, wir giengen am Montage, um einen Tag frey zu haben und ruhig einpacken zu können; allein es wurde doch noch bekannt und wir musten bei Sr. Ex. Catarin Cornero noch zu Mittag speisen, wo wir eine schöne Tabattier und 2 paar kostbare spitzdatzl auf die Reise bekamen. LEOPOLD MOZART AN SEINE FRAU, VICENZA, 14.3.1771

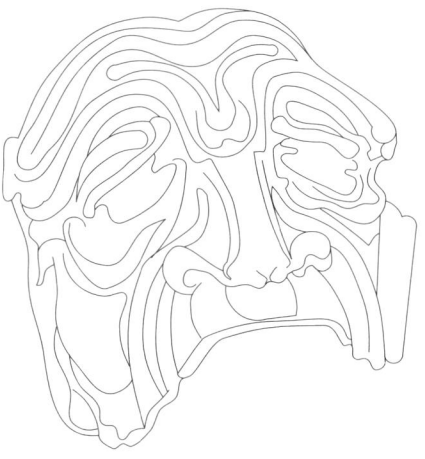

KARNEVALSMASKE ⌐ Leder
Venedig. 18.Jahrhundert

SPITZENKRAGEN ⌐⌐ 18. Jahrhundert

Leopolds Mozarts Erwartungen hatten sich erfüllt. Mit spielerischer Leichtigkeit hatte Wolfgang die italienische Kunstszene erobert, war in den ersten Häusern Italiens empfangen und verwöhnt worden. Der Vierzehnjährige war innerhalb eines Jahres Mitglied der angesehenen Accademia Filarmonica in Bologna und Verona geworden, ja Träger des päpstlichen Ordens vom Goldenen Sporn. Und nicht zuletzt hatte der Junge von Bekanntschaften mit Leuten wie Sammartini, Piccini oder Martini musikalisch profitiert und die italienische Gesangsskunst studiert. Wolfgang Amadeus Mozart hatte den Sprung in die Opernwelt geschafft, mit Bravour noch dazu. Mailand war zwar noch nicht Venedig oder Neapel, aber ein Anfang war gemacht. Der Vater könnte zufrieden sein.

Leopold Mozart war nicht zufrieden. Sein planender Sinn eilte den Geschehnissen voraus. In wenigen Monaten werden sie wieder nach Mailand aufbrechen müssen, dann will Leopold sich gezielt umschauen nach einer Festanstellung für den Heranwachsenden. Denn sichtlich war Wolfgang kein Kind mehr. Der Junge war gewachsen, an die Kleider mußte unterwegs angestückelt werden. Es ging nun auch nicht mehr an, daß die Familie in der Enge der Salzburger Wohnung *wie die Soldaten* untereinander schlief, man mußte sich um eine geräumigere Bleibe kümmern.

Dem vierzehnjährigen Jungen ging es im Salzburger Frühling, wie es Jungen in dem Alter zu gehen pflegt: er warf ein Auge auf die Mädchen seiner Umgebung. Aus den Briefen geht hervor, daß Wolfgang einmal für eine Maria Anna Barisani, dann wieder für eine Anna Barbara von Mölk entflammte. Viel Zeit für Herzensangelegenheiten muß jedoch nicht geblieben sein. Wolfgang kämpfte mit einer schweren Krankheit und arbeitete trotz allem unerhört fleißig.

Bald erreichte den jungen Komponisten auch der in Aussicht gestellte Auftrag aus Wien. Es war eine Festserenata für die Vermählung des Gouverneurs und Generalkapitäns der Lombardei, Erzherzog Ferdinand, mit der Prinzessin Maria Ricciarda Beatrice von Modena. Hauptoper der politisch vorteilhaften Hochzeit ihres Sohnes, von der klugen Maria Theresia gestiftet, sollte ein bei Hasse in Auftrag gegebenes Werk sein.

[…] Mozart nach einem 16monatlichen genussreichen und ehrenvollen Aufenthalte in Italien, ohne Zweifel mit einem ungemeinen Schatze von Kenntnissen, Ideen und geläutertem Geschmacke, und mit der Bewunderung einer Nation beehrt, die von der Natur zur Richterin der Tonkunst berufen scheint, mit seinem Vater zu Ende 1771 wieder eintraf […].
GEORG NIKOLAUS VON NISSEN

L. Mozart, 1771

Sinnig hatte Maria Theresia die Aufträge an den ältesten und den jüngsten ihrer Opernkomponisten vergeben. Der Auftrag für die zweiaktige Azione teatrale *Ascanio in Alba* wie die unmittelbare Konkurrenz mit Hasse waren überaus ehrenvoll für Mozart.

Den geplanten erholsamen Aufenthalt in Salzburg kürzte die neue Oper nun beträchtlich ab, und Anfang August 1771 gingen die Mozarts auf ihre zweite Reise nach Italien. Der *Ascanio in Alba* wurde ein erneuter, riesiger Erfolg für den jungen Mozart. Der Mailänder Erzherzog drückte seine Wertschätzung zwar nicht mit der Vergabe der ersehnten Stelle eines Kapellmeisters aus, doch tröstete sich der ehrgeizige Leopold Mozart mit der bevorstehenden Scrittura der Karnevalsoper *Lucio Silla*, die ebenfalls in Mailand über die Bühne gehen sollte. Bis dahin aber war noch eine Menge Zeit. Ende Dezember 1771 kehrten Vater und Sohn Mozart erneut nach Salzburg zurück.

Einen Tag nach ihrer Rückkunft starb der Fürsterzbischof Siegmund Christoph Graf Schrattenbach. Der lebenslustige und hochverschuldete Mann war den Mozarts ein unbekümmert großzügiger Herr gewesen, immerhin hatte sein Vizekapellmeister Leopold Mozart von den vergangenen 10 Dienstjahren ganze 6 Jahre Urlaub erhalten und den nahezu vollen Lohn.

Solcherart Lässigkeiten zu dulden war der neue Dienstherr nicht bereit. Zum neuen Fürsterzbischof wurde kein anderer als der den Mozarts aus Rom bereits bekannte Hieronymus Graf Colloredo gewählt. Der unnahbare und strenge Mann war das genaue Gegenteil seines Vorgängers: ein zielstrebiger und kluger Reformer. Dabei war Colloredo sparsam bis zum Geiz, ordentlich bis zum Pedantentum. Seine Bedingungslosigkeit brachte ihm Feinde auf allen Fronten ein.

Es heißt, daß Hieronymus Graf Colloredo kleine Menschen nicht mochte. Unglücklicherweise war Mozart klein an Wuchs. Wenn nicht dieser angebliche „Tick", so gab es genügend andere Gründe für die bald folgenden Dissonanzen. Von der Familie Mozart wie von allen Untertanen forderte Colloredo Disziplin und Pflichterfüllung. Darunter verstanden die Mozarts etwas gänzlich anderes als der Erzbischof. Sie waren erbost über den strammen Regenten und ließen es jeden, der es wollte, hören. Colloredo, dem dies zugetragen wurde, reagierte seinerseits verkniffen.

Vorerst aber ließ sich alles gut an. Wolfgang Amadeus Mozart wurde beauftragt, zu den Feierlichkeiten anlässlich Colloredos Amtsantritt die kleine Festoper *Il sogno di Scipione* zu komponieren. Im August 1772 ernannte Colloredo den Sechzehnjährigen sogar endlich zum besoldeten

Hochgnädig und Hochgebietende Herrn! Euer Hochwürden und Hochgräfl: Excellenzien etc: wird unverborgen seyn; daß S^e: Kaysl: Königl: Mayestät die allerhöchste Gnade hatten meinen Sohn zu verfertigung der bey Gelegnheit der Maylandischen Hochzeits Feyerlichkeiten aufzuführenden Theatral Serenata nach Mayland zu beruffen [...] angedenkens um die ggste Erlaubniß mich mit meinem Sohne nach Mayland begeben zu dürffen geziemend angesucht [...] S^e: Hochf: Gnaden ertheilten uns zwar die Erlaubniß zur Reise doch mit Zurückhaltung meiner ohnehin nur in 28 f 30 x^r bestehenden Besoldung [...]. Es gelanget demnach an Euer Hochwürden Hochgräf: Excellenzien meine gnädige Herrn das unterthänigste Anlangen und Bitten mir diesen [...] bestehenden Abzug [...] gnädigst ausfolgen zu lassen. LEOPOLD MOZART AN DAS „SEDE VACANTEM REGIERENDEM" SALZBURGER DOMKAPITEL. 28.12.1771

zweiten Kapellmeister mit einem Jahresgehalt von 150 Gulden. Leopold Mozart nahm im Oktober 1772 erneut Urlaub; Vater und Sohn reisten ein letztes Mal nach Italien, um die noch ausstehende Karnevalsoper *Lucio Silla* in Mailand abzuliefern – und um Wolfgang an einem der italienischen Höfe zu installieren. Leopold Mozart schwieg sich jedoch wie immer über seine konkreten Pläne aus.

> *Du weist das ich an das Nachdenken und Überlegen gewohnt bin, sonst würde ich meine Sachen niemals so weit gebracht haben, da ich niemand hatte, der mir rathen konnte, und ich von jugend auf niemand mich völlig anvertraute, bis ich nicht sichere Proben hatte.*

Nun sind wir schon zu botzen, schon? erst! mich hungert, mich durst, mich schläffert, ich bin faul, ich bin aber gesund. Zu Hall haben wir daß stift gesehen, ich habe dort auf der orgel gespielt […] lebe wohl. schreibe mir was neües, botzen dieß Sauloch […]. Wolfgang Amadeus Mozart, Bozen, 28.10.1772

BÜGELEISEN ⌐ Holz, Metall. 17.Jahrhundert

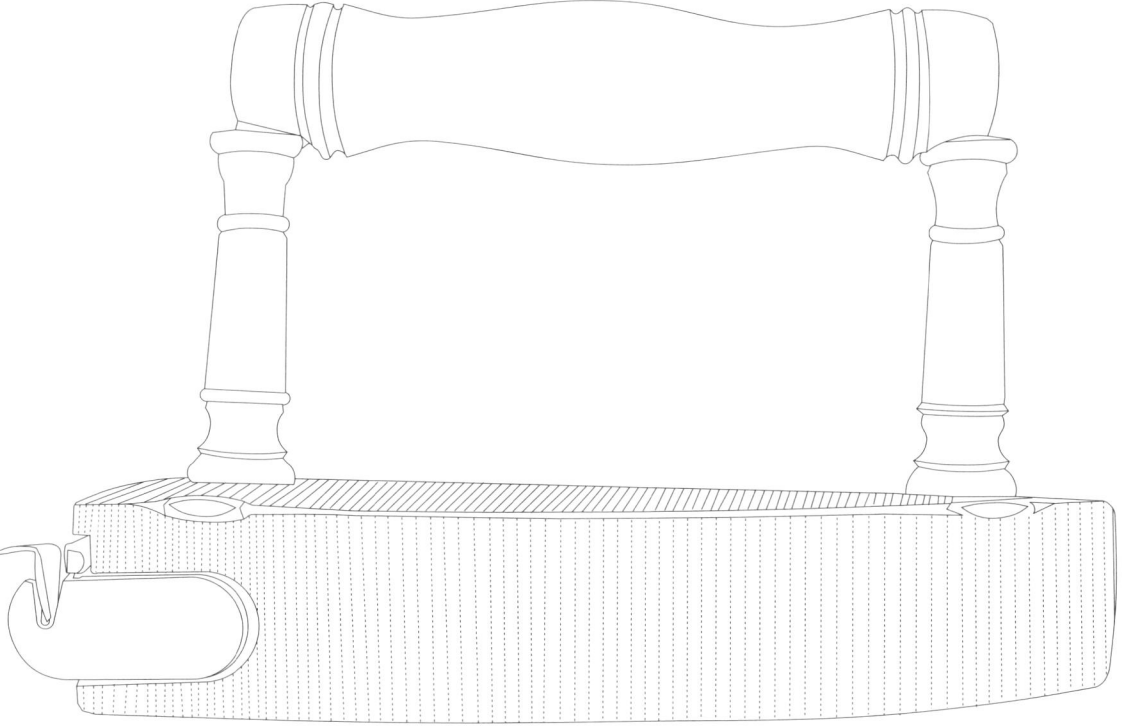

VIOLENKÖPFE ⌐ Holz, Darm,
Elfenbein. 18.Jahrhundert

CLAVICORD ⌐ in Buchform.
Holz, Leder, Gold. 18.Jahrhundert

Der sechzehnjährige Wolfgang Mozart war weit von dem verzagten Kleinmut entfernt, der ihn noch bei der Arbeit am *Mitridate* bedrückt hatte. Zwei seiner Werke waren am Mailänder Hof gefeiert worden. Wolfgang hatte die Rezitative für die neue Mailänder Oper bereits in Salzburg geschrieben, in Mailand fand er jedoch ein vollkommen verändertes Libretto vor. Der seiner Sache nicht sichere Texdichter Giovanni de Gamerra hatte es zur Begutachtung an den Großmeister Pietro Metastasio geschickt. Metastasio verbesserte den Text, fügte sogar eine ganze Szene im zweiten Akt ein. Wolfgang Mozart geriet nun in arge Zeitnot, da er die Rezitative teilweise ändern oder ganz neu schreiben mußte. Es blieben knappe sechs Wochen für die Komposition. Drei Wochen vor der Premiere waren von 23 Nummern noch immer erst ganze 9 komponiert. Der erste Tenor war plötzlich erkrankt, ein Ersatz noch nicht gefunden, die erste Sängerin nicht einmal in Mailand angekommen. In kürzester Zeit mußten die restlichen Arien komponiert, kopiert und einstudiert werden. Mozart stand unter höchstem Druck, er sah sich sogar außerstande, der Mutter einen Brief zu schreiben, da er Gefahr laufe *anstatt worte eine ganze Aria herzuschreiben.* Dafür berichtete der Vater ausführlich über die kleinen und großen Ereignisse nach Salzburg, allerdings mit einer *schlechten feder und dinte. die gute dinte hat der Wolfg.* Man ist erstaunt, den hoch beanspruchten Wolfgang Mozart auch noch an Gesellschaften teilnehmen und auf Akademien musizieren zu sehen. Leopold Mozart tat seinen Teil zur Arbeit an der Oper, die wieder einen Stoff aus der römischen Geschichte behandelte, und erläuterte dem Sohn den historischen Hintergrund, den Gegensatz zwischen Marius und Sulla, dem plebejischen Feldherren und dem aristokratischen Diktator. Der Librettist hatte den historischen Stoff sehr frei behandelt. Doch die Faszination um den grausamen Lucius Cornelius Sulla war geblieben. Der konventionelle Stoff war nicht bemerkenswerter als der anderer Barockopern – eine gewisse feierliche Düsternis der Handlung, unheim-liche Szenen an Gräbern aber mögen Wolfgang Amadeus Mozarts Einbildungskraft und ganzes musikdramatisches Können entzündet haben. So ist die Szene der Giunia und des Cecilio im 1. Akt durch-leuchtet von einem subjektiven Empfinden, daß man einem 16jährigen Komponisten kaum zutraut. Eindrucksvoll ist auch der Kontrast

Ich hoffe, du wirst dich gut befinden, meine liebe Schwester. Wen du diesen Brief erhältst, meine liebe Schwester, so geht denselbigen Abend meine liebe Schwester meine Oper in scena. denke an mich, meine liebe Schwester, und bilde dir ein meine liebe Schwester, kräftig ein. du siehst und hörst, meine liebe Schwester, sie auch, freilich ist es hart, weil es schon 11 Uhr ist. Sonst glaube ich, und zweifle gar nicht, daß es beim Tag lichter ist als zu Ostern. Meine liebe Schwester, morgen speisen wir bei H. v. Mayer, und warum glaubst du? Rathe, weil er uns eingeladen hat. die morgige Probe ist auf dem Theatro der Impresario aber, der Sig. Castiglioni hat mich ersucht, ich solle Nichts davon sagen, denn sonst laufen alle Leute hinein, und das wollen wir nicht. Also, ich bitte dich, mein Kind, sage Niemanden Etwas davon, mein Kind, den sonst liefen zu viele Leute hinein, mein Kind. A proposito, weißt du schon die Historie, die hier vorgegangen ist? Nun ich will sie dir erzählen. wir giengen heute von Gr. firmian weg um nach Haus zu gehen, und als wir in unsere Gasse kamen, so machten wir unsere Hausthüre auf und was meinst du wol, daß sich zugetragen? Wir gingen hinein. lebe wol, mein Lungel. Ich küsse dich, meine Leber, und bleibe wie allzeit mein Magen dein unwürdiger bruder Wolfgang frater bitte, bitte, meine liebe Schwester, mich beißts, kratze mich. WOLFGANG AMADEUS MOZART, MAILAND, 8.12.1772

W. A. Mozart, Mailand, 5.12.1772

W. A. Mozart, Mailand, 12.12.1772

zwischen der dunklen, tragischen Giunia und der leichten, gedankenlos-
tändelnden Celia. Meisterhafter und anspruchsvoller als noch im
Mitridate behandelte Mozart im *Lucio Silla* das Orchester. Der Komponist
ersetzte die herkömmlichen Recitativi secchi durch Recitativi accompa-
gnati und steigerte die notwendige Erläuterung der Handlung durch
Worte zu einer eigenständigen musikalischen Schilderung des Gesche-
hens. Mozart hielt sich an die Stilgesetze der Barockoper. Musikalisch
aber wuchs er über die Konvention hinaus.

Die Uraufführung war eine kleine Katastrophe. Die Primadonna Anna
de Amicis sang an diesem Abend schlecht, vermutlich aus Eifersucht über
den primo uomo, den Kastraten Rauzzini, der von dem Herrscher-
paar bevorzugt beklatscht wurde. Ein *Castratenstreich*, wie Leopold Mozart
vermutete. Rauzzini hatte behauptet, aus Angst nicht singen zu können,
so ihn die erzherzöglichen Herrschaften nicht ermutigten durch
heftiges Applaudieren. Ein Mißverständnis brachte die Primadonna
dann gänzlich aus der Fassung:

[…] die gebenedeyten theater-Personen lassen alles auf die letzten augenblicke ankommen. LEOPOLD MOZART AN SEINE FRAU, MAILAND, 12.12.1772

> *[…] ist zu wissen, daß der Tenor, den wir aus Noth nehmen müssen ein Kirchen*
> *Sänger aus Lodi ist der niemals auf einem so ansehnlichen theater agirt hat, der nur*
> *etwa zwey mahl in Lodi einen primo Tenore vorgestellt, endlich erst 8 täg vor der opera*
> *verschrieben worden. dieser, da die prima Donna in ihrer ersten Aria von ihm eine*
> *action des zorns erwarten muß, machte diese zornige action so übertrieben, daß*
> *es schiene als wollte er ihr Ohrfeigen geben, und ihr die Nase mit der faust wegstossen,*
> *bewog das Publicum zu lachen. die Siga: de amicis beobachtete nicht so gleich im*
> *Eyfer ihres Singens, warum das Publikum lachte, und sie war betroffen, und wuste*
> *anfangs nicht wer ausgelacht wurde und sang den ganzen Abend nicht gut […].*

Schlecht gestimmt waren außerdem die ermatteten Zuhörer, da das Herr-
scherpaar großzügige drei Stunden zu spät kam. Das Publikum wartete
stehend in dem stickigen Saal. Die Oper dauerte dann noch einmal sechs
Stunden, von um acht abends bis um zwei in der Nacht, nur unterbrochen
von den obligatorischen Zwischenballetten.

Die de Amicis wurde nach dieser ersten Aufführung für ihre vermeint-
liche Benachteiligung mit einer Privataudienz bei dem königlichen Paar
getröstet, und an den folgenden Abenden sang sie so gut, daß ihre Arien
unter Jubelstürmen wiederholt werden mußten. Und nun endlich wurde
die neue Oper *Lucio Silla* ein Erfolg. Sensationelle 26mal mußte sie aufgeführt werden, eine Oper von Giovanni Paisiello, die danach angesetzt
war, wurde gezwungenermaßen immer wieder verschoben.

Es war Wolfgang Amadeus Mozarts letzte Auftragsoper für Italien.
Der Komponist selbst muß das Werk geschätzt haben. Seiner Schülerin
Aloisia Weber gab er Jahre später Arien aus dem *Lucio Silla* zu singen,
und noch nach 10 Jahren sang Therese Teyber eine Arie aus der Oper

Der Erzherzog ward kurz vor bettleuten erst vom Mittagessen aufgestanden, und hatte dann noch 5 Briefe oder Neu- jahrswünsche mit eigener Hand an Se: May: den Kayser, Kayserin, zu schreiben, und NB er schreibt sehr langsam. LEOPOLD MOZART AN SEINE FRAU, MAILAND, 2.01.1773,

[…] die de Amicis ist unsere beste freundin, singt und agiert wie ein Engl, und ist in ihrer Vergnügtheit, weil der Wolfg: sie un- vergleichlich bedient hat. ihr wurdet mit ganz Salzb: erstaunen, solche zu Hören! LEOPOLD MOZART AN SEINE FRAU, MAILAND, 24.12.1773

L. Mozart, Mailand, 2.1.1773

bei einer Akademie Mozarts im Wiener Burgtheater. Seltsam, daß nach dieser besonderen, erfolgreichen Oper kein neuer Auftrag des Mailänder Hofes folgte.

Mit wenigen Ausnahmen beschäftigte Mozart sich nicht wieder mit der Opera seria. Den faunischen Mozart beschränkte das Starre und Vorgeschriebene der Opera seria, in der Opera buffa sollte sich sein ganzes lebendiges Können entfalten.

[…] Daß der Wolfg: der frl. Waberl die Menuet nicht gegeben, war ein fehler, den sie ihm verzeihen wird, wenn sie bedenkt, daß er ein flüchtiger Mensch ist, der leichthin etwas in die vergessenheit bringt […].
LEOPOLD MOZART AN SEINE FRAU, MAILAND, 12.12.1772

ÜBERSCHUH ⎯⎯⎯⎯⎯⎯⎯⎯⎯⎯⎯⎯⎯⎯⎯⎯⎯⎯ Leder, Holz,
Eisen. frühes 19.Jahrhundert

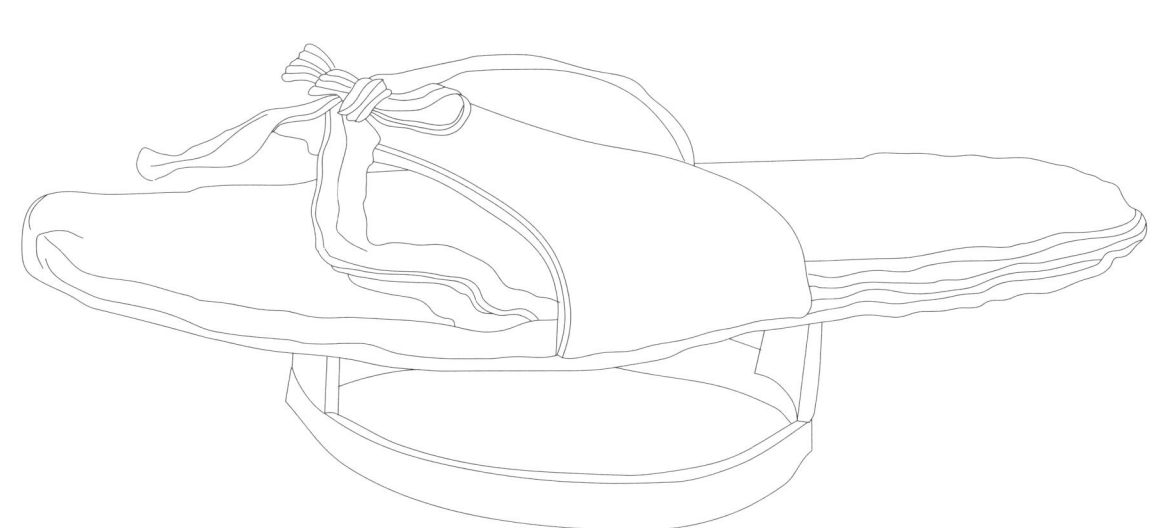

L. Mozart, Mailand Januar 1773

Umjubelt von den Sängern, Musikern, Opernbesuchern war die letzte der 26 Vorstellungen des *Lucio Silla* schon lange über die Bühne gegangen. Wolfgang hatte seinen 17. Geburtstag gefeiert und allmählich wurde es Frühling. Noch immer befanden sich die Mozarts in Mailand. Der Fürst-erzbischof in Salzburg drängte auf Rückkehr seines Vizekapellmeisters, der beantragte Urlaub war lange vorbei. Leopold Mozart fand einen Vorwand, zu bleiben – er wolle rare Noten für Salzburg beschaffen. Während Wolfgang *Capriolen macht und sich wohl und vergnügt* befand, wartete Leopold Mozart. Vom Mailänder Hof, der sich still und bedeckt hielt, ersehnte er längst kein Angebot mehr, eine letzte Hoffnung aber setzte er in den Florentiner Erzherzog. Eine Kopie des brillanten *Lucio Silla* hatte er nach Florenz gesandt, in der Hoffnung auf das wache Ohr des Erzherzogs. Doch die Zeit schritt voran, und aus Florenz kamen keinerlei Nachrichten.

L. Mozart, Mailand, 30.1.1773

Leopold Mozart beschloß, abzuwarten und erkrankte pünktlich; eine schwere Rheumatismuserkrankung fesselt ihn nun ans Bett. Mit einer bildstarken Phantasie beschrieb er der Frau in Salzburg die Einzelheiten der Knie und Schenkel lähmenden schauerlichen Schmerzen, wie es eigentlich gar nicht seine Art war, denkt man an den bösen Unfall auf dem Rückweg aus Neapel, den er uneitel verschwieg. Erhellend ist einem der nächsten Briefe ein verschämtes P. S. angefügt:

L. Mozart, Mailand, 1/1773

> *von florenz ist noch keine weitere antwort vom grosherzog gekommen. was ich von meiner krankheit geschrieben, ist alles nicht wahr ich ware einige Tage im bette. allein itzt befinde ich mich gesund und gehe heute in die opera. du must aber an allern orten sagen, das ich krank seye. du kanst dises blatel abschneiden, damit es niemand in die hannd fallt.*

Der Hinweis an die Frau, den kompromittierenden Nachsatz abzuschneiden, ist keine fixe Idee Leopolds Mozarts. In dieser Zeit noch rarer Nachrichten aus dem Ausland war es üblich, die Briefe herumzureichen, um Freunde und Bekannte teilhaben zu lassen an interessanten Neuigkeiten. In den folgenden Briefen fuhr Leopold fort, seine Krankheit farbenreich zu schildern. Nunmehr breitete sich der Rheumatismus sogar bis unter die Achseln aus, ja, Leopold war nicht einmal im Stande, *einige zeichen zierlich zu schreiben* und müsse es deshalb unterlassen, einen Brief an

Ich hoffe, meine Königin, du wirst den höchsten grad der gesundheit geniessen und doch dan und wan oder vielmehr zuweilen oder besser bisweilen oder noch besser qualche volta wie der welsche spricht, von deinen wichtigen und dringenden gedancken /: welche alzeit aus dem schönsten und sichersten vernunft herkomen, den du nebst deiner schönheit besitzest, ob-wohlen in so zarten Jahren und bey einem frauenzimmer fast nichts von obgesagten verlangt wird, du, O königin, auf solche art besitzest, das du die Manspersonen Ja so gar die greise beschämest :/ mir etliche darvon aufopfern. lebe wohl. / hier hast du was gescheides […]. WOLFGANG AMADEUS MOZART AN SEINE SCHWESTER, 14.8.1773

den Erzbischof zu verfassen – man möge Verständnis haben. Frau Mozart solle seiner Exzellenz ausrichten, daß sie selbstverständlich sofort reisen würden, wenn die Krankheit nur ein wenig nachließe. Die ganze Tragik dieses Mannes, der sich ohne Murren in die Dienste des gottgegebenen Genies seines Sohnes stellte, liegt in diesen letzten kleinen Ausflüchten.

Den vergnügten Wolfgang tangierten die Vorgänge scheinbar nicht, er genoß das weltstädtische Leben der großen Stadt. In der Wartezeit, die Leopold Mozart so sauer ankam, schrieb Wolfgang für den 21jährigen Kastraten Rauzzini, der zeitgenössischen Kritiken zufolge *wie ein Engel* sang, ein sprühendes Stück, die beglückend sonnenerfüllte lateinische Motette Exsultate Jubilate.

Nach Wochen des Wartens kam die Nachricht, daß das Schreiben durch ein Versehen der Post dem Florentiner Hof verspätet zugestellt wurde. Auch diese Bestrebungen Leopolds schienen unter keinem günstigen Stern zu stehen. Um dem Anliegen Leopold Mozarts Nachdruck zu verleihen, sandte nun der wohlwollende Graf Firmian ein engagiertes Schreiben nach Florenz.

Auch dies blieb vergeblich, der Großherzog schwieg. Leopold mußte sich nun auch das Scheitern des Florentinischen Planes und damit des italienischen Unternehmens eingestehen, ein weiteres Warten hatte keinen Sinn mehr.

Sie verliessen das noch vor wenigen Monaten verheißungsvolle Mailand am 4. März 1773, um in die engen, kleinlichen Verhältnisse, in das streng geregelte Salzburger Leben zurückzukehren. *Es kommt mir schwer, Italien zu verlassen*, schrieb Leopold Mozart an seine Frau. Der knappe atz umreißt die bittere Enttäuschung Leopold Mozarts, dessen ungeheurer Kraftakt der italienischen Reise im Nichts verläuft. Selbstmitleid konnte und wollte sich ein Leopold Mozart jedoch nicht leisten: *Gott wird was anderes mit uns vorhaben.*

Für Wolfgang Amadeus Mozart aber sollte Italien das Land seiner tiefsten musikalischen Sehnsucht bleiben. Jahre später schrieb er an seinen Vater:

> *Ich bitte sie machen sie ihr mögliches das wir [Wolfgang Amadeus Mozart und seine Frau –A.K.] nach italien kommen. sie wissen mein gröstes anliegen – opern zu schreiben.*

L. Mozart, Mailand, 27.2.1773

L. Mozart, Mannheim, 4.2.1778

W. A. Mozart, Mannheim, 4.2.1778

Wir haben eine weit bessere Wohnung, als wir sonst hatten, schöner, bequemmer, näher am theater und folglich etwa 50 schritte von der Mdme.d' Aste entfernt, die uns ein paar gute Kopfküssen geliehen, da die italiänischen sspeckschwarden uns zu hart sind […]. Heut ist die Jahrzeit unseres hochzeittages. Es wird, wie glaube, 25 Jahre seyn, daß wir den guten Gedancken hatten uns zu verheyrathen.
LEOPOLD MOZART AN SEINE FRAU, MAILAND, 21.11.1772

[…] ich habe dem grosherzog nach florenz die opera des Wolfgang geschicket. Wenn nun auch bey ihm keine hoffnung sein solte, so hoffe ich doch das er uns recommandieren wird. ist nun aber alles umsonst, so werden wir doch nicht zu grunde gehen, Gott wird helfen, ich habe schon meine gedanken gemacht […].
LEOPOLD MOZART AN SEINE FRAU, MAILAND, 23.1.1773

Zeittafel

14. November
Ernennung Wolfgang
Amadeus Mozarts zum
(unbesoldeten) Konzert-
meister der Salzburger
fürsterzbischöflichen
Hofmusik.

13. Dezember
Abreise mit dem Vater
nach Italien.

15. Dezember
Ankunft in Innsbruck.
Sie mieten sich im
Gasthof „Zum weißen
Kreuz" ein.
Eine Gedenktafel an
dem Haus in der heutigen
Herzog-Friedrich-
Strasse erinnert heute an
den Besuch der Mozarts.

17. Dezember
Mozart spielt
beim Grafen Leopold
Franz Künigl

19. Dezember
Abreise aus Innsbruck.
Sie fahren über Brixen
und Bozen nach Rovereto.

24. Dezember
Ankunft in Rovereto.
Eine Gedenktafel
erinnert heute an ein
Konzert Mozarts
im Hause des Bürger-
meisters.

27. Dezember
Ankunft in Verona.

5. Januar
Ein Konzert findet in der
Accademia filarmonica
di Verona statt.
Die Mozarts wohnen
im vornehmen Gasthof
„Delle due Torri".
heute „Due Torri Hotel
baglini", Piazza Sant'
Anastasia 4).

6. Januar
Mozart wird in Verona
von dem Maler Saverio
della Rosa porträtiert.

10. Januar
Weiterreise nach Mantua.

16. Januar
Konzert in der Philhar-
monischen Gesellschaft
in Mantua. Es folgen
ein paar weitere Konzerte
in privatem Rahmen.

19. Januar
Abreise von Mantua.
Am selben Tag findet
ein Konzert in Bozzolo
statt, über Cremona
weiter nach Mailand.

23. Januar
Ankunft in Mailand.

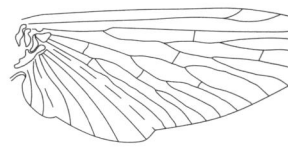

23. Februar
Ein öffentliches Konzert
findet statt sowie
ein privates Konzert
bei dem habsburgischen
Generalgouverneur der
Lombardei, Graf Firmian.

3

12. März
Soiree, zu der *150 Personen des ersten Adels* geladen werden.

15. März
Abreise aus Mailand nach Erhalt eines Opern-auftrages für die nächste Saison.
Aufenthalt in Lodi, wo Mozart sein erstes Streichquartett G-Dur, KV 80 komponiert.
Über Lodi, Piacenza, Parma Weiterreise nach Bologna.

24. März
Ankunft in Bologna, erste Begegnung mit dem Theoretiker und Musiker Padre Martini.

26. März
Konzert im Palast des Grafen Pallavicini.

29. März
Abreise aus Bologna.

30. März
Ankunft in Florenz.

4

2. April
Fünfstündiges Konzert am toskanischen Hofe in Florenz.

3./4. April
Zusammentreffen und Zusammenspiel mit dem gleichaltrigen englischen Violonisten Thomas Linley.
Es entwickelt sich eine Freundschaft.

6. April
Abreise von Florenz.
Über Siena, Orvieto, Viterbo nach Rom.

11. April
Ankunft in Rom.
Mozart kopiert aus dem Gedächtnis das *Miserere* von Allegri

5

8. Mai
Abreise aus Rom.
Über Terracina und Sessua nach Capua.

13. Mai
Vater und Sohn nehmen an den Feierlichkeiten der Einkleidung einer vornehmen Dame teil, die von reichen Musik-darbietungen begleitet wird.

14. Mai
Ankunft in Neapel.
Es finden kleinere Haus-konzerte bei Diplomatie und Adel statt.
Bekanntschaft mit dem Premierminister Tanucci.

28. Mai
Akademie in Hause des kaiserlichen Gesandten Graf Ernst Christoph Kaunitz-Riedberg.

6

13. Juni
Aufbruch zu einem Ausflug nach Pozzuoli und Bajae.

18./19. Juni
Ausflug an den Vesuv, nach Pompeji, Herculaneum, Caserta und Capodimonte.

25. Juni
Abreise aus Neapel mit der Eilpost (Sedia mit drei Pferden).

26. Juni
Ankunft in Rom, nach 27stündiger Reise und einem Wagenunfall, bei dem der Vater schwer verletzt wird.

28. Juni
Die Mozarts sehen ein römisches Volksfest (Peter und Paul) mit Illumination.

5. Juli
Mozart erhält die Insig-
nien des päpstlichen
Ordens vom goldenen
Sporn: das goldene Kreuz
am roten Band, Degen
und Sporen.

8. Juli
Vater und Sohn Mozart
werden vom Papst in
einer Privataudienz
empfangen.

10. Juli
Abreise von Rom.
Über Terni, Spoleto,
Foligno, Loreto, Ancona,
Senigaglia, Pesaro, Rimi-
ni, Forli, Faenza, Imola
nach Bologna.

20. Juli
Ankunft in Bologna.

27. Juli
Mozart erhält das
Textbuch zu der Oper
Mitridate, Rè di Ponto.

10. August bis 1. Oktober
Aufenthalt auf dem
Landgut fuori Porta
S. Vitale *Alla Croce del Biacco*
des Feldmarschalls
Pallavicini. (heute:
via Bassa dei Sassi 7).
Mozart beginnt mit der
Arbeit an der Opera seria
Mitridate, Rè di Ponto.

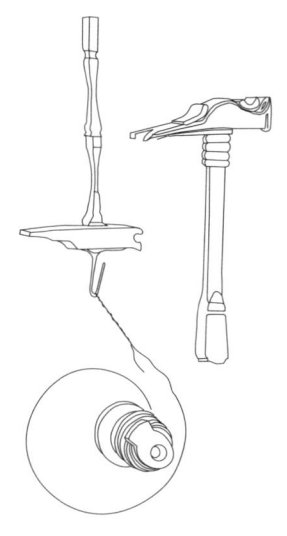

1. Oktober
Rückkehr vom Lande.
Täglicher Unterricht bei
Padre Martini, dem
bedeutendsten Kontra-
punktlehrer seiner Zeit.

10. Oktober
Mozart erhält nach
einer Klausurprüfung
feierlich das Diplom der
Accademia filarmonica
di Bologna.

12. Oktober
Padre Martini stellt ein
Zeugnis für Mozart aus.

13. Oktober
Abreise aus Bologna.

18. Oktober
Ankunft in Mailand.
Sie mieten eine Zwei-
zimmerwohnung in der
Nähe des Theaters.
Vater und Sohn teilen
sich ein mächtiges Bett.

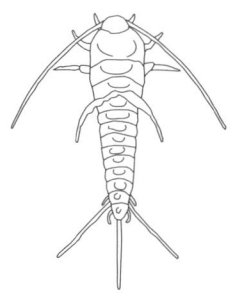

17. bis 19. November
Aufenthalt auf dem
Landgut des Sekretärs
des Grafen Karl Joseph
Firmian, Leopold Troger
in der Nähe von
Mailand (im heutigen
Crescenzago).

26. November
Konzert bei dem Grafen
Firmian.

Anfang Dezember
Erste Rezitativprobe.

8. Dezember
Zweite Rezitativprobe.

12. Dezember
Orchesterprobe mit
16 Instrumenten.

17. Dezember
Probe mit dem gesamten
Orchester im Mailänder
Redoutensaal.

19. Dezember
Probe im Theater.

24. Dezember
Hauptprobe im Theater.

26. Dezember
Uraufführung der Opera
seria *Mitridate, Re di Ponto*
(KV 74a) in Mailand.
Mozart dirigiert vom
Cembalo aus die ersten
drei Aufführungen.
Dauer: (mit drei Ballett-
einlagen) sechs Stunden.

1/1771

4. Januar
Kleine Akademie im
Hause des Grafen
Karl Joseph Firmian.

5. Januar
Mozart wird zum Ehren-
kapellmeister der
Accademia filarmonica
di Verona ernannt.

14. bis 30. Januar
Aufenthalt in Turin,
der damaligen Haupt-
stadt des Königreiches
Sardinien.

31. Januar
Rückkehr nach Mailand.

2

4. Februar
Abreise aus Mailand.
Über Brescia, Verona,
Vicenza, Padua nach
Venedig.

11. Februar
Ankunft in Venedig.
Die Mozarts wohnen bei
der Familie Ceseletti,
wenige Schritte
entfernt von San Marco,
in nächster Nähe zum
Teatro nobile San
Benedetto (später Teatro
Rossini), in der Casa
Ceseletti, Rio S. Fantino
al Ponte di Barcoli
(heute Ponte dei Barcaroli
Cuoridoro).

3

4. März
Das Mailänder Theater
stellt Mozart einen neuen
Vertrag für die Opern-
saison 1772/73 aus.
Die neue Oper wird
Lucio Silla heißen.

5. März
Mozart gibt ein Konzert
in Venedig.

12. März
Abreise aus Venedig auf
dem Wasserweg über
Padua und Vicenza nach
Verona. In Verona
viertägiger Aufenthalt.

13. März
Wolfgang erhält vom
Musikliebhaber Don
Giuseppe Ximenes
d'Aragona den Auftrag,
ein Oratorium (*Betulia
Liberata*) zu schreiben.

25. März
Innsbruck.

28. März
Nach 15,5 Monaten
Ankunft in Salzburg.

Frühsommer
Arbeit an dem
geistlichen Singspiel
La Betulia Liberata.

Bald erreicht Mozart
der in Aussicht gestellte
Auftrag aus Wien: eine
Festoper für die Vermäh-
lung des Gouverneurs
und Generalkapitäns der
Lombardei, Erzherzog
Ferdinand, mit der Prin-
zessin Maria Ricciarda
Beatrice von Modena.

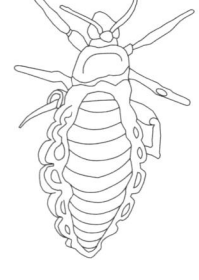

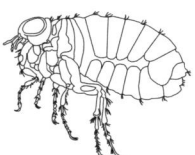

13. August
Beginn der zweiten
Italienreise der Mozarts.
Über Innsbruck,
Steinach, Brixen, Bozen,
Trient, Rovereto, Verona,
Brescia nach Mailand.

21. August
Ankunft in Mailand.

30. August
Das Textbuch für die
Oper *Ascanio in Alba*
trifft ein.

31. August
Besuch bei Johann Adolf
Hasse, einem der
berühmtesten in Italien
wirkenden Opern-
komponisten und seiner
Tochter Peppina.

13. September
Die Rezitative und Chöre
sind fertig.

21. September
Erste Instrumentalprobe

27. September
Vollständige Probe mit
Musik.

28. September
Erste Probe mit voller
Besetzung

4. Oktober
Probe im Theater

8. Oktober
Probe im Theater

11. Oktober
Probe im Theater

14. Oktober
Probe im Theater

17. Oktober
Uraufführung der Oper
Ascanio in Alba bei den
Hochzeitsfeierlichkeiten
des Erzherzogs
Ferdinand in Mailand.

29. Oktober
Feierliches Mittagessen
für mehr als 300 Gäste.

22. (23.?) November
Wolfgang Mozart gibt
eine Akademie.

24. November
Der Komponist
Joseph Myslivicek
besucht die Mozarts.

30. November
Der Erzherzog Ferdinand
gewährt den Mozarts eine
Audienz.

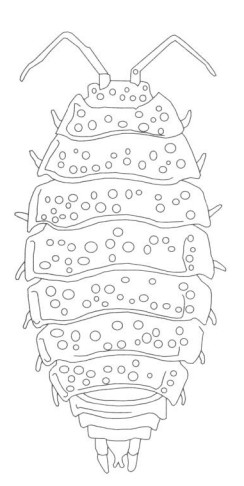

5. Dezember
Abreise aus Mailand.
Über Brescia, Verona,
Trient, Bozen nach
Brixen.

11. Dezember
Mozart musiziert in
Brixen beim Domherrn
Ignaz Joseph Graf Spaur.
Über Innsbruck nach
Salzburg.

15. Dezember
Ankunft in Salzburg.

16. Dezember
Fürsterzbischof
Sigismund Christoph
Graf von Schrattenbach
stirbt im 74. Lebensjahr
in Salzburg.

Erkrankung Mozarts.

Arbeit an der Oper
(Serenata drammatica)
Il sogno di Scipione.

Mozart komponiert
Sinfonien, Kirchen-
sonaten, Lieder.

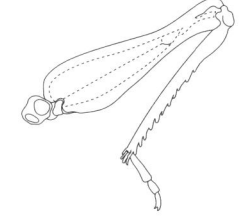

14. März
Amtsantritt des neuen
Fürsterzbischofs von
Salzburg, Hieronymus
Graf Colloredo, den
Mozarts schon aus Rom
bekannt.

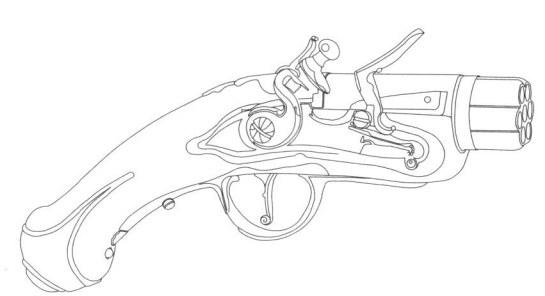

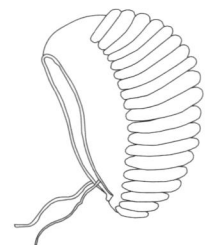

Mozart wird zum besoldeten Konzertmeister der Salzburger Hofkapelle ernannt.

24. Oktober
Vater und Sohn Mozart brechen zu ihrer dritten Italienreise auf.
Über Innsbruck, Brixen, Bozen, Trient nach Verona

26. Oktober
Ausflug nach Hall in Tirol.

28. Oktober
Ankunft im *Sauloch* Bozen.

31. Oktober
Mozart feiert in Ala seinen Namenstag.

4. November
Ankunft in Mailand.
Die Mozarts wohnen in einer *schönen, bequemen* Unterkunft, nahe beim Theater.

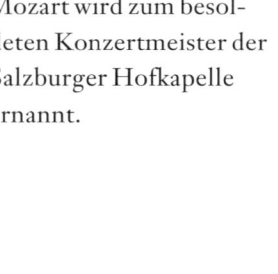

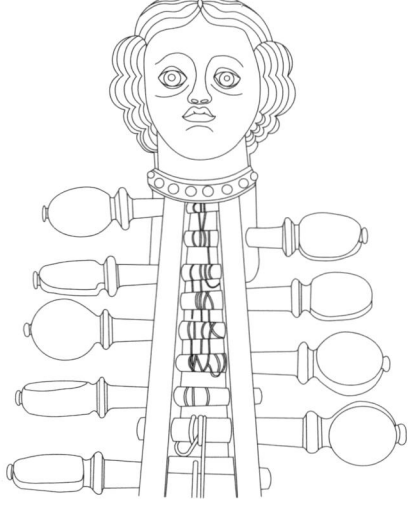

5. Dezember
Es ergeben sich Schwierigkeiten mit der Besetzung der Rolle des *Lucio Silla*. Der Tenor erkrankt und sagt ab. Ein Ersatz muß schnell gefunden werden. Mozart steht unter enormem Zeitdruck. Er hat, drei Wochen vor der Premiere, noch 15 Stücke zu komponieren.

17. Dezember
Der Ersatz für den erkrankten Tenor kommt endlich in Mailand an.

21. Dezember
Konzert bei Graf Firmian, es folgen zwei weitere.

24. Dezember
Generalprobe der Oper *Lucio Silla*.

26. Dezember
Uraufführung der Opera seria *Lucio Silla* im Teatro Regio Ducal. Die Oper wird ein großer Erfolg und in der Folge 26mal aufgeführt.

2

3

Leopold Mozart
verzögert die Rückkehr
nach Salzburg in der
Hoffnung, daß Wolfgang
doch noch eine Fest-
anstellung am Hofe
erhält.

Verhandlungen mit dem
Großherzog von Toskana
wegen einer Anstellung
scheitern.

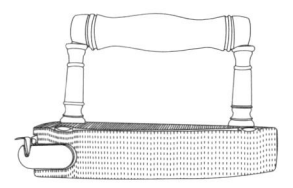

16. Januar
Lucio Silla wird zum
17. Mal aufgeführt.

17. Januar
In der Theatinerkirche
zu Mailand wird Mozarts
soeben für den Kastraten
Rauzzini komponierte
Motette *Exsultate jubilate*
zum ersten Mal
aufgeführt.

30. Januar
Wolfgang sieht sich die
zweite Oper der Saison,
Giovanni Paisiellos
Sismano nel Mogol an,
die verschoben werden
mußte aufgrund des
großen Erfolges von
Lucio Silla.

Die letzten Hoffnungen
auf eine Anstellung
am Hofe von Florenz
zerschlagen sich
ebenfalls.

27. Februar
Leopold Mozart kündigt
die Rückkehr nach
Salzburg an.

4. (?) März
Abreise aus Mailand.
Über Brescia, Verona,
Ala, Trient, Brixen,
Innsbruck nach
Salzburg.

6. März
Besuch bei Pietro Lugiati
in Verona.

13. März
Ankunft in Salzburg.

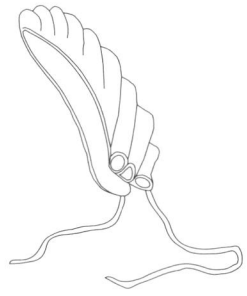

Werkverzeichnis Italien

Opern/Serenaden	KV 87	MITRIDATE, RE DI PONTO. Opera seria in 3 Akten. Text nach Racine von V. A. Cigna-Santi. Vollendet in Mailand, Mitte Dezember 1770, Uraufführung Mailand. 26. Dezember 1770)
	KV 111	ASCANIO IN ALBA. Serenata teatrale (Oper). Text von Giuseppe Parini. Mailand. Ende August bis 23. September 1771, Uraufführung Mailand 17. Oktober 1771
	KV 126	IL SOGNO DI SCIPIONE. Serenata drammatica (Oper). Text von Pietro Metastasio. Salzburg, März 1772. Uraufführung Salzburg Anfang Mai 1772
	KV 135	LUCIO SILLA. Dramma per musica (Oper) in drei Akten. Text von Giovanni de Gamerra und Pietro Metastasio. Begonnen in Salzburg im Oktober. vollendet in Mailand im Dezember 1772. Uraufführung Mailand. 26. Dezember 1772
	KV 185	SERENADE D-Dur. 7sätzig. Wien. Juli oder August 1773(?)
Oratorien	KV 118	LA BETULIA LIBERATA. Geistliches Oratorium. Text von Pietro Metastasio, komponiert auf der Heimreise von Italien und in Salzburg. vollendet im Sommer 1771
Arien	KV 78	PER PIETÀ, BELL' IDOL MIO. Arie für Sopran mit Orchester. Mailand. Februar oder März 1770
	KV 88	FRA CENTO AFFANI. Arie für Sopran mit Orchester. Mailand. Februar oder März 1770
	KV 79	O TEMERARIO ARBACE bzw. PER QUEL PATERNO AMPLESSO. Szene für Sopran. Rezitativ und Arie mit Orchester. Mailand. Februar oder März 1770
	KV 77	REZITATIV MIT ARIE MISERO ME bzw. MISERO PARGOLETTO. Rezitativ mit Arie für Sopran mit Orchester. Mailand Anfang März 1770
	KV 82	SE ARDIRE E SPERANZA. Arie für Sopran mit Orchester. Rom. 25. April 1770
Lieder	KV 149	DIE GROSSMÜTIGE GELASSENHEIT. Lied mit Klavier. Text von Johann Christian Günther. Salzburg 1772 (?). Auch Leopold Mozart zugeschrieben.
	KV 150	GEHEIME LIEBE. Lied mit Klavier. Text von Johann Christian Günther. Salzburg 1772 (?) Auch Leopold Mozart zugeschrieben.
	KV 151	DIE ZUFRIEDENHEIT IM NIEDRIGEN STANDE. Lied mit Klavier. Text von Johann Christian Günther. 1772 (?). Auch Leopold Mozart zugeschrieben.
	KV 147	WIE UNGLÜCKLICH BIN ICH NIT. Lied mit Klavier. Textdichter unbekannt. Salzburg 1772 (?)
	KV 148	O HEILIGES BAND. Lied mit Klavier. Text von Ludwig Friedrich Lenz. Salzburg 1772 (?)
Motetten, Litaneien, Messen, Geistl. Werke	KV 143	ERGO INTEREST bzw. QUAERE SUPERNA. Rezitativ und Arie für Sopran. kleines Orchester und Orgel. Mailand. Anfang 1770
	KV 89	KYRIE für 5 Soprane. In Kanonform. Rom, Mai 1770
	KV 85	MISERERE für Alt, Tenor und Baß mit Orgel. Bologna. Juli oder August 1770
	KV 44	ANTIPHON. INTROITUS „CIBAVIT EOS" für 4 Singstimmen mit Orgel. Bologna, 9. Oktober 1770 Prüfungsarbeit für die Akademie
	KV 86	ANTIPHON „QUAERITE REGNUM DEI" für 4 Singstimmen. Bologna. 9. Oktober 1770 Prüfungsarbeit für die Akademie

KV 198	REGINA COELI. für 4 Singstimmen mit Orchester und Orgel. Salzburg. Mai 1771
KV 109	LITANEI für 4 Singstimmen. einzelne Instrumente. Baß und Orgel. Salzburg. Mai 1771
KV 72	OFFERTORIUM FÜR DAS FEST JOHANNES DES TÄUFERS für 4 Singstimmen. 2 Violinen, Baß und Orgel. Salzburg. Mai 1771
KV 90	KYRIE für 4 Singstimmen und Orgel. Salzburg, Sommer 1771 (?)
KV 116	MISSA BREVIS. Messe für 4 Singstimmen, Streicher und Orgel. Salzburg 1771. Autorschaft bestritten
KV 125	LITANIAE DE VENERABILI ALTARIS SACRAMENTO. Litanei für 4 Singstimmen, Orchester und Orgel. Salzburg. März 1772
KV 127	REGINA COELI für 4 Singstimmen, Orchester und Orgel. Salzburg. Mai 1772
KV 165	EXSULTATE JUBILATE. Motette für Sopran mit Orchester. Mailand. Anfang 1773 Dort am 17. Januar in der Theatinerkirche uraufgeführt.
KV 115	MISSA BREVIS. Messe für vier Singstimmen und Orgel. Salzburg. Juni/Juli 1773
KV 223	OSANNA für 4 Singstimmen, Streicher und Orgel. Salzburg. Sommer 1773
KV 167	MESSE ZU EHREN DER HEILIGEN DREIEINIGKEIT für 4 Singstimmen, Orchester und Orgel. Salzburg. Juni 1773

Klavierwerke

KV 72	ALLEGRO für Klavier (fragmentarisch). Verona. 1769 (?)
KV 107	DREI KLAVIERKONZERTE nach Sonaten von Johann Christian Bach. 1771 (?)
KV 381	SONATE für Klavier vierhändig (D-Dur). 3sätzig. Salzburg. Anfang 1772

Orchesterwerke

KV 120	FINALE ZUR SINFONIA (Ouvertüre) des ASCANIO IN ALBA. Umwandlung des Opervorspiels in ein Konzertstück. Mailand. November 1771
KV 113	CONCERTO oder DIVERTIMENTO. Es-Dur. 4sätzig. Mailand. November 1771
KV 123	KONTERTANZ für kleines Orchester. Rom. Mitte März 1771
KV 81	SINFONIE D-Dur. 3sätzig. Rom, April 1770. (zeitweilig Leopold Mozart zugeschrieben)
KV 95	SINFONIE D-Dur. 4sätzig. Rom. April 1770
KV 97	SINFONIE D-Dur. 4sätzig. Rom. April 1770
KV 84	SINFONIE D-Dur. 3sätzig. Bologna. Juli 1770 vollendet
KV 74	SINFONIE G-Dur. 3sätzig. Mailand 1770
KV 75	SINFONIE F-Dur. 4sätzig. Salzburg. Frühsommer 1771
KV 110	SINFONIE G-Dur. 4sätzig. Salzburg. Juli 1771
KV 96	SINFONIE C-Dur. 4sätzig. Mailand. Ende Oktober oder Anfang November 1771
KV 112	SINFONIE F-Dur. 4sätzig. Mailand. 2. November 1771
KV 114	SINFONIE A-Dur. 4sätzig. Salzburg. 30. Dezember 1771
KV 124	SINFONIE G-Dur. 4sätzig. Salzburg. 21. Februar 1772
KV 128	SINFONIE C-Dur. 3sätzig. Salzburg. Mai 1772
KV 129	SINFONIE G-Dur. 3sätzig. Salzburg. Mai 1772
KV 130	SINFONIE F-Dur. 4sätzig. Salzburg. Mai 1772

KV 132	SINFONIE Es-Dur. 4sätzig (mit zwei verschiedenen zweiten Sätzen). Salzburg. Juli 1772
KV 133	SINFONIE D-Dur. 4sätzig. Salzburg. Juli 1772
KV 134	SINFONIE A-Dur. 4sätzig. Salzburg. August 1772
KV 184	SINFONIE (Ouvertüre) Es-Dur. 3sätzig. Salzburg. 30. März 1773
KV 199	SINFONIE G-Dur. 3sätzig. Salzburg. Mitte April 1773
KV 162	SINFONIE C-Dur. 3sätzig. Salzburg. Ende April 1773
KV 181	SINFONIE (Ouvertüre) D-Dur. 3sätzig. Salzburg. 19. Mai 1773
KV 182	SINFONIE B-Dur. 3sätzig. Salzburg. 3.Oktober 1773
KV 183	SINFONIE g-moll. 4sätzig. Salzburg. 5.Oktober 1773

Instrumentalstücke

KV 144	SONATE (Kirchen-Sonate) für 2 Violinen, Baß und Orgel. Salzburg. Anfang 1772 (?)
KV 145	SONATE (Kirche-Sonate) für 2 Violinen, Baß und Orgel. Salzburg. Anfang 1772 (?)
KV 136	DIVERTIMENTO D-Dur für 2 Violinen, Violen und Baß. 3sätzig. Salzburg. 1772
KV 137	DIVERTIMENTO B-Dur für 2 Violinen, Violen und Baß. 3sätzig. Salzburg. Anfang 1772
KV 138	DIVERTIMENTO F-Dur für 2 Violinen, Violen und Baß. 3sätzig. Salzburg. Anfang 1772
KV 131	DIVERTIMENTO D-Dur. 7sätzig. Salzburg. Juni 1772
KV 186	DIVERTIMENTO B-Dur für Orchester. 5sätzig. Mailand. Anfang März 1773 (?)
KV 166	DIVERTIMENTO Es-Dur für Orchester. 5sätzig. Mailand. Anfang März vielleicht begonnen, vollendet in Salzburg am 24. März 1773
KV 205	DIVERTIMENTO D-Dur für Orchester. 5sätzig. Salzburg. Juli 1773 (?)
KV 290	MARSCH für kleines Orchester. Salzburg. Juli 1773 oder Wien. Herbst 1773
KV 189	MARSCH für Orchester. Wien, Juli oder August 1773(?)
KV 174	QUINTETT B-Dur für 2 Violinen, 2 Violen, und Baß. 4sätzig. Salzburg
KV 80	QUARTETT G-Dur für Streicher. 4sätzig. Begonnen in Lodi am 15.3. 1770 Fertiggestellt (letzter Satz) drei oder vier Jahre später
KV 155	QUARTETT D-Dur (Divertimento) für Streicher. 3sätzig. Bozen, Ende Oktober 1772 (?)
KV 156	QUARTETT G-Dur für Streicher. 3sätzig (mit 2 Adagios). Mailand Ende 1772 (?)
KV 157	QUARTETT C-Dur für Streicher. 3sätzig. Mailand, Anfang 1773
KV 158	QUARTETT F-Dur (Divertimento) für Streicher. 3sätzig. Mailand. Anfang 1773
KV 159	QUARTETT B-Dur (Divertimento) für Streicher. 3sätzig. Mailand. Anfang 1773 (?)
KV 160	QUARTETT Es-Dur für Streicher. 3sätzig. Mailand. Anfang 1773 wahrscheinlich in Salzburg vollendet
KV 168	QUARTETT F-Dur für Streicher. 4sätzig. Wien. August 1773
KV 169	QUARTETT A-Dur für Streicher. 4sätzig. Wien. August 1773
KV 170	QUARTETT C-Dur für Streicher. 4sätzig. Wien. August 1773
KV 171	QUARTETT Es-Dur für Streicher. 4sätzig. Wien. August 1773
KV 172	QUARTETT B-Dur für Streicher. 4sätzig. Wien. September 1773
KV 173	QUARTETT d-moll für Streicher. 4sätzig. Wien. September 1773

KV 94	MENUETT (für Klavier?) Bologna oder Rom, März oder April 1770
KV 122	MENUETT für kleines Orchester. Bologna, Anfang August 1770 (?)
KV 164	MENUETTE mit Trio. Salzburg. Juni 1772
KV 176	16 MENUETTE (davon 4 ohne Trio) für Orchester. Salzburg, Dezember 1773

Denn jetzt heize ich nicht mehr, sitze bei offenem Fenster, die Mandelbäume blühen überall …

Felix Mendelssohn Bartholdy

Es ist mir, als hätte ich mich verändert, seit ich hier bin; und wenn ich früher meine Ungeduld und Eile, vorwärts zu kommen und immer schneller die Reise fortzusetzen, unterdrücken wollte, oder für eine Gewohnheit hielt, so sehe ich jetzt wohl, daß eigentlich nur der lebhafte Wunsch, diesen Hauptpunkt zu erreichen, daran Schuld war. – Nun habe ich ihn denn erreicht, und mir ist so ruhig und froh und ernsthaft zu Muthe geworden, wie ich's Euch gar nicht beschreiben kann .
FELIX MENDELSSOHN-BARTHOLDY AN SEINE FAMILIE, ROM, 8.11.1830

1 Du bist mein David

F. M. B., Weimar, 25.5.1830

Im stillen Haus am Frauenplan herrschte Leben. Abendlich fanden sich
Gäste im Hause des Herrn Geheimrates Goethe ein. Das war ungewöhnlich, denn hatte sich der 82jährige nicht zurückgezogen und sah nur
wenige Menschen, und das selten? Ottilie, die Schwiegertochter, staunte.
Gesellschaften fanden statt, munter ging es zu: die Gäste erlebten einen
mitteilenden und geistreichen Goethe wie lange nicht mehr, und nur wenn
ein junger Mann auf dem Klavier spielte, verstummte der Alte. *Ganz stupend*
murmelte er dann höchstens, und verteilte Komplimente.

Der Empfänger der Schmeicheleien war Felix Mendelssohn Bartholdy.
Der junge Mann war auf dem Weg nach Italien. Was lag näher, als bei dem
alten Bekannten und Italienkenner Goethe Station zu machen und sich
den Reisesegen zu holen?

J. W. v. Goethe

Darüber freute sich der Alte wie toll, denn seit er 1821 den damals noch
kleinen Pianisten zum erstenmal spielen hörte und keinen anderen
Vergleich als den zu Mozart wußte, empfand er eine innige Freundschaft
für den *trefflichen Felix*.

Aus zwei knappen Tagen, die Mendelssohn in Weimar verbringen wollte,
wurden zwei Wochen. Wie konnte er der ehrenden und listenreichen
Werbung des Uralten widerstehen, dem einmal ein von Felix zu malendes
Porträt als Vorwand dient, und der ein andermal wieder vorgibt, sich
an das von Felix erbetene *Du* nur wieder gewöhnen zu können, wenn Felix

F. M. B., München, 6.6.1830

noch bliebe. *Und wie der alte Herr die Leute niemals zum Bleiben und nur desto
öfter zum Gehen nötigte,* fühlte sich Felix Mendelssohn geschmeichelt und
verweilte gern am Frauenplan.

Für sein Bleiben wurde der junge Komponist reich belohnt, er fand
Goethe so heiter und liebenswürdig wie noch nie. *Wundersüß* klangen
dem Lauschenden die freundlichen Worte des Dichters, mit anregenden
Gesprächen flogen die Tage nur so dahin. Mendelssohn wurde nicht
müde, Goethe zuzuhören, wie er Kupferstiche erklärte, über *Hernani*
oder die Elegien Lamartines sprach, über Theater oder hübsche Mädchen.
Sicher kreisten die Gespräche auch um Italien und Mendelssohns nahe
Reise dahin. Wieder einmal war der junge Mann tief beeindruckt von
der Fülle an Wissen, die Goethe so leichthändig verschenkte. Hellsichtig
schrieb er an die Eltern, daß die Nachwelt wohl nicht von einer Person

*Du bist mein David. Spiele mir vor, wenn
ich traurig bin. Ich will auch nicht den
Speer nach dir werfen.*
JOHANN WOLFGANG VON GOETHE AN FELIX
MENDELSSOHN-BARTHOLDY

*Ich kann die Zeit nicht erwarten, daß der
Junge aus dem vertrackten Berlin'schen
Klimperwesen und nach Italien kommt,
wohin er nach meinem Dafürhalten gleich
zuerst hätte kommen sollen. - Dort haben
die Steine Ohren, hier essen sie Linsen mit
Schweinsohren.* KARL FRIEDRICH ZELTER AN
JOHANN WOLFGANG VON GOETHE, 10.5.1830

Goethe, sondern von *vielen kleinen Goethiden* sprechen werden müsse. Nicht weniger verblüffte den Gast die durstige Wißbegier des alten Mannes. Der schon weitgereiste Mendelssohn mußte über England berichten, wurde über Spontini und Hegels Ästhetik-Vorlesungen ausgefragt. Immer wieder mußte der Musiker dem greisen Dichter vorspielen, er tat es gern. Goethe, der einst sagte, *gegen das Auge betrachtet ist das Ohr ein stummer Sinn*, schätzte Musik zwar eher im historischen Zusammenhang. Vom Spiel des jungen Mendelssohn aber war er gefesselt. Felix spielte ihm die großen Komponisten nach der Zeitfolge vor und erläuterte sie dem aufmerksam lauschenden Goethe.

Dazu sitzt er in einer dunklen Ecke, wie ein Jupiter tonans, und blitzt mit den alten Augen.

Beharrlich versuchte Felix bei diesem Anlass den Dichter vom Werk Beethovens, den jener gar nicht mochte, zu überzeugen. *Das bewegt aber gar nichts* knurrte der Alte erst, und: *das macht nur staunen*. Das hinreißende Spiel des jungen Musikers rang ihm schließlich doch Bewunderung für den ungeliebten Beethoven ab: *Das ist sehr groß, ganz toll, man möchte sich fürchten, das Haus fiele ein*. Hochzufrieden berichtete Felix darüber nach Hause.

Die Tage vergingen schnell und schneller, die *liebe Gegenwart* Mendelssohns war so anregend für den alten Goethe, daß er ihn schließlich nicht gern ziehen ließ. Die *innere Wohlgeratenheit* war es, die Goethe neben der Musikalität an seinem Gast schätzte. Mit unbändigem Stolz erfüllte den brennenden Goethe-Verehrer Mendelssohn die hohe Wertschätzung von seiten des Meisters: *ich sei über meine Sache so klar, [...] da müsse er ja vieles von mir lernen*.

Bei klarem Himmel und bestem Reisewetter nahm Felix Mendelssohn am Morgen des 3. Juni 1830 Abschied von Weimar und der *kaiserlichen Gnadensonne meines Lebens*. Er hatte Goethe ein letztes Mal gesehen. Der Dichter verabschiedete den Scheidenden mit einem Kuß und einem kostbaren Geschenk – einem Bogen seines *Faust*-Manuskriptes mit der Widmung:

Dem lieben jungen Freunde Felix Mendelssohn Bartholdy, kräftig-zarten Beherrscher des Pianos, zur freundlichen Erinnerung froher Maitage 1830, J. W. von Goethe.

F.M.B., 21.5.1830

F.M.B., 25.5.1830

J. W. v. Goethe

F.M.B., 25.5.1830

J. W. v. Goethe

Mir war seine Gegenwart besonders wohltätig [...]. Von der Bachischen Epoche heran hat er mir wieder Haydn, Mozart und Gluck zum Leben gebracht, von den neuen großen Technickern hinreichende Begriffe gegeben, und endlich mich seine eigenen Produktionen fühlen und über sie nachdenken machen. Er ist daher mit meinen besten Segnungen geschieden.
JOHANN WOLFGANG VON GOETHE AN KARL FRIEDRICH ZELTER, WEIMAR, 30.6.1830

Soeben, früh halb 10 Uhr, fährt, [...] im schönsten Sonnenschein der treffliche Felix [...] nachdem er vierzehn Tage bei uns vergnüglich zugebracht und alles mit seiner vollendeten liebenswürdigen Kunst erbaut, nach Jena, um auch dort die wohlwollenden Freunde zu ergötzen.
JOHANN WOLFGANG VON GOETHE, WEIMAR, 6/1830

REISEFALTTASCHE ⌐ Rindleder mit Raupenprägung. 19. Jahrhundert

Gemächlich war die Reise gen Italien, die über München, Salzburg und
Wien führte. Felix Mendelssohn Bartholdy ließ sich Zeit. Verzögerte
er gar seine Ankunft, um dann umso mehr das erträumte Italien genießen
zu können?

Doch als er endlich das Land betrat, machte sich Enttäuschung breit:
die Apeninnen empfand er als nicht wirklich schön, das erwartete
malerische Waldgebirge erwies sich in der Realität als *lauter lange fortlaufende
Hügel, traurig weiß und kahl [...]*. Überhaupt wollte ihm die *traurige Monotonie
der ganzen Landschaft* hinter Resciutta so gar nicht zu Italien passen. Der
erste Eindruck war von einem *Schmutz, den keine Feder beschreiben kann*, getrübt,
und erst recht von den spitzbübischen Einwohnern, die keine Gelegenheit ausließen, den Fremden zu betrügen. Die Verstimmung hielt jedoch
nicht lange an, die herrliche Landschaft um Udine stimmte den Reisenden
schon bald versöhnlich:

> Ich hatte mir den ganzen ersten Eindruck von Italien wie einen Knalleffekt, schlagend,
> hinreißend, gedacht; – so ist es mir bis jetzt nicht erschienen, aber von einer Wärme,
> Milde und Heiterkeit, von einem über Alles sich ausbreitenden Behagen und Frohsinn,
> daß es unbeschreiblich ist.

Die frohe Stimmung hielt auch an, als Venedig dem Ankommenden eine
erste bedrückend düstere Impression vermittelte. Mendelssohns Eindruck
von der Stadt, die Richard Wagner einen *tönenden Nachttraum* nannte,
war zwiespältig. Er empfand zutiefst das Morbide der verfallenden Stadt,
wie ein *Leichenstein* schienen ihm die

> faulen, ungesunden, sumpfigen Häuserhaufen [...] wo mich die verfallenden, modern-
> den Paläste und die fortdauernde Erinnerung an ehemalige Herrlichkeit
> bald verstimmt und traurig gemacht haben.

Doch das prunkende, das an Schätzen reiche Venedig vertrieb die trüben
Gedanken. Felix Mendelssohn mischte sich nicht nur unter das Gedränge
und Gewimmel des Markusplatzes und besuchte die öffentlichen
Gärten, *wo das Volk im Gras liegt und frißt [...]*. Den Gemäldesammlungen
der Stadt galt sein Hauptaugenmerk. *Und alles das mußte gerade heut sein,
weil wieder viel Neues und Anderes nur morgen zu sehen ist*. An ein paar *Hauptwerken*,
Gemälden von Giorgione, Pordenone und vor allem Tizian, konnte er
sich nicht sattsehen. Täglich ein paar Stunden verbrachte er in Betrachtung

F. M. B., Venedig, 10. 10. 1830

F. M. B., Rom, 8. 11. 1830

F. M. B., Venedig, 10. 10. 1830

*Das Land sieht so feierlich aus, als sei man
ein Fürst, und hielte seinen Einzug.*
Felix Mendelssohn Bartholdy an seine
Familie, Venedig, 10. 10. 1830

*Ich werde aber konfus, wenn es so fortgeht
wie diesen ersten Tag; denn des Unver-
geßlichen hat sich mir in jeder Stunde
so viel gezeigt, daß ich nicht weiß, wo ich
die Sinne hernehmen soll, um es recht zu
begreifen.* Felix Mendelssohn Bartholdy
an seine Familie, Venedig, 10. 10. 1830

*Soll ich aber ein Wort von den Tizians
sagen, so muß ich ernsthaft werden.
Bisher habe ich nicht gedacht, daß er ein
so glücklicher Künstler gewesen sei, wie
ich heut gesehen habe. Daß er das Leben
mit seiner Schönheit, und seinem
Reichtum genossen habe, zeigt das Bild
in Paris, und das habe ich gewußt; aber
er kennt auch den allertiefsten Schmerz,
und weiß wie es im Himmel ist; das
zeigt seine göttliche Grablegung, und die
Himmelfahrt [...]. Ich glaube nicht,
das mich noch vieles in Italien so ergreifen
wird.* Felix Mendelssohn Bartholdy an
seine Familie, Venedig, 10. 10. 1830

der herrlichen Malerei. Dem Reisenden war *recht oft dabei nach Musik zu Muthe.* So arbeitete er während des kurzen Aufenthaltes mit all seinen Besichtigungen und Erlebnissen dennoch fleißig. Mendelssohn vollendete die erste Fassung der Hebridenouvertüre, skizzierte Choralmotetten und -kantaten zu Texten von Luther, die er später in Rom ausführte. Angeregt von den lautlos schaukelnden venezianischen Booten entstand sechs Tage nach seiner Ankunft in der Lagunenstadt ein *Venetianisches Gondellied* für Klavier. Die Stadt mit ihrer schwebenden jenseitigen Atmosphäre und ihren Gondolieri, die so eigenartig langgezogene und melancholische Rufe erschallen lassen, muß Mendelssohn nachhaltig beeindruckt haben. In späteren Werken besann er sich noch mehrfach Venedigs.

Eine innere Unruhe trieb ihn jedoch bald weiter. Weder Bologna noch Florenz vermochten eine unbändige Neugier und Sehnsucht nach Rom zu mässigen. Allein die Ewige Stadt war sein Ziel.

An der Strecke von Florenz nach Rom, der letzten Etappe, fand der ungeduldige Felix Mendelssohn wenig Anziehendes. Welche Belohnung für die reizlose Fahrt aber war ihm die Ankunft in Rom! Die Ewige Stadt empfing ihn friedvoll-feierlich in einer unwirklichen Morgenstimmung. *Wie ein Traum* kam es dem Reisenden vor, als er am 1. November bei tiefblauem Himmel, über den Ponte Molle in Rom eintraf. Daß seine Ankunft auf denselben Tag fiel, an dem vor genau 44 Jahren auch Goethe Rom erreichte, machte dem Ankömmling große Freude.

Der Fuhrmann zeigte auf eine Stelle zwischen den Hügeln, wo blauer Nebel lag, und sagte: „Ecco Firenze!" Ich guckte geschwind hin und sah den runden Dom im Duft vor mir und das breite, weite Tal, in dem die Stadt sich lagert. Mir wurde wieder reisemäßig zumute, als nun auch Florenz erschien. Ich sah mir ein paar Weidenbäume am Wege an, und der Fuhrmann sagte: „Buon olio!", worauf ich freilich bemerken mußte, daß sie voll Oliven hingen. Überhaupt ist der Fuhrmann ein ausgebalgter Spitzbube, Dieb, Betrüger, hat mich geprellt und mich verhungern lassen; aber er ist fast liebenswürdig in seiner göttlichen Tierheit. Eine Stunde vor Florenz sagte er, nun ginge das schöne Land los. Und wahr ist es; das schöne Land Italien fängt eigentlich erst da an. Da gibt es Landhäuser auf allen Höhen, verzierte alte Mauern, über den Mauern Rosen und Aloe, über den Blumen Weintrauben, über den Ranken Ölblätter oder Zypressenspitzen oder die Piniendächer, und das alles scharf auf dem Himmel abgeschnitten. Dazu hübsche eckige Gesichter, leben auf den Straßen überall, und in der Ferne im Tal die blaue Stadt. So fuhr ich denn in meinem offenen Wägelchen getrost hinunter, nach Florenz hinein.

Felix Mendelssohn Bartholdy an seine Familie, Florenz, 23. 10. 1830

F. M. B., Rom, 2.11.1830

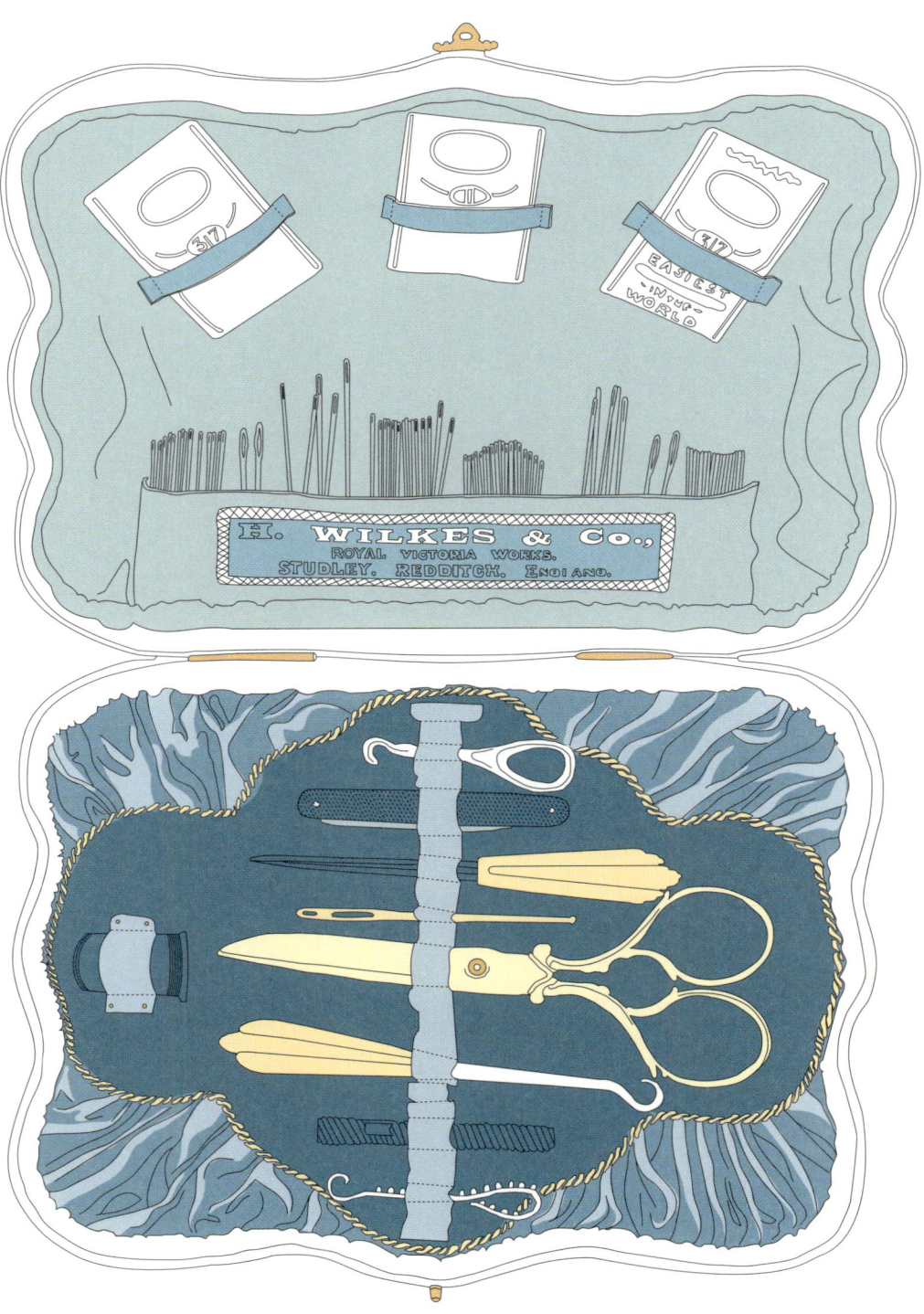

REISENECESSAIRE ⌐Leder, Metall, Seide. 19. Jahrhundert

3 l' insuperabile professorone

Felix Mendelssohn mietete sich privat ein, er *residierte* in der ersten Etage eines kleinen zweifenstrigen Hauses am Spanischen Platz Nr. 5. Über ihm wohnte ein Königlich-Preußischer Hauptmann, mit dem er *politisierte*. Das musikalische Hausmädchen sang unentwegt mit einer schönen Stimme, die frühlingsstarke Novembersonne schien verschwenderisch durch die Fenster. Auf dem Schreibtisch lagen schon Partituren von Palestrina und Allegri bereit, deren Porträts und ein lateinisches Psalmbuch war vorhanden – *kurz, das Lokal ist gut.*

Den kaum Angekommenen erwartete bereits ungeduldig ein sechzigjähriger Geistlicher. Abbate Fortunato Santini – gelehrter Theoretiker, enthusiastischer Sammler altitalienischer Notenschriften und leidenschaftlicher Förderer deutscher Barockmusik. Er war neugierig auf den deutschen Gast, der unlängst in Leipzig die Matthäuspassion so glanzvoll wiederaufgeführt hatte. Mendelssohn wurde sogleich um eine Abschrift der Bachschen Passion gebeten. Der Abbate war die Liebenswürdigkeit selbst gegen den jungen Mann, dem er seine berühmte und kostbare Bibliothek sogleich zur freien Verfügung stellte. Dies kam Mendelssohn gelegen, war er doch von der Herzogin von Dessau beauftragt, Abschriften altitalienischer Musik zu besorgen. Im Gegenzug verschaffte er dem Geistlichen die schwer zugänglichen Partituren von Werken Bachs, Händels und anderer Komponisten und half Santini damit ein wenig bei seinen Bemühungen, protestantische Kirchenmusik in Italien populär zu machen. Mendelssohn vermittelte auch eine briefliche Bekanntschaft zwischen seinem Lehrer Zelter und dem Abbate, die wohl Früchte getragen haben muß: in späteren Jahren wies die Santinische Bibliothek einen reichen Bestand an Händelscher und Bachscher Literatur auf.

Eine Freundschaft, die in echter beiderseitiger Bewunderung wurzelte – wenn diese auch verschieden gelagert war – verband die Musiker schnell. Santini nannte Felix voller Bewunderung ein *Monstrum sine vitio*, einen *Koloß ohne Mangel*, für Felix Mendelssohn war der liebenswürdige alte Herr *eine kostbare Bekanntschaft*. Die Anhänglichkeit Santinis an den 21jährigen Felix Mendelssohn entbehrt nicht einer rührenden und sogar komischen Note. So, wenn Felix dem Abbate auf dem Heimweg zur *Duenna* dienen mußte, um den alten Herrn nicht in üble Nachrede zu bringen.

F. M. B., Rom, 8. 11. 1830

F. M. B., Rom, 8. 11. 1830

Das ist Italien! Und was ich mir als höchste Lebensfreude gedacht habe, seit ich denken kann, das ist nun angefangen, und ich genieße es. Der heutige Tag war zu reich, als daß ich mich nicht jetzt des Abends ein wenig sammeln müßte, und da schreibe ich denn an Euch, die Ihr mir dies ganze Glück schenkt […].

Felix Mendelssohn Bartholdy an seine Familie, Venedig, 10. 10. 1830

Er ist eigentlich ein beschränkter Mensch, und das halte ich in gewissem Sinne für ein großes Lob; denn wie er kein musikalisches, oder sonstiges Lumen ist […]. so weiß er sich genau auf seine Sphäre zu beschränken. Die Musik interessiert ihn eigentlich nicht viel, wenn sie nur in seinem Schranke steht; und er ist, und hält sich für nichts, als einen ruhigen, fleißigen Arbeiter. Daß er langweilig ist, und auch zuweilen nicht ohne Schärfe, muß man freilich zugeben; hat und verfolgt aber ein Mensch eine bestimmte Richtung und bildet er sie nach Kräften aus, um damit den andern Menschen zu nützen, und die Sache weiter zu bringen, so habe ich ihn lieb, und glaube, daß ihn ein jeder achten soll, einerlei, ob er langweilig oder angenehm sei.

Felix Mendelssohn Bartholdy an seine Familie, Rom, 10. 12. 1830

163

F. M. B., Rom, 8. 11. 1830

F. M. B., Rom, 22. 11. 1830

Marx an F. Hensel, München, 21. 7. 1830

Robert Schumann

Wenn ich Abends in Gesellschaft ein Stück lobe, oder nicht kenne, so klopft er den andern Morgen sehr leise an, und bringt mir das Stück in sein blaues Schnupftüchelchen gewickelt; dafür begleite ich ihn dann Abends nach Hause, und wir haben uns sehr lieb.

In Rom war Felix Mendelssohn kein Unbekannter. Der Ruf seiner musikalischen Schöpfungen war ihm vorausgeeilt, und einem Sohn der Familie Mendelssohn öffneten sich alle Türen. Hatte doch die Familie Umgang mit den größten deutschen Geistern der Zeit wie Hegel, Heinrich Heine, Johann Gustav Droysen, Ludwig Tieck, Alexander von Humboldt und E. T. A. Hoffmann, trug selbst einen berühmten Namen und war überdies als Bankhaus, das nach den Napoleonischen Kriegen die Reparationszahlungen abwickelte, sehr vermögend. Das Virtuosentum und der Charme des jungen Felix Mendelssohn führten ihn dann mit größter Leichtigkeit zu näheren Bekanntschaften – wo ihm daran gelegen war.

Ich weiß das ganz genau, wie ich mich anfänglich in einer fremden Stadt bei den Leute d u r c h s p i e l e n muß.

Der elegante und gut aussehende junge Mann war durchaus nicht auf Konzerteinnahmen angewiesen. Pekuniär unabhängig, konnte er der Gesellschaft anders als ein Leopold oder Wolfgang Mozart entgegentreten, die sich mühsam und rechnend durch Italien betteln mußten. Die Faszination, die Felix Mendelssohn auf seine Mitmenschen ausübte, und die ihn auch in Rom bald zu einem begehrten Gast machte, beruhte aber auf den unendlichen Facetten seiner glänzenden geistigen Überlegenheit. Bei einer großen Charakterstärke wirkte die breit gefächerte Bildung und Interessenvielfalt besonders anziehend, dabei erlag der umschwärmte junge Mann jedoch nicht der Gefahr der Selbstüberschätzung oder Trägheit. Es gelang ihm in wohl vorgezeichneten Bahnen alles wie von selbst. Das Talent eines spielerischen, leichten gesellschaftlichen Umgangs und eine persönliche Faszination waren dem 21jährigen eigen, wie ein Freund Mendelssohns der Schwester Fanny bestätigte.

Allen Ernstes können Sie sich keine Vorstellung von Felixens Stellung hier machen; […] Die Anerkennung seiner Musik – nun, das haben wir vorausgewußt. Jetzt – er könnte die allerschlechteste Musik aufführen, und alles würde entzückt sein. Doch das muß man beobachten, wie er überall Kind im Hause, wie er recht eigentlich der Mittelpunkt jedes Kreises ist.

Frei von allen Schwächen der Eitelkeit, wie sein Freund und Verehrer Schumann schrieb, bewegte sich Felix Mendelssohn nur umso sicherer und freier in den intellektuellen Kreisen. Begeisterungsfähig, *jeden Tag wie neugeboren* war Mendelssohn mehr als ein gerne gesehener Gast der römischen vornehmen Gesellschaft – man riß sich um den jungen Mann, fast mehr als ihm lieb war. Sein Spiegel steckte voll französischer, englischer,

Aber bitte, schickt mir viel Empfehlungsbriefe; ich möchte gern ungeheuer viel Menschen kennen lernen, namentlich Italiener. FELIX MENDELSSOHN BARTHOLDY AN SEINE FAMILIE, 8. 11. 1830

Denn jetzt heize ich nicht mehr, sitze bei offenem Fenster, die Mandelbäume blühen überall, die Sträuche schlagen aus, und man muß schon Schatten suchen. Für Februar ist das schon ganz erträglich! FELIX MENDELSSOHN BARTHOLDY AN DEN KLARINETTISTEN HEINRICH BÄRMANN, ROM, 14. 2. 1831

Er lachte oft und herzlich und hatte einen sehr entwickelten Sinn für alles Komische; wenn ihn etwas besonders belustigte, konnte er sich förmlich vor Lachen krümmen und schüttelte dann seine Hand im Gelenk in einer eigentümlichen Weise, um seiner Lustigkeit Nachdruck zu geben. Bei lebhafter Zustimmung nickte er heftig mit dem Kopf, so daß ihm das Haar ins Gesicht fiel. Überhaupt war sein Körper fast ebenso ausdrucksvoll wie sein Gesicht. Die Hände waren klein, mit spitzen Fingern. Auf den Tasten erschienen sie fast wie selbständige und intelligente Wesen, voll Leben und Gefühl. SEBASTIAN HENSEL / J. HORSLEY. DIE FAMILIE MENDELSSOHN

F. M. B., Rom, 30.11.1830

F. M. B., Rom, 8.2.1831

F. M. B., Rom, 8.2.1831

F. M. B., Rom, 15. 03. 1831

F. M. B., Rom, 15. 03. 1831

deutscher und italienischer Visitenkarten, *alle Abend bin ich bei Bekannten; es ist eine babylonische Sprachverwirrung in meinem Kopf.*

Der junge Musiker kam in einer bewegten Zeit nach Rom. Kurz nach seiner Ankunft starb Papst Pius VIII. So hatte der Komponist Gelegenheit, am 8. Februar 1831 nach einem ungewöhnlich langen Konklave die feierliche Wahl und Krönung des neuen Papstes Gregor XVI. zu erleben. Heiter stimmte Mendelssohn das Zusammentreffen seines Geburtstages mit der Papstwahl, er nahm die Feierlichkeiten kurzerhand als eine *Huldigung, ein Schauspiel mir zu Ehren.*

Der Tod des Papstes Pius VIII. hatte politische Unruhen ausgelöst. Der Karneval, der stets zu dieser Zeit stattfand, wurde ebenso wie sämtliche musikalische Aufführungen durch ein päpstliches Edikt untersagt. Felix Mendelssohn erlebte ein umso wilder losbrechendes Volksfest *mit Werfen und geworfen werden, unter tausend Neckereien, inmitten der tollsten Masken,* als nach der Papstwahl das Edikt aufgehoben wurde.

Der junge Mann, ein guter Tänzer, ließ in diesem Winter keinen Ball aus. Er vergnügte sich auf dem Fest des französischen Gesandten, besuchte den Empfang des spanischen Botschafters. Mendelssohn genoß die vielfachen Geselligkeiten, die ihm, anders als seinem französischen Kollegen Berlioz, knurrendem Verächter solcher Tändeleien, eine reiche Anregung und interessante Bekanntschaften bedeuteten.

Diese göttlichen Feste, die an Pracht, und Glanz, und Lebendigkeit alles übertreffen, was sich die Einbildungskraft hervorbringt […] es ist ein unglaubliches Land.

Der junge Deutsche lernte die ganze intellektuelle und vornehme Gesellschaft Roms kennen, Kardinäle und Diplomaten, Künstler und Musiker. Zur römischen Hocharistokratie stellte sich Mendelssohn jedoch vorsichtig distanziert. Eine Begegnung mit dem Kardinal Albani, der ihn überaus herablassend behandelt hatte, verstimmte ihn. Wie er in einem Brief an seine Familie offen gestand, brachte er dem Adel lediglich *Respekt, gemischt mit Widerwillen* entgegen. Die Familie Napoleons gar betrachtete er am liebsten aus der Ferne.

Engen Kontakt pflegte der junge Mann zu Christian Carl Josias von Bunsen, dem *vornehmsten Mittelpunkt der deutschen Kolonie* und einem glühenden Palestrina-Verehrer. Der preußische Ministerresident und Historiker war ein alter Bekannter der Familie Mendelssohn. In dessen Haus in Rom, einem wahren Tempel der Palestrina-Verehrung, hatte Felix Mendelssohn nun jeden Montag Gelegenheit, den Meister altitalienischer Musik in römischer Sängertradition aufgeführt zu hören. Die päpstlichen Sänger, für die Mendelssohn zum Dank auf dem Klavier improvisierte, waren begeistert von dem 21jährigen und nannten ihn auf

Gestern auf dem Karneval wurde schon mit Blumen und Bonbons geworfen, und ich bekam von einer Maske ein Bouquet und Prügel […]. An Arbeiten ist jetzt nicht zu denken; nur ein kleines Lied hab ich gemacht; in den Fasten will ich wieder fleißig werden; wer denkt jetzt an Schreiben und an Noten? Felix Mendelssohn Bartholdy an die Familie, Rom, 8.2.1830

Bei Bunsen bin ich oft […]. Gestern war bei ihm palestrinasche Musik, wie alle Montag, und da habe ich denn zum ersten Male vor den römischen Musikern in corpore gespielt. […] *Mir ist denn auch ein bischen befangen, und so war es gestern. Die päpstlichen Sänger hatten den Palestrina ausgesungen, und nun sollte ich noch etwas spielen. Brillantes paßte nicht, und Ernsthaftes haben sie übergenug gehabt. Ich bat also den Direktor Astolfi um ein Thema, und der tippte denn mit einem Finger an und lächelte dazu; die schwarzröckigen Abbate stellten sich um mich her und hatten ihre große Freude daran. Das merkte ich, und es munterte mich auf, und so gelang es mir gegen das Ende ganz gut; sie klatschten rasend, Bunsen meinte, ich hätte die Geistlichkeit verblüfft – kurz, die Sache war hübsch. Mit dem öffentlichen Spielen oder Aufführen sieht es hier ohnehin schlecht aus; so muß man sich an die Gesellschaft halten und im Trüben fischen.* Felix Mendelssohn Bartholdy an die Familie, Rom, 23.2.1830

F. M. B., Rom, 30.11.1830

italienisch-zärtliche Art *l'insuperabile professorone*, den *unüberwindlichen Super-Professor*. Ebenfalls im Hause Bunsen verkehrte der strenge Maestro Giuseppe Baini, erster Palestrina-Biograf, Komponist und Historiker von Rang. Gemeinsam mit Bunsen bemühte er sich seit Jahren um eine Neuausgabe der Werke Palestrinas. Mendelssohn lernte den *Maestro di capella del sommo pontifice*, den Kapellmeister der päpstlichen Kapelle, hier im Winter 1830 kennen.

F. M. B., 7.12.1830

Diese Bekanntschaft blieb eher kühl. Mendelssohn spürte, daß Baini, ein ebenso leidenschaftlicher Bewunderer der A-capella-Musik wie Verächter der Instrumentalmusik (die ihm als frivol galt) ihn nicht sonderlich mochte und für einen *brutissimo tedesco* hielt. Seinerseits

F. M. B., an Goethe

verehrte Mendelssohn nur den Historiker Baini; die Kompositionen des Kapellmeisters – puristische, im Stil Palestrinas gehaltene Werke – fand er unbedeutend: *Er weiß von dem was seit 100 Jahren in den anderen Ländern für die Musik geschehen ist, wenig oder gar nichts*, schrieb Felix Mendelssohn an Goethe, doch *werden wir sehr gut miteinander fertig und er ist sehr interessant.*

Jedesmal, wenn ich in mein Zimmer trete, freue ich mich von neuem, daß ich nicht den folgenden Tag weiter muß, daß ich so manches ruhig auf morgen verschieben darf, daß ich in Rom bin. Felix Mendelssohn Bartholdy an seine Eltern, Rom, 10.12.1830,

TASCHENTINTENZEUG Eisen, Glas, Kork. 19. Jahrhundert

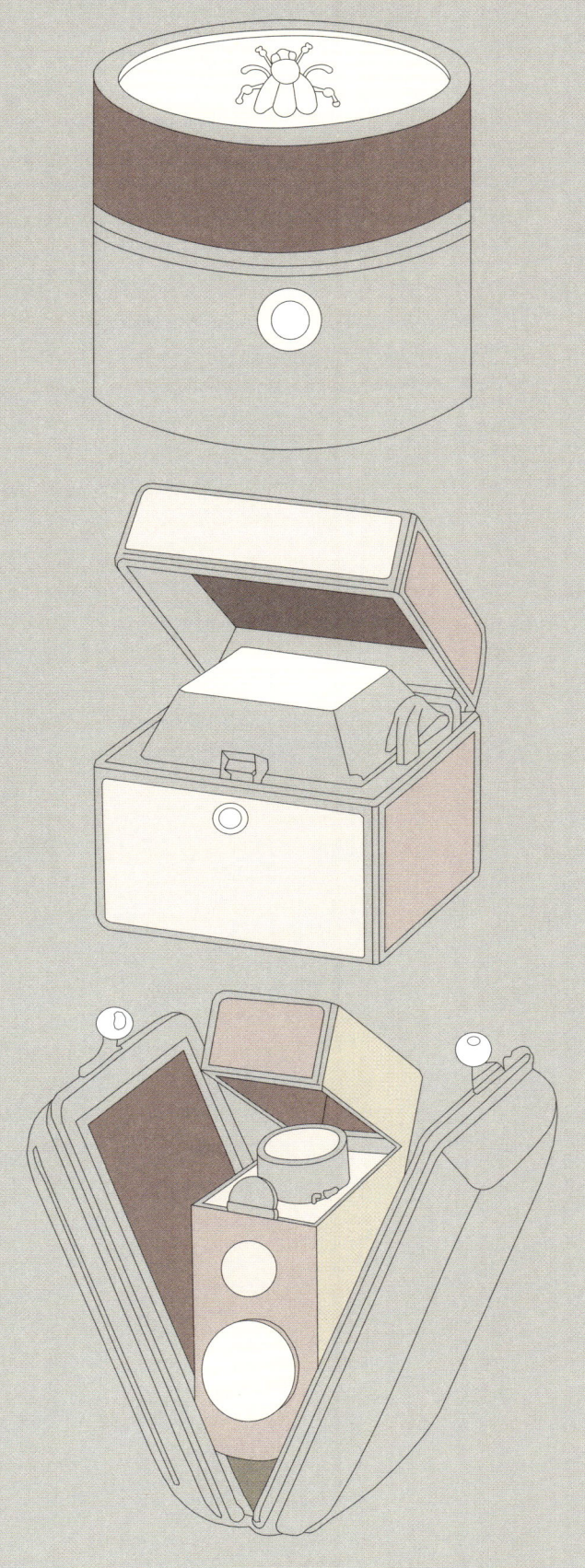

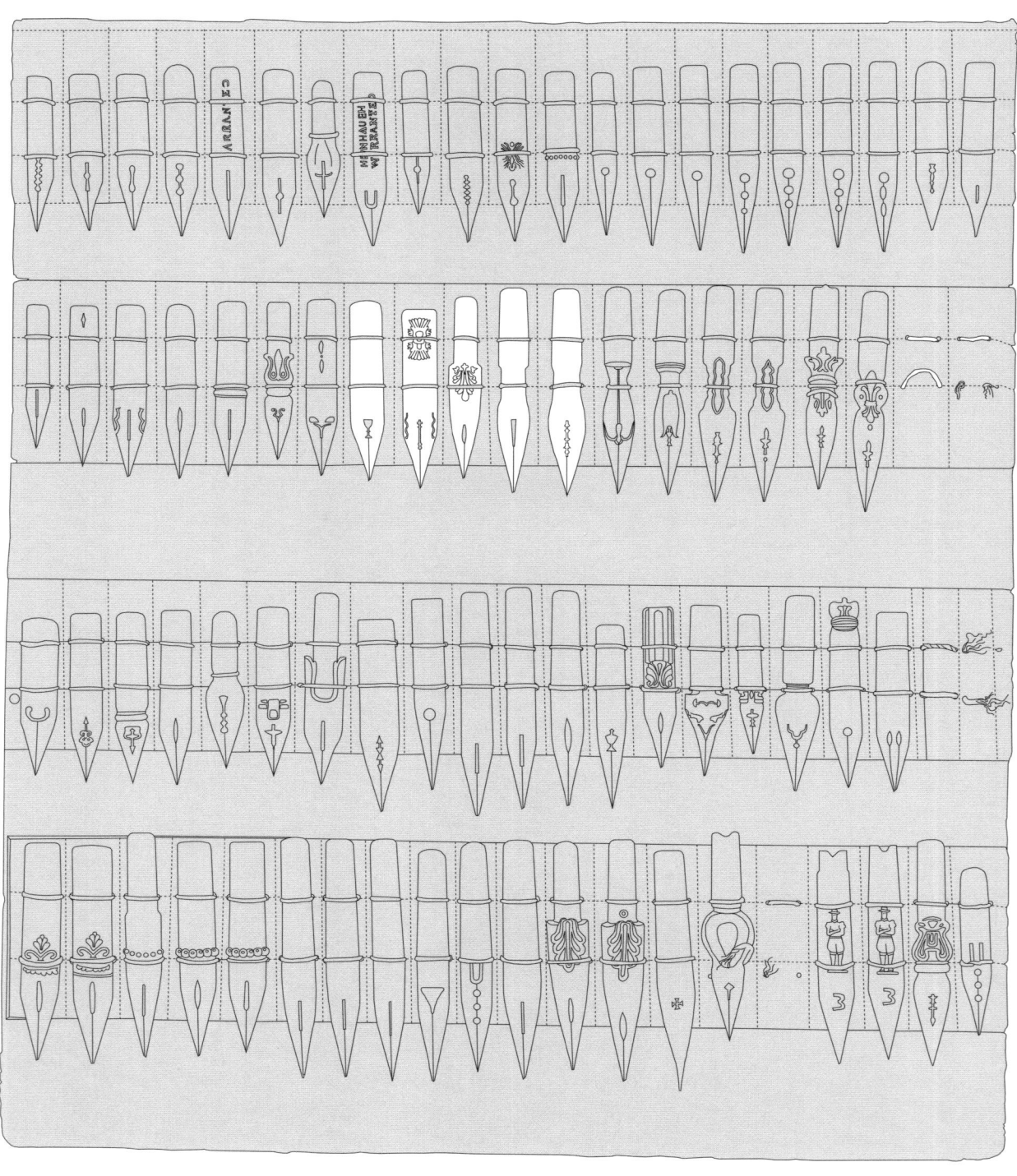

SCHREIBFEDERN ⌐ Metall
19.Jahrhundert

Die Zerstreuungen und intensiven Bekanntschaften hielten Felix Mendelssohn weder vom Studium der Stadt noch vom Komponieren ab. Bei einer strengen Tageseinteilung konnte in Rom eine gewaltige musikalische Produktion entstehen.

In seinem freundlichen Haus an der Piazza di Spagna verbrachte der junge Komponist die Vormittage bei der Arbeit, wenn ihn nicht gerade Hector Berlioz, der Musikerkollege, besuchte. Zu später Stunde Klavier zu spielen vermied er – der warme abendliche Scirocco griff seine Nerven an.

Die Nachmittage gehörten ausschließlich den Erkundungen der Stadt. So beflügelte ein Genuß den anderen, das ausgewogene Wechselspiel von Disziplin und tätigem Genießen bedeutete für Mendelssohn ein hohes Glück:

> *Da ich mir vorgenommen habe, soviel ich kann, alles zu sehen und zu genießen, lasse ich mich durch die Arbeit nicht hindern und komme dann desto frischer wieder dazu zurück. Es ist wahrlich ein herrliches Leben!*

In den Ruinen der Ewigen Stadt ging Mendelssohn, manchmal gemeinsam mit den Stipendiaten der französischen Akademie Berlioz und Montfort spazieren, besuchte die Galeria Borghese und das Kapitol, den Vatikan oder den gewaltigen Petersdom. Mit wachem Verstand erlebte Felix Mendelssohn diese bedeutendste Kirche des Christentums in ihrer seltsam zwiespältigen Faszination:

> *Das Gebäude ist über alle Vorstellung. Mir kommt es vor, wie irgend ein großes Naturwerk, – ein Wald, Felsmassen oder dergleichen; denn die Idee eines Menschenwerks verliere ich immer dabei […]. Die Taufengel sind ungeschlachte Riesen; die Tauben colossale Raubvögel; man verliert alle Idee von Augenmaaß und Verhältniß; und doch wird einem jedesmal das Herz weit, wenn man unter der Kuppel steht, und bis hinauf in einem Blicke sieht.*

Die geheimnisvolle Inszenierung, das *mise en scène* einer katholischen Zeremonie verstärkte sein Erlebnis der Architektur ins Vielfache und ließ den tief religiösen Beobachter so manchen musikalischen Mangel nicht mehr spüren: *woran kein Musiker zu denken wagt, das bringt die Peterskirche zustande.*

Im Geiste war Johann Wolfgang von Goethe ständiger Begleiter der römischen Spaziergänge. Zum ersten Mal las Mendelssohn in Rom dessen

F. M. B., Rom, 10.12.1830

F. M. B., Rom, 7.12.1830

F. M. B., Rom, 8.11.1830

[…] wenn ich früher meine Ungeduld und Eile, vorwärts zu kommen und immer schneller die Reise fortzusetzen, unterdrücken wollte, oder für eine Gewohnheit hielt, so sehe ich jetzt wohl, daß eigentlich nur der lebhafte Wunsch, diesen Hauptpunkt zu erreichen, daran Schuld war. – Nun habe ich ihn denn erreicht, und mir ist so ruhig und froh und ernsthaft zu Muthe geworden, wie ich's Euch gar nicht beschreiben kann. Was es ist, das so auf mich wirkt, kann ich wieder nicht genau sagen; denn das furchtbare Coliseum, und der heitere Vatikan, und die milde Frühlingsluft tragen dazu bei, wie die freundlichen Leute, mein behagliches Zimmer, und Alles. Aber anders ist mir; ich fühle mich glücklich und gesund, wie seit langem nicht, und habe am Arbeiten solche Freude und Drang danach, daß ich wohl noch viel mehr hier auszuführen gedenke, als ich mir vorgesetzt hatte.

FELIX MENDELSSOHN BARTHOLDY AN SEINE FAMILIE, ROM, 8.11.1830

So genieße ich die schönste Mischung von Lust und Ernst, wie sie nur Rom geben kann. FELIX MENDELSSOHN-BARTHOLDY AN ZELTER, ROM, 18.DEZEMBER 1830

Italienische Reise. Er fand sich wohltuend bestätigt: *Alles, was er beschreibt, habe ich genauso erlebt, und das ist mir lieb.* Sogar die Ankunft in Rom am selben Tag schien Mendelssohn immer weniger ein Zufall. Die Unruhe, die ihn ebenso wie Goethe in Florenz und Bologna ergriffen hatte und endlich die *solide* Ausgeglichenheit in Rom mutete ihn mit des Dichters italienischen Erlebnissen verwandt an.

In einem einzigartigen Hochgefühl des Schaffens, in einer euphorischen Aufgewühltheit empfand Mendelssohn eine unbekannte Einsamkeit. Der Liebling der römischen Salons, der glänzende Gesellschafter fühlte sich dennoch allein. *Es ist mir, als hätte ich mich verändert, seit ich hier bin […].* schrieb er nachdenklich. Der Wunsch nach einem Menschen,

> *dem ich alles sehr offen mittheilen könnte; der meine Musik beim Entstehen läse,*
> *und mir doppelt lieb machte; bei dem ich mich so recht erholen und ausruhen, und*
> *recht aufrichtig von ihm lernen könnte,*

mußte unerfüllt bleiben. Die Einsamkeit, die Mendelssohn so stark empfand, gründete weniger im Fehlen eines verständnisvollen und tätigteilnehmenden Menschen, wie der Komponist klagte, als vielmehr in der tatsächlichen Unmöglichkeit sich gerade auf dieser Höhe des Schaffens nach außen zu offenbaren. So gibt eben das übermäßige Glücksgefühl den römischen Briefen Mendelssohns einen melancholischen Klang.

Seinem starken Bedürfnis, sich dennoch mitzuteilen, verdanken wir eine detaillierte Entstehungsgeschichte vieler in Italien komponierter Werke.

F. M. B., Rom, 8.11.1830

Es giebt alle Hände voll zu thun, und zu sehen; leider will die Zeit durchaus nicht elastisch sein, so viel ich daran zerren mag.

FELIX MENDELSSOHN BARTHOLDY AN SEINE FAMILIE, ROM, 17.1.1831

Wenn ich Morgens früh nur in's Zimmer komme und die Sonne so hell auf das Frühstück scheint (Ihr seht ich bin zum Poeten verdorben), da wird mir gleich unendlich behaglich zu Sinn; denn es ist doch eigentlich Spätherbst, und wer kann da noch Wärme, heitern Himmel, oder Trauben und Blumen bei uns beanspruchen? Nach dem Frühstück geht es an's Arbeiten, und da spiele und singe und componire ich denn bis gegen Mittag. Dann liegt mir das ganze unermeßliche Rom wie eine Aufgabe zum Genießen vor; ich gehe dabei sehr langsam zu Werke, und wähle mir täglich etwas Anderes, Weltgeschichtliches aus […]. Das macht mir jeden Tag unvergeßlich, und indem ich mir Zeit nehme, habe ich jeden Eindruck fester und stärker. Beim Arbeiten des Morgens möchte ich gern nicht aufhören und fortschreiben, sage mir aber, du mußt doch auch den Vatikan sehen; wenn ich nun da bin, so möchte ich wieder nicht gern fortgehen, und so macht mir jede meiner Beschäftigungen die reinste Freude.

FELIX MENDELSSOHN-BARTHOLDY AN SEINE FAMILIE, ROM, 8.11.1830

CARRICK/BLÜCHERMANTEL
Herrenreisemantel. um 1820/30

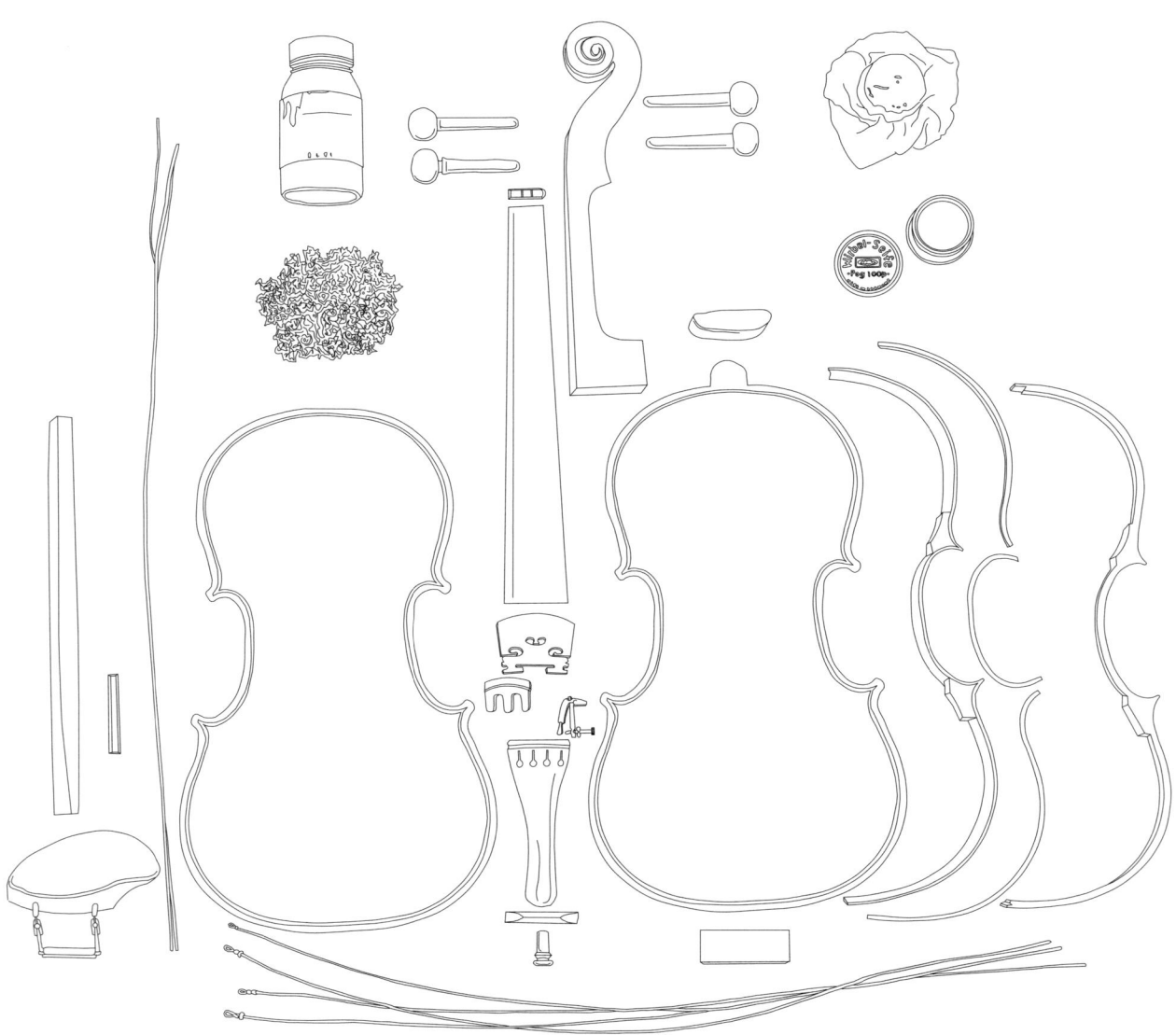

VIOLINE ⌐zerlegt
mit Zubehör

Mit Leichtigkeit scheint Mendelssohn in Rom zugefallen zu sein, was Berlioz so schwer fiel. *Ich glaube, daß ich noch nie mit so vieler Lust gearbeitet habe.* Anregung aber fand Mendelssohn kaum im Rom der Gegenwart.

Die römischen Kompositionen des Romantikers Mendelssohn waren ganz der Natur und der Vorzeit der Ewigen Stadt verpflichtet. Mendelssohns ursprüngliches Erleben bedurfte nur weniger Anregungen von außen. Italien oder das „Südliche" blieben ihm im Grunde fremd; daß die Stadt Rom aber in einem jeden eine ureigene Saite zum klingen zu bringen vermag, faßte er selbst in treffende Worte:

> *Das ist nun aber das schöne und einzige hier: daß man lauter Sachen sieht, die tausendmal beschrieben, besprochen, gemalt, beurtheilt sind, gut und schlecht; […] daß die Sachen dennoch einen so frischen und erhebenden Eindruck machen, daß sie jeden nach seiner Eigenthümlichkeit anders anregen.*

Die *heitere Ernsthaftigkeit* und die allgegenwärtige grandiose Vergangenheit der Ewigen Stadt brachten Felix Mendelssohn zu einer tiefen Erkenntnis:

> *Bei aller Lustigkeit vergesse ich nie, daß der Kern und das Eigentliche von allen Dingen ernsthaft, ja oft tragisch ist, und daß ich wieder beim Ernst daran denke, daß der rechte Ernst heiter und nicht eben finster und kalt sein muß.*

Auch einem anderen genialen Musiker, dem Pianisten Franz Liszt, gab die Stadt Rom überwältigende Gedanken ein:

> *Meinem staunenden Auge erschien die Kunst in ihrer ganzen Herrlichkeit; es sah sie enthüllt in ihrer ganzen Universalität, offenbart in ihrer ganzen Einheit. Jeder Tag befestigte in mir durch Fühlen und Denken das Bewußtsein der verborgenen Verwandtschaft der Werke der Genies. Raffael und Michelangelo verhalfen mir zum Verständnis von Mozart und Beethoven.*

Ausgerechnet im Zentrum des europäischen Katholizismus schrieb Felix Mendelssohn verstärkt protestantische Kirchenmusik, vertonte luthersche Texte wie *Vom Himmel hoch, da komm ich her* oder *Mitten wir im Leben sind,* ein mittelalterlich-holzgeschnitten anmutender, strenger Choral. An die Geschwister konnte Felix Ende November zufrieden berichten: *Der Choral „Mitten wir im Leben sind" ist fertig geworden und wohl eins der besten Kirchenstücke, die ich gemacht habe.* In Rom entstand einige Monate später auch das tiefe musikalische Gebet *Verleih uns Frieden*, ein Stück mit schlichter Melodieführung, das einem dunkel leuchtenden, weiten Finale zuwächst

F. M. B., Rom, 10.12.1830

F. M. B., Rom, 1830

Franz Liszt

F. M. B., Rom, 22.11.1830

Auch verdanke ich dem, was nicht die eigentliche, unmittelbare Musik ist: den Ruinen, den Bildern, der Heiterkeit der Natur, am meisten Musik.
FELIX MENDELSSOHN-BARTHOLDY AN SEINE FAMILIE, ROM, 22.11.1830

Nur der Ernste und Tiefe mag scherzen.
FRIEDRICH NIETZSCHE

Nirgends, glaube ich, entwächst man dem bloßen Gedanken an Namen mehr als hier, wie man denn auch dafür nirgends mehr Achtung und Ehrfurcht für das Geleistete fühlt. FELIX MENDELSSOHN-BARTHOLDY AN KARL FRIEDRICH ZELTER, 18.12.1830

und strenge Lieblichkeit einer innigen Kraft seltsam ergreifend vereint. Dieses Stück liebte der Vater Abraham Mendelssohn um seiner Schlichtheit willen besonders, *eine einzig schöne Komposition* war es für Robert Schumann,

> *von deren Wirkung man sich nach dem bloßen Anblick der Partitur wohl kaum eine Vorstellung machen kann. Das kleine Stück verdient eine Weltberühmtheit und wird sie in Zukunft erlangen.*

Die Musik floß in diesen römischen Monaten in einem Überschuß an Schaffenskraft aus Mendelssohns Feder. So entstand aus einer romantischen Stimmung heraus, unter dem Eindruck einer von Abendlicht erfüllten Kirche voll betender Menschen, eine liebenswürdige Idee. Der Komponist beschloß, für die Nonnen der Kirche Trinità de' Monti, die ganz in der Nähe seiner Wohnung auf der Piazza di Spagna lag, ein paar Gesangsstücke zu schreiben und sie ihnen anonym zuzusenden, voller Vorfreude, seiner eigenen Musik dann unerkannt lauschen zu können. In kurzer Zeit komponierte er drei Motetten für Soli und Frauenchor mit Orgelbegleitung. Ob er sein romantisches Vorhaben in die Tat umsetzte, wissen wir nicht.

Neben einer Fülle an geistlicher Musik vollendete Mendelssohn in Rom auch das Klavierkonzert g-Moll op. 25 und die *Hebriden-Ouvertüre, jenes zarte, feine musikalische Gewebe, das mit so reichen Farben geschmückt ist*, wie Hector Berlioz schwärmte.

Nur die bereits in Schottland begonnene *Schottische Symphonie* vermochte er nicht recht zu fassen, wie er dem Vater gestand. Sich das Dunkel-Stürmische dieser Landschaft, die er ein Jahr zuvor bereist hatte oder den düsteren Palast der Maria Stuart in Edinburgh im sonnenstarken Rom vor Augen zu führen, war ein Ding der Unmöglichkeit.

[…] kommt das Ave Maria, so geht es in die Kirche von Trinità de' Monti; da singen die französischen Nonnen, und es ist wunderlieblich. Ich werde, bei Gott, ganz tolerant, und höre schlechte Musik mit Erbauung an, aber was ist zu thun? die Composition ist lächerlich; das Orgelspiel noch toller; aber nun ist's Dämmerung, und die ganze, kleine, bunte Kirche voll knieender Menschen, die von der untergehenden Sonne beschienen werden, sobald die Thüre einmal aufgeht; die beiden singenden Nonnen haben die süßesten Stimmen von der Welt, ordentlich rührend und zart; und namentlich wenn die eine mit ihrem sanften Tone das Responsorium singt, was man gewohnt ist von den Priestern so rauh, und streng, und einförmig zu hören, da wird einem ganz wunderlich. Felix Mendelssohn Bartholdy an seine Familie, Rom, 20.12.1830

Ich wollte meine sämtlichen Werke dafür hingeben, wenn mir ein Stück wie die Hebriden-Ouvertüre gelungen wäre! Johannes Brahms

REISENÄHZEUG ⏄ Metall
19. Jahrhundert

Dreizehn lange Jahre arbeitete Mendelssohn insgesamt an der *Schottischen Symphonie*, wie er überhaupt gern das Fertigwerden verzögerte, *weil mir selbst alles am besten gefällt, solange ich mitten drin bin.* Robert Schumann notierte in seinem Tagebuch, der Freund habe Stellen 5 bis 6 mal geändert und eine *Selbstkritik, die strengste, gewissenhafteste, die mir je an einem Künstler vorgekommen*, besessen.

Ihre endgültige Fassung fand auch die *Walpurgisnacht*, eine weltliche Kantate, erst nach zwölf Jahren. In Rom wandte sich Felix Mendelssohn dem Goetheschen Gedicht zu, das der Dichter vor Jahren von seinem Berliner Freund Zelter vertont zu hören gewünscht hatte. Zelter ließ es lange Zeit liegen und nahm nach einem zweiten Anlauf endgültig Abstand davon, das komplexe Werk in Musik zu bringen.

> *[…] ich kann die Luft nicht finden, die durch das Ganze weht und es soll lieber noch liegenbleiben.*

Der genialere Mendelssohn empfand die Atmosphäre des Stückes sofort mit Leichtigkeit, die Musik lag ihm *klar da, es klingt alles schon.*

Wohl auf den letzten Besuch bei Goethe ging die Anregung zur Vertonung des Gedichtes zurück. Bereits auf der Weiterreise nach Italien hatte Mendelssohn in Gedanken die *Walpurgisnacht* entworfen, in Rom jedoch schauerte er plötzlich zurück vor der Ausführung – mit der Vertiefung in die Aufgabe ging ihm die Tiefe und Größe der *himmlischen Worte* auf. An den alten Goethe schrieb er von seiner *Kühnheit*, die Ballade zu komponieren, erst, als die Komposition bereits Form angenommen hatte. Einen merkwürdigen Ausdruck fand das Erlebnis der Fremde bei Felix Mendelssohn in der *Italienischen Symphonie*, in der er Italien mehr als ein Land der Vorstellung, als ein Land der Romantik, denn als ein wirkliches Land zu beschreiben scheint. Sehnsüchtig klingen im 1. Satz Hörner herauf, die eher aus einem deutschen Wald mit Buchen, Linden, Eichen und Tannen zu stammen scheinen – Felix Mendelssohn fand sie *zehnmal malerischer* als Zypressen, Myrthen und Lorbeer, wie er bei einem Spaziergang im Garten des Palazzo Pitti feststellte. Mendelssohn schrieb oft über den Fortgang seiner *Italienischen* nach Hause, sie muß ihm besonders am Herzen gelegen haben.

> *Die italienische Symphonie macht große Fortschritte; es ist das lustigste Stück, das ich gemacht habe [...].*

so freute er sich noch in Rom. Als er aber drei Jahre später die in Italien skizzierte Symphonie vollendete, war er, wie stets, unzufrieden. So unzufrieden, daß dieses frühe Meisterwerk ohne Opuszahl und zu seinen Lebzeiten sogar unveröffentlicht blieb. Auf den Programmzetteln der Uraufführung in London fehlte übrigens auch die Bezeichnung *italienische Symphonie*. Erst sehr viel später, nach Mendelssohns Tod, wurde sie wieder hinzugefügt.

Höre und staune! „Die erste Walpurgisnacht“ von Goethe habe ich seit Wien halb komponiert und keine Courage sie aufzuschreiben. – Nun hat sich das Ding gestaltet, ist aber eine große Kantate mit ganzem Orchester geworden und kann sich ganz lustig machen.

Felix Mendelssohn Bartholdy an seine Familie, Rom, 22.1.1830

Was mich seit einigen Wochen fast ausschließlich beschäftigt, ist die Musik zu dem Gedicht Ew. Exzellenz, welches die erste Walpurgisnacht heißt; […].
Ich weiß nicht, ob mir's gelingen wird, aber ich fühle, wie groß die Aufgabe ist und mit welcher Sammlung und Ehrfurcht ich sie angreifen muß.

Felix Mendelssohn Bartholdy an Johann Wolfgang von Goethe, 5.3.1831

Für Felix Mendelssohn war Italien ein großartiges Land, dessen Musik er dennoch als *wahre Katzenmusik* empfand. *Unter aller Kritik jämmerlich erschienen ihm die Musiker, ihrer großen Vergangenheit nicht würdig.* Schonungslos und sogar ungerecht urteilte er:

> *[…] wie mir ein Cicisbeo [Galan – A.K.] in alle Ewigkeit etwas Gemeines und Niedriges sein wird, so auch die italienische Musik.*

Die Empörung, ja Verzweiflung über die schlechte musikalisch-technische Bildung und den seiner Meinung erschreckend banalen Kunstgeschmack teilte Mendelssohn mit seinem neuen Bekannten, dem Stipendiaten der französischen Akademie Hector Berlioz.

Vernichtend offen äußerte sich der junge Komponist in seinen Briefen an die Familie. Um gute italienische Sänger zu hören, müsse man nach London oder Paris gehen, im Lande selbst aber finde man nur noch verzerrte Karrikaturen und blasse Kopien, die nicht einmal mit einer bayrischen Kellnerin zu konkurrieren vermögen. Anders als Berlioz fand Felix Mendelssohn auch keinen Trost im Volksgesang:

> *Sollten Sie aber wohl denken, dass ich eine unglaubliche Sehnsucht nach irgendeinem gesunden Ton, einem schönen Klang habe? Was das Volk hier singt, ist so entsetzlich barbarisch, die Stimmen so unrein und gemein roh, dass man gewiss denkt, hier kommt ein Betrunkener, der taumelt, bis man merkt, der Mann sei ganz nüchtern und singe eine der berühmten Barcarolen.*

Mendelssohns Briefe büßen sogleich ihre humorvolle Leichtigkeit ein, wenn von musikalischen Dingen in Italien die Rede ist. Wie Hector Berlioz amüsiert beobachtete, verwandelte sich der sonst in allen Dingen sanfte und gutmütige Felix Mendelssohn dann in ein *Stachelschwein*. Empfindlich konnte der junge Deutsche vor allem in religiösen Belangen reagieren, wie eine heitere Anekdote aus den Memoiren von Hector Berlioz zeigt. Die geistigen Blitze des Franzosen trafen auch Mendelssohn provozierend. Berlioz wußte um den pietätvollen Umgang Mendelssohns mit Glaubensfragen.

> *Eines Abends durchstreiften wir zusammen die Thermen des Caracalla und stritten dabei über die Frage des Verdienstes oder Unverdienstes der menschlichen Handlungen und ihrer Belohnung in diesem Leben. Als ich mit – ich weiß nicht mehr welcher – Ungeheuerlichkeit auf die Darstellung seiner religiös-orthodoxen Meinung antwortete, machte er einen Fehltritt und kugelte eine zerfallene, recht steile Treppe hinab.*

Seit ich in Italien bin, ist die Musik, die ich selbst mache , die einzige, die ich zu hören bekomme, Orchester und Sänger sind wirklich zu schlecht.

FELIX MENDELSSOHN-BARTHOLDY AN HEINRICH BÄRMANN, ROM, 14.2.1831

Ein gelehrter Abt der Sixtinischen Kapelle sagte eines Tages zu Mendelssohn, man habe ihm von einem jungen Manne namens Mozart gesprochen, der zu großen Hoffnungen berechtige. Allerdings kommt dieser würdige Geistliche selten mit der Außenwelt in Berührung und hat sich sein ganzes Leben lang nur mit Palestrina beschäftigt. Er nahm also durch seine zurückgezogene Lebensweise und mit seinen Ansichten eine Sonderstellung ein. Obwohl man in Rom niemals Mozarts Werke aufführt, muß doch gesagt werden, daß es dort eine ganze Anzahl Leute gibt, die von ihm anders gesprochen haben als von einem jungen Mann, der zu großen Hoffnungen berechtige. Sachverständige Liebhaber wissen sogar, daß er gestorben ist und daß er, ohne jedoch an Donizetti hinanzureichen, einige bemerkenswerte Partituren geschrieben hat. HECTOR BERLIOZ. MEMOIREN

Marginalien links:
F.M.B., Rom, 1831
F.M.B., Rom, 17.1.1831
F.M.B., Rom, 1831
H. Berlioz, Memoiren

„Bewundern Sie die himmlische Gerechtigkeit", sagte ich zu ihm, indem ich ihm half,
sich aufzurichten, „ich lästere, und Sie fallen." Diese Gottlosigkeit, von schallendem
Gelächter begleitet, kam ihm scheinbar zu stark vor, und seitdem wurden religiöse
Auseinandersetzungen gemieden.

Den strengen Protestanten Mendelssohn empörte mehr noch als die
mangelnde Qualität der Sangeskunst eine *unziemliche Lustigkeit* in
den italienischen Kirchen. Bei der Erhebung der Hostie bekam er einmal
eine Arie aus Aschenbrödel, ein andermal gar eine Ouvertüre aus dem
Barbier von Sevilla zu hören. Das Wesen der Italiener empfand er mitunter
als so unbekümmert-ignorant, daß er meinte, sich von den Menschen
hier nur in der Landschaft erholen zu können, *wie in Berlin oft umgekehrt [...]*.
Globalisierend urteilte der junge Deutsche:

*Das Volk ist wohl innerlich angegriffen und zerstreut. Sie haben eine Religion, und
glauben sie nicht; sie haben einen Pabst und Vorgesetzte, und verlachen sie; sie haben
eine glänzende helle Vorzeit, und sie steht ihnen fern [...].*

Der lebendige, impulsive Romantiker Mendelssohn konnte wiederum
auch der abstrakten Ästhetik einer liturgischen Zeremonie nichts
abgewinnen. Er reagierte mit heftiger Kritik. Die *allerheiligsten, schönsten
Worte* würden entwürdigend auf *nichtssagende, leiermäßige Töne* gesungen.
Immerhin gestand er zu, daß ein *falscher Ausdruck* in dieser Musik nicht
liege – er fand schlicht *gar keinen Ausdruck darin*. Respektvoll schwieg
der tief gläubige Mendelssohn aber zu anderen als formalen Fragen und
milderte seine Musikkritik gleichsam mit einem ehrfürchtigen Staunen
vor der religiösen Idee.

*Eine Sinfonie ist noch nie in Rom gespielt
worden. Aber ihr Stolz ist, daß vor einigen
Jahren die „Schöpfung" von Haydn
gegeben wurde, und daß das Orchester, wie
sie sagen, sich ganz leidlich aus der Affäre
gezogen habe; denn daß eine so entsetzlich
schwere Musik gut gehen könne, sei
wohl selbst in Deutschland nicht möglich,
wo man sich auf dieses gelehrte Genre
verstehe. – Ich mache dann ein Gesicht wie
der heilige Nepomuk, erinnere mich, daß
ich im Vaterland der Musik bin, wo
alles vorhanden ist, nur keine Musiker,
und halte mich so viel als möglich an
die jungen Mädchen, die wenig über Kunst
sprechen und desto hübscher sind [...].
Ich möchte behaupten, daß mir nirgends
in ganz Rom so unmusikalisch zumute
geworden ist, wie in der Oper. –
Ein Orchester müssen Sie sich denken
wie im letzten bayrischen Dorf, es ist mit
Worten schwer zu beschreiben.*
FELIX MENDELSSOHN BARTHOLDY AN DEN
KLARINETTISTEN HEINRICH BÄRMANN,
ROM, 14.2.1831

*Warum soll auch Italien heut zu Tage mit
Gewalt ein Land der Kunst sein,
während es das Land der Natur ist, und
dadurch alles beglückt!* FELIX MENDELSSOHN
BARTHOLDY, ROM, 17.1.1831

F.M.B., 10.12.1830

F.M.B., Rom, 1830

F.M.B., an Zelter, 16.6.1831

BLEISTIFTPACKUNG ⌐ 1. Marken-
bleistift. A.W.Faber um 1830

Noch war die Fotografie nicht erfunden, als sich Felix Mendelssohn
1830 auf den Weg nach Italien machte. Auch aus dem praktischen Zweck
wuchs der bewahrende Charakter seiner Zeichnungen. Nicht eigen-
schöpferische Phantasie war der Antrieb für die unzähligen Blätter, die
der junge Komponist in Italien schuf, sondern das *tätige Eindringen in die
Landschaft mit ihren unendlich vielen Formen und Farben.*

Mendelssohns zeichnerische Intentionen waren ein ganz privates Anliegen.
Niemals hätte er seine Werke in der Öffentlichkeit zeigen mögen.
So haben die keineswegs dilettantischen Zeichnungen den reizvollen
Charakter privater Notizen. Die Vielfachbegabung Mendelssohn
orientierte sich nie professionell an der bildenden Kunst, getreu seiner
Maxime:

> *[…] was eigenthümlich u. schön sein soll, das muß einseitig sein, wenn diese eine Seite
> nur zur größten Vollkommenheit ausgebildet ist.*

Zur Allgemeinbildung gehörend, war Felix Mendelssohn das Zeichnen
ebenso selbstverständlich wie das Briefeschreiben. Der Komponist
steht in einer stolzen Reihe von Doppelbegabungen in der zu Grenzüber-
schreitungen neigenden Romantik. Clemens Brentano (der sogar
bei Schinkel Unterricht nahm), Carl Maria von Weber, Eduard Mörike,
Wilhelm Hauff, Adalbert Chamisso, E. T. A. Hoffmann, Gottfried Keller
– sie alle dilettierten als Maler und Zeichner.

Vor Felix' Abreise hatten ihm seine Schwester Fanny und ihr Mann,
der Maler Wilhelm Hensel, zum 21. Geburtstag eine Tasche mit Zeichen-
materialien geschenkt. Sie begleitete ihn als eines der wichtigsten
Utensilien auf seiner italienischen Reise. Mendelssohn zeichnete und
aquarellierte mit einer wahren Besessenheit. In Innsbruck zeichnete
er mit feinem kristallinem Strich die Maria-Theresia-Straße, in Venedig
den Markusdom und, architektonisch korrekt, die Spanische Treppe
in Rom. Unter den italienischen Blättern finden sich treue Darstellungen
der Villa Borghese, der Villa d'Este in Tivoli, der Insel Ischia und des
am Golf von Neapel gelegene Pozzuoli. Menschen tauchten in Mendelssohns Prospekten alter Städte, in den Skizzen der Baudenkmäler jedoch
niemals auf. Kein tieferer Sinn steckt dahinter, als daß es ihm einfach

F. M. B., 1831

F. M. B. Rom, 6. 6. 1831

*[…] ich will mir hier bei den Landschafts-
malern ihre Skizzen viel sehen, um mir
womöglich eine neue Manier zuzulegen;
ich habe mir selbst eine erfinden wollen,
aber nein!* FELIX MENDELSSOHN BARTHOLDY
AN SEINE FAMILIE, ROM, 8. 11. 1830

*Dann will ich nun auch jeden Tag
zeichnen, um mir meine Erinnerungs-
plätze von hier mitzunehmen […].*
FELIX MENDELSSOHN BARTHOLDY AN SEINE
FAMILIE, ROM, 1. 3. 1831

*Ich wollte die Ansicht der Berge zeichnen,
ging hinaus, fand einen prächtigen
Punkt, aber sowie ich das Buch aufschlug,
so war mir das Blatt so sehr klein, daß ich
erst gar nicht anfangen wollte. Die Formen
habe ich wohl, so was man richtig nennt,
herausgebracht, aber doch sieht jede Linie
so steif aus gegen die Freiheit und Grazie,
die da überall in der Natur ist!*
FELIX MENDELSSOHN BARTHOLDY AN SEINE
FAMILIE, CHAMONIX, ENDE JULI 1831

nicht gelingen wollte, Menschen zu zeichnen. Er vermerkte es nicht ohne Selbstironie – und vermied es.

Die Werke entstanden nicht immer vor Ort. Mendelssohn konnte ebensogut Jahre später aus der Erinnerung zeichnen oder nahm Arbeiten wieder zur Hand, um nach alten Motiven zu aquarellieren. So schuf er ein Bild der Küste von Amalfi für ein Album, Geschenk des mittlerweile 27jährigen an seine Frau Cecile. Ein Blatt vom 15. Dezember 1830, das in Venedig entstand und die Seufzerbrücke darstellt, nahm Mendelssohn fünf Jahre später noch einmal zur Hand, um ein Aquarell für den engen Freund Ignaz Moscheles zu malen. Eine heitere Gelassenheit über so manche Schwierigkeiten des Dilettanten spricht aus einem Brief an den Freund, dem er die baldige Fertigstellung des Geschenkes ankündigt:

F. M. B., an I. Moscheles. 10/8

> *Das Wasser ist die partie honteuse, ich habe heute noch den ganzen Morgen daran gearbeitet, es ein wenig klarer zu machen, aber statt dessen wird es immer schmutziger. Also müssen Sie wieder annehmen, es sei Ebbe, wo in ganz Venedig das Wasser sehr trübe und sumpfig wird, und also vielleicht so häßlich aussehen könnte.*

Bewundernd und lernend suchte er den Kontakt zu bildenden Künstlern, deren eine Menge zu allen Zeiten nach Rom pilgerte: Deutsche, Engländer, Franzosen. Die im Café Greco debattierend beisammensitzende Runde war es aber nicht, die ihn anzog. Ebensowenig wie Berlioz sagte Mendelssohn die bohèmehafte Atmosphäre des Café Greco zu:

F. M. B., Rom, 10. 12. 1830

> *Da sitzen sie denn auf den Bänken umher, mit den breiten Hüten auf, große Schlächterhunde neben sich, Hals, Backen, das ganze Gesicht mit Haaren zugedeckt, machen einen entsetzlichen Qualm […], sagen einander Grobheiten; die Hunde sorgen für Verbreitung von Ungeziefer; eine Halsbinde, ein Frack wären Neuerungen; – was der Bart vom Gesicht frei läßt, das versteckt die Brille, und so trinken sie Kaffee und sprechen von Tizian und Pordenone, als säßen die neben ihnen und trügen auch Bärte und Sturmhüte! dazu machen sie so kranke Madonnen, schwächliche Heilige, Milchbärte von Helden, daß man mitunter Lust bekommt drein zu schlagen.*

F. M. B., Rom, 1. 2. 1830

Die deutsche Malerkolonie – deutschtümelnde Kreise, in denen es *gang und gebe* war, *Frömmigkeit und Langeweile zu verwechseln*, behagten Felix Mendelssohn nicht. Gemeint waren wohl die Nazarener, eine Art Malerorden, der in einer *Lukasbrüderschaft* in San Isidoro, einem Kloster bei Rom, lebte und in seiner Kunst Jahrhunderte in die Vergangenheit übersprungen hatte – das deutsche Spätmittelalter und die italienische Frührenaissance waren die Ideale ihrer blutleeren, oft süßlich religiösen Werke. Dem in seiner Frömmigkeit ungekünstelten und mit einem feinen Empfinden für Stil und Wahrhaftigkeit ausgestatteten Mendelssohn konnte eine solche Kunst nicht sonderlich gefallen. Im römischen Hause von Mendelssohns Onkel Bartholdy hatte das Haupt

> *[…] Es sind furchtbare Leute, wenn man sie in ihrem Café Greco sitzen sieht. Ich gehe auch fast nie hin, weil mich zu sehr vor ihnen und ihrem Lieblingsort graut. Das ist ein kleines, finsteres Zimmer, etwa acht Schritt breit, und auf der einen Seite der Stube darf man Tabak rauchen, auf der andern aber nicht […]. Und wenn ich mein Lebenlang nichts weiter thun könnte, so will ich all denen, die vor ihren Meistern keinen Respekt haben, die herzlichsten Grobheiten sagen; dann hätt' ich schon ein gutes Werk gethan.*
>
> FELIX MENDELSSOHN BARTHOLDY AN SEINEN VATER, ROM, 10. 12. 1830

F. Hensel, Tagebuch, Rom, 1840

der Bewegung, Friedrich Overbeck, gemeinsam mit Peter Cornelius, Wilhelm von Schadow und Philipp Veit 1816/17 einen Freskenzyklus geschaffen, über den sich Felix Mendelssohn allerdings auch nach einem Besuch der *Casa Bartholdy* nicht äußerte. Lediglich die Umstände des Besuches im Hause seines verstorbenen Onkels, das nun zwei englischen Ladys gehörte, beschrieb er: die Schlafzimmer der Damen befanden sich im Freskensaal, ein pikanter Umstand, der längere Zeit die Besichtigung verhinderte. Mendelssohns Schwester Fanny verurteilte Overbecks Malerei Jahre später auf ihre typische, manchmal gefürchtet direkte Art als *heilig langweilig, stumpf poetisch, schlicht anmaßend […].*

Den befreundeten Wilhelm Schadow nahm Mendelssohn jedoch von seiner Kritik an den deutschen Malern, denen er am liebsten die *herzlichsten Grobheiten* sagen würde, aus. Am Sohn des berühmten Gottfried Schadow bewunderte er die feine Art, Kunstwerke zu beurteilen, die ihn von den anderen Malern, *die vor ihren Meistern keinen Respekt haben* unterschied. In Düsseldorf sollten sich die Künstler wenige Jahre später wiederfinden: Schadow, der mit 26 Jahren Direktor der Düsseldorfer Kunstakademie wurde und Mendelssohn, der von 1833 bis 1835 das Amt des Städtischen Musikdirektors innehaben sollte.

Mendelssohns tiefe Verehrung galt in Rom zwei Künstlern: dem dänischen Bildhauer Berthel Thorwaldsen und dem Direktor der Französischen Akademie, dem lebendigen und interessanten Maler Horace Vernet, die er durch Wilhelm Schadow kennenlernte. Beide Künstler gewann er durch sein Klavierspiel. Thorwaldsen, der selbst ein passabler Lautenspieler war und die Musik sehr liebte, spielte er während des Modellierens vor:

F. M. B., Rom, 20. 12. 1830

> *Mein Klavierspiel verschafft mir hier eine besondere Freude. Ihr wißt, wie Thorwaldsen die Musik liebt, und da spiele ich ihm des morgens zuweilen vor, während er arbeitet. Er hat ein recht gutes Instrument bei sich stehen, und wenn ich mir dazu den alten Herrn ansehe, wie er an seinem braunen Ton knetet und den Arm oder ein Gewand so fein ausglättet, -kurz, wenn er das schafft, was wir alle nachher als fertig und dauernd bewundern müssen, so freut's mich sehr, daß ich ihm ein Vergnügen bereiten kann.*

E. Friedell, Kulturgeschichte

Als Felix Mendelssohn in Rom eintraf, lebte Thorwaldsen bereits geraume Zeit in der Stadt. Einmal nach seinem Geburtstag befragt, antwortete der Bildhauer: *[…] das weiß ich nicht; am 8. März 1797 kam ich zum erstenmal nach Rom.* Thorwaldsen schätzte Felix Mendelssohn als Komponisten und Menschen so sehr, daß der freundschaftliche Kontakt auch nach Mendelssohns Abreise aus Rom nicht abbrach. Der junge Mendelssohn freute sich, die Bekanntschaft des verehrten Mannes gemacht zu haben

Thorvaldsen hat sich so freundlich gegen mich ausgesprochen, daß ich ganz stolz darauf bin, da ich ihn als einen der größten Männer verehre und immer bewundert habe. Er ist ein Mensch wie ein Löwe, und es erquickt mich, wenn ich nur sein Gesicht ansehe. Man weiß da gleich, daß er ein herrlicher Künstler sein muß; und er sieht so klar aus den Augen, als müßte sich alles gleich in ihm zu Form und Bild gestalten. Dazu ist er ganz sanft und freundlich und mild, weil er so sehr hoch steht.

Und doch glaube ich, daß er sich an jeder Kleinigkeit erfreuen kann. Es ist für mich ein wirklicher Genuß, einen großen Mann zu sehen und zu denken, daß der Urheber von Dingen, die ewig bleiben sollen, in seinem Leben und mit seiner Eigentümlichkeit vor mir steht und ein Mensch ist, wie die andern auch.

Felix Mendelssohn Bartholdy an seine Familie, Rom, 10. 12. 1830

und ebenbürtig von ihm behandelt zu werden. An dem gar *nicht affektierten,* 41 Jahre älteren Thorwaldsen bewunderte Mendelssohn den klaren und anmutigen klassizistischen Geist, die Natürlichkeit, *wie sie allen seinen Statuen so wunderbar ist.*

F. M. B., Rom, 1830

Ganz anderer Art war die Faszination, die von Horace Vernet ausging: Die Verve und das unbefangen Temeramentvolle des *kleinen, dünnen Franzosen mit grauem, struppigem Haar und dem Bande der Ehrenlegion* fesselten den bedächtigeren und kühleren Felix Mendelssohn. Der jungen Komponist empfand die geistige Regsamkeit und das Tätigsein Vernets als wahrhaft *adlig.*

> *Ich glaube sagen zu können, daß ich von ihm etwas gelernt habe und daß jeder*
> *vielleicht was von ihm lernen kann. Er ist die Leichtigkeit und Unbefangenheit selbst*
> *beim Schaffen. Wie er eine Gestalt sieht, die ihm was ausspricht, so stellt er sie hin,*
> *und während wir andern uns überlegen, ob es wohl schön zu nennen ist und zu loben*
> *oder zu tadeln, ist er schon längst mit was Neuem fertig und verrückt uns ganz unsern*
> *ästhetischen Maßstab. Wenn auch diese Ergiebigkeit nicht zu erlernen ist, so ist*
> *doch das Princip ein prächtiges; und die Heiterkeit, die daraus entsteht, und die ewige*
> *Frische bei der Arbeit ist durch nichts zu ersetzen.*

F. M. B., Rom, 15. 3. 1830

Dem französischen Temperament des Malers scheint jener Byron'sche Weltschmerz gefehlt zu haben, den Mendelssohn an einem anderen Franzosen, Hector Berlioz, als kokett und vordergründig empfand. Das Einfühlsam-Subtile, das der Maler aber bei aller stürmischen Lebhaftigkeit besessen haben muß, kann man in einem der interessantesten und am tiefsten erspürten Bildnisse, die von Mendelssohn existieren, ablesen. Horace Vernet schuf es im Anschluß an einen gemeinsam verbrachten musikalischen Abend.

F. M. B., Rom, 17. 1. 1830

Felix Mendelssohn spielte sich an jenem Abend regelrecht ins Herz des Franzosen, als er auf die Duellszene des *Don Giovanni,* Vernets Lieblingsmusik, fantasierte. Kaum hatte Mendelssohn sein Spiel beendet, erhob sich Vernet, trat zu dem jungen Komponisten und flüsterte dem Erstaunten ins Ohr, daß sie einen Tausch machen müßten, denn auch er könne improvisieren. Auf Mendelssohns neugierige und drängende Fragen hüllte sich der Maler in geheimnisvolles Schweigen. *Er ist aber wie ein kleines Kind, und hielt es nicht eine Viertelstunde aus.*

Vernet führte den Musiker in ein Nebenzimmer, in dem eine frische Leinwand wartete – darauf wolle er das Bildnis des jungen Komponisten malen. Dieser solle es zum Andenken an diesen Tag zusammenrollen und behalten oder an die Eltern schicken, ganz wie er wolle.

> *Ich sagte sehr ja, und kann Euch nicht beschreiben, was für ein Vergnügen mir es machte,*
> *daß er wirklich so viel Freude und Lust an meinem Spiel gehabt hatte.*

Die sonstige Familie ist, wie gesagt, auch nicht übel, und wenn der alte Carle von seinem Vater Joseph erzählt, so hat man Respekt vor den Leuten, und ich behaupte, d i e sind adelig.

Felix Mendelssohn Bartholdy
an seine Familie, Rom, 15. 3. 1831,

Eine große, sehr große Freude, muß ich Dir, liebe Mutter, erzählen, weil Du Dich mitfreuen wirst. Ich war gestern zum erstenmale in kleinerer Gesellschaft bei Horace Vernet, und mußte da spielen. Nun hat er mir vorher erzählt, wie Don Juan seine einzige, wahre Lieblingsmusik sei, namentlich das Duell, und der Compthur am Ende; und wie mir das nun in seine Seele hinein nun sehr gefiel, so gerieth ich, indem ich zum Concertstück von Weber präludieren wollte, unvermerkt tiefer in's Phantasieren, – dachte, ich würde ihm einen Gefallen thun, wenn ich auf diese Themas käme, und arbeitete sie eine Weile wild durch. Es machte ihm eine Freude, wie ich nicht bald Jemand von meiner Musik erfreut gesehen habe […].

Felix Mendelssohn Bartholdy an seine
Familie, Rom, 17. 1. 1831

F. Hensel, Tagebuch, Rom, 1840

Von der malerischen Unordnung in Vernets Atelier, das sich märchenhaft im Garten der Villa Medici unter Büschen und Bäumen versteckte, war Felix Mendelssohn immer aufs Neue fasziniert: blinkende Flinten, gewundene Jagdhörner, eine Meerkatze, bekleckste Paletten, geschossene Hasen und kopfunter aufgehängte Kaninchen gruppierten sich in schönstem Durcheinander unter übervollen Wänden. Fertige und halbfertige Bilder füllten den Arbeitsraum: Porträts des Papstes, des würdigen Thorwaldsen, von päpstlichen Soldaten und von neapolitanischen Pifferari, Darstellungen von Kain und Abel, von glänzendschwarzen Mohren und Pferden, ja ein Bild des Ateliers selbst hing da.

Tief beeindruckt von der starken Persönlichkeit Vernets zeigte sich 9 Jahre später auch Mendelssohns Schwester Fanny, die den französischen Maler um das Zupackende und Entschlossene seines Wesens beneidete.

Daß wir Deutschen immer warten! Immer den Moment verpassen! Immer zu spät kommen! [...]. Daß man doch aus seiner Zeit, seiner Familie, seinem eigenen Selbst so schwer sich erhebt.

In den Alleen von immergrünen Bäumen, wo es jetzt in der Blüthezeit gar zu süß duftet, mitten im Dickicht des Gartens der Villa Medici, steht ein kleines Haus, in dem man schon von weitem irgend Lärm hört: Schreien und Zanken, oder ein Stück auf der Trompete geblasen, oder Hundegebell: – das ist das Atelier. [...] am folgenden Tage ist ein Bild angefangen, das einen [...] Campagnard vorstellt, wie er in der Camapgna bei schlechtem Wetter auf seinem Pferde still hält und nach seiner Flinte greift [...] Die kleinen Details der Waffen, [...] das schlechte Pferd mit seinem schabigen Zeug; die Unbehaglichkeit in dem ganzen, und das italienische Phlegma in dem bärtigen Kerl machen ein reizendes kleines Bild, und wenn man sieht, mit welcher Wonne er daran malt, auf der Leinwand spazieren geht, – bald einen kleinen Bach zusetzt, bald ein Paar Soldaten, dann einen Knopf am Sattel, und dem Kerl seinen Überrock grün füttert, – so möchte man ihn wirklich beneiden. FELIX MENDELSSOHN BARTHOLDY AN SEINE FAMILIE, ROM, 15.3.1831

Fünf Monate war Felix Mendelssohn nun in Rom. Der März brachte nicht nur die pompösen Prozessionen und Festlichkeiten der Heiligen Woche, sondern auch den römischen Frühling mit seiner betörenden, beunruhigenden Fülle.

Die bevorstehende Reise nach Neapel bereits in allen Gedanken fand Mendelssohn keine Ruhe mehr zur Arbeit. Auch war es einsam geworden in Rom. Fast alle Bekannten waren abgereist, seit im Kirchenstaat erneut Aufstände ausgebrochen waren, die Galerien waren geschlossen, und Nachrichten von außen drangen kaum durch. Der Abschied wurde melancholisch.

Doch die Reiselust hatte Felix Mendelssohn schon wieder gepackt. Der Süden lockte mächtig, er sehnte sich nach Neapel, *die trockensten Menschen werden poetisch, wenn sie davon reden,* schwärmte der junge Komponist voller Vorfreude. Am 4. April dann war Ostern vorüber, der Paß besorgt, das Zimmer leergeräumt, und *der Winter in Rom gehört zu den Erinnerungen.*

In Gesellschaft der Maler Bendemann, Hildebrandt, Sohn und Schadow machte sich Mendelssohn auf den Weg in den Süden Italiens. Im Gepäck hatte der Musiker die erste Fassung der *Hebriden-Ouvertüre,* Entwürfe für die *Walpurgisnacht* und auch die erst teilweise komponierte *Italienische Sinfonie.*

> *Die „Italienische" will und muß ich mir aufsparen, bis ich Neapel gesehen habe; denn das muß mitspielen.*

Die lustige Gesellschaft genoss die Reise durch den blühenden Frühling. In Velletri erlebten die jungen Männer ein Kirchenfest mit üppigem Feuerwerk und schönen Frauen mit *prächtig originellen Gesichtern.* Mendelssohn war besonders von der tiefen Stille der Kirche von Velletri beeindruckt, in der kein Wort und keine Musik die Andacht der stumm knieenden, ganz weiß gekleideten Menschen störte.

Terracina bot den Reisenden eine Überraschung. Nach einer Biegung des Weges breitete sich unerwartet vor ihnen die ganze südliche Herrlichkeit: Zitronengärten, Palmen, der Hafen und das endlose, ruhevolle Meer. *Das Meer ist und bleibt doch für mich das Schönste in der Natur. Ich habe es fast noch lieber als den Himmel.* Felix Mendelssohn bestaunte die üppige Schönheit der Landschaft, die Fruchtbarkeit des Kampanertales. Paradiesisch schien dem

Der Weg von Rom nach Neapel ist auch das reichste, was ich kenne, und die ganze Art zu reisen sehr angenehm. Man fliegt durch die Ebene hin; die Postillone jagen für ein kleines Trinkgeld wie toll, was in den Sümpfen sehr angebracht ist. Wenn man die Gegend sehen will, braucht man nur das Trinkgeld zu versagen, so geht es gleich langsamer […].
Von Albano über Ariccia und Genzano bis Velletri führt die Straße immer zwischen Hügeln, die tief mit Bäumen aller Art beschattet sind, Berg auf Berg ab, durch Ulmen-Alleen, bei Klöstern und heiligen bildern vorüber. Auf der einen Seite ist immer noch die Camapgna mit ihrem Heidekraut und ihren bunten Farben zu sehen; – darüber kommt das Meer, das im Sonnenschein schön blitzte, und dazu der heiterste Himmel, denn seit Sonntag früh ist es herrliches Wetter geworden. So fuhren wir in Velletri, unser erstes Nachtquartier, ein. Felix Mendelssohn Bartholdy an Rebecka Mendelssohn, Neapel, 13.4.1831

berauschten Komponisten dieser unermeßlich weite *Garten*, an der einen Seite von der sanften Linie des Meeres begrenzt und auf der anderen von schneespitzigen Bergen bewacht. In der Ferne lockte geheimnisvoll der blau umwölkte Vesuv. Drei Tage dauerte die Reise, die Felix Mendelssohn als einzig schön in Erinnerung blieb.

[…] eine Vegetation, wie toll; es ist unglaublich behaglich. Was in England durch die Menschen erfreulich ist, ist es hier durch die Natur; und wie dort kein Plätzchen ist, von dem nicht Jemand Besitz genommen, und es angebaut und verziert hat, so ist hier keins, wo die Natur nicht Besitz nimmt, und Blumen und Kräuter und alles Schöne hervorbringt.

FELIX MENDELSSOHN BARTHOLDY AN
REBECKA MENDELSSOHN, NEAPEL, 13.4.1831

TASCHENUHR ⌐ mit Kette und
mit graviertem Anhänger. Gold.
19. Jahrhundert

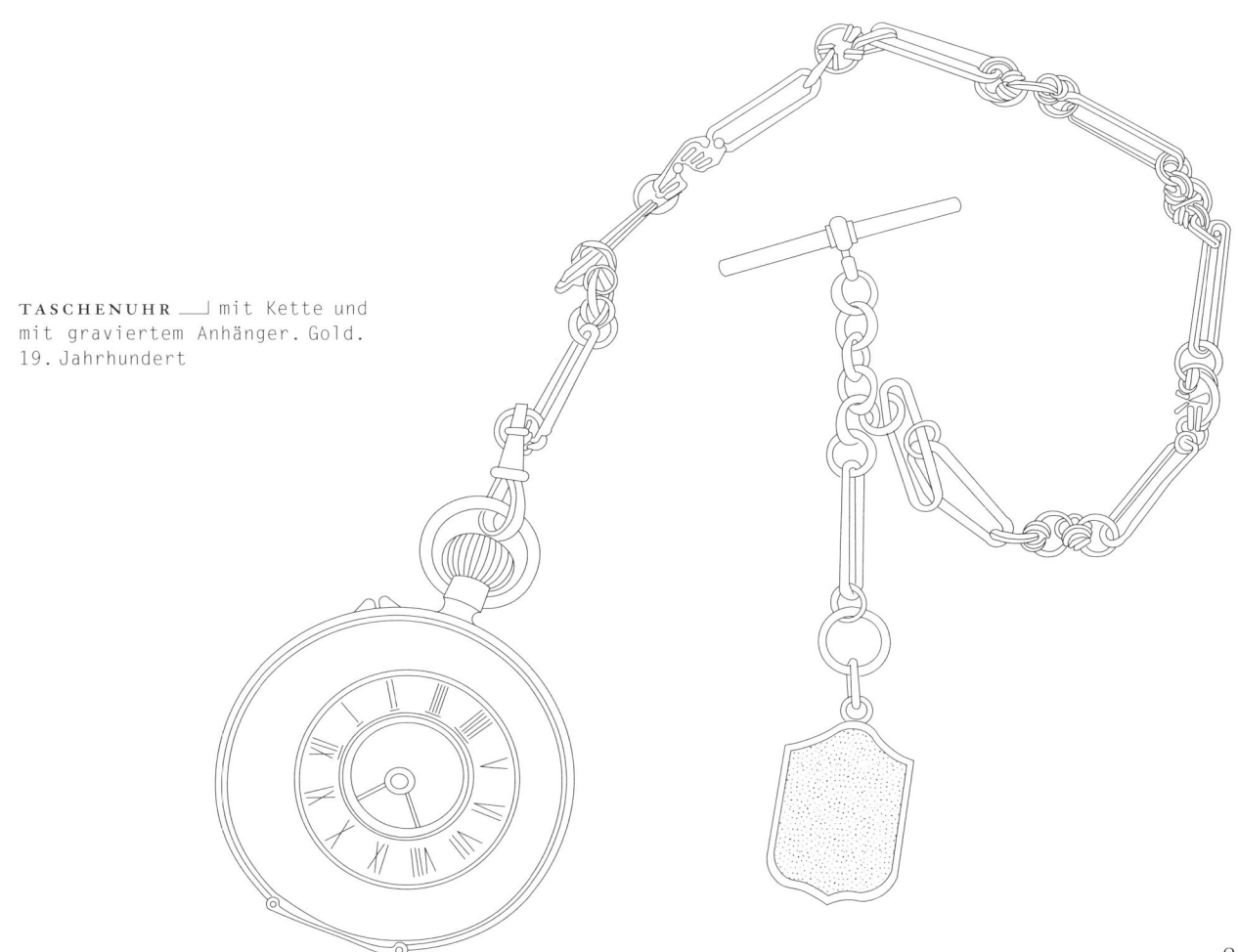

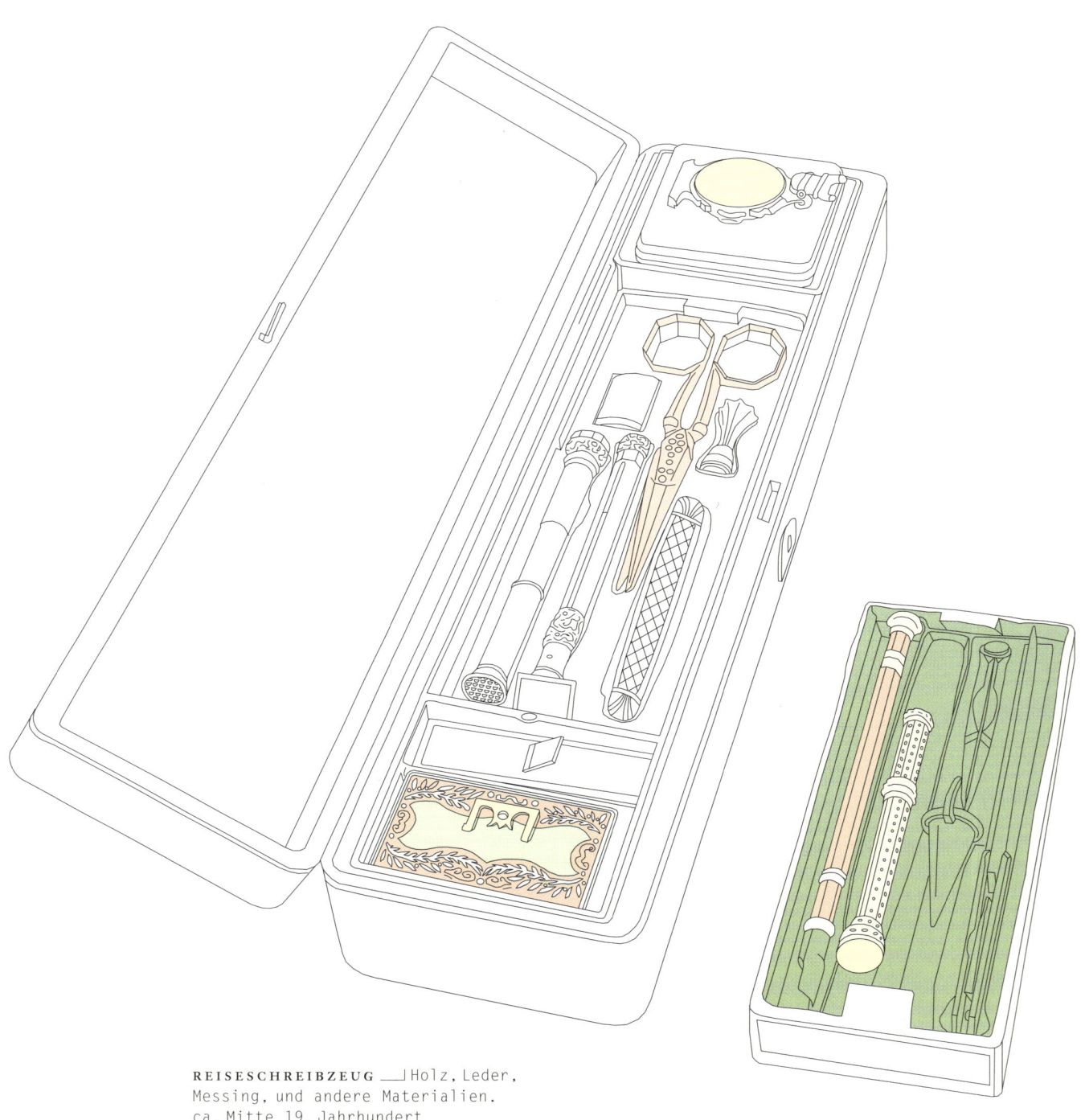

REISESCHREIBZEUG ⌐Holz, Leder,
Messing, und andere Materialien.
ca. Mitte 19. Jahrhundert

9 Das alte Trauerspiel

Felix Mendelssohn blieb einen Monat in Neapel, Bekanntschaften suchte er in der kurzen Zeit nicht. Einen Herrn August von Platen, Dichter und Verehrer der Griechen, lernte er zwar kennen, jedoch nicht schätzen:

F. M. B., Neapel, 28. 5. 1831

> *Graf Platen ist ein kleiner, verschrumpfter, goldbebrillter, heiserer Greis von fünfunddreißig Jahren; er hat mir Furcht gemacht. Die Griechen sehen anders aus!*
> *Er schimpft auf die Deutschen gräßlich, vergißt aber, daß er es auf deutsch tut.*

Am liebsten stand der Komponist stundenlang auf seinem Balkon, der ihm einen märchenhaften Ausblick auf den Golf von Neapel und den Vesuv bot. Der berühmte Berg enttäuschte den einsamen Beobachter ein wenig, denn *leider raucht der Schelm [...] nicht einmal.* Der Golf entschädigte ihn dafür mit einem malerischen Anblick, wenn in der pechschwarzen Nacht die Kähne mit ihren blinkenden kleinen Lichtern ausfuhren, um Schwertfische zu fangen.

F. M. B., Neapel, 13. 4. 1831

Auf langen und einsamen Spaziergängen lernte Mendelssohn die Umgebung der Stadt kennen, und wieder war Goethe im Geiste dabei. Gedichten des Meisters, die in Neapel entstanden waren oder auf diese Anregung zurückgingen, forschte der junge Mann so verehrungsvoll nach, daß er gar wahrhaftige Schauplätze zu erkennen glaubte.

Die Inseln Capri, Procida, Ischia und Nisida liebte Felix Mendelssohn besonders. Nisida war ihm davon die liebste, so einladend und grün stieg sie aus dem Meer empor. Die lebendige Natur gab dem Romantiker Mendelssohn Gedanken über Brutus ein, der sich nach der Ermordung Cäsars auf Nisida versteckt gehalten hatte, wo ihn auch Cicero besuchte.

> *Das sind die Alterthümer, die mir gefallen, und was zu denken geben, mehr als ein Paar Brocken Mauerwerk.*

Ein Ausflug nach Pompeji hinterließ einen ganz anderen Eindruck als die römischen Ruinen, die ihn in ihrer Abstraktion vom einzelnen Menschen so beglückt hatten. Die Unmittelbarkeit der jäh aus dem Leben gerissenen Stadt erschütterte Mendelssohn:

F. M. B., Neapel, 27. 4. 1831

> *Das ist halb wie eine Brandstätte, halb wie eine eben verlassene Wohnung. Für mich, dem beides immer etwas Rührendes hat, war der Eindruck eigentlich der traurigste, den ich bis jetzt in Italien gehabt. Als seien die Menschen eben ausgegangen, ist es. doch zeigt wiederum fast Alles auf eine andere Religion, anderes Leben, kurz auf 1700 vergangene Jahre hin; und dazu klettern denn Franzosen und Engländerinnen munter drauf umher; zeichnen es auch wohl gar ab, – es ist wieder einmal das alte Trauerspiel von Vergangenheit und Gegenwart, über das ich in meinem Leben nicht wegkomme.*

Deutsches gibt es hier wenig zu lesen, da bin ich auf die Goetheschen Gedichte beschränkt, die mir Hauser geschenkt hat u. bei Gott es ist genug drin zu bedenken, neu bleibt es immer. Namentlich interessieren mich hier die Gedichte, die er offenbar in oder um Neapel geschrieben hat, wie z. B. Alexis u. Dora, denn das sehe ich fast täglich von meinem Fenster aus, wie das wunderbare Gedicht entstanden; ja wie es denn mit allen Meisterwerken geht, so denke ich oft so von selbst u. plötzlich dran, daß mir ist, als müsse es mir auch bei ähnlicher Gelegenheit eingefallen sein, und als hätte der es nur zufällig ausgesprochen. FELIX MENDELSSOHN BARTHOLDY AN SEINE FAMILIE, NEAPEL, 28. 5. 1831

Zu einem ernsten, ruhigen Gedanken habe ich noch nicht kommen können; das Ding ist gar zu lustig um mich her; es fordert zum Nichtsthun und Nichtdenken auf. FELIX MENDELSSOHN BARTHOLDY AN REBECKA MENDELSSOHN, NEAPEL, 13. 4. 1831

Das *lustige Neapel* machte sich da schon besser. Ein unvorstellbar malerisches, lärmendes Gewühl herrschte in der Hafenstadt. Hirten mit Ziegenfellen auf den nackten Schultern kamen aus den Abbruzzen in die Stadt, um der Heiligen Madonna ein Ständchen auf dem Dudelsack zu bringen, schreiende *Acquajuoli* boten ihr eiskaltes, köstliches Wasser feil. Gleich daneben tanzten Sizilianerinnen oder zogen Prozessionen frommer Brüderschaften stumm vorbei. Durch das Gewühl zwängten sich im Schritttempo schreiend bunte Kaleschen, von Pferden gezogen, die selber noch einmal so prächtig mit Schellen, Bändern, Fransen, Federbüschen geschmückt waren. Vor prachtvollen Palästen drängten sich grell geputzte Buden; flatternde Fahnen, Teppiche und glänzende Goldpapiere überall verbreiteten eine festliche Ausgelassenheit. Doch die Bewohner der Stadt, die Mendelssohn als betrügerisch und abergläubig empfand, waren nicht nach seinem Geschmack. Der Anblick des unsäglichen Elends quälte ihn, die unzähligen bettelnden Kinder und Krüppel, die, wie er schrieb, mit ihren Gebrechen abscheulich kokettierten, besonders aber *die weißhaarigen alten Leute, die man darunter sieht, thun mir wehe.*

F. M. B., Neapel, 27. 4. 1831

So flüchtete er oft auf seinen Balkon in die Einsamkeit. Eine bedrückende Unlust zur Arbeit machte ihm zu schaffen, auch wenn er das zeitweise schlechte Wetter nutzte und an der *Walpurgisnacht* oder der *Italienischen* zu arbeiteten versuchte.

Mendelssohn litt an einer Trägheit, die er bisher nie an sich gekannt hatte. Diese Schlaffheit, die er auch in der Bevölkerung zu erkennen glaubte, erklärte sich der Nordländer aus dem Geist und Körper einschläfernden Klima, das es unmöglich mache, etwas wirklich Substanzielles entstehen zu lassen. Während der Wochen in Neapel beobachtete er das Fehlen einer kontinuierlich arbeitenden, fleißigen Mittelschicht und kam zu dem Schluß, daß die Tätigkeiten in Neapel einfach nur verschiedene Arten des Nichtstuns seien.

F. M. B., Rom, 6. 6. 1831

> *Daher giebt es so wenig Industrie u. Conkurrenz; daher macht Donizetti seine Oper in 10 Tagen fertig, sie wird ausgezischt, aber das thut ihm gar nichts, denn er bekommt dafür bezahlt u. kann wieder spazierengehen; sollte aber seine Reputation endlich gefährdet werden, so würde er wieder zuviel arbeiten müssen, u. das wäre unbequem. Drum schreibt er einmal eine Oper in 3 Wochen, giebt sich zu ein paar Stückchen Mühe, damit sie recht gefallen, u. kann wieder eine Weile spazierengehen u. schlecht schreiben. So malen die Maler die unglaublich schlechten Bilder, die noch weit unter der Musik stehen; so bauen die Architekten die abgeschmacktesten Gebäude [...]. Alles das ist aber einerlei; die Bilder sind bunt, die Musik macht Lärm, die Gebäude geben Schatten – mehr will der Neapolitanische Große nicht davon.*

[...] eine solche Masse von Elend kann man sich gar nicht denken. Geht man am Meere spazieren, sieht nach den Inseln hinüber, – will dann auch einmal auf's Land sehen, und steht in der Mitte von Krüppeln, die mit ihren Gebrechen coquettieren, oder findet sich, wie es mir neulich geschah, von 30 bis 40 Kindern umgeben, die alle ihr „muoio di fame" absingen, und sich dabei auf die Kinnbacken klopfen, um zu zeigen, daß sie nichts zu beißen haben, – so macht es eine widerlichen Kontrast. FELIX MENDELSSOHN BARTHOLDY AN SEINE FAMILIE, ROM, 6. 6. 1831

Die Idee eines Mittelpunkts für ein großes Volk, die London so wunderbar schön macht, giebt mir Neapel nicht, und zwar, weil eben das Volk fehlt. FELIX MENDELSSOHN BARTHOLDY AN SEINE FAMILIE, ROM, 6. 6. 1831

Das Clima ist für einen großen Herrn eingerichtet, der spät aufsteht, nie zu Fuß zu gehen braucht, nichts denkt (weil das erhitzt), nachmittags seine Paar Stunden auf dem Sopha schläft, dann sein Eis ißt, u. nachts ins Theater fährt, wo er wieder nichts zu denken findet, sondern Besuche machen und empfangen kann. Auf der anderen Seite ist das Clima wieder ebenso passend für einen Kerl im Hemde, mit nackten Beinen u. Armen der sich ebenfalls nicht zu bewegen braucht, sich ein paar Gran erbettelt, wenn er einmal nichts zu leben hat, Nachmittags sein Schläfchen macht auf der Erde am Hafen oder auf dem Steinpflaster [...] der dann sich seine frutti di mare etwa selbst aus dem Meere heraufholt, dann da schläft, wo er Abends zuletzt hinkommt, kurz, der in jedem Augenblick das thut, was ihm gerade gemüthlich ist, wie ein Thier. Das sind denn nun auch die beiden Haupt-Classen in Neapel. FELIX MENDELSSOHN BARTHOLDY AN SEINE FAMILIE, ROM, 6. 6. 1831

Die geheimnisvollen Altertümer und die überwältigende Natur Neapels vermochten Mendelssohn nicht aus seiner Lethargie zu reißen, waren kein Ersatz für die Essenz seines Lebens: das Tätigsein und die Musik.

Er war *Stock-Musiker genug, um mich herzlich wieder einmal nach einem Orchester, oder einem vollen Chor zu sehen.* Eine müßige Sehnsucht, resümierte er doch selber: *die Zeit wo jeder Italiener geborener Musiker war, ist, wenn sie jemals gewesen, lange vorbei.*

Die geplante Weiterreise nach Sizilien untersagte der Vater brieflich aus Berlin. Felix fügte sich widerspruchslos, obwohl er denken mochte wie später Richard Wagner: *Italien ohne Sizilien macht gar kein Bild in der Seele.* Es war sein Herzenswunsch gewesen, Sizilien zu sehen. Sein Berliner Lehrer Zelter jedenfalls war erbost sowohl über den diktatorischen Vater Mendelssohn als auch über den allzu fügsamen Sohn. Der von Zelter unterrichtete Goethe hieß die Entscheidung Abraham Mendelssohns ebenfalls nicht gut:

> Der Herr Papa hatte sehr Unrecht, ihn nicht nach Sizilien zu schicken; der junge Mann behält eine Sehnsucht ohne Not [...].

Auf einem letztem Abschiedsausflug nach Paestum stellte Mendelssohn wehmütig fest: *das war der südlichste Punkt meiner Jugendreise.* Genau ein Jahr zuvor hatte er Leipzig verlassen, um nach Italien zu reisen. Hier, auf dem Wendepunkt seiner Reise, überdachte der Komponist ein erstes Mal die vergangenen Monate:

> Habe ich was Rechtes erlebt, so wird es schon auch nach außen wirken, und ich will gewiß keine Gelegenheit dazu vorüber lassen.

Nun an Dich, lieber Vater, noch ein Paar Worte. Du hast mir geschrieben, daß Du es nicht gern sehen würdest, wenn ich nach Sizilien ginge, und ich habe demnach diesen Plan aufgegeben, obgleich ich nicht läugnen kann, daß es mir etwas schwer wird [...]. Deine Vorschriften haben indeß bis jetzt immer so sehr mit meinen Wünschen übereingestimmt, daß ich gewiß die erste Gelegenheit, Dir auch gegen meinen Willen gehorsam zu sein, nicht vorbei gehen lassen werde, und somit habe ich Sizilien von meiner Reiseroute gestrichen.
Felix Mendelssohn Bartholdy an seine Familie, Neapel, 20. 5. 1831

Ich fühlte mich schlaff, unlustig zu allem Ernsthaften, kurz unthätig. Wie ich denn nun tagelang mit mürrischem Gesichte die Straße auf und ab schlenderte, und mich am liebsten eigentlich auf die Erde gelegt hätte, ohne irgend etwas zu denken, zu wollen, zu thun, – da fiel mir auf einmal ein, daß die Hauptklassen von Neapel am Ende wirklich so lebten, und das also der Grund zu meinem Mißbehagen nicht, wie ich fürchtete, in mir, sondern im Ganzen, – in Luft, Clima u.s.w. liegen möchte.
Felix Mendelssohn-Bartholdy an seine Familie, Rom, 6. Juni 1831

F. M. B., Neapel, 17. 5. 1831

J. W. v. Goethe, 1831

F. M. B., Rom, 6. 6. 1831

VIERSITZIGE POSTKUTSCHE ___| 1858

SECHSSITZIGE FAHRPOST ___| 1838

SECHSSITZIGE POSTKUTSCHE ⌐ um 1850

ZWÖLFSITZIGER OMNIBUS ⌐ 1839

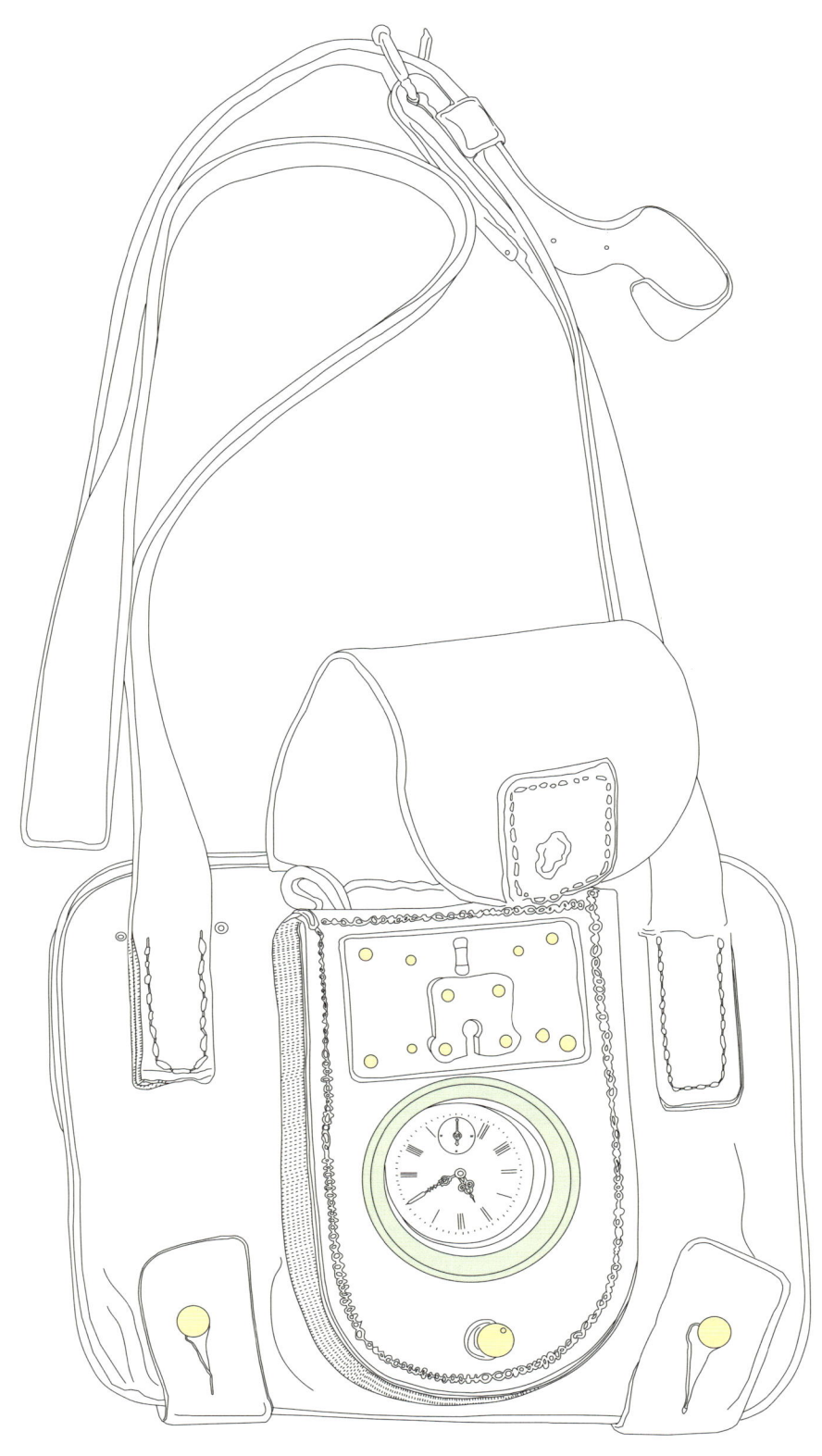

KURSUHR ⌐ mit Ledertasche
Leder, Metall. nach 1850

F. M. B. Rom, 6.6.1831

Die Rückkehr nach Rom war für Felix Mendelssohn eine Erlösung.
Die heilige Stadt umfing ihn sogleich wieder mit jenem Behagen und der
maßvollen Heiterkeit, die er so sehr schätzte. Aus der dämmrigen Trägheit erwacht, schrieb Felix Mendelssohn zahllose Briefe.

> *Ich glaube, daß alle die aus Neapel nichts getaugt haben. Es ist, als wolle Einen*
> *die Luft da nicht zum Nachdenken kommen lassen […].*

Er machte Besuche und ordnete liegengebliebene Angelegenheiten.
Nach zwei kurzen Wochen hieß es allerdings endgültig Abschied nehmen
von der geliebten Stadt. Ende Juni 1831 trat Mendelssohn den Heimweg
an. Auf der Reise nach Florenz lernt man den sanften Felix Mendelssohn von einer praktischen und entschlossenen Seite kennen. Es herrschte
eine unerträgliche Hitze, der vollkommen gleichgültige und stumpfe
Kutscher fuhr *piano, während die Sonne fortissimo brennt* und auf den schmutzi-
gen Poststationen tummelte sich Ungeziefer und quälte die Reisenden.
Die Gesellschaft ging Mendelssohn überdies auf die Nerven – eine
unangenehme Venetianerin und drei Jesuiten, die ihn mit endlosen Ausfüh-
rungen über den Sittenverderber Ariost quälten. Ein Achsenbruch fehlte
schließlich nicht, und so packte der Komponist ermattet und erbost
zugleich seine Koffer in Incisa vom Wagen und sagte dem Kutscher,
er solle zum Teufel fahren, was er freilich ungern that.
Nun atmete Felix Mendelssohn erleichtert auf, schließlich blieb nur
eine halbe Tagesreise von Incisa nach Florenz. Am selben Abend noch,
so freute er sich, würde er in Florenz den Maskenball im Teatro Goldoni
besuchen. Die Freude war voreilig: die Posthalterin von Incisa, eine
geschäftstüchtige Frau, verlangte in gelassener Unverschämtheit von
dem Reisenden für die gewöhnlichen Postpferde den vielfachen Preis.
Denn war der Deutsche nicht auf sie angewiesen? Wo sollte er eine
andere Fahrgelegenheit finden?
Felix Mendelssohn war keineswegs bereit, sich so plump betrügen zu
lassen. Der junge Mann verlangte, die offiziellen Tarife zu sehen. Aber auf
diesem Ohr war die Dame taub – sie verweigerte dem Fremden die Ein-
sicht. Und nun verlor auch ein Felix Mendelssohn die Geduld: *Der Zustand*
der Gewalt, der hier eine große Rolle spielt, trat also abermals ein; denn ich packte sie und
warf sie in die Stube hinein,

F. M. B. Florenz, 26.6.1831

Es ist, als wolle Einen die Luft da nicht zum
Nachdenken kommen lassen; wenigstens
ist es mir nur sehr selten gelungen, mich
dort zu sammeln. Jetzt bin ich aber kaum
ein Paar Stunden wieder hier, und das alte
römische Behagen und die heitere Ernst-
haftigkeit […] haben sich schon wieder
ganz über mich ausgebreitet.
Ich kann nicht sagen, wie ungleich mehr
ich Rom liebe, als Neapel. Die Leute sagen,
Rom sei monoton, einfarbig, traurig und
einsam; es ist auch wahr, daß Neapel
mehr wie eine große europäische Stadt ist,
lebendiger, verschiedenartiger, kosmo-
politischer. Ich sage Euch aber im Vertrauen,
daß ich nach u. nach auf das Kosmo-
politische einen ganz besonderen Haß
bekomme, ich mag es nicht, wie ich
überhaupt Vielseitigkeit nicht recht mag,
oder eigentlich nicht recht daran glaube.
Was eigenthümlich, und schön sein soll, das
muß einseitig sein, wenn diese eine Seite
nur zur größten Vollkommenheit ausge-
bildet ist, – und das kann kein Mensch Rom
abstreiten. FELIX MENDELSSOHN BARTHOLDY
AN SEINE FAMILIE, ROM, 6.6.1831

schrieb er, sicher etwas flunkernd, später aus Florenz. Der empörte Reisende beschloß, sich persönlich beim Bürgermeister zu beschweren. Wie ihn aber das Schicksal noch nicht aus seiner Qual entlassen wollte, war jener leider – verreist.

Die unangenehme Geschichte löste sich für den Musiker aber in bester Weise auf. Ein hilfreicher Bürger nahm sich Mendelssohns an, der, umjohlt von einer Horde Straßenjungen, verzweifelt den Ort durchstreifte. Zu einem mäßigen Preis erhielt der Überglückliche von einem Weinbauern ein Wägelchen. Das Schauspiel endete in einem freundlichen Finale mit einem hochzufriedenen Felix Mendelssohn, der die ortseigenen Bettler mit ein paar Münzen beschenkte und unter den *Bravo*-Rufen des mittlerweile komplett versammelten Dorfes abfuhr.

In dem leichten und schnellen Wagen überholte Mendelssohn voller Genugtuung sogar noch den trägen Vetturin samt Venezianerin und Jesuiten und erreichte am Abend glücklich Florenz und die ersehnte Vorstellung im Teatro Goldoni.

Diesmal fand Felix Mendelssohn endlich Muße, Florenz mit seinen Kostbarkeiten zu genießen. Er durchstreifte die Uffizien und vor allem immer wieder die Sammlung der Selbstporträts. Das Unmittelbare der Bildnisse ergriff den jungen Mann.

> *Wie da ein Jeder so aussieht, wie das was er geschaffen hat, und wie ein Jeder, indem er sich selbst malte, sich so ganz gegeben hat, wie er gewesen sein muß!*

Vor dem ihm wesensfremden *wildkräftigen, markig und knorrig* gesunden Michelangelo, der *so böse herausschaut und so grob*, schauerte der empfindame Betrachter zurück. Den Kontrast zu dem darunter hängenden *rührendsten* Selbstporträt des geliebten Raffael erlebte er umso tiefer:

> *Wie er noch nicht einmal aussprechen kann, was er alles sieht und fühlt, und wie es ihn zwingt, immer weiter zu schreiten, und wie er früh sterben muß, das steht alles auf dem trüben, leidenden, feurigen Gesicht.*

Mendelssohn notierte sich bei seinen Galeriebesuchen – wie schon in Venedig oder Rom – die Namen der verehrten Meister. Darunter waren Fra Bartolomeo, Fra Filippo Lippi, Pietro Perugino, Andrea del Sarto, Domenico Ghirlandajo und Guido Reni, Giovanni Antonio Pordenone, Tintoretto und Paolo Veronese. Immer aus Neue aber begeisterten den Komponisten aber die Werke Tizians, das *allergöttlichste, was Menschen malen können*, im besonderen dessen *Assunta*, die er in Venedig bewundert hatte:

> *Wie die Maria da auf der Wolke schwebt und ein Wehen durch das ganze Bild geht; wie man ihren Atem, und ihre Beklemmung und Andacht und kurz die tausend Empfindungen alle in einem Blick sieht [...]. Und dann sind drei Engelsköpfe auf der rechten Seite, die von Schönheit das Höchste sind, das ich kenne [...].*

F. M. B., Florenz, 25. 6. 1831

F. M. B., 10. 10. 1830

Tiziano tüchtig und königlich, Domenichino nett, hell, sehr vernünftig und lustig. Guido weiß, vornehm, meisterhaft, scharf. [...] Caravaggio etwas gemein katzenhaft. Guercino hübsch und affectiert, melancholisch schwarz [...]. Giorgione ritterlich, phantastisch, still und klar. Leonardo da Vinci der Löwe; in der Mitte der kranke, himmlische Raphael [...]. Angelo häßlich, kräftig, böslich [...].

Felix Mendelssohn Bartholdy an Fanny Hensel, Leipzig, 14. 12. 1839

Namentlich aber freute mich der Mönch Fra Bartolommeo, der ein sehr frommer, zarter und ernster Geist war. Ein kleines Bildchen von ihm ist da; das habe ich mir entdeckt. Es ist etwa so groß wie dies Papier, in zwei Abtheilungen geteilt, und stellt die Anbetung, und die Darbringung im Tempel vor [...]. Man sieht an dem Bilde wie der andächtige Herr so recht mit Lust daran gemalt, und in's Kleinste ausgeführt hat; etwa um es zu verschenken, und Jemand eine Freude damit zu machen. Es ist, als gehöre der Maler dazu, und müsse noch davor sitzen, und sei nur eben weggegangen.

Felix Mendelssohn Bartholdy an seine Familie, Florenz, 25.6.1831,

Mit Erinnerungen an seine italienische Reise umgab sich Felix Mendelssohn sein Leben lang: Eine Kopie der *Assunta* und von Tizians *Madonna des Hauses Pesaro* hing in seiner Leipziger Wohnung, das Berliner Arbeitszimmer schmückten neben kolorierten Stadtansichten Roms Kopien der Gemälde von Raffael.

OBOENMUNDSTÜCKE ⌐ diverse

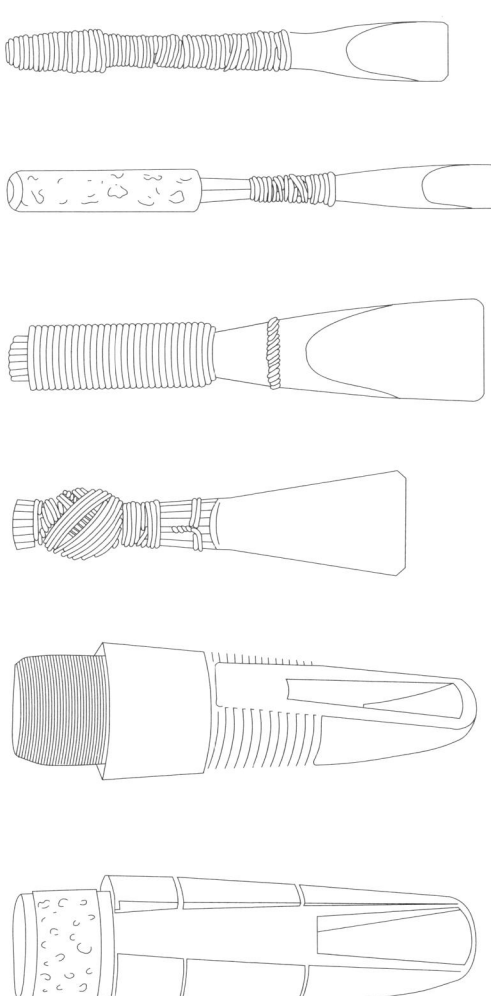

Wenn Du bei dem gelben Himmelsglanz hinter der Maria nicht an mich denkst, so hört alles auf. Ebenfalls bei zwei gewissen Engelsköpfen, an denen ein Rindvieh lernen kann, was Schönheit ist.

FELIX MENDELSSOHN BARTHOLDY AN FANNY HENSEL, ÜBER DIE „ASSUNTA" VON TIZIAN, LEIPZIG, 14.9.1839,

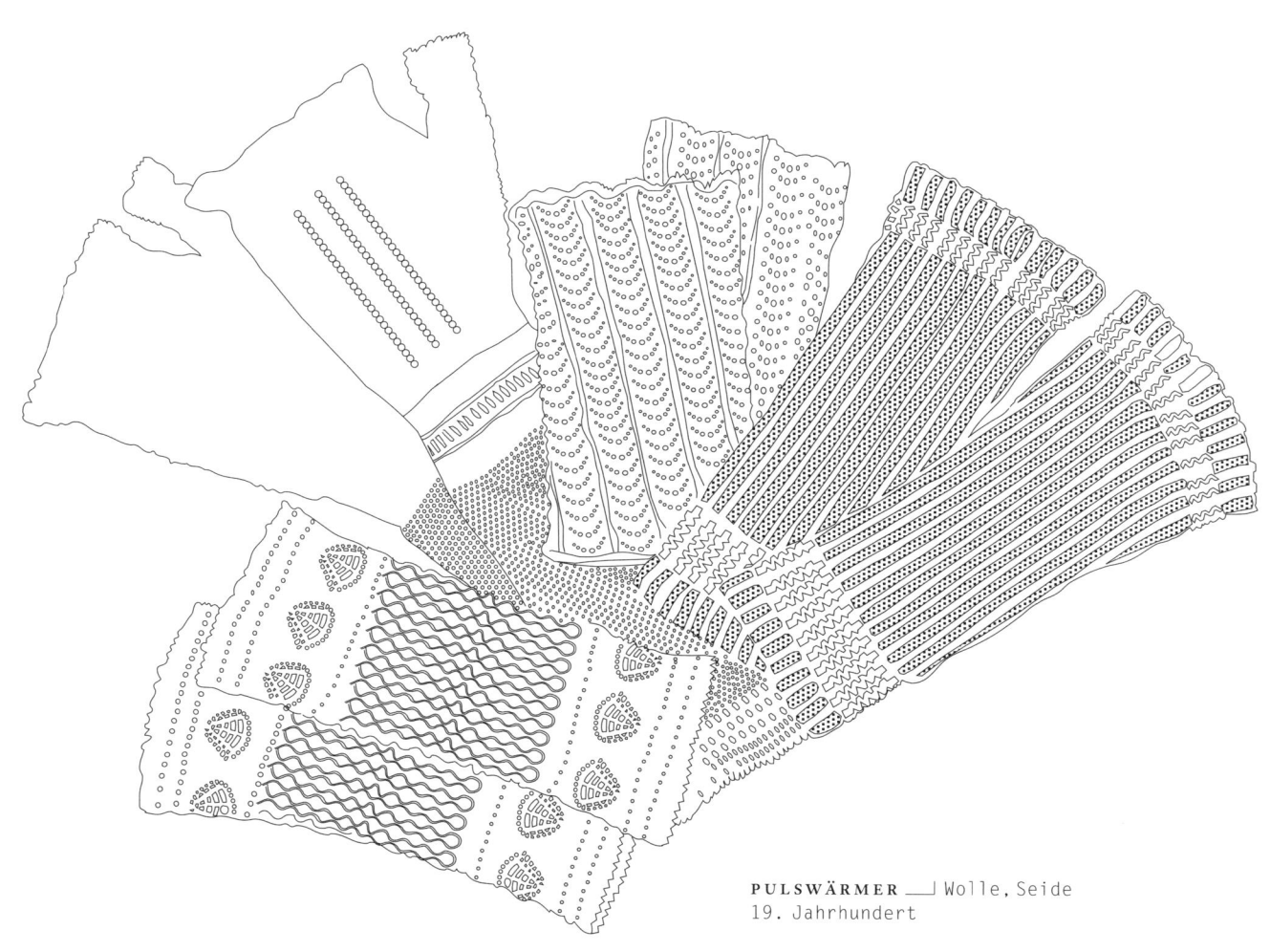

PULSWÄRMER ⌐ Wolle, Seide
19. Jahrhundert

Mailand war ein letzter Glanzpunkt der Heimreise. Eine Woche hielt sich Mendelssohn in der Stadt auf, die sein Zeitgenosse Stendhal so sehr liebte. Auf den Komponisten scheint die Stadt jedoch keinen besonderen Eindruck gemacht zu haben. Möglicherweise behagte ihm auch das enge Klima des österreichisch besetzten Mailand nicht: Nach dem Wiener Kongress standen nunmehr die Lombardei und Venetien unter österreichischer Herrschaft: Zensurschikanen, Hausdurchsuchungen, heimliche Überwachungen und Verletzungen des Briefgeheimnisses waren an der Tagesordnung. Auch der junge Deutsche bekam dieses tiefe nachrevolutionäre Mißtrauen zu spüren: einige seiner in Oberitalien abgeschickten Briefe erreichten ihren Bestimmungsort nicht. Wahrscheinlich, so erklärten ihm Bekannte, wurden die Briefe geöffnet und wegen der den Beamten unentzifferbaren und überaus geheimnisvollen Notenschrift, die nach Hochverrat roch, konfisziert. Mendelssohn hat sich sehr über diese Dummheit erregt.

Auf dieser letzten Station seiner italienschen Reise zog Felix Mendelssohn Bilanz. Seine Briefe klingen ernst und sind voller Gedanken über die Zukunft. Anstoß zu dieser nachdenklichen Stimmung war möglicherweise ein Brief seines Freundes Eduard Devrient, der den 22jährigen Mendelssohn empfindlich getroffen haben muß. Der Freund ermahnte den Jüngeren, sich nicht in Kleinigkeiten zu verlieren. Psalmen und Choräle im Bachschen Stil zu komponieren, wäre kein Weg zur Berühmtheit. Er, Felix Mendelssohn, müsse eine Oper schreiben! Scherzend und gewiss nicht böswillig zitierte Devrient Schillers *Don Carlos*: *Zweiundzwanzig Jahre, und nichts für die Berühmtheit getan!*

Der Sänger war sicher erstaunt, auf seinen Brief eine so ausführliche und ernsthafte, ja philosophische Antwort zu erhalten. Demütig und stolz zugleich wies Mendelssohn die Ermahnungen des Freundes von sich:

> *Du machst mir Vorwürfe, daß ich schon 22 Jahre und doch noch nicht berühmt sei; ich kann darauf nichts anderes antworten als: wenn Gott gewollt hätte, daß ich zu 22 Jahren berühmt sein sollte, so wäre ich's wahrscheinlich schon geworden.*

Devrients Kritik an seiner großen und tiefen Bachverehrung ließ er sich nicht gelten:

> *[…] und wenn mir einmal […] so zu Muthe geworden ist wie dem alten Bach, so soll es mir umso lieber sein. Denn Du wirst nicht meinen, daß ich seine Formen kopiere, ohne Inhalt, da könnte ich vor Widerwillen und Leerheit kein Stück zu Ende schreiben […].*

Die Leute wissen jetzt, daß ich lebe und daß ich etwas will, und was ich Gutes leiste, werden sie wohl gut annehmen […].
FELIX MENDELSSOHN-BARTHOLDY AN DEN VATER, PARIS, 21.2.1832

[…] ich schreibe ebenso wenig, um berühmt zu werden, als ich schreibe, um eine Kapellmeisterstelle zu erhalten. Es wäre schön, wenn beides sich einfinden wollte, so lange ich aber nicht gerade verhungre, so lange ist es Pflicht, zu schreiben, was und wie mir es ums Herz ist […].
Nur daran denke ich immer mehr und aufrichtiger, so zu komponieren, wie ich es fühle, noch immer weniger Rücksichten zu haben, und wenn ich ein Stück gemacht habe, wie es mir aus dem Herzen geflossen ist, so habe ich meine Schuldigkeit dabei getan, und ob es nachher Ruhm, Ehre, Orden, Schnupftabaksdosen u. dergl. einbringt, kann meine Sorge nicht sein.
FELIX MENDELSSOHN-BARTHOLDY AN SEINEN FREUND EDUARD DEVRIENT, MAILAND, 15.7.1831

Freidrich Schiller, Don Carlos

F. M. B., Mailand, 15.7.1831

F. M. B., Mailand, 15. 7. 1831

Der lange und ernste Brief ist ein beeindruckendes Zeugnis von Mendelssohns nicht nur musikalischer Reife. Voll freundschaftlicher Wärme beendete Felix Mendelssohn sein Schreiben und erzählte Devrient von der *Walpurgisnacht*, die er nun in Mailand vollendet habe. Charmant und versöhnlich bat er den Sängerfreund, die Rolle des Druiden zu singen:

> Ich habe Dir den Priester in die Kehle geschrieben, mit Erlaubnis, also mußt Du ihn wieder heraussingen.

F. M. B., Mailand, 15. 7. 1831

Bald nach seiner Ankunft in Mailand hatte sich der Komponist entschlossen an ein Tafelklavier gesetzt, um endlich die *Walpurgisnacht* zu vollenden und die Kantate mit *rabbia* angepackt. Und so konnte er bald dem todkranken Goethe von der Vollendung des Werkes berichten.

Eine besondere Begegnung, die die Italienreise hell und heiter abrundete, verdankte Mendelssohn seiner gewinnenden Art, schnell Bekanntschaften schließen zu können. Als er sich nach seiner Ankunft bei einem Bedienten beiläufig nach dem Namen des militärischen Kommandeurs erkundigte, nannte dieser ihm General Ertmann.

Mendelssohn erinnerte sich, daß dessen Gattin, eine ehemals ausgezeichnete Pianistin, eng mit Beethoven befreundet gewesen war. Begeistert entschloß sich der junge Musiker zu einer spontanen Formlosigkeit: im schwarzen Frack und mit einer improvisierten Anrede an die Generalin im Kopf begab er sich ohne Empfehlungen, ohne Anmeldung oder Briefe zum Palast des Gouverneurs. Ein faux pas ließ denn auch nicht auf sich warten. Am Palazzo angekommen, fragte er einen zwischen etlichen Soldaten stehenden alten Mann, ob hier der General Ertmann wohne. Er wolle sich bei der Frau melden lassen. Als der Befragte antwortete, er selber sei der General, und was zu Diensten stünde, versank Mendelssohn vor Scham fast in den Boden. Etwas unwirsch fragte der General ihn aus, wurde aber *sehr höflich*, als er den Namen des jungen Mannes hörte und lud ihn sogar auf den Nachmittag ein.

F. M. B., Mailand, 14. 7. 1831

> Und um 2 lernte ich nun die „Freifrau Dorothea von Ertmann" kennen. Sie nahm mich sehr freundlich auf, war auch sehr gefällig, spielte mir gleich die Cis Moll-Sonate von Beethoven vor und dann die aus D moll. Der alte General […] war ganz glücklich, und weinte vor Freuden, weil er seine Frau so lange nicht hatte spielen hören; es sei in Mailand kein Mensch, der so was anhören wolle. Sie sprach von dem B-Dur-Trio, dessen sie sich nicht entsinnen könne. ich spielte es, und sang die Stimmen dazu; das machte dem alten Ehepaar viel Freude, und so war die Bekanntschaft geschlossen […].

Das vornehme Ehepaar war von einer großen Freundlichkeit gegen den jungen Mann, die ihn fast *beschämte*. Der General zeigte ihm die Stadt, mit der Generalin fuhr er auf dem Corso spazieren. Am Abend wurde

---

Darum ist das bloße Wollen und auch Können an sich noch nicht zureichend, sondern ein Mensch muß wissen, was er kann: erst so wird er Charakter zeigen, und erst dann kann er etwas Rechtes vollbringen. ARTHUR SCHOPENHAUER

[…] morgen früh wird sie auch richtig fertig. das heißt bis auf die Ouvertüre, von der ich noch nicht weiß, ob ich eine große Symphonie oder eine kurze Frühlingseinleitung mache. Hierüber möchte ich einen Gelehrten hören. Nun ist das Ende besser geworden, als ich mir selbst gedacht hatte. Das Ungetüm und der bärtige Druide mit seinen Posaunen, die hinter ihm stehen und tuten, macht mir königlichen Spaß, und so brachte ich ein Paar Morgen sehr glücklich zu.
FELIX MENDELSSOHN BARTHOLDY
AN SEINE FAMILIE, MAILAND, 15. 7. 1831

Daß ich die Kühnheit gehabt habe, Ihre „Erste Walpurgisnacht" zu komponieren, schrieb ich Ihnen schon von Rom aus. Nun habe ich sie in Mailand fertig gemacht. Es ist eine Art Kantate für Chor und Orchester geworden, länger und ausgedehnter, als ich zuerst gedacht hatte, weil die Aufgabe sich ausdehnte und größer ward und mir mehr sagte, je länger ich sie mit mir herumtrug. Erlauben Sie mir, Ihnen meinen Dank zu sagen für die himmlischen Worte! Wenn der alte Druide sein Opfer bringt und das Ganze so feierlich und unermeßlich groß wird, da braucht man gar keine Musik erst dazu zu machen. Sie liegt so klar da, es klingt alles schon; ich habe mir immer schon die Verse vorgesungen, ohne daß ich daran dachte […].

Das einzige, was ich hoffe, ist, daß man es meiner Musik anhören mag, wie tief ich die Schönheit der Worte empfunden habe.
FELIX MENDELSSOHN BARTHOLDY AN GOETHE, MAILAND 1831

musiziert bis 1 Uhr und alle Tage mußte er bei den alten Herrschaften speisen. Mendelssohn lauschte beglückt den Geschichten, die die Generalin Ertmann von Beethoven zu erzählen wußte und ebenso ihrem Klavierspiel, daß er, der allen Übertreibungen und Rührseligem Abgeneigte, zwar als etwas zu romantisierend empfand: *oft übertreibt sie es ein wenig im Ausdruck und hält an und eilt dann wieder*, doch bescheiden den Eltern schrieb, er habe *etwas von ihr gelernt*.

Im Hause Ertmann lernte Mendelssohn noch einen weiteren interessanten Menschen kennen, den Sohn Wolfgang Amadeus Mozarts. Karl Mozart war Beamter in Mailand. An einem der Musizierabende, an dem der Mozartsohn anwesend war, flüsterte die Baronin Ertmann Felix ins Ohr, er solle doch nun nach all dem Beethoven auch einmal Mozart spielen, sonst würde dessen Sohn traurig werden. Sogleich spielte Felix Mendelssohn die Ouvertüre aus dem *Don Giovanni*, woran Karl Mozart eine *kindliche Freude* hatte und auch noch die Ouvertüre aus der *Zauberflöte* verlangte. Felix Mendelssohn faßte zu dem Mozartsohn eine herzliche Zuneigung und ein so tiefes musikalisches Vertrauen, daß er ihm als erstem die *Walpurgisnacht* auf dem Klavier vorspielte.

Dank dieser überraschenden Freundschaften verbrachte Mendelssohn erfüllte und glückliche Tage in Mailand, und als er Anfang August aufbrach, wurde der Abschied nicht leicht. Der Komponist verließ Italien nach einem 10monatigen Aufenthalt im August 1831. Das heitere, südliche Land betrat er nie wieder. Die Jugendreise hatte ihren Zweck erfüllt, Felix konnte dem Vater berichten, daß er sich darüber klar geworden war, daß einzig Deutschland das Land sei, in dem er leben und wirken wolle.

> *Eigentlich bin ich zwar zehn Jahre älter geworden, sehr ernsthaft und gesetzt und äußerlich ruppig, aber das tut gar nichts, denn ich habe lieb, was ich lieb hatte, nur noch mehr, und hasse vielleicht stärker, was ich nicht leiden konnte, und freue mich meines Lebens. Vaters erster Brief schloß: Genieße Deine Jugend und Dein Glück; das habe ich von Herzen getan und werde es tun und danke es Euch.*

Eine andere sehr liebe Bekanntschaft die ich dort gemacht habe, ist die des Herrn Mozart, der dort Beamter ist, eigentlich aber Musiker, dem Sinn und Herzen nach. Er muß die größte Ähnlichkeit mit dem Vater haben, besonders im Wesen; denn solche Sachen, wie sie Einen in den Briefen des Vaters rühren, in ihrer Naivetät und Offenheit, hört man in Menge von ihm, und muß ihn nach dem ersten Augenblicke gleich lieb haben.

FELIX MENDELSSOHN BARTHOLDY AN SEINE FAMILIE, ISOLA BELLA, 24.7.1831

Die Woche hier war eine der angenehmsten, vergnügtesten die ich in Italien verbracht habe [...].

FELIX MENDELSSOHN BARTHOLDY AN SEINE FAMILIE, MAILAND, 14.7.1831

Wie ich jetzt nach all den Schönheiten, die ich in Italien [...] genossen hatte, nach allem herrlichen, das ich gesehn und erlebt, wieder nach Deutschland kam, [...] da war eigentlich der Hauptpunkt der Reise, denn da merkte ich, daß ich ein Deutscher sei und in Deutschland wohnen wolle, so lange ich es könne. Es ist wahr, ich kann da nicht so viel Schönes genießen, nichts Herrliches erleben, aber ich bin da zu Hause. Es ist kein einzelner von den Orten, der mich eben besonders fesselte, wo ich besonders gern leben möchte, es ist das ganze Land, es sind die Menschen [...], unter denen ich mich wohlfühle [...].

FELIX MENDELSSOHN BARTHOLDY AN KARL FRIEDRICH ZELTER, PARIS 1832

Zeittafel

3 / 1830 4 5 6 7 8

Ende März
Felix Mendelssohn
Bartholdy rüstet
sich zu einer großen
Reise in den Süden.

Am Vorabend der Reise
erkrankt seine Schwester
Rebecka an den Masern.
Mendelssohn wird
ebenfalls von der Krank-
heit befallen.
Die geplante Reise wird
auf den Mai verschoben.

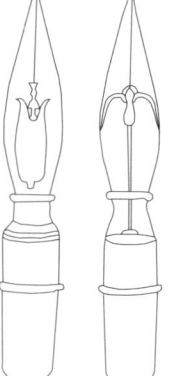

Nach dem 12. Mai
Mendelssohn verläßt
Berlin und begibt sich
endlich auf die geplante
Reise. Sein Vater
begleitet ihn bis Dessau.
Hier verweilt Mendels-
sohn kurze Zeit bei dem
Theologen Schubring,
einem Freund, der ihm
später die Texte zu den
Oratorien *Paulus* und *Elias*
zusammenstellen wird.

20. Mai
Ankunft in Weimar.
Mendelssohn trifft hier
zum letzten Mal Goethe.
Er spielt dem Dichter
häufig vor, jeden Vor-
mittag nimmt Goethe
eine *Musikstunde* bei ihm.

3. Juni
Mendelssohn
verläßt Weimar.

6. Juni
Ankunft in München.
Er bleibt hier bis zum:

6. August
und spielt in privaten
Zirkeln *soviel Klavier wie
nirgends*.

Über Salzburg, das Salz-
kammergut, Ischl und
den Traunsee gelangt er
nach Linz. In einem Brief
vom:

11. August
spricht er von dem Plan,
eine Sinfonie a-moll zu
komponieren.

13. August
Mendelssohn trifft in
Wien ein, wo er einen
Monat verweilt.

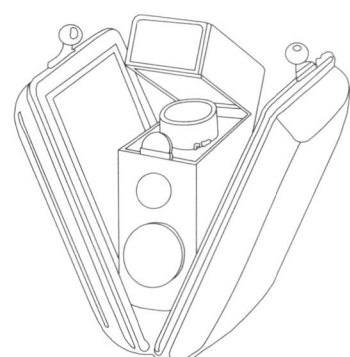

9. Oktober
Ankunft in Venedig.

22. Oktober
Ankunft in Florenz.

30. Oktober
Einwöchiger Aufenthalt,
der erneut reiche
Eindrücke bringt.
So durch das intensive
Erleben von Kunst-
werken wie der Raffael-
schen *Madonna del cardillino*,
der mediceischen Venus
und der *göttlichen Niobe*.

1. November
Am frühen Morgen,
im blendend hellen Mondlicht,
bei tiefblauem Himmel
erreicht Mendelssohn
genau 44 Jahre nach
Goethe die Stadt Rom,
wo der Komponist den
Winter verbringen wird.

30. November
Papst Pius VII. stirbt.
Alle öffentlichen
und musikalischen
Aufführungen werden
verboten.

Felix Mendelssohn macht
unzählige Bekannt-
schaften, darunter mit
dem Abbate Fortunato
Santini, dem Kapell-
meister Giuseppe Baini
und mit dem Kompo-
nisten Hetor Berlioz.

Häufig findet sich
Felix Mendelssohn im
Hause des preußischen
Ministerresidenten
und Historikers
Christoph Carl Josias
von Bunsen ein.

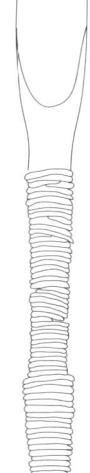

16. Dezember
Mendelssohn widmet
sich intensiv kompo-
sitorischen Aufgaben,
er vollendet die *Hebriden-*
Ouvertüre. In die gleiche
Zeit fällt auch der Beginn
der Arbeit an einer neuen
Sinfonie A-Dur, der
sogenannten *Italienischen*
Sinfonie, op. 90, sowie
an dem Klavierkonzert
g-moll, op. 25

27./28. September
Abstecher nach
Preßburg. Hier erlebt er
die pomphafte Krönung
Ferdinands V. zum König
von Ungarn.

Über Graz, Klagenfurth,
Resciutta und Udine
gelangt Mendelssohn
schließlich nach Venedig.

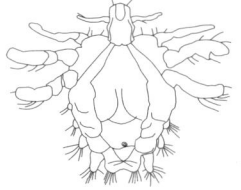

2 / 1831

Februar
Nach der Wahl des neuen
Papstes beginnt das
turbulente römische
Karnevalstreiben,
in das sich der 22jährige
Felix Mendelssohn
erlebnishungrig stürzt.

In dieser Zeit nehmen
Pläne für die Komposition
einer neuen Kantate nach
Johann Wolfgang von
Goethes Gedicht, der
Walpurgisnacht, konkrete
Gestalt an.

3

Beschäftigung mit der
Walpurgisnacht.

Bekanntschaft mit
bildenden Künstlern
wie Gottfried Schadow,
dem Bildhauer
Bertel Thorwaldsen
und dem Direktor der
Französischen Akademie
in Rom, dem Maler
Horace Vernet.

4

Nach dem 10. April
Mendelssohn reist mit
den Malern Bendemann,
Hildebrandt und Carl
Sohn nach Neapel und
Pompeji.

5

2. Mai
Aufenthalt in Neapel.
Mendelssohn arbeitet an
der *Walpurgisnacht* und
an der *Italienischen Sinfonie*.

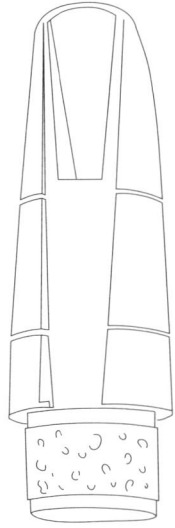

6

7

8

In Mailand verbringt er
zwischen dem:

7. und 15. Juli
einige Abende im Hause
des Generals Ertmann
und dessen Frau
Dorothea, einer hervor-
ragenden Pianistin,
der einst Beethoven seine
Klaviersonate
A-Dur op. 101 widmete.

Anfang August
Mendelssohn verläßt
Italien und begibt sich
nach der Schweiz auf
eine Fußwanderung, auf
der er den überwie-
genden Teil der Schweiz
durchwandern wird.

Bei Ertmanns ist eben-
falls oft zu Gast: Mozarts
Sohn Karl, der in
Mailand als Beamter lebt.
Mendelssohn faßt große
Zuneigung zu dem sym-
phatischen Mozartsohn.

Anfang Juni
Die geplante Weiterreise
nach Sizilien gibt Felix
Mendelssohn wider-
strebend auf Wunsch
seines Vaters auf.
Rückreise aus Neapel
nach Rom.

15. Juli
In Mailand beendet Felix
Mendelssohn die Kantate
Die erste Walpurgisnacht
op. 60. Sie zählt ebenso
zum bedeutsamen
kompositorischen Ertrag
des Italienaufenthaltes
wie die *Ialienische Sinfonie*
A-Dur op.90, das Konzert
für Klavier und Orchester
g-moll op.25 und Teile
der *Schottischen Sinfonie*
a-moll op.56.

19. oder 20. Juni
Abreise aus Rom.
Über Florenz und Genua
nach Mailand.

Werkverzeichnis Italien

Orchesterwerke

OP. 26	DIE HEBRIDEN oder DIE FINGALSHÖHLE. Konzertouvertüre Nr. 2, h-moll. 1829/30 (1. Fassung). 1832 (endgültige Fassung)
K. OP.	HARMONIEMUSIK Es-Dur. für Holzbläser. 1830 (?)
OP. 25	KONZERT NR. 1. g-Moll. Klavier. 1830/31
OP. 90	SINFONIE NR. 4, A-Dur. *Italienische Sinfonie.* 1830–33, 1834–37 (endgültige Fassung)
OP. 56	SINFONIE NR. 3, a-Moll. *Schottische Sinfonie.* 1829–32, 1841/42 (endgültige Fassung)

Klavier Solo

K. OP.	ANDANTE CON MOTO. A-Dur. Juni 1830. Ottilie von Goethe gewidmet
K. OP.	ANDANTE A-Dur. Juni 1830
OP. 14	RONDO CAPRICCIOSO E-Dur. 1830
OP. 19B	6 LIEDER OHNE WORTE. 1. Heft. 1830
	Andante con moto E-Dur.
	Andante espressivo C-Dur.
	Jägerlied A-Dur.
	Moderato A-Dur.
	Piano agitato fis-moll.
	Venetianisches Gondellied g-moll
K. OP.	CON MOTO A-Dur. November 1831

Orgel

| K. OP. | NACHSPIEL D-Dur. März 1831 |

Psalmen, Motetten, geistliche Kantaten, geistliche Werke

K. OP	WER NUR DEN LIEBEN GOTT LÄSST WALTEN. Choralkantate für Solo, Chor, Streicher. 1829
K. OP	O HAUPT VOLL BLUT UND WUNDEN. Choralkantate für Solo, Chor, Orchester. September 1830
OP. 31	NICHT UNSERN NAMEN. Psalm 115. Es-Dur. für Solo-Stimme, Chor, Orchester. 1830
K. OP	VOM HIMMEL HOCH. Choralkantate für Solo-Stimme, Chor, Orchester. 1831
K. OP	VERLEIH UNS FRIEDEN. Für Chor und Orchester. Februar 1831
K. OP	WIR GLAUBEN ALL AN EINEN GOTT. Choralkantate für Chor und Orchester. ca. März 1831
OP. 23	3 KIRCHENMUSIKEN. 1830
	Aus tiefer Not. Chor, Orgel.
	Ave Maria Solo, 8-stimmiger Chor, Continuo.
	Mitten wir im Leben sind. 8-stimmiger Chor.
K. OP.	ZUM FESTE DER DREIEINIGKEIT *O beata et benedicta.* für 3 Stimmen und Orgel. Dezember 1830
OP. 39	3 MOTETTEN für Frauenchor und Orgel. *Veni, domine / Laudate pueri. / Surrexit Pastor.* 1830

OP. 60 DIE ERSTE WALPURGISNACHT nach der Ballade von Johann Wolfgang von Goethe. Kantate für Chor und Orchester. 1830–32 (1. Fassung) 1842–43 (endgültige Fassung)

K. OP. LIEDER

5. Im Herbst *Ach wie schnell die Tage fliehen.* Text: Klingemann. 6. August 1830

6. Scheidelied *Wie so gelinde die Flut.* Text: Droysen. 13. Januar 1830

7. Sehnsucht *Fern und ferner schallt der Reigen.* Text: Droysen. (Fanny Mendelssohn?)

8. Frühlingsglaube *Die linden Lüfte sind erwacht.* Text: Ludwig Uhland. 19. Januar 1830

9. Ferne *In weite Ferne will ich träumen.* Text: Droysen. 13. Januar 1830

10. Verlust *Und wüßten's die Blumen, die kleinen.* Text: Heinrich Heine. (Fanny Mendelssohn?)

11. Entsagung *Herr, zu dir will ich mich retten.* Text: Droysen

12. Die Nonne *Im stillen Klostergarten.* Text: Ludwig Uhland. (Fanny Mendelssohn?). Mai 1822

K. OP. VIER LIEDER. 1. Mai 1830

1. Der Tag *Sanft entschwanden mir*

2. Reiterlied *Immer fort*

3. Abschied *Leb wohl mein lieb'*

4. Der Bettler *Ich danke Gott dir*

K. OP. VON SCHLECHTEM LEBENSWANDEL (verloren) ca. Oktober 1830

K. OP. REISELIED (unvollständig) *Ich reit' ins finstre Land hinein.* Text: Uhland. 11. August 1831

K. OP. SEEMANNS SCHEIDELIED *Es freut sich alles.* Text: Hoffmann von Fallersleben. 1831

OP. 19A AUS DEN SECHS GESÄNGEN

1. Frühlingslied *In dem Walde süße Töne.* Text: U. von Lichtenstein. 21. Februar 1830

6. Reiselied *Bringet des treuesten Herzens Grüße.* Text: E. Ebert. 16. Oktober 1830

OP. 86 AUS DEN SECHS GESÄNGEN

2. Die Liebende schreibt *Ein Blick von deinen Augen.* Text: J. W. v. Goethe. 10. August 1831

OP. 99 AUS DEN SECHS GESÄNGEN

3. Lieblingsplätzchen *Wißt ihr, wo ich gerne weil'.* Text: Robert (?). ca. Juni 1830

Ich glaube, daß ich wahnsinnig werde, wenn ich endlich wieder wirkliche und wahre Musik höre!

Hector Berlioz

Man weiß ja, daß die einander unähnlichen Charaktere jene sind, die am stärksten miteinander sympathisieren, und daß zwei völlig gleich beschaffene Wesen sich gegenseitig nur langweilen. Darum ist mir auch Rom eine Last. In mir gibt es so viele wüste Felder, verlassene Paläste, schon erkaltete Ruinen, so daß ich wenigstens außerhalb meiner selber Bewegung, Wärme und Leben suche [...].

HECTOR BERLIOZ AN MADAME LESUEUR, 12. DEZEMBER 1832

Partire è un po' morire

H. Berlioz, Memoiren

Selten ist wohl ein Reisender mit größerem Unwillen nach Italien gereist. Nur durch eine *alberne Notwendigkeit* gezwungen, verläßt Hector Berlioz in den letzten Dezembertagen des Jahres 1830 Paris, das Ziel seiner Reise ist Rom. Vier oder fünf Wochen verbringt er hadernd mit dem ungerechten Schicksal bei den Eltern in La Cote-Saint-André in der Dauphiné, ehe er sich ins höllische Exil begibt: Am 9. Februar verläßt er Lyon und schifft sich bald darauf in Marseille auf einer sardinischen Brigg ein, die ihn nach Livorno bringen soll.

Zum ersten Mal sieht Hector Berlioz in Marseille das Meer, das er so sehr lieben sollte. Das gewaltige Element befindet sich in ebenso düsterer Erregung wie er selbst: ein unerwarteter und schrecklicher Sturm bringt Schiff und Besatzung in ernste Gefahr, und mit nur einem Segel langen sie schließlich in Livorno an. Zuvor jedoch hält das Meer in einer seltsamen Laune das Schiff vor der Küste von Nizza fest, eine Windstille verlängert die Reise von den gewöhnlichen vier auf elf Tage. Zeit, die die Reisenden – Berlioz hat mit ein paar schwatzhaften Italienern Bekanntschaft geschlossen – mit herrlichen Mahlzeiten an Deck und in Betrachtung der nahen Küste verbringen.

Die fröhlichen Reisegefährten wollen ebenso wie der junge Komponist nach Florenz, munter erzählen sie ihm unterwegs von ihren Plänen, sich am Aufstand gegen den Herzog von Modena zu beteiligen. Zwei der jungen Männer erreichen die Stadt nicht, sie werden unterwegs verhaftet. Und auch der Franzose ist verdächtig.

So sitzt Berlioz in Florenz fest, die mißtrauischen Beamten weigern sich, ihm einen Paß auszustellen. Denn die Stipendiaten der französischen Akademie stehen im Geruch revolutionärer Gesinnung. Hector Berlioz ist Stipendiat der Akademie.

Welch boshafter Winkelzug des Schicksals: Berlioz muß mit aller Kraft kämpfen, um in eine Stadt zu gelangen, in die er gar nicht zu gelangen wünscht, ja die er im Voraus verabscheut – um ein Stipendium anzutreten, daß ihm mit allen seinen Beschränkungen eine Qual ist. Und doch hat sich Hector Berlioz fünf Jahre um dieses Stipendium gemüht.

Ich bin seit Montag bei meinem Vater; ich fange meine verhängnisvolle Reise an und kann mich von der herzzerreißenden Trennung noch nicht erholen, welcher ich mich unterziehen mußte. Die Zärtlichkeit meiner Eltern, die Liebkosungen meiner Schwestern können mich kaum zerstreuen. [...] La Fontaine hat wohl Recht gehabt, als er sagte: „Die Trennung ist das größte Übel." HECTOR BERLIOZ AN DEN DICHTER HUMBERT FERFAND, 6. 1. 1831

Alle auf dem Schiff waren Italiener, deren Gedächtnis mit mehr oder weniger glaubhaften, aber sehr interessanten Anekdoten ausgestattet war. HECTOR BERLIOZ, MEMOIREN

REISEKOFFER ⌐Leder, Metall,
Seide. 19. Jahrhundert

Alljährlich wurde von der Akademie in Paris der begehrte Rompreis vergeben – begehrt, obwohl die Parteilichkeit und der verbissene Konservatismus der Jury hinlänglich bekannt waren. Dem Sieger winkte schließlich für 5 Jahre ein beachtliches Stipendium von 3000 Franken im Jahr und, auch das nicht zu verachten, eine lebenslange staatliche Protektion. Jedoch mußte der Gewinner, und dies war unabdinglich an den Preis gebunden, zwei Jahre in Rom und ein Jahr in Deutschland verbringen. Die Französische Akademie war zu dieser Zeit bereits eine ehrwürdige Einrichtung, 1666 von Colbert, dem Minister des Sonnenkönigs, ins Leben gerufen, um hochbegabte junge Franzosen zu fördern, vorerst nur Naturwissenschaftler. Erst in Napoleonischer Zeit kamen andere Künste wie die Bildende Kunst und die Musik hinzu.

In der musikalischen Sektion konnte jeder Franzose unter 30 Jahren teilnehmen, in einer mehrwöchigen Klausur mußte eine *scène lyrique*, eine dramatische Kantate für Solostimme mit Orchester zu einem vorgegebenen Text geschrieben werden.

Mit welcher geradezu verzweifelten Beharrlichkeit der angehende Komponist Hector Berlioz versuchte, diesen Preis zu erringen, hat den Hintergrund einer prekären finanziellen Lage. Der Vater, selbst ein angesehener Arzt, hatte für den Sohn die medizinische Karriere vorgesehen und unterstützte Hector nur unwillig und sehr unregelmäßig in seinen musikalischen Studien.

Viermal bewarb sich Berlioz vergebens um diesen Preis. Viermal mußte er ein weiteres Jahr warten, ein weiteres Jahr den Vater vertrösten und bitten. Im ersten Jahr nahm er die Hürde der Vorprüfung nicht, im zweiten erklärte die Komission das Werk für unaufführbar, ein drittes Mal endlich erhielt er 1828 einen zweiten Preis – allerdings nicht von der musikalischen Abteilung, sondern bei der Abstimmung aller Sektionen. Im folgenden Jahr ging Hector Berlioz siegessicher an die Komposition der Kantate, der Preis des Vorjahres rückte ihm den Sieg in greifbare Nähe. Nun glaubte er genügend Rückhalt zu haben, um endlich frei nach seiner Eigenart schreiben zu können. Um so verkniffener reagierte die Jury, sie beschloß, überhaupt keinen Preis zu verleihen: keine der Arbeiten genüge den Forderungen, und den jungen Berlioz wolle man keinesfalls mit einem Preis aufmuntern, seinen *verhängnisvollen* musikalischen Weg weiterzuverfolgen.

Soll ich mich erniedrigen und mich ochmals um den Preis bewerben? [...] Ich muß es wohl, mein Vater will es; er legt diesem Preis große Bedeutung bei. Ihm zuliebe werde ich mich wieder melden. [...] Ich werde ein kleines bürgerlich-gewöhnliches Orchesterstück in zwei oder drei Abschnitten schreiben [...]. Ich werde mit überflüssigen Weitschweifigkeiten verschwenderisch umgehen [...]; und wenn ich den Preis erhalte, dann, das schwöre ich Ihnen, zerreiße ich mein Machwerk vor den Augen dieser Herren, sobald ich den Preis in der Tasche habe. Hector Berlioz an den Dichter Humbert Ferrand, 29.11.1827

Mein Vater schickt mir kein Geld mehr, meine Schwester schreibt mir heute, daß er fest dabei bleiben wolle. Geld, immer wieder Geld! Ja, Geld macht glücklich! Hector Berlioz an den Dichter Humbert Ferrand, 6.6.1828

Seit vierzehn Tagen sitze ich in diesem verdammten Institut. Dieser ekelhafte Wettbewerb ist für mich von äußerster Notwendigkeit, denn er verschafft einem Geld, und man kann nichts machen ohne dies elende Metall [...]. Hector Berlioz an den Dichter Humbert Ferrand, 15.7.1829

Dem Unverständnis zum Trotz wagte er 1830 tatsächlich einen weiteren Versuch. Denn diesmal galt es mehr zu gewinnen als ein Stipendium und damit die Freiheit: nach dem Zusammenbruch einer irrwitzigen Leidenschaft für die Schauspielerin Harriet Smithson, die ganz Paris amüsiert hatte, vergötterte er nun die junge Pianistin Camilla Moke. Eigentlich nur Liebesbote seines Freundes Ferdinand Hiller, gewann er das Herz der anmutigen Dame und wünschte sich diesem seinem *guten Ariel* bald enger zu verbinden. Er hielt bei der Mutter um ihre Hand an. Diese duldete gern und nachsichtig die Liebelei der Tochter. Jedoch eine Heirat mit dem jungen Berlioz, der zwar aus reichem Hause stammte, doch selbst nichts hatte und nichts war, kam nicht in Frage. Mit einem Erfolg an der Akademie gedachte Berlioz nun die skeptische Mutter zu gewinnen.

H. Berlioz, Memoiren

Für drei Wochen trennte sich das zärtliche Paar, Berlioz schrieb in der Klausur nach besten Kräften, aber verachtungsvoll, ein Werk, das den Preisrichtern schmecken möge.

> *Es ist eine sehr mittelmäßige Arbeit, die keineswegs meine eigenen musikalischen Empfindungen zum Ausdruck bringt. Es ist nur sehr wenig darin, was mir gefällt. Diese Partitur steht durchaus nicht auf dem Niveau meiner anderen Werke, sie wimmelt von Gemeinplätzen und trivialer Instrumentation, aber ich mußte so schreiben, um den Preis zu erlangen.*

Vor der Kulisse eines verrückten, revolutionären, leidenschaftlichen Paris, unter dem Geräusch der peitschenden Kugeln schrieb Berlioz ungeduldig seine Preiskantate. Als er am 29. Juli endlich mit der Komposition fertig war, stürzte er sich augenblicklich in das Gewühl.

Einstimmig – endlich! – wurde dem 27jährigen Hector Berlioz in diesem Jahr der Rompreis zuerkannt. Er konnte es sich nicht versagen, bei der Preisverleihung das vorher wohlweislich zurückgehaltene, feurig-farbige und gar nicht gefällige Finale der preisgekrönten Kantate *Sardanapale* zur Aufführung zu bringen.

Ein umwerfender Erfolg für den jungen Komponisten wurde ein kurz darauf am 5. Dezember 1830 stattfindendes Konzert. Zur Aufführung kamen die *Phantastische Symphonie* und auch die Preiskantate. Spontini und Meyerbeer waren anwesend und begeistert, der 19jährige Franz Liszt, Liebling der Pariser Salons, machte sich dem Publikum bemerkbar durch sein lautes Applaudieren und seine enthusiastischen Kundgebungen. So sehr gefielen dem jungen Liszt die neuartigen, aufregenden Kompositionen, daß er noch am Abend der Aufführung begann, eine Klavierpartitur der *Phantastischen* niederzuschreiben. Es war der Ausgangspunkt einer langjährigen Freundschaft und tiefen Sympathie zwischen den beiden Musikern.

> *Mein Ariel, mein Leben, scheint mich mehr als je zu lieben [...]. Wir sind seit mehreren Tagen getrennt, ich sitze im Institut eingeschlossen, zum letzten Mal, ich muß durchaus diesen Preis erlangen, von dem zum größten Teil unser Glück abhängt [...].* HECTOR BERLIOZ AN DEN DICHTER HUMBERT FERRAND, PARIS, 24.7.1830

> *Der Bildhauer Pradier, das Konferenzzimmer der Akademie verlassend, suchte mich in der Bibliothek auf, wo ich der Entscheidung meines Schicksals harrte. Er drückte mir die Hand und sagte lebhaft: „Sie haben den Preis!" Wer ihn so freudig und mich so kalt gesehen hätte, würde ihn für den preisgekrönten Schüler und mich für den Akademiker gehalten haben.* HECTOR BERLIOZ, MEMOIREN

Nun hatte Berlioz alles gewonnen – und alles verloren: Madame Moke willigte, sichtlich beeindruckt, in die Verlobung ein. Möglicherweise aber spekulierte die Mutter auf die bekannte Sprunghaftigkeit ihrer Tochter: strenge Bedingung der Verlobung war, daß Berlioz das Stipendium antreten und also mindestens ein Jahr in Italien verbringen solle. Gerade dies aber trieb den glühend verliebten Berlioz zur Verzweiflung, er setzte alles in Bewegung, um von der lästigen Italienreise suspendiert zu werden. Ein zweijähriger Aufenthalt in Rom würde ihn nicht nur von Camille trennen, sondern überdies alle beruflichen Möglichkeiten abschneiden, die sich ihm nach einem solchem Erfolg wie dem Konzert am 5. Dezember in Paris auftaten.

Noch vor der Preisverleihung schrieb Berlioz an den Minister des Inneren einen beredten Brief, in dem er von Opernplänen spricht, die mit imaginären Direktoren bereits besprochen seien, von – ebenso frei erfundenen – anstehenden Konzertverpflichtungen in Deutschland, und schließlich von seinem überaus bedenklichen gesundheitlichen Zustand, den die italienische Hitze nur verschlimmern könne. Berlioz gewann sogar seinen Hausarzt, der ihm die angreifbare Gesundheit attestierte. Eine beeindruckende Liste musikalischer Fürsprecher schloß sich mit Meyerbeer, Fétis, Spontini, und Lesueur an. Diese letzte Hoffnung endete bei der lapidaren Randnotiz des Ministers: *impossible.*

anonyme (?) Notiz unter dem Brief 28.10.1830

Ich hatte einen rasenden Erfolg. Die Phantastische Symphonie wurde mit Geschrei und Getrampel begrüßt. „La Marche au Supplice" wurde da capo verlangt. Der „Sabbat" hat alles mit fortgerissen durch seine satanische Wirkung. So viele haben mich aufgefordert, das Konzert zu wiederholen, daß ich es am 25. Dezember – am Weihnachtstage – noch einmal geben will.

HECTOR BERLIOZ AN DEN DICHTER HUMBERT FERRAND, 7.12.1828

Wenn ich Beethoven wäre, so würde ich sagen: Wenn ich nicht Beethoven und ein Franzose wäre, so möchte ich Berlioz sein. Würde ich das sagen, um glücklicher zu sein […]? Das weiß ich nicht klar, aber ich würde es dennoch sagen. – In diesem Berlioz flammt die Jugend eines großen Mannes, seine Symphonien sind die Schlachten und Siege Bonapartes in Italien, er ist letzthin zum Konsul gemacht worden; – er wird noch Kaiser werden, Deutschland und die Welt erobern. – Wird man ihn nach St. Helena schicken? Ich weiß es nicht – wohl weiß ich aber, daß man ihn in diesem Falle im Triumph wieder holen würde. RICHARD WAGNER ÜBER H. BERLIOZ

SCHREIBFEDERN Metall
19. Jahrhundert

3 Allein und ziemlich traurig

H. Berlioz, Memoiren

Der verdächtige Franzose saß in Florenz fest. Berlioz schrieb an Horace Vernet, den Direktor der französischen Akademie, um Hilfe, und als er die Ausreiseerlaubnis endlich erhielt, engagierte er schnellstens einen Lohnkutscher und fuhr los. Die Reise nach Rom verdroß den ohnehin Mürrischen noch mehr: die Landschaft erschien ihm *wenig malerisch*, die Raststationen unbequem und schmutzig. Sein Italienisch war überdies so mangelhaft, daß sich auch eine Unterhaltung mit dem Kutscher als unergiebig erwies. Verdrossen las der gelangweilte Reisende zwei ganze Bände Memoiren der Kaiserin Josephine. Schon verfluchte er erneut sein Schicksal, als er am 12. März 1831 la Storta, einen kleinen Marktflecken erreichte. Der Kutscher hielt, um zu rasten, und während er sich bedächtig ein Glas Rotwein einschenkte, deutete er gleichgültig über die Schulter: *Ecco Roma, signore!* Staunend und ergriffen sah Berlioz zum ersten Mal die erinnerungsschwere Stadt Rom.

> *Alles wurde in meinen Augen groß, poetisch, erhaben; die imposante Ausdehnung der Piazza del Popolo, über die der von Norden kommende Reisende in Rom einzieht, vermehrte noch einige Zeit darauf meine andächtige Rührung; und ich war noch ganz nachdenklich, als die Pferde, deren Langsamkeit ich zu verfluchen aufgehört hatte, vor einem Palast von edlem und strengem Aussehen anhielten. Es war die Akademie.*

Unter burschikosen Scherzen wurde der späte Ankömmling begrüßt, der betäubt war vom lärmenden Empfang der 22 Stipendiaten: da waren die Bildhauer Dantan, Debay, Husson, Lanno; die Architekten Vaudoyer, Delanney, Constant; die Kupferstecher Vibert und Martinet, die Maler Dupré, Féron, Gibert und Signol. Dieser Letztere malte später ein Porträt von Berlioz, das noch heute in der Villa Medici hängt. Und schließlich war da noch Montfort, der Rompreisgewinner der musikalischen Sektion des Vorjahres – als Musiker wohl eher durchschnittlich, als Kamerad lustig und umgänglich.

Noch am selben Abend schleppten die Gefährten Berlioz in ihr Lieblingslokal, das berühmte Café Greco. Wollte man Landsleute treffen, ging man in dieses Lokal, die Boheme, oder das, was sich dafür hielt, versammelte sich hier Abend für Abend. Berlioz gefiel das schmuddelige Etablissement gar nicht. Der erste überwältigende Eindruck von der Ewigen Stadt wich schnell einer gespannten Langeweile. In der Akademie fühlte sich Berlioz

H. Berlioz, Memoiren

[…] der völlige Mangel an Komfort in den Marktflecken oder Dörfern, wo wir Halt machten, brachten mich vollends dazu, Italien und die alberne Notwendigkeit, die mich dorthin führte, zu verfluchen. Hector Berlioz, Memoiren

Ich kann die Verwirrung, die Ergriffenheit nicht beschreiben, die sich meiner bemächtigte, bei dem fernen Anblick der Ewigen Stadt inmitten jener weiten, öden und verlassenen Ebene. Hector Berlioz, Memoiren

Es ist dies wohl die abscheulichste Spelunke, die man finden kann: sie ist schmutzig, dunkel und feucht, und nichts kann den Vorzug rechtfertigen, den die in Rom lebenden Künstler jeder Nationalität ihr geben […]. Man schlägt die Zeit tot, indem man scheußliche Zigarren raucht, einen kaum besseren Kaffee trinkt, den man dort nicht wie überall sonst auf Marmortischen serviert, sondern auf kleinen, hölzernen Tischen, so breit wie der Deckel eines Hutes, so schwarz und klebrig wie die Wände dieses liebreizenden Ortes. Hector Berlioz, Memoiren

nicht sonderlich wohl. Warum eigentlich? Der freundliche, muntere Horace Vernet, Direktor der Villa Medici und selbst ein Maler, gewährte seinen Stipendiaten alle nur denkbaren Freiheiten. Ohne Kontrolle und fast ohne Verpflichtungen konnten die Künstler in einer wohlwollenden Umgebung wohnen, lediglich einmal im Jahr wünschte das ferne Paris eine Probe der Arbeiten – ein Musikstück, eine Radierung, eine kleine Büste. War dies einmal erledigt, konnte jeder tun, was ihm beliebte – oder auch gar nichts tun.

Die Akademie befand sich damals erst seit kurzer Zeit in der Villa Medici auf dem Monte Pincio, einer *wirklich fürstlichen Örtlichkeit*, wie Berlioz zugeben mußte. Bevor unter Napoleon die herrliche Villa gewaltsam dem Großherzog von Toskana abgekauft wurde, residierten die Stipendiaten von 1725 bis 1806 im Palazzo Mancini auf der Via del Corso, zuvor hatte die Akademie öfter den Sitz gewechselt. In der majestätischen Villa Medici, nunmehr auch ein wichtiges Zentrum für Ausstellungen und Konzerte zeitgenössischer Musik, befindet sich die Akademie bis heute.

Für die malerische Lage der Akademie und die herrliche Aussicht, die man hier genoß, hatte Hector Berlioz vorerst keinen Blick, für die finanzielle und die künstlerische Unabhängigkeit keinen Sinn. In einem einzigartigen Beieinander von Stadt und Land blickte man nach der einen Seite über die ganze Stadt, auf der anderen über unbebaute Felder der Villa Borghese nach dem Haus, das einst Raffael bewohnte – traurig verlassen nun, vor einer melancholisch schweigsamen Reihe Pinien spiegelte es die Einsamkeit des Betrachters.

Dieser Betrachter wartete zunehmend verzweifelt auf Post aus dem allzu fernen Paris. Camille Moke, die angebetete Verlobte, schrieb nicht. Der ohnehin stets unruhige Hector Berlioz befand sich in einem Zustand so nervöser Exaltiertheit, daß er sich selbst rückblickend in seinen Memoiren als unausstehlich beschrieb.

Dies mag unter anderem die ungehaltenen Bemerkungen Felix Mendelssohns über Berlioz in einigen Briefen an seine Familie erklären, in denen er die neue Bekanntschaft *totbeißen* möchte. Die beiden Musiker lernten sich einen Tag nach der Ankunft Berlioz' in Rom kennen.

H. Berlioz, Memoiren

F. Mendelssohn Bartholdy, Rom, 29.3.1831

Für die Musiker ist ja die italienische Reise, durch die Fülle von Naturschönheiten, Kunstschätzen und Erinnerungen, die sie ihnen darbietet, förderlich zur Entwicklung ihrer Phantasie; hinsichtlich der besonderen Studien aber, die sie dort machen könnten, ist sie zum mindesten nutzlos. HECTOR BERLIOZ, MEMOIREN

Von der Höhe von Trinita di Monte erscheinen die Kirchthürme und entfernten Gebäude wie verwischte Skizzen eines Malers, oder wie die unebenen Küsten, die man am Bord eines vor Anker liegenden Schiffes vom Meer aus erblickt [...] Trinita di Monte ist ganz verlassen; ein Hund bellte in diesem Zufluchtsorte der Franzosen; in einem obern Zimmer der Villa Medicis sah ich einen schwachen Lichtschimmer. CHATEAUBRIAND. VOYAGE EN ITALIE

Ich brachte einige Zeit damit zu, mich, so gut es gehen wollte, an diese neue Lebensweise zu gewöhnen. Aber eine lebhafte Unruhe, die gleich am Tag nach meiner Ankunft sich meines Gemütes bemächtigt hatte, hinderte mich daran, den Sehenswürdigkeiten der Umgebung und dem gesellschaftlichen Kreis, in den ich so plötzlich eingeführt worden war, meine Aufmerksamkeit zu widmen. Ich hatte in Rom Briefe, die mehrere Tage vor mir dort hätten ankommen sollen, nicht vorgefunden. HECTOR BERLIOZ, MEMOIREN

Hector Berlioz brachte dem um sechs Jahre jüngeren Felix Mendelssohn große Bewunderung entgegen. Er mochte den manchmal etwas steifen jungen Deutschen um seiner geraden Menschlichkeit willen gut leiden. Und er verehrte den Komponisten Mendelssohn grenzenlos.

> *Das ist ein unermeßliches, außergewöhnliches, stolzes und überraschendes Talent. Ich stehe nicht im Verdacht der Gönnerschaft, wenn ich so spreche, denn er hat mir offen erklärt, er begriffe nichts von meiner Musik.*

Tatsächlich hielt Mendelssohn musikalisch so wenig von Berlioz, wie dieser ihn hingebungsvoll bewunderte. Nachsichtig und doch gekränkt erzählt der Franzose in seinen Memoiren von einer Szene, die sich bei der ersten Begegnung der beiden so verschiedenen Musiker abspielte: Felix Mendelssohn sprach seinen neuen Bekannten auf die preisgekrönte Kantate *Sardanapal* an, die er bereits in Auszügen kannte.

> *Als ich mich sehr kritisch über das erste Allegro dieser Kantate äußerte, rief er freudig aus: „Das lasse ich mir gefallen! Ich gratuliere Ihnen … zu Ihrem Geschmack! Ich fürchtete, Sie könnten mit diesem Allegro zufrieden sein; offen gestanden, es ist recht erbärmlich!“*

Solch kritische Offenheit quittierte Berlioz mit fast liebevollen, aber boshaften Sticheleien. Er liebte es, den kühleren, manchmal altklugen Mendelssohn aus der Reserve zu locken – den in musikalischen Belangen so rigorosen wie empfindlichen Deutschen zu reizen, und gab dies offen zu.

(seitlich) H. Berlioz, Memoiren

> *Da er eine sanfte und gutmütige Natur hatte, ertrug er leicht den Widerspruch bei allem übrigen, und ich mißbrauchte meinerseits seine Toleranz in den philosophischen und religiösen Auseinandersetzungen, die sich manchmal zwischen uns erhoben.*

Seltsamerweise verkannte Mendelssohn mit seinem feinen stilistischen Gespür das Talent des französischen Komponisten vollkommen. In einem Brief an die Mutter zeigte er sein Unverständnis für das Naturell des Franzosen und spielte auf dessen großen Liebeskummer an:

(seitlich) F. Mendelssohn Bartholdy, 29.3.1831

> *Du sagst, liebe Mutter, B… [Berlioz – A.K.] müsse doch etwas in der Musik wollen; da bin ich gar nicht deiner Meinung; ich glaube, er will sich verheiraten, und ist eigentlich schlimmer wie die anderen, weil er affektierter ist. Ich mag nun diesen nach außen gekehrten Enthusiasmus, diese den Damen präsentierte Verzweiflung und die Genialität in Fraktur, schwarz auf weiß, ein für allemal nicht ausstehen, und wenn er nicht ein Franzose wäre, mit denen es sich immer angenehm leben läßt, und die immer was zu sagen und zu interessieren wissen, so wäre es nicht zum Aushalten.*

> *Mitten in der heiligen Woche […]. Die beiden Franzosen haben mich auch noch in diesen Tagen zum „flâner" verführt. Wenn man die zwei Leute nebeneinander sieht, ist es entweder ein Lust- oder Trauerspiel – wie man will. B… [Berlioz – A.K.], verziert, ohne einen Funken Talent; im Finstern herumtappend, der sich für den Schöpfer einer neuen Welt hält, – dabei die gräßlichsten Sachen schreibt, und nichts träumt und denkt, als Beethoven, Schiller und Goethe; zugleich von einer grenzenlosen Eitelkeit, und auf Mozart und Haydn vornehm hinabsehend, so daß mir sein ganzer Enthusiasmus sehr zweifelhaft wird, und M… [Montfort – A.K.], der seit drei Monaten an einem kleinen Rondo auf ein portugiesisches Thema arbeitet, alles recht nett und brillant und regelrecht zusammengesetzt, sich nachher ans Komponieren von sechs Walzern machen will und vor Vergnügen sterben möchte, wenn ich ihm nun eine Menge Wiener Walzer vorspiele, – der Beethoven sehr achtet, aber Rossini auch und Bellini ebenso und Auber gewiß, und so alles. Dazwischen dann mich, der ich B … [Berlioz – A.K.] totbeißen möchte, bis er auf einmal wieder über Gluck schwärmt, wo ich dann einstimmen muß, und der ich doch mit beiden gern spazieren gehe, weil es die einzigen Musiker hier und sehr angenehme, liebenswürdige Leute sind – das macht alles den komischsten Kontrast.* FELIX MENDELSSOHN BARTHOLDY AN DIE MUTTER, ROM, 29.3.1831

P. I. Tschaijkowskij

In nachsichtigen Momenten stand Felix Mendelssohn der Mensch Berlioz näher, dessen Musik aber blieb ihm verschlossen. Daß Mendelssohn das Genie seines Gegenübers in diesem Fall nicht erahnte, ist keine Seltenheit in der Musikwelt: Berlioz seinerseits verkannte das Talent Pergolesis, Strauss hielt nichts von Brahms, Brahms wiederrum nichts von Bruckner, Tschaikovski konnte mit Bach nichts anfangen und hielt Mendelssohns Melodien für *süßlich, parfümiert, gut frisiert.*

Viele Jahre später, als nach Mendelssohns Tod dessen italienische Briefe veröffentlicht wurden, erkannte sich Berlioz sehr wohl in der Abkürzung „B…" wieder. Seine Memoiren offenbaren die Großherzigkeit, mit der er dem damals sehr jungen Mendelssohn die rigorose Ablehnung nachsah. Wie Mendelssohn die exaltierte, überhitzte Art Berlioz' unverständlich war, blieb diesem das Gemessene an Mendelssohn fremd:

H. Berlioz, Correspondanve générale

> *Er ist ein wenig kühl in seinen Beziehungen zu anderen, aber ich mag ihn doch sehr gern, obgleich es nicht ahnt.*

Die beiden Musiker verbrachten bei gemeinsamen Ausritten und Spaziergängen nicht wenig Zeit miteinander. Oft störte Berlioz den jungen Deutschen in seiner morgendlichen Arbeit auf, was Mendelssohn sich in dieser fruchtbarsten Stunde von dem brillanten Unterhalter gern gefallen ließ, ja er rüttelte beim gemeinsamen Musizieren und Singen den verzweifelt auf Nachrichten aus Paris wartenden Franzosen oft aus seinen trüben Gedanken. Es blieb Berlioz in Erinnerung:

H. Berlioz, Memoiren

> *An schwülen Schirokko-Tagen ging ich oft zu ihm und unterbrach ihn in seiner Arbeit (denn er ist ein unermüdlicher Komponist); mit großer Liebenswürdigkeit legte er dann die Feder beiseite, und wenn er sah, daß mir der „Spleen" das Herz bedrückte, versuchte er ihn dadurch zu mildern, daß er mir alles vorspielte, was ich ihm aus den Werken der Meister bezeichnete, die wir beide liebten. Wie oft habe ich, mürrisch auf dem Sofa liegend, die Arie aus „Iphigenie auf Tauris": „Ewig werd ich dein gedenken!" gesungen, während er, sittsam am Klavier sitzend, begleitete. Und er rief: „Das ist schön! Das ist schön! Ich könnte es von morgens bis abends hören, ohne davon müde zu werden, immer, immer!" Und wir fingen von vorn an.*

Die schönen Stunden nahmen mit der abrupten Abreise Mendelssohns ein Ende, er verließ Rom ohne Abschied. Hector Berlioz nahm es ihm nicht übel. Erst Jahre später sahen sich die Komponisten in Leipzig wieder.

Und man sieht ihn selbst, den freundlichen, still nachdenklichen Menschen, wie er so ruhig und sicher seinen Weg geht und an seinem Beruf so keinen Augenblick zweifelt, sich auch an keine Stimme von außen kehren kann, weil er seinem Innersten zu folgen gedenkt, wie scharf und richtig er alle Dinge beurteilt und erkennt, nur über sich ganz im Finstern ist, das ist unsäglich furchtbar, und ich kann nicht beschreiben, wie sehr mich der Anblick ergriffen hat. FELIX MENDELSSOHN BARTHOLDY AN DIE MUTTER, ROM

Er ist ein wundervoller Junge, ebenso hoch begabt als Spieler wie groß als musikalisches Genie […]. Ich glaube felsenfest, daß er eine der allergrößten Musikbegabungen der Zeit ist […]. Mendelssohn ist eine jener offenherzigen Seelen, wie man sie selten findet. Ihm verdanke ich die einzig erträglichen Stunden meines römischen Aufenthaltes. HECTOR BERLIOZ AN SEINE FREUNDE GOUNET, GIRARD, DESMAREST, HILLER, RICHARD, SICHEL, NIZZA, 6. 5. 1831

REISETASCHE ⌐ Straminstickerei,
Eisenbügel, Ledergriffe. 19.Jahrhundert

Lange hielt es auch Berlioz nicht mehr in Rom, das Warten wurde ihm unerträglich, und Nachrichten seiner *treuen Braut* blieben aus. In den ersten Apriltagen brach Hector Berlioz, von bösen Ahnungen getrieben, nach Paris auf. Der drohende Verlust des Stipendiums beim Verlassen der Stadt war ihm vollkommen gleichgültig, seine Gedanken waren nurmehr gen Paris gerichtet.

Auf dem Weg nach Florenz schrieb er flehentlich an einen Freund, auf die Damen im Faubourg Montmartre ein waches Auge zu haben und ihn um Himmels Willen baldigst über deren Ergehen zu unterrichten! Zu allem Unglück war Berlioz an der Bräune erkrankt und mußte das Bett hüten. Nach einer Woche, halb genesen erst, spazierte er an den Ufern des Arno entlang, las den *König Lear* und erlaubte sich im Schutze eines Wäldchens *Schreie der Bewunderung angesichts dieses genialen Werkes*. Nebenher instrumentierte er die *Symphonie Fantastique* neu. Einsamkeit bedrückte den Genesenden, düstere Worte schrieb er an den Freund Ferrand:

> *Gibt es wirklich etwas auf Erden, das man Musik und Liebe nennen könnte?*
> *Ich glaubte im Traume einmal diese beiden Worte Unglück verkündend vernommen*
> *zu haben. Unglücklicher, der Sie sind, wenn Sie glauben; ich glaube an nichts mehr!*

In seiner Verzweiflug ahnte er wohl, was auf ihn zukam. Mitte April erhielt er einen Brief von Madame Moke, dem *verfluchten Nilpferd*, der *Hexe*. Sie teilte ihm darin lapidar die bevorstehende Hochzeit ihrer Tochter mit dem Klavierbauer Pleyel mit. Madame Moke gab ihm noch den freundlichen Ratschlag, sich doch nicht das Leben zu nehmen.

In diesem Moment hebt sich der Vorhang vor einem ebenso tragischen wie ungeheuer komischen Drama, das der Komponist im Alter mit umwerfender Ironie zu erzählen weiß. Den Inhalt des fatalen Briefes empfand Berlioz als

> *so außerordentlich unverschämt und für einen Mann meines Alters und damaligen*
> *Charakters so beleidigend [...] daß in mir plötzlich etwas Schreckliches vorging.*

Augenblicks begab sich der wildgärende Berlioz zu einer Modistin, die er bedrängte, ihm sofort und ohne auf die Kosten zu achten, die vollständige Verkleidung einer Kammerfrau, Kleid, Hut, grünen Schleier usw. zu verschaffen. Er lud seine Pistolen, steckte in die Taschen zwei Fläschchen mit *labendem Getränk* wie Laudanum und Strychnin, schrieb sein Testament

O mein göttlicher Freund! Sie waren der erste Franzose, der mir ein Lebenszeichen gab, seitdem ich in dem mit Affen bevölkerten Garten, den man Italien nennt, weile! [...] ich bin wie ein verlorener Ballon, der in der Luft zerplatzen, im Meere untergehen oder sich festsetzen muß wie die Arche Noah; wenn ich auf meinem berge Ararat glücklich gelandet bin, werde ich Ihnen schreiben [...].
Gibt es wirklich etwas auf Erden, das man Musik und Liebe nennen könnte? ich glaubte im Traume einmal diese beiden Worte Unglück verkündend vernommen zu haben. Unglücklicher, der Sie sind, wenn Sie glauben; ich glaube an nichts mehr! HECTOR BERLIOZ AN DEN DICHTER HUMBERT FERRAND, FLORENZ, 12. 3. 1831

Geben Sie mir nicht Ihre epikuräischen Ratschläge, sie haben für mich nicht den geringsten Wert. Damit ist es nur möglich, ein kleines Glück zu erreichen und das will ich nicht. Das große Glück oder den Tod, ein poetisches Leben oder den Untergang. HECTOR BERLIOZ AN DEN DICHTER HUMBERT FERRAND, LA CÔTE-SAINT-ANDRÉ, 23. 1. 1831

H. Berlioz, Florenz, 12.3.1831

H. Berlioz, Memoiren

und irrte, die Abfahrt erwartend, durch die Straßen von Florenz, mit jenem *kranken, unruhigen und beunruhigenden Aussehen toller Hunde.*

Mit der Extrapost ging es endlich im Hexengalopp nach Genua, zwischen dem Kutscher und Berlioz herrschte tiefes Schweigen. Verfluchtes Schicksal! – in Genua vergaß Berlioz sein Gepäck mitsamt der kostbaren Verkleidung in der Kutsche. Die nächstbeste Modistin bedrängte er, ihm in kürzester Zeit eine neue Verkleidung zu nähen; erzwang bei der Polizei das verweigerte Visum für Nizza.

> *Wer benahm sich eigentlich närrischer? Die Polizei, die in jedem Franzosen sofort einen Revolutionär sah, oder ich, der ich meinte, keinen Fuß in die Stadt Paris setzen zu dürfen, ohne als Frau verkleidet zu sein?*

Auf der irren Fahrt entlang des nächtlichen Meeres malte sich Berlioz bereits genußvoll die finstere Racheszene aus, die sich unter Geschrei, mit Pistolenschüssen, Giftfläschchen und zerschmetterten Schädeln abspielen sollte. Die Szene ist von unwiderstehlicher Komik, stellt man sich dazu den hakennasigen, wild rotmähnigen Berlioz in seiner Verkleidung als Kammerkätzchen vor.

> *Schade, daß die Szene gestrichen wurde. Trotz meiner verhaltenen Wut dachte ich im Weiterfahren manchmal: Das gibt zwar einen ganz guten Auftritt, aber die Notwendigkeit, mich nachher zu töten, ist ziemlich … störend: So von der Welt, von der Kunst Abschied zu nehmen, mit keinem anderen Ruf als dem eines brutalen Menschen, der zudem nicht mit dem Leben fertig wurde, meine erste Symphonie nicht zu Ende geschrieben, andere […] größere Partituren im Kopf zu haben … Ach! Das alles ist … Dann kehrte ich wieder zu meiner blutrünstigen Idee zurück: „Nein, nein, nein, alle müssen sterben, es muß sein, und es wird sein! Es wird sein!"*

Und doch, all die wilden Gedanken schienen selbst einen emotional hochgeladenen Berlioz zu erschöpfen, unversehens vermischte sich schon wahrer Schmerz mit der fiktiven Inszenierung.

Die Raserei setzte von Zeit zu Zeit aus, und in einem solchen Augenblick, in dem *das Leben wieder anfängt, mit mir zu kokettieren*, beschloß er, an Horace Vernet, den Direktor der Französischen Akademie in Rom zu schreiben. Er schilderte ihm seine tiefe Verzweiflung und erkundigte sich, ob möglicherweise sein Stipendium noch nicht gestrichen sei. Berlioz schwor, italienischen Boden nicht zu verlassen, ohne eine Antwort Vernets abgewartet zu haben. Auf dem Umschlag, der an die *Accédémie De France* in Rom adressiert war, stand: *Eilig.*

Beruhigt bestieg er nun die Kutsche – und verspürte plötzlich einen ganz undramatischen Hunger. Er kam, nurmehr etwas schmollend, am 20. April im damals italienischen Nizza an, und dort erreichte ihn auch die Antwort

[…] mein Entschluß war augenblicklich gefaßt. Es handelte sich darum, nach Paris zu eilen und dort zwei schuldige Frauen und einen unschuldigen Mann erbarmungslos umzubringen. Daß ich nach diesem hübschen Streich auch mich selber töten müsse, war ja, wie man sich denken kann, unvermeidlich. Hector Berlioz, Memoiren

In den ersten Ausbrüchen des jungen Herzens steckt eine unverwüstliche Kraft, was er haßt, packt er wütend bei den Haaren, was er liebt, zerbricht er fast vor inniger Zuneigung.
Robert Schumann über Hector Berlioz

Leidenschaftliche Leute sind komisch, sie bilden sich ein, die ganze Welt beschäftige sich mit ihrer Leidenschaft, welcher Art sie auch sei, und sind felsenfest davon überzeugt, daß jedermann dementsprechend reagiere. Hector Berlioz, Memoiren

H. Berlioz, Memoiren

Horace Vernets – väterlich, wohlwollend, freundlich: Nein, er sei noch nicht von der Liste der römischen Stipendiaten gestrichen. Bewegt las Berlioz das Schreiben:

Ohne den Grund meines Kummers zu kennen, erteilte mir dieser bedeutende Künstler Ratschläge, die nicht besser hätten sein können: er bezeichnete mir die Arbeit und die Liebe zur Kunst als die beiden unfehlbaren Heilmittel gegen alle seelischen Stürme.

Der lebensklugen Empfehlung folgte Berlioz enthusiastisch und stürzte sich in Arbeit. Diese Zeit blieb ihm als die glücklichste seines Lebens in Erinnerung. Befreit genoß er die Spaziergänge in den Orangenwäldchen und dem nahen Gebirge, ließ sich von den lautlos vorübersegelnden Schiffen, die er von der Höhe einer Bergkuppe beobachtete, inspirieren. In Nizza schrieb er die Ouvertüre zum *König Lear*.

Eine rege Korrespondenz zu seiner Familie, die für ihn wieder wichtig wurde, entstand. Allein für sie wolle er nun leben und sterben. Die besorgten Schwestern schrieben ihm alle zwei Tage. In einem an die Freunde verschickten Rundschreiben zog der Komponist Bilanz und fand Erlösung, indem er seine Erlebnisse aufschrieb und formulierte. Ein lichter Berlioz, wie man ihm nicht wieder begegnen wird, jubelte: *die Musik schließt mich in ihre Arme, die Zukunft lächelt mir zu … Genesung!*

H. Berlioz, Memoiren

O gute, widerstandsfähige Natur! Ganz gewiß! Ich war der Welt zurückgewonnen.
Hector Berlioz, Memoiren

Wenn ich nun ein ruhiges, glückliches Leben, nur der Musik gewidmet, führen würde? Eine bizarre Idee … Versuchen wir es … Und nun atme ich in vollen Zügen Nizzas balsamische Luft: das Leben und die Freude eilen mit raschem Flügelschlag herbei […]. Auf diese Weise habe ich in Nizza die schönsten Tage meines Lebens zugebracht. O Nizza! Hector Berlioz, Memoiren

KRAWATTENNADELN ⌐ Silber, Gold, Perlen, Email. 19.Jahrhundert

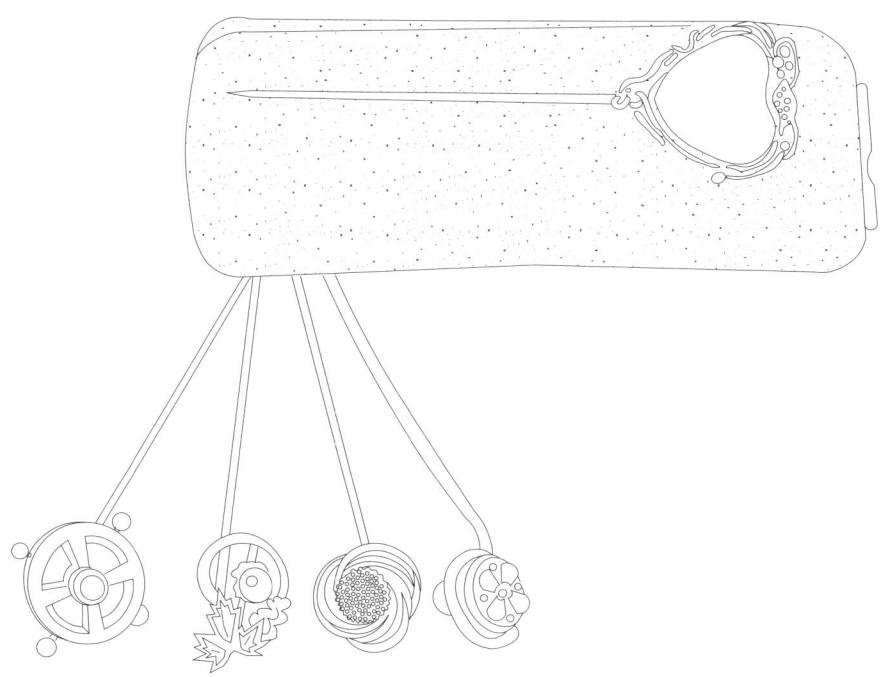

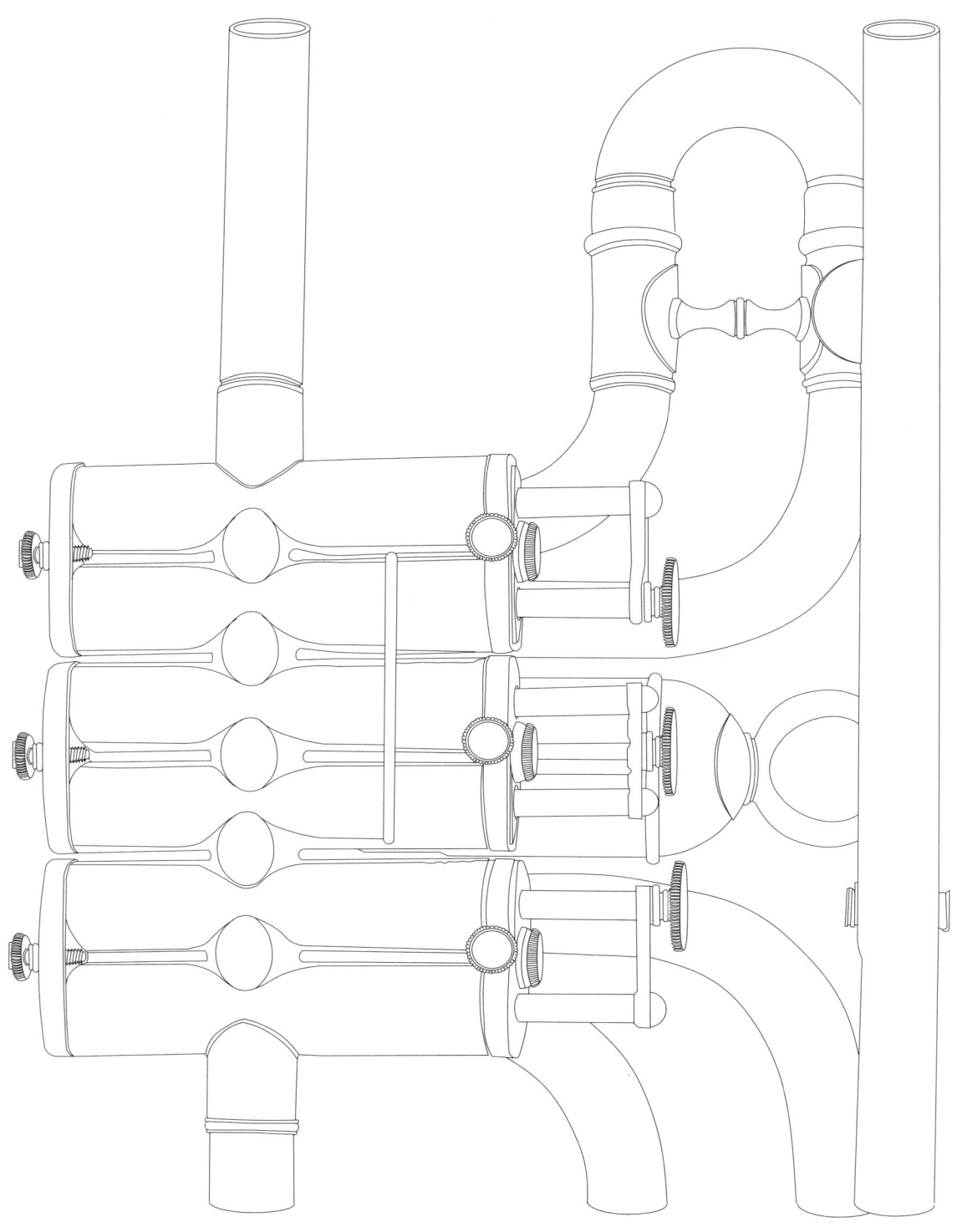

POSAUNENVENTILE ⌐ Metall
19.Jahrhundert

Der Rückweg nach Rom war beschwingt. Selbst das bedrückende Erlebnis verschiedener musikalischer Aufführungen vermochte nicht, der Hochstimmung ihren Glanz zu nehmen. Nizza hatte er Hals über Kopf verlassen müssen, dem verdächtigen Ausländer mit unbestimmter Tätigkeit drohte polizeiliche Ausweisung. In Genua angekommen, machte sich Hector Berlioz auf die Suche nach den Spuren eines seiner berühmtesten Zeitgenossen, des bewunderten Paganini.

> *[…] während ich mich in seiner Vaterstadt langweilte, begeisterte Paganini ganz Paris. Dem bösen Schicksal fluchend, das mir nicht gönnte, ihn zu hören, versuchte ich wenigstens von seinen Landsleuten einiges über ihn zu erfahren.*

Anstatt des erwarteten prachtvollen Denkmals und eines begeisterten Stolzes der Genueser auf den genialen Geiger fand der Reisende verwundert nur laue Gleichgültigkeit – eine Eigenschaft, die ihn mehr als alles andere aufzubringen vermochte.

Der junge Komponist begab sich in Genua sogleich in die Oper. *Agnes von Paer* machte ihm den Eindruck frostiger Langeweile, die kühle und darstellungsfaule Primadonna brachte Berlioz auf. Andere Opernerlebnisse der Rückreise nach Rom waren nicht besser als jenes in Genua.

In Florenz erfüllte ihn zwar die Ankündigung einer neuen Oper zu des vergötterten Shakespeares *Romeo und Julia* mit freudiger Erregung.

> *Welch ein Thema! Wie ist alles darin für die Musik vorgezeichnet! Aber welche Enttäuschung! Was hatte dieser Spitzbube, Bellini genannt, daraus gemacht! Ich habe sie gesehen, was man so gesehen nennt […] und der Schatten von Shakespeare kam nicht, diesen Zwerg zu zermalmen!*

Nicht genug damit, die *Vestalin*, eine Oper des *miserablen Eunuchen* Paccini, verursachte ihm geradezu physische Schmerzen:

> *Nach einiger Zeit konnte ich die Qualen einer solchen Aufführung nicht mehr ertragen und verließ das Theater, nicht ohne dem Fußboden einen heftigen Tritt zu versetzen … Armes Italien!*

Auch Florenz verließ Berlioz eilig. Rechtzeitig zum Fronleichnamsfest wollte er die heilige Stadt erreichen, versprach er sich doch eine Fülle von Anregungen bei den pompösen Festlichkeiten. Die in seiner Kutsche mitreisenden Florentiner Herren malten ihm zudem schwärmerisch die geradezu unirdischen Herrlichkeiten des Festes aus.

Italien ist eine ungerechte, parteiische Mutter, die alles ihren älteren Söhnen gegeben hat. Man hat den Eindruck, als hätten Dante, Ariost und Tasso die ganze Erbschaft des Genies verschlungen, wenn nicht ein kleiner Anteil Manzoni, dem bezaubernd-geistvollen Verfasser der Promessi Sposi zugefallen wäre. Moderne italienische Maler? Niemand!
HECTOR BERLIOZ AN MADAME LESUEUR, 2.7.1831

H. Berlioz, Memoiren

H. Berlioz, Memoiren

Seine Phantasie eilte dem Reisenden voraus, in ungeduldiger Erregung hörte Hector Berlioz schon die geheimnisvoll-würdige Musik, die eine solche Prozession schimmernder Kreuze, goldglänzender Meßgewänder und duftender Kerzen begleiten mußte.

Verdammte Phantasie, die uns von dem ganzen Leben nur Wunderdinge erwarten läßt! […] Ohne sie wäre ich vielleicht von dem grellen und disharmonischen Falsett der Castrati entzückt gewesen, von denen ich einen sinnlosen Kontrapunkt hörte; ohne sie wäre ich wahrscheinlich nicht überrascht gewesen, bei der Prozession keinen Schwarm von weißgekleideten Jungfrauen zu finden […]; ohne diese verhängnisvolle Phantasie hätten mich jene falschtönenden Klarinetten, brüllenden Posaunen, rasenden großen Trommeln und Jahrmarktstrompeten mit ihren unfrommen und rohen Mißklängen nicht empört. Dazu hätte ich allerdings auch meine Ohren zu Hause lassen sollen.

Oh, zwei Jahre Abwesenheit, Ich glaube, daß ich wahnsinnig werde, wenn ich endlich wieder wirkliche und wahre Musik höre. HECTOR BERLIOZ AN DEN DICHTER HUMBERT FERRAND, 3.11.1832

Den nach Rom zurückgekehrten Berlioz empfingen die Gefährten der Akademie zu seiner Erleichterung mit feiner Zurückhaltung, stellten dem plötzlich Verschwundenen und wieder Aufgetauchten keine Fragen. Er vermerkte es dankbar.

H. Berlioz an Madame Lesueur, 2.7.1831

Im Gepäck befand sich ein neues Musikstück, der Titel scheint programmatisch für die vergangenen Wochen zu stehen, es heißt *Lélio oder die Rückkehr ins Leben*. In dem seltsamen Stück verarbeitete Berlioz Persönliches und verwob Chorszenen, Monologe und Gesangstücke ohne erkennbaren Aufbau. Sechs sehr intime Monologe wechseln sich mit sechs Musikstücken ab. Mehr Musiktheater denn ein Musikstück, nannte es Berlioz einen *mélologue*. Auf einer Fußwanderung nach Rom hatte er den *Lélio* entworfen, die Worte für den Monolog und die Gesangstexte im Gehen auf seiner Brieftasche festhaltend.

Ich habe den Text auf meiner letzten Reise von Sankt Lorenz nach Rom verfaßt […]. Ich hatte den Wagen zurückgelassen, und schrieb gehend auf meiner Brieftasche. Die Musik ist auch fertig, ich habe sie nur noch abzuschreiben. Es gibt sechs Monologe und sechs Musikstücke, Gesang allein, Chöre, Orchester allein oder Chor und Orchester. Ich bedaure lebhaft, Ihnen nicht meinen ersten literarischen Versuch zeigen und Ihre Ratschläge benutzen zu können, aber es ist nur aufgeschoben. Was die Verse anbetrifft, so habe ich mich nicht unnötigerweise damit abgegeben, dem Reim nachzulaufen; ich habe rhythmische und abgemessene, manchmal gereimte Prosa herausgebracht; das ist alles, was man für die Musik braucht. Moore hat mir den Gedanken dazu eingegeben. Das Vorhandensein der Musik ist jedoch in dem meinigen gerechtfertigt, und mit dramatischer Kraft habe ich das Thema dargestellt. Die Szene beginnt nach dem Traum einer Walpurgisnacht in dem Augenblick, in dem der Künstler ins Leben zurückkehrt. HECTOR BERLIOZ AN DEN DICHTER HUMBERT FERRAND, 6/1831

H. Berlioz an Madame Lesueur, 12.12.1831

Die kreative Eruption, das helle Hochgefühl blieben Berlioz in Rom, das er als musikalische Einöde und damit allgemein unerträglichen Ort empfand, nicht lange erhalten. *Der große Schatten des alten Rom, der ganz allein dem neuen einen poetischen Zauber verleiht*, genügte nicht, ihn für die musikalischen Entbehrungen zu entschädigen. Bald erschien ihm selbst die großartige Vergangenheit der Stadt nur noch bedrückend und erstickend.

Darum ist mir auch Rom eine Last. In mir gibt es so viele wüste Felder, verlassene Paläste, schon erkaltete Ruinen, so daß ich wenigstens außerhalb meiner selber Bewegung, Wärme und Leben suche.

Hector Berlioz zog sich in die gigantische Stille des Petersdoms zurück. Stunden konnte er hier zubringen, geschützt vor der drückenden Hitze des römischen Sommers, und den Augen neugieriger Besucher entzogen: Im Halbdunkel eines Beichtstuhles las Berlioz den *Korsaren* von Lord

Byron, ein Jahr später komponierte er die Ouvertüre *Le Corsaire*. Hier im Petersdom, in dem seit Jahrhunderten alle anderen Künste in einer einzigartigen Synthese verschmelzen, entstand unter der gewaltigen Kuppel Michelangelos der Gedanke einer universalen Musik, die

> den unaufhörlichen Lobgesang der anderen Künste zusammenfaßt und mit mächtiger Stimme zu den Füßen des Ewigen emporträgt.

H. Berlioz, Memoiren

Ausgerechnet hier aber fand Hector Berlioz die Musik zur Sklavin degradiert. Giovanni Pierluigi da Palestrina, dem großen ehrwürdigen Kirchenkomponisten, sprach Berlioz jegliche musikalische Eingebung ab. Er sei einer jener Tonsetzer, die sich nicht einmal Komponisten nennen dürfen – reihten sie doch nur stumpfsinnig Akkord an Akkord. Berlioz billigte dem Altmeister höchstens Geschmack und einiges Wissen zu.

Ernüchternd wirkte auf den hochgestimmten Hector Berlioz die Entdeckung der Orgel des Petersdoms, die dem gigantischen Bau so gar nicht entsprach – die Orgel der wichtigsten Kirche der katholischen Gläubigen war ein rollbarer kleiner Kasten. Seite an Seite mit Felix Mendelssohn fand sich Berlioz in seiner vernichtenden Kritik am musikalischen Können der päpstlichen Sänger. Grenzenlos war seine Enttäuschung über die trostlose Wirklichkeit nicht nur der Kirchenmusik, die ihm so wenig religiös erschien wie die Opernmusik dramatisch.

H. Berlioz an Madame Lesueur, 2.7.1831

> Unter die Musiker zählt man außer Rossini nur die Herren Bellini, Vaccai, Coccia, Paccini. Oh, ich will diesen Herren gewiss nichts Böses wünschen; wenn der Teufel es aber wollte, dann hätte ich nichts dagegen.

Die harmonische, liebenswürdige Kunst der Italiener widerstrebte Berlioz und schien ihm durchsetzt von *Flitterwerk* und einer unerträglichen *Manie für Ornamentik*. *Diese Musik lacht immerzu* sagte er abfällig und zieh die italienische *Seiltänzermusik* der Belanglosigkeit – ein hartes Urteil aus dem Munde eines der bedeutendsten Musiker nicht nur des 19. Jahrhunderts. Empört rief er aus: *Italien ist eine ungerechte, parteiische Mutter, die alles ihren älteren Söhnen gegeben hat.* Für Hector Berlioz, der in Freude und Trauer nur das rasende Extrem lebte, konnte die zeitgenössische italienische Musik nur die Negation aller seiner Intentionen bedeuten.

H. Berlioz, Memoiren

H. Berlioz an Madame Lesueur, 2. 7. 1831

Bitteres Fazit des Stipendiaten der Französischen Akademie, der nach Rom geschickt worden war, um seine musikalischen Fähigkeiten zu erweitern und zu verfeinern, und der selbst im Alter diese Meinung nicht revidieren konnte und wollte war,

> daß es unter allen Künstlerexistenzen keine traurigere gibt als die eines zum Aufenthalt in dieser Stadt verurteilten auswärtigen Musikers, wenn ihm die Kunst am Herzen liegt.

[…] so ist mein Haß gegen alles, was man schamloserweise in Italien mit diesem Namen belegt, stärker als jemals. Ja, ihre Musik ist eine Dirne; von fern zeigt ihr ganzer Zuschnitt eine freche Lustdirne; in der Nähe verrät ihre flache Unterhaltung einen einfältigen Dummkopf.

HECTOR BERLIOZ AN THOMAS GOUNET. ÜBER DIE ITALIENISCHE MUSIK, ROM, 28.11.1831

[…] eine einwiegende Musik, selbst für die schrecklichsten Situationen, eine zwar leicht dramatische, aber nicht zu deutliche Musik, farblos, frei von außerordentlichen Harmonien, von ungewöhnlichen Rhythmen, von neuen Formen, von unerwarteten Effekten. Eine liebenswürdige, galante Kunst, mit anliegenden Hosen und Stulpenstiefeln. HECTOR BERLIOZ, CORRESPONDANCE GÉNÉRALE

Bellini ist unleugbar ein Musiker zweiten Ranges, aber nichtsdestoweniger ist er in unseren Augen durch seine Empfindsamkeit und seine melancholische Grazie, seinen oft so wahren und richtigen Ausdruck, sowie durch die schlichte Naivität, in der sich seine schönsten Gedanken äußern, eine umso bedeutendere Individualität, als sie mitten heraus aus der italienischen Schule entstand, worauf man nicht gefaßt sein konnte. Mehrere seiner Fehler muß man daher seiner Zeit und seinem Lande zur Last legen; sie sind durch schlechte Beispiele und unvollständige Schulung entstanden. HECTOR BERLIOZ ÜBER VINCENZO BELLINI

In Rom konnten Hector Berlioz weder das monotone gesellschaftliche Leben mit seinen Bällen, Soireen und Empfängen, noch die Gefährten der Akademie anregen.

An den Sonntagen wurden in der Akademie Ausflüge gepflegt, man wanderte zur Villa Pamfili hinaus, nach San Lorenzo fuori le Mura oder zum Ponte-Molle. Berlioz interessierten freilich weniger die Sehenswürdigkeiten als vielmehr die leiblichen Genüsse. Das Grabmal der Cecilia Metella blieb ihm in Erinnerung als der Ort,

> dessen merkwürdiges Echo man unbedingt so lange anrufen muß, bis man heiser ist und einen Vorwand hat, sich in der nur wenige Schritte entfernt gelegenen Osteria mit einem schlichten Rotwein voller Mücken zu erfrischen.

Das jahrtausendealte Rom erdrückte den Augenblick, die Zeit verging träge und stetig. Die Stipendiaten verbrachten ihre Tage mit Nichtigkeiten. Nach dem Frühstück vertrödelte man den Vormittag mit Ball- und Diskusspiel, das sich nur mit Pistolenschießen und der Jagd auf harmlose Amseln abwechselte. Der eine oder andere richtete die Hunde des Direktors Vernet ab. Der Direktor beteiligte sich gern.

Nach der Heimkehr von nächtlichen Eskapaden im Cafe Greco saß man auf dem Marmorbecken des Springbrunnens und sang Melodien aus dem *Freischütz* oder ganze Akte aus der *Iphigenie* und dem *Don Giovanni*. Hector Berlioz vermißte bei dem fröhlichen Dilettieren nur umso heftiger die professionelle Ernsthaftigkeit seiner Kunst. Ja, er verspürte eine unerklärliche, aber tatsächliche Unmöglichkeit, in der Villa Medici zu arbeiten. Hinzu kam der schwüle drückende Schirokko.

Welche Atmosphäre für einen Künstler, der sich offensichtlich zu Grandiosem berufen fühlte, auch nach Meinung seines Verehrers Franz Liszt:

> Wahrlich! hätte Berlioz einen Tempel oder Palast zu bauen, so würde er sich nicht eher zufrieden geben, als bis er Gebirge ausgehöhlt hätte, um unabsehbare Kirchenschiffe darin zu wölben, deren Kuppeln aus schneebekränzten Gipfeln gebildet sein müßten.

Hector Berlioz jedoch war nicht nach Großem zumute. Der *Spleen* plagte den Einsamen und Unbeschäftigten, dessen Sinne siedeten und dessen Verlangen nach Glück, nach einem adäquat wilden Genuß zu seiner *tausendfachen Energie*, unbefriedigt bleiben mußte. Er fühlte sich *bösartig wie ein Kettenhund*. Gierig und eifersüchtig verfolgte der Künstler das Geschehen

Es geht über meine Kräfte, die Soiréen der Madame Horace häufiger zu besuchen. Es ist immer das gleiche Lied: man tanzt, man redet Nichtigkeiten, man betrachtet die Kupferstiche, man trinkt faden Tee; dann stellt sich alles ans Fenster, von wo sich der Ausblick auf ganz Rom bietet. Dort werden im Mondschein etliche alte, abgedroschene, reichlich akademische, reichlich dumme Bemerkungen gemacht. Man spricht von der Cholera, von dem Pariser Aufstand, von der Niederlage der Franzosen in Algier, von der Illumination der Peterskirche, von der Tanzkunst Mademoiselle Horaces, von der sorglosen Fröhlichkeit ihres Vaters, von den Intrigen irgend eines Kardinals [...]. HECTOR BERLIOZ, CORRESPONDANCE GÉNÉRALE

Oft, wenn ich von abgeschmackten Abendgesellschaften zurückkam, wo der seichte Vortrag seichter Kavatinen am Klavier meinen Musikdurst nur erregt und meine schlechte Laune nur verschlimmert hatte, war es mir unmöglich, Schlaf zu finden.

Rom ist die dümmste, prosaischste Stadt, die ich kenne. Man kann dort nicht leben, wenn man Kopf und Herz besitzt; man darf nur äußere Sinne haben.

Man hat kein Todesverlangen während dieser Anfälle; nein, der Gedanke an einen Selbstmord ist sogar unerträglich; man will nicht sterben, im Gegenteil, man will leben, man will es unbedingt.

HECTOR BERLIOZ, MEMOIREN

H. Berlioz an V. Hugo, Rom, 10.12.1831

im fernen Paris, das gerade von einem jungen und aufsehenerregenden polnischen Pianisten namens Chopin begeistert war. *Notre-Dame de Paris*, ein soeben erschienenes Buch von Victor Hugo, las der ergriffene Berlioz *unter Tränen und Zähneknirschen*. Der euphorische Dankesbrief an den ihm unbekannten Dichter läßt ahnen, wie sehr Berlioz geistige Anregung vermißte:

> *Oh, Sie sind ein Genie, ein mächtiges Wesen, ein Koloß, zugleich zart, erbarmungslos, elegant, ungeheuerlich, rauh, melodisch, vulkanisch, voll von Zärtlichkeit und Verachtung […]. Bedenken Sie, wenn ich Ihnen schreibe, wenn ich irres, ungereimtes Zeug zusammenrede […] bedenken Sie, daß ich in Rom weile, durch ein Dekret der Akademie, dem ich mich um der mit dem Großen Preis verbundenen Pension willen fügen muß, auf zwei Jahre aus der musikalischen Welt verbannt […] sterbe ich aus Mangel an Luft, an Musik, Dichtung, Theater, Anregung, Mangel an allem und Jedem.*

H. Berlioz, Memoiren

Der römische Karneval war Berlioz zuwider. Das empfindsame Naturell des Franzosen empfand nur die andere, spezifische Seite der Fastnacht – das Ausschweifende, Rohe und Triviale. Den Zauber des Festes, die seltsame Stimmung der künstlich unter Wasser gesetzten Piazza Navona berührten den Komponisten wenig. Er zeichnete in seinen Memoiren ein satirisches Bild von den Gesandten, Prälaten und Kurtisanen, die sich im brackigen Wasser voller Kohlstrünke und Melonenschalen in ihren Kutschen spreizten. *Ebenso rein wie die Flut* schätzte er die Musik ein, die dabei zu Gehör gebracht wurde.

In dem bunten, ausgelassenen Gewühl entdeckte Berlioz einen geschmückten und maskierten Mann mit einem *runden Bauch und […] boshaften Lächeln*, der sich bemühte, *würdevoll* auszusehen. Der kleine, dicke Mann war im Gegenteil zu seinem Landsmann ein begeisterter Anhänger der italienischen Musik und hatte ein Buch über Rossini geschrieben. Es war der französische Konsul Henry Beyle, oder, wie er sich selber nannte, Monsieur Stendhal.

Eine andere Eigenthümlichkeit Roms sind die Ziegenheerden und insbesondere jene Gespanne großer Stiere mit ungeheueren Hörnern, welche am Fuße der egyptischen Obelisken, unter den Trümmern des Forums, unter den Bögen liegen, durch welche sie ehemals den römischen Triumphator zum Kapitolium zogen, welches Cicero die öffentliche Rathsversammlung des Weltalls nannte […]. Zu dem gewöhnlichen Getöse großer Städte gesellt sich hier das Rauschen der Gewässer, das man von allen Seiten hört […]. Im Winter sind die Dächer der Häuser mit Gras bedeckt, fast wie die Strohdächer unsrer Bauern.

FRANÇOIS RENÉ DE CHATEAUBRIAND, ROM, 10. 1. 1804

Die Freude, die sie [Berlioz' Gefährten der Akademie – A.K.] an den „Belustigungen" des Karneval hatten, war (und ist) mir unbegreiflich. In Rom wie in Paris spricht man von den „fetten Tagen", und fett sind sie in der Tat, d. h. voller Überfluß an groben Beleidigungen, an Freudenmädchen, an trunkenen Polizeispitzeln, an unanständigen Masken, an abgehetzten Pferden, an Dummköpfen, die lachen, an Trotteln, die bewundern, an Müßiggängern, die sich langweilen.

HECTOR BERLIOZ, MEMOIREN

REISE-KLEINNECESSAIRE ⎯⎯⎯Metall,
Seide. 19.Jahrhundert

H. Berlioz, Memoiren

Es war Berlioz lieb, wenn er der unerträglichen Stadt entfliehen konnte, mitunter brach er sogar in der Nacht auf, um am Morgen schon in Tivoli oder weit draußen in der Campagna zu sein.

Mit einem einfachen grauen Leinenanzug und einem Strohhut bekleidet unternahm er bei glühender Hitze wie bei Regen zahllose und glückvolle Streifzüge durch die römische Umgebung und durch die Abruzzen, schlief in Höhlen oder auch an einem Bach.

> *Ich machte mich todmüde, litt Hunger und Durst, langweilte mich aber nicht mehr. Das letzte Mal schoß ich sechzehn Wachteln, sieben Wasservögel, eine große Schlange und ein Stachelschwein.*

Er wandert nach Albano, nach Castel Gandolfo, nach Tusculum, Alatri, Civitella, Genesano und Isola di Sora, nach San Germano und nach Arce. Und immer wieder nach Subiaco. Die geheimnisvolle Einsamkeit der Klöster erfrischte den Romgeplagten, die Klugheit der Mönche erstaunte und erfreute ihn.

Mystisch und wild mußte eine Landschaft sein, die Hector Berlioz faszinierte, und das waren die Berge der Abbruzzen. Berlioz fühlte sich als Zeitgenosse alter Völker, wenn, gerahmt von dunklen Tannen und vulkanischen Felsen, Hirten in ihrer einfachen Kleidung aus Schaffellen zwischen den in der Landschaft malerisch verstreuten Ruinen auftauchten. Die nächtlichen Kastanienwälder, die antiken Aquädukte in der Weite der römischen Campagna fügten sich ihm zu einem romantischen Gemälde. Gewitter und rüttelnder Wind wirkten heilend auf Berlioz. In der Natur fand er das wahre Leben.

Franz Liszt über die „Harold-Symphonie"

> *Feierliche Tonschritte, ähnlich den weiten Bogenhallen der Aquädukte in der Campagna romana, die bei einem schönen Untergang der Sonne ihre schwarze Silhouette in das reine Gold des Horizontes zeichnen,*

erspürte Jahre später ein berühmter Verehrer, Franz Liszt, in einem Musikstück von Hector Berlioz, *Harold in Italien*, einem Stück, das Franz Liszt nicht hören konnte, ohne sich in jenes *geistduftende Land* versetzt zu fühlen. Das lange Zeit nach Berlioz' Rückkehr nach Paris als Reminiszenz an das romantische Italien komponierte Musikstück wurde von einem genialen Italiener in Auftrag gegeben. Paganini wünschte sich für seine alte, kostbare Stradivari-Viola ein besonderes Konzert. Berlioz fühlte

Eines Tages im Monat Juni holte mich Berlioz Nachmittags ab, um zu Fuß nach Tivoli zu gehen. Wir litten schrecklich unter der Hitze, als wir die schöne römische Kampagna durchkreuzten. Diese Narrheit hatte eine andere, schwerere im Gefolge. Nachdem wir unser Mittagessen im Gasthaus zur Sybilla bestellt hatten, gingen wir am Ufer des Sees spazieren und konnten der Versuchung nicht widerstehen, uns in das so klare und blaue Wasser zu stürzen, was unter dem Gesang des berühmten Duetts aus „Wilhelm Tell" geschah: „O Matilde, Abgott meiner Seele!" In diesem eiskalten Wasser aber werden unsere beiden Köpfe plötzlich grün, unsere Zähne klappern, und wir beeilen uns, da uns das Lachen vergangen war, ohne nur ein Wort zu verlieren, das Ufer wieder zu gewinnen.

Wir waren sehr zufrieden, unser Mittagessen heiß essen zu können, bei einem guten, hellen Feuer von Reisbündeln, die in den Kamin des Saales, wo wir unsere Mahlzeit einnahmen, geworfen wurden. Eine Stunde später schliefen wir beide fest.

„Souvenirs d'un Artiste", Etex über einen gemeinsamen Ausflug mit Hector Berlioz

sich zwar geschmeichelt, glaubte aber, den Ansprüchen des Maestro nicht genügen zu können. Von den Entwürfen war Paganini tatsächlich wenig angetan. Dem rastlosen Virtuosen hatte das Stück zu viele Pausen; er nahm Abstand davon. An der dunklen und weichen Stimme der Viola aber hatte Berlioz Gefallen gefunden, sie wurde zur sehnsüchtigen Stimme des Harold und das Stück zu einer Erinnerung an die glücklichen, freien Tage in der römischen Landschaft.

> *Jetzt, da ich wieder in der Folter von Paris stecke – mit welcher Lebhaftigkeit und Treue rufe ich mir dieses wilde Land der Abruzzen, wo ich soviel umhergeirrt bin, ins Gedächtnis zurück!*

Auf den Ausflügen hatte Hector Berlioz oft eine Gitarre dabei, und beim Anblick der zu seinen Gedanken und seinem Wesen gleichklingenden Landschaft, die ihm manche Stelle aus der *Äneis* lebendig werden ließ, improvisierte er *seltsame Rezitative zu noch seltsameren Harmonien.* Das Leid der antiken Helden verschwamm dem empfindsamen Sänger mit dem eigenen – Musik, Dichtung und Erinnerung versetzten Berlioz in eine rauschhafte Erregung. Er vergoß Tränen über das Schicksal der mythischen Gestalten, er klagte um jene poetischen Zeiten, weinte über seine eigene Vergangenheit und fragwürdige Zukunft, um schließlich schluchzend im poetischen Chaos zu versinken und, Verse von Vergil, Shakespeare und Dante murmelnd, – einzuschlafen.

H. Berlioz, Memoiren

Nichts gefällt mir so sehr wie dieses Vagabundenleben in den Wäldern und Felsen, mit diesen gutmütigen Bauern, wobei ich tagsüber am Ufer des Bergstromes schlafe und abends die Saltarella mit den Männern und Frauen tanze, wie sie es aus unseren kleinen Wirtshäusern gewohnt sind. Ich bereite ihnen mit meiner Guitarre Vergnügen; vorher tanzten sie nur nach dem Ton des Tamburin, und sind von diesem melodischen Instrument entzückt. Um der tödlichen Langeweile zu entgehen, kehre ich bald dahin zurück. Hector Berlioz an Ferdinand Hiller, Correspondance Générale

Dieser Ausflug [nach Subiaco] war mein beliebtestes Heilmittel gegen den Spleen, ein unfehlbares Mittel, das mich dem Leben wiederzugeben schien. Hector Berlioz, memoiren

SIEGEL ⌐ an einer Kette, Metall, 19.Jahrhundert

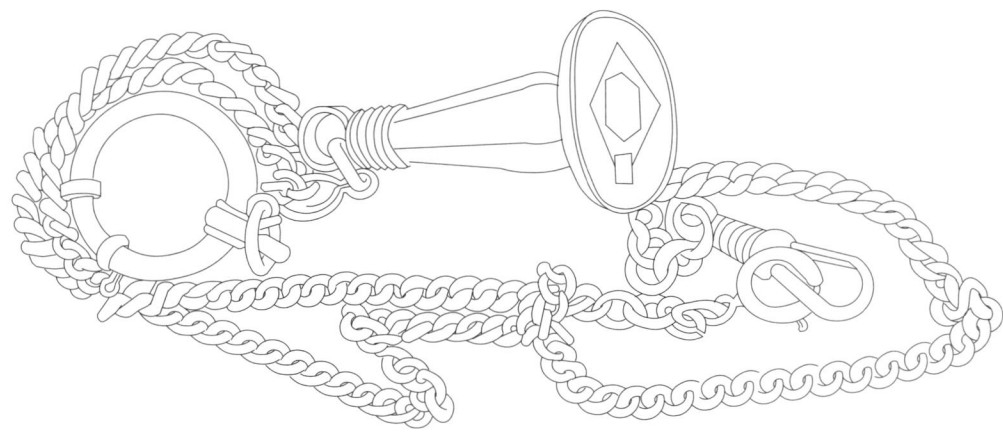

Der heutige Leser mag befremdet sein von so exaltiert romantischer Maßlosigkeit. Sicher genoß Berlioz die Bitterkeit Schmerzes und ließ sich von der Grenzenlosigkeit hin- und herabreißen.

> Was für ein Wahnsinn, […]. Ja, aber welches Glück zugleich! Vernünftige Menschen wissen ja nicht, welchen Grad von Intensität das Lebensgefühl dadurch erreichen kann; das Herz tut sich auf, die Phantasie breitet die Flügel unermeßlich weit; man lebt mit Begeisterung; selbst der Körper nimmt an dieser Überreizung des Geistes teil und wird eisenhart […].

Freundlich, sogar zärtlich ist Berlioz auf das Charaktervolle und Ursprüngliche der Landbevölkerung der römischen Campagna zu sprechen.
Der Einsiedler Berlioz liebte die Gesellschaft der bäuerlichen Einwohner von Subiaco, einem kleinen Ort mit viertausend Einwohnern, der sich so eigentümlich und eng um einen Berg schmiegt. In den umliegenden Dörfern war der rothaarige Franzose mit der Gitarre immer willkommen. Seine musikalischen Dienste wurden von den Mädchen oft in Anspruch genommen, und Berlioz hat gewiß gern den Tanz und Gesang der für ihn außergewöhnlich schönen Menschen, deren Armut ihn jenseits des Malerischen berührte, begleitet.

Ein starkes Erlebnis war ihm vor allem die rauhe Musik der Landbewohner – die Gesänge der Hirten, das Spiel der Pifferari oder auch nur irgendeine wildgewachsene Melodie. Beim Gesang eines Burschen vor dem Fenster der Angebeteten hatte Berlioz einmal die Assoziation, der junge Mann sänge zum Rauschen des Meeres oder einer Kaskade, so wenig achteten Musiker und Sänger aufeinander – das Kratzige, Ungeschliffene und Einförmige dieser musikalischen Äußerungen erschien Berlioz als ein organischer Teil der Landschaft.

Einmal brachte Berlioz von einem Ausflug nach Subiaco eine der eher seltenen Kompositionen mit. Das Stück verdankt seine Entstehung einem Zufall. An einem Abend saß Berlioz mit einem Freund, dem Architekten Lefebvre, am Tisch und beobachtete ihn beim Zeichnen. Durch eine Bewegung fiel ein Buch zu Boden und blieb aufgeschlagen liegen. Berlioz las die Stelle, Verse von Victor Hugo, und augenblicklich hörte er die Musik zu diesem *wunderbaren Gedicht*. Kaum, daß er sein Bedauern äußerte, kein Notenpapier zu haben, um die Musik niederzuschreiben, machte sich sein Gefährte auch schon daran, mit Lineal und Reißfeder Notenlinien zu zeichnen. So zumindest schilderte Berlioz die Entstehung des Liedes. Die *Gefangene* wurde ein Erfolg, ein regelrechter *Reißer*. Als Hector Berlioz das Musikstück in der Akademie aufführte, verbot Direktor Vernet dem jungen Komponisten im Scherz, mehr solcher Musik zu schreiben, da ihn die Musik erbarmungslos verfolgen und jeder und jede nur dieses Lied

H. Berlioz, Memoiren

Ich bin nur von einem einzigen Vorurteil abgekommen, nämlich dem gegen die Italiener, welche ich bis heute für ebenso gute Leute wie andere halte, besonders die aus den Bergen, die ich vorzugsweise gesehen habe. Auch besuchte ich sie oft; meine unglückliche Krankheit machte in Rom alle Tage neue Fortschritte; ich kenne kein anderes Heilmittel dagegen, wenn die Anfälle zu stark sind, als die Flucht. Sobald ich mich vom Spleen geplagt fühle, lege ich meinen Jagdrock an, nehme meine Flinte und breche nach Subiaco auf, mag das Wetter sein, wie es will. HECTOR BERLIOZ, AUFSATZ IN DER REVUE EUROPÉENE, 3/1832 VERÖFFENTLICHT

Die eintönige Aufeinanderfolge dieser durch Pausen getrennten kleinen Strophen mit dem schmerzlichen Schluß versetzte mich nach und nach in eine Art Halbschlaf voll angenehmer Träumereien; und als der galante Ragazzo seiner Schönen nichts mehr zu sagen hatte und plötzlich sein Lied beendete, schien es mir, als ob mir etwas wesentliches fehle […]. Ich horchte immer noch […] meine Gedanken waren so liebevoll mitgegangen, daß ihr Faden abriß, als die Klänge verschwanden […] und ich blieb bis zum Morgen ohn Schlaf, ohne Träume, ohne Gedanken. HECTOR BERLIOZ, MEMOIREN

singen würde. Sogar seinen singenden Kammerdiener will Vernet deswegen entlassen und einen neuen nur unter der Bedingung einstellen, daß er unmusikalisch sei.

Die glücklichen, erfüllten Tage in den Bergen standen noch dem alternden Berlioz farbig vor Augen. Sehnsüchtig schrieb er in seinen Memoiren:

> *Qualvolle Erinnerung an die Tage der Freiheit, die nicht mehr sind! Freiheit des Herzens, des Geistes, der Seele, Freiheit in allem; Freiheit, untätig zu sein, sogar nicht einmal zu denken; Freiheit, die Zeit zu vergessen, den Ehrgeiz zu verachten, des Ruhmes zu lachen, nicht mehr an die Liebe zu glauben [...] Großes und starkes Italien! Wildes Italien! Das sich nicht kümmert um sein Schwesterchen, das künstlerische Italien, das darniederliegt, eine lebendige Leiche gleich der schönen Julia.*

Außer der *Gefangenen* entstand eine religiöse Meditation für Chor und Orchester *Ce monde entier, n'est qu'un ombre fugitive* nach Worten von Moore. Mit der Pflichtsendung an die Französische Akademie hatte Berlioz keine Schwierigkeiten. Er schickte nicht etwa eine der römischen Kompositionen, sondern erlaubte sich eine kleine und reizvolle Frechheit: er sandte das *Resurrexit* einer Messe, die er bereits 1824 in Paris komponiert hatte, und die damals von der Kritik schlecht aufgenommen worden war. Für die erfreulichen Fortschritte lobte ihn die Komission, der Schwindel blieb unbemerkt.

> *Wenn jemals ein Dichter den Zustand eines Herzens geschildert hat, das übersättigt ist, ohne genossen zu haben – jenes gründlichste aller Übel, welches man als Überdruß der Seele bezeichnen möchte –, so hat es Berlioz getan [...].*
>
> *An einem aber ist schon jetzt nicht mehr zu zweifeln: daß nämlich die Träger einer zukünftigen Entwicklung für Werke von so gewaltiger Kraft der Konzeption und des Gedankens von solcher Achtung erfüllt sein werden, daß sie sich ihrem eingehenden Studium unterziehen, wozu sich nolens volens auch schon einige Zeitgenossen allmählich herbeilassen [...].*
>
> *Berlioz sinnt den Kontrasten nach, welche das himmlisch heitere Italien in einem von Täuschung müden und von Schmerz übersättigten Herzen in unmittelbarer Berührung erzeugen mußte.* FRANZ LISZT IN „HECTOR BERLIOZ UND SEINE HAROLD-SYMPHONIE"

HOSENTRÄGER ⎯⎿ Leder, Seidenstickerei. 19. Jahrhundert

Von seinen geliebten Ausflügen mußte Berlioz zu seinem Leidwesen immer wieder nach Rom, *in die dümmste, prosaischste Stadt, die ich kenne* zurückkehren. So griff er dankbar und neugierig die Einladung zweier Kameraden auf, sie nach Neapel zu begleiten.

Am 1. Oktober 1831 brachen die drei jungen Männer auf. Der nur wenige Jahre vor ihnen denselben Weg gereiste Landsmann Chateaubriand beschrieb eine wimmelnde Farbigkeit und ein Menschengewühl auf der Straße nach Neapel, das auch Hector Berlioz und seine Reisegenossen so ähnlich erlebt haben müssen.

Die einfachen Bauern riefen in Berlioz Herzlichkeit und Wärme hervor, von der Landschaft, *diesem herrlichen Garten*, war er begeistert. Aber die Stadt Neapel mied er. Und das, obwohl ihm gerade Neapel zum ersten Mal seit seiner Ankunft in Italien wirkliche Musik bot. Eine Vorstellung im berühmten Teatro San Carlo war ein musikalischer Genuß. Die Umgebung der Stadt hatte größere Anziehungskraft auf den Romantiker: die zauberhafte Bucht von Neapel, in der Ferne die Inseln Nisida und Ischia, die nahe Küste von Bajae und Amalfi, die Gebirge Apuliens; und das *lebendige Altertum* Pompeji, das auch dem Landsmann Chateaubriand näher war als das *ungeheuere Museum Rom*.

Der geheimnisvolle Vesuv, der die Landschaft um Neapel so majestätisch beherrscht, übte auf Berlioz, einen Verehrer Goethes, eine ungewöhnlich starke Faszination aus. Höllische Visionen umtanzten den einsamen Wanderer in der lauernden Totenstille des Berges, dieser Ort allein schien dem phantasierenden Hector Berlioz eine würdige Bühne für die wilde Blocksberg-Szene.

Im malerischen Süden Italiens hätte Berlioz gerne noch verweilen mögen, er dachte sogar über eine Reise nach Sizilien nach. Doch die Mittel waren knapp und erlaubten nurmehr eine Rückkehr nach Rom. So machte er sich am 16. Oktober in Gesellschaft zweier schwedischer Offiziere auf den Rückweg, zu Fuß und auf der direkten Vogelfluglinie, was er selbst als eine überspannte Idee bezeichnete. Das Gepäck wurde mit einem Vetturino vorangeschickt.

Es war die Zeit der Weinlese. Die Wanderer räuberten unbekümmert in den Weinbergen, schliefen an der frischen Luft, genossen ihre Freiheit.

Hier lernt man philosophische Betrachtungen anstellen und mit Mitleid auf die Werke der Menschen herabsehen. Was sind in der That alle jene berühmten Umwälzungen der Reiche im Vergleiche mit diesen Naturereignissen, welche die Gestalt der Erde und der Meere umwandeln? FRANÇOIS RENÉ DE CHATEAUBRIAND, VOYAGE EN ITALIE

Welcher Reisende ist nicht von der Pracht jenes Anblicks geblendet worden! Wer hat nicht um die Mittagsstunde das ruhende Meer bewundert, die weichen Falten seines azurblauen Gewandes und dessen einschmeichelndes Rascheln! Wer hat nicht [...] auf dem Vesuv beim Anblick des Kraters ein unbestimmtes Angstgefühl empfunden, bei dem dumpfen Rollen des Donners in seinem Innern, bei den zornigen Lauten, die aus seinem Schlunde dringen, bei jenen Ausbrüchen, jenen Myriaden von geschmolzenem Gestein, das wie brennende Gotteslästerungen gen Himmel fliegt [...]. Wer hat nicht das Skelett des verödeten Pompeji traurig durchwandert und auf den Stufen des Amphitheaters, quasi als einziger Zuschauer, eine Euripides- oder Sophokles-Aufführung erwartet? FRANÇOIS RENÉ DE CHATEAUBRIAND, VOYAGE EN ITALIE

Die Männer durchwanderten das Abruzzengebirge auf einer strapaziösen Tour. Sie scheuten nicht davor zurück, über zerklüftete Felsen und durch Flußbetten zu klettern, und verirrten sich oft, denn einen richtigen Weg gab es selten. Dem beweglichen Berlioz gefiel dies aber gerade.

> *In dieser Beziehung bin ich wie die Ziegen; es ist mir unmöglich, in der Nähe einer grünenden Anhöhe meiner Kletterlust zu widerstehen.*

In den Wirtshäusern blieb dem Komponisten die Erfahrung mit dem wimmelnden, beißenden und stechenden Ungeziefer nicht erspart. Überdies befiel ihn ein heftiges Fieber.

Entschädigt wurden die Wanderer später durch die fabelhafte Pracht des Klosters in Monte Cassino und durch die Stille, die über den endlosen Ebenen lag. Als sie endlich Subiaco erreichten, wurde Berlioz, der *signore francese chi suona la chitarra – der französische gitarrespielende Herr*, wie ihn die Bewohner in Umgehung seines schwer aussprechbaren Namens nannten, freudig begrüßt. Und natürlich mußte der alte Bekannte sogleich sein Instrument nehmen und zum Tanz aufspielen.

Bei ihrem Abstieg in die Ebene ließen es sich die Wanderer nicht nehmen, auch noch die Villa d'Este und den geheimnisvollen Hadrianspalast zu besuchen. Die Stelle, an der sich das kaiserliche Theater einst erhob, fanden die ehrfürchtigen Besucher zu ihrer Überraschung mit ordinärem Kohl bepflanzt: *Wie müssen Zeit und Tod über diese seltsamen Wandlungen lachen.*

Letzten Monat bin ich aus Neapel zu Fuß durch die Berge, die Wälder, die Felsen, die hohen Triften zurückgekehrt, und habe nur einmal einen Führer genommen. Sie würden sich den Reiz einer solchen Reise gar nicht denken können: ihre Mühsalen, ihre Entbehrungen, ihre Aussichten auf Gefahr, all dies entzückte mich; ich habe neun Tage dort verbracht, an die ich mich noch lange erinnern werde […]. Ich will Ihnen nichts von meinen zahlreichen Eindrücken erzählen, auf dem Vesuv, in Neapel, in Pompeji usw. Ich hätte zuviel zu berichten, allein stets finde ich, daß nichts dem Meer gleichkommt. Aber wir werden noch viel darüber plaudern. MÄRZ 1832, HECTOR BERLIOZ, AUFSATZ IN DER REVUE EUROPÉENE,

GEMEINER OHRWURM ⌐ Forficula auricularia. Ordnung Dermaptera

Rom befand sich in heller Angst und Aufregung, als die Reisenden zurückkehrten. Aus dem Paradies waren sie geradenwegs in die Hölle gewandert, eine Grippeepedemie forderte tausende Opfer. Den zahllosen Beerdigungen wohnte Hector Berlioz im schwarzen Kapuzenmantel bei. Mit düsterer Ironie beschrieb er in seinen Memoiren groteske und grausige Szenen, die sich bei der Bestattung der Leichen abspielten.

In diesen traurigen Tagen gründete Berlioz mit drei anderen Künstlern ein neues philosophisches System der

> *vollkommenen Indifferenz in Dingen der Weltanschauung, eine Lehre, die danach strebt, dem Menschen die Vollkommenheit und die Gleichgültigkeit eines Steines zu verleihen,*

allerdings mit wenig Resonanz außerhalb der Gruppe – und so löste sich die Gesellschaft der *Vier* alsbald wieder auf. Der Komponist jedoch schien diese Indifferenz zum Schutz vor einer fatalen Untergangsstimmung tatsächlich verinnerlicht zu haben. Während der Tage, die er auf der Flucht vor der angstvollen Starre der Stadt im andauernden dichten Regen auf der Jagd nach Katzen oder Rotkehlchen verbrachte, sehen wir in an einem Bach, wie er soeben einen Totenschädel aus der Jagdtasche zieht und ihn in dem kühlen Wasser versenkt: Das praktische Behältnis diente der Aufbewahrung von – Schinken. Im Bach sollte einfach das zu heftig gewürzte Nahrungsmittel entsalzen werden. Schädel waren Mode zu jener Zeit, alle Welt wollte einen besitzen. Die Damen zeichneten sie und die Herren bewahrten ihren Tabak darin auf. George Sand benutzte einen Schädel gar als sentimentale Schatulle, in der sie die Briefe Alfred de Mussets verwahrte.

Mehr denn je plagte Berlioz der *Spleen*. Die Sehnsucht nach Paris wurde in der morbiden Atmosphäre der angsterfüllten Stadt unerträglich. In der nun vollkommenen Unfähigkeit, zu arbeiten, wartete er ungeduldig auf eine Gelegenheit, wenigstens seine überarbeitete *Phantastische Symphonie* und den Melolog *Lelio* aufführen zu können.

Im *Kasernenleben* der Akademie verstärkte sich die geistige Vereinsamung des Komponisten, den Untätigen quälten unentwegte Selbstreflektionen. Übermäßig emotional, war Hector Berlioz aber stets regiert von seinem scharfen Intellekt.

H. Berlioz, Memoiren

[…] begleite ich […] die Karren mit den Toten zur Kirche in Trastevere, deren großes, gähnendes Gewölbe sie aufnimmt. Man deckt im inneren Hof eine Steinplatte auf, die Leichen werden an einem eisernen Haken befestigt und sanft in diesen Palast der Fäulnis hinuntergelassen. Nur aus einigen Schädeln, die die Ärzte, neugierig zu erfahren, warum die Kranken nicht hatten genesen wollen, geöffnet hatten, ergoß sich das Hirn in den Totenwagen; der Mann, der in Rom den Totengräber anderer Nationen vertritt, hob mit einer Maurerkelle die Überreste des denkenden Organes auf und warf sie geschickt in die Tiefe des Abgrunds. Der Grave-digger bei Shakespeare, jener Maurer aller Zeiten, hatte doch nicht daran gedacht, sich der Maurerkelle zu bedienen und diesen menschlichen Mörtel zu gebrauchen. Ein Architekt der Akademie, Garrez, macht von dieser anmutsvollen Szene eine Zeichnung, in der ich […] figuriere. Hector Berlioz, Memoiren

Das Unmögliche begreifen und das Armselige durchzuführen; Durst nach freier Luft haben und im Keller hausen; sich Adlerflügel wünschen und als Wurm kriechen; das Streben himmlischen Geistes fühlen und tierische Bedürfnisse; in seinem Herzen den Blitz tragen und nur den Zufall handeln lassen!

schrieb er noch 30 Jahre später. Die Depressionen begleiteten ihn durch sein ganzes Leben. Die Grenze zwischen der Wollust des Romantikers am Weltschmerz und wahrem Leiden ist bei dem selbstironischen und klugen Berlioz fließend. In seinen Memoiren, die voller Ausschmückungen und phantastischer Übertreibungen sind, vermag man aber neben der erlebten Realität Berlioz' eigene geistige Wirklichkeit nachzuvollziehen.

Aus dem endlosen Kreis der Selbstqualen erlöste Berlioz der verständnisvolle Direktor der Französischen Akademie in Rom. Horace Vernet erlaubte dem Stipendiaten, 6 Monate früher nach Frankreich heimzukehren.

Da hub ein Wirbeln und Packen an, Berlioz erwachte aus der Lethargie, vieles wollte plötzlich erledigt sein. Der Scheidende saß Modell für das traditionelle Porträt eines jeden Stipendiaten, unternahm Abschiedstouren in die Umgebung, trug sich in Souvenir-Alben ein, trank mit den Kameraden einen letzten Punsch, verkaufte das Gewehr, zerbrach die Gitarre, streichelte ein letztes Mal die Hunde Vernets, treue Gefährten seiner Jagdausflüge. Und da empfand er plötzlich doch für einen kurzen Moment Trauer bei dem Gedanken,

daß ich diese poetische Gegend verlasse, um sie vielleicht nie wieder zu sehen; die Freunde begleiten mich bis Ponte Molle; ich steige in eine abscheuliche Kutsche, und fort bin ich.

In dieser Zeit meines Akademieaufenthaltes fühlte ich aufs neue die Anfälle einer elenden (wenn man will, geistigen, nervösen, eingebildeten) Krankheit, die ich den Fluch der Vereinsamung nennen werde. Hector Berlioz, Memoiren

Die Adagiosätze der Beethovenschen Symphonien, gewisse Szenen aus „Alceste" und aus „Armida" von Gluck, eine Arie aus seiner italienischen Oper „Telemaco", die elysischen Felder in seinem „Orpheus" haben ebenfalls starke Anfälle desselben Leidens zur Folge; aber diese Meisterwerke tragen in sich selbst ihr Gegengift; sie lösen Tränen aus, und man ist erleichtert. Dagegen gehören Adagiosätze einiger Sonaten von Beethoven und die „Iphigenie auf Tauris" von Gluck ganz dem S p l e e n an und rufen ihn hervor; es herrscht Kälte darin, die Atmosphäre ist düster, der Himmel mit grauen Wolken bedeckt, und man vernimmt das dumpfe Klagen des Nordwinds. Hector Berlioz, Memoiren

STEGE ⌐für Streichinstrumente.
18. Jahrhundert

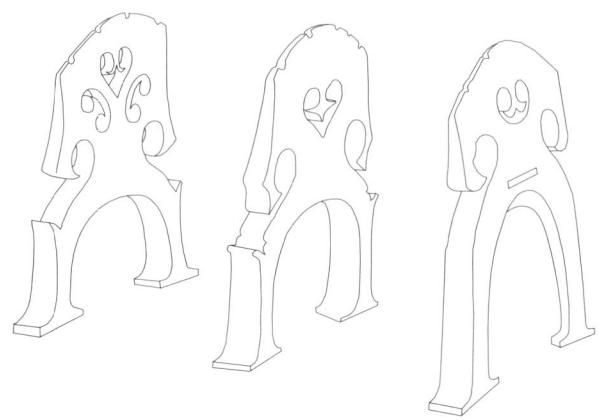

Zeittafel

1 / 1831

Hector Berlioz begibt sich widerstrebend auf die Reise gen Italien, um das Stipendium der Französischen Akademie anzutreten. Er verbringt vor seiner endgültigen Abfahrt einige Wochen mit seiner Familie in La Côte-Saint-André.

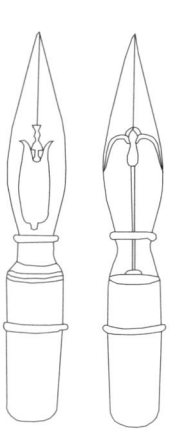

2

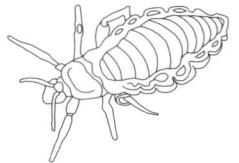

Berlioz schifft sich in Marseille ein.

14.–25. Februar
Überfahrt. Ein Sturm verzögert die Überfahrt nach Livorno, das Schiff liegt vor Nizza drei Tage lang fest.

Ende März
Berlioz trifft in Florenz ein. Dem verdächtigen Ausländer wird ein Visum verweigert. Erst als die Französische Akademie sich einschaltet, wird Berlioz die Erlaubnis zur Weiterreise erteilt.

3

Um den 12. März
Berlioz erreicht Rom und ist von dem Anblick der Ewigen Stadt überwältigt. Der erste Eindruck weicht aber schnell einer gereizten Stimmung. Berlioz wartet vergeblich auf Post seiner Verlobten Camille Moke.

Berlioz lernt Felix Mendelssohn-Bartholdy kennen und über seine Kompositionen hinaus schätzen.

4

Anfang April
Berlioz wartet noch immer vergeblich auf Nachrichten aus Paris. Unheil ahnend, verläßt er Rom, trotzdem er Gefahr läuft, sein Stipendium zu verlieren. In Florenz schreibt er den Plan zu einem Oratorium (*Der letzte Tag der Welt*) nieder.

Um den 15. April
Berlioz erhält von Madame Moke einen Brief, in dem sie die Verlobung ihrer Tochter anzeigt. Berlioz macht sich sofort auf den Weg nach Paris.

Um den 18. April
Brief an Horace Vernet, er bittet, sein Stipendium wieder antreten zu dürfen.

20. April
Ankunft in Nizza.

5

 Berlioz entwirft die Ouvertüre zu *König Lear* und die Ouvertüre zu *Rob Roy*.

9. oder 10. Mai
Er beendet den *König Lear*.

19.Mai
Abfahrt von Nizza nach Rom.

21. Mai
Ankunft in Genua. Durchfahrt durch Lucca und Pisa, wo er den *wirklich seltsamen* schiefen Turm bewundert.

25.–28. Mai
Aufenthalt in Florenz.

28.–30. Mai
Fußwanderung über den Lago di Bolsena nach Rom. Auf seiner Brieftasche schreibend, skizziert Berlioz seinen *Mélologue*.

6

Berlioz hält sich in Rom auf, arbeitet an dem *Mélologue*, den er später *Lélio oder die Rückkehr ins Leben* nennen wird.

7

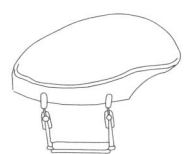

9. Juli
Abreise nach Subiaco, wo er 15 Tage verweilt.

Berlioz erholt sich in der wilden Landschaft und unter den Bauern vom verhaßten römischen Stadtleben. Die Zeit in dieser Natur wird ihm als die schönste seines Lebens in Erinnerung bleiben.

8

Arbeit am *Lélio.*

Die österreichische Polizei fängt ein Schreiben von Hector Berlioz an den Redakteur der Pariser Zeitung *Le Globe* ab. Metternich warnt daraufhin die österreichischen Gesandten von Rom, Neapel, Florenz, Turin und Parma in einem resoluten Brief vor dem aufmüpfigen Franzosen. Er bittet, die päpstlichen Behörden zu unterrichten, die in Rom weilende österreichische Jugend vor Berlioz' Einfluß und Kontakt zu warnen und dem Aufrührer im Falle des Falles ein Einreisevisum nach Österreich zu verweigern.

Zeittafel

9

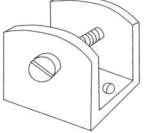

Hector Berlioz arbeitet an seinem *Mélologue: Lélio oder die Rückkehr ins Leben.*

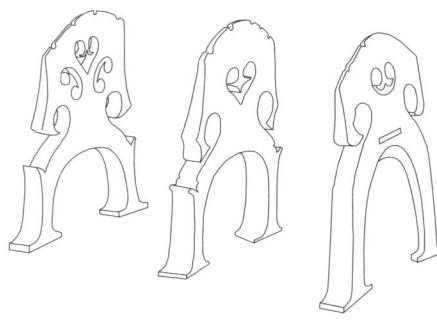

10

1.–14. Oktober
Reise nach Neapel in Gesellschaft einiger Kameraden der Akademie.

Der Plan einer Weiterreise in den Süden wird aus finanziellen Gründen fallengelassen.

2. Hälfte Oktober
Berlioz wandert zu Fuß die Strecke von Neapel nach Rom zurück über San Germano.

11

Anfang November
Ankunft in Rom.
In der Ewigen Stadt ist eine grauenvolle Grippeepidemie ausgebrochen. Tausende von Menschen sterben.

Trübselig ist auch die Stimmung des Komponisten, der sich seine Zeit mit Ausflügen in das verregnete Umland vertreibt.

um den 25. November
Berlioz erhält die Nachricht von der Verheiratung seiner Schwester Nanci.

12

Der Komponist verweilt in Rom, der *Spleen* setzt dem Einsamen zu. Die Sehnsucht nach Paris quält den französischen Komponisten.

1 / 1832

2

3

~~4~~

5

Eine vollkommene
Unfähigkeit zu arbeiten
verstärkt den *Spleen*.

Berlioz wandert in den
geliebten Bergen in der
Nähe Roms.

Anfang März
komponiert er in Subiaco
La Captive. Das Musik-
stück wird ein *Ohrwurm*
in der Villa Medici.

Horace Vernet ermög-
licht es Berlioz, seinen
Aufenthalt in Rom
6 Monate vor der Zeit
zu beenden.

2. Mai
Berlioz verläßt
Rom an dem Tag,
der ursprünglich
für die Hochzeit mit
Camille Moke
vorgesehen war.

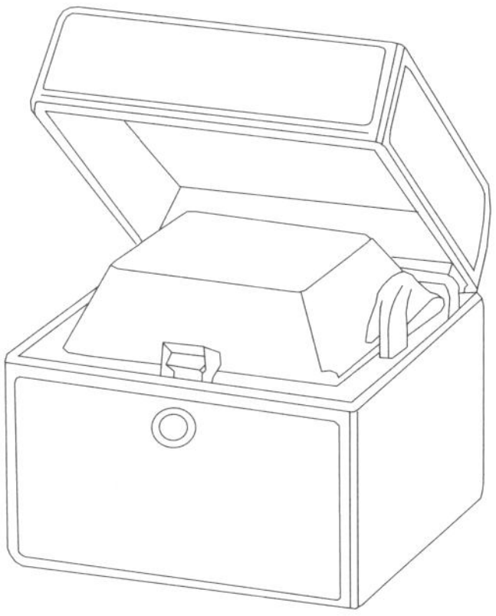

13. Mai, Florenz.

16. Mai
Eine Woche hält sich
Berlioz in Mailand
auf. Von hier aus begibt
er sich direkt nach
Grenoble und dann nach
La Cote-Saint-André.

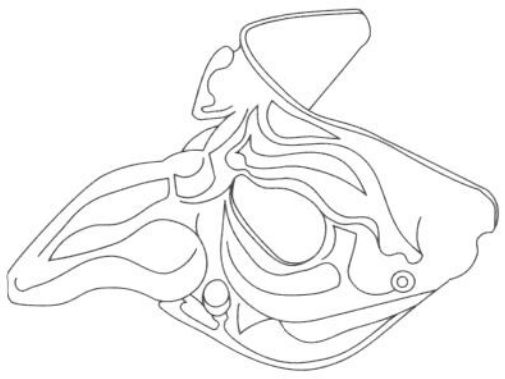

Berlioz erlebt den
römischen Karneval, der
ihm roh und abscheulich
erscheint. Er zieht sich
zurück, geht auf die Jagd
und auf Wanderungen
außerhalb Roms.

Werkverzeichnis Italien

Personenregister

ARCO, FRANCESCO EUGENIO CONTE D' (*1707–1776*) lud in Mantua die Mozarts ein. Vetter des Salzburger Oberstkämmerer Felix Graf Arco (*1705–1792*). Seine Nachfahren bewohnen noch immer den prächtigen Palast (heute Piazza d' Arco Nr. 4).

BROSSES, CHARLES DE (*1709–1777*) Graf von Tournai. französischer Diplomat, Reisender, Historiker und Geograph. Bereiste von 1793 bis 1740 dieselbe Strecke wie Händel und hielt seine Eindrücke in Reisetagebüchern fest. Verfasser der Briefe aus Italien, in denen Kunst und Sitten des Landes beschrieben werden.

BAINI, GIUSEPPE (*1775–1844*) Komponist und Musikhistoriker, Kapellmeister der päpstlichen Kapelle; erster selbständiger Biograf Palestrinas.

BELLINI, VINCENZO (*1801–1835*) Opernkomponist.

BENDEMANN, EDUARD Maler, ebenso wie Theodor Hildebrandt und Carl Sohn Reisebegleiter Felix Mendelssohns.

BUNSEN, CHRISTIAN CARL JOSIAS VON (*1791–1860*) preußischer Ministerresident und Historiker.

BURNEY, CHARLES (*1726–1814*) englischer Musikschriftsteller. Erkundete auf einer Reise durch Frankreich und Italien das Musikleben.

BYRON, GEORGE NOEL GORDON, LORD (*1788–1824*) englischer Dichter der Romantik.

Capece, Carlo (*1652–1728*) Librettist des Oratoriums *La Resurrezione*, des *Tolomeo* und *Orlando*.

CHATEAUBRIAND, FRANCOIS-RENÉ-AUGUSTE VIC. DE, (*1768–1848*) französischer Schriftsteller, durchreiste Italien, das er sehr liebte.

CHOPIN, FRÉDÉRIC (*1810–1849*) Komponist und Pianist; machte gerade in Paris Furore, als sich Hector Berlioz in Rom befand.

CHRYSANDER, FRIEDRICH Biograf Händels.

CIGNA-SANTI, VITTORIO AMADEO (*1725–1785*) Textdichter des *Mitridate, Re di Ponto*, Mitglied der Turiner *Accademia dei Trasformati*.

CLEMENS XIV. (*1705–1774*) eig. Giovanni Vincenzo Antonio Ganganelli. Papst von 1765–1774.

CLEMES XI. (*1649–1721*) eig. Giovanni Francesco Albani, Papst von 1700 bis 1721.

GIORGIONE (*ca. 1477–1510*) eig. Giorgio di Castelfranco.

COLBERT, JEAN-BAPTISTE (*1619–1683*) Minister des Sonnenkönigs Ludwigs XIV.

COLLOREDO, HIERONYMUS JOSEPH FRANZ DE PAULA, Graf v. (*1732–1812*), Bischof von Gurk (*1761–1772*) Erzbischof von Salzburg (*1772–1803*).

COREGGIO (*1489–1534*) eig. Antonio Allegri, Maler.

CORELLI, ARCANGELO (*1653–1713*) Komponist, bei Ottoboni erster Musiker und Leiter der Instrumentalmusik von 1689 bis zu seinem Tode, er wohnte fürstlich in dessen Palast. Händel lernte den berühmten Mann in Rom kennen und arbeitete mit ihm zusammen.

CORFEY, LAMBERT FRIEDRICH deutscher Hauptmann, reiste mit seinem Bruder Leutnant Christian Heinrich Corfey von 1689 bis 1700 (also etwa 7 Jahre vor Händel) durch Italien. Er betätigte sich außerberuflich als Architekt und erbaute das Schloß Drensteinfurt, außerdem die Loretokapelle und die Dominikanerkirche in Münster.

CORILLA OLIMPICA (*1727–1801*) eigentlich Maddalena Morelli-Fernandez, Dichterin, Mitglied der römischen *Arcadia* und mit dem Namen *Corilla Olimpica* geehrt; lebte von einer Staatspension als *Poetessa di Corte*. Mozart lernte in ihrem Hause den Geiger und Komponisten Thomas Linley kennen.

COLONNA, CARLO, KARDINAL (*1665–1739*) passionierter Musikliebhaber, Römischer Mäzen Händels.

DONIZETTI, GAETANO (*1779–1848*) Opernkomponist, sein Werk verkörpert die Vollkommenheit des Belcanto-Gesanges, die in ihm und Bellini ihre letzten Vertreter besaß.

DURASTANTE, MARGARITA begnadete Sängerin, sie sang bei der Uraufführung der *Resurrezione* die weibliche Hauptrolle, durfte aber die beiden folgenden Aufführungen nicht mehr singen, da es nach einem von Papst Innozenz XI. erlassenen Edikt verboten war, Frauen in öffentlichen Aufführungen mitwirken zu lassen.

ÉPINAY, MADAME D' (*1726–1783*) Louise-Florence-Petronille Tardieu d'Esclavelles, Marquise d'

FARINELLI (*1705–1782*) eig. Carlo Broschi. Einer der berühmtesten Kastratensänger der Musikgeschichte; feierte auf allen Bühnen Italiens, in Wien und in London Triumphe. Seit 1736 war er der erklärte Liebling Philipps V. von Spanien. Im Alter lebte er in seiner fürstlichen Landvilla bei Bologna, wo er 1770 auch die Mozarts empfing.

FERDINAND II. (*1810–1859*) König von Neapel und beider Sizilien, Enkel Ferdinands I.; folgte 1830 seinem Vater Franz I. auf den Thron.

FERDINAND III. (*1769–1824*) Großherzog v. Toskana, Floh 1799 vor Napoleon nach Wien, mußte 1801 auf sein Land verzichten, erhielt es jedoch 1814 zurück.

FERDINAND IV. (*1751–1825*) Wurde mit erst 8 Jahren König von Neapel und Sizilien, da sein Vater, König Karl III. (*1716–1788*) König von Spanien wurde und auf den Thron verzichtete. Im Volksmund wegen seiner großen Nase *il re nasone* genannt.

FIRMIAN, GRAF CARL JOSEPH VON (*1716–1782*) Generalgouverneur der Lombardei, mit Winkelmann befreundet, protegierte die Mozarts, wurde 1753 Gesandter in Neapel, 1759 Statthalter der Lombardei, die er ausgezeichnet verwaltete, brachte das Wirtschafts- und Kulturleben zur Blüte.

FRA BARTOLOMEO (*1472–1517*) italienischer Maler, gehört zu den Begründern der klassischen Kunst des 16. Jahrhunderts

GALLIANI, FERDINAND Abbé, Staatsmann, Ökonom.

GASPARINI, QUIRINO (*1721–1778*) Komponist, vertonte 1767 den *Mitridate* für das Regio Teatro, Turin.

GIBELLI, LORENZO (*1719–1812*) Kirchenkomponist und berühmter Gesangslehrer, Lehrer von Rossini, Mitglied der Philharmonischen Akademie Bologna

GOETHE, JOHANN WOLFGANG (*1749–1832*) Dichter, Mendelssohn verehrte den Meister und folgte dessen Spuren auch auf seiner großen Italienreise. Mendelssohn besuchte den Dichter vor seiner Reise nach Italien und verbrachte einige Tage in Weimar.

GLUCK, CHRISTOPH WILLIBALD (*1714–1787*) Sowohl Hector Berlioz als auch Felix Mendelssohn schätzten den Komponisten.

GRIMANI, VINCENZO, KARDINAL (*1655–1710*) Textdichter der Agrippina. Besitzer des Theaters in Venedig, in dem die Oper uraufgeführt wurde. Diplomat im Dienste Habsburgs, von dem er nach dem Spanischen Erbfolgekrieg zum Neapolitanischen Vizekönig gemacht wurde; förderte auch Alessandro Scarlatti.

GUGLIELMI, PIETRO (*1727–1804*) Komponist.

HAGENAUER, JOHANN LORENZ (*1712–1792*) Freund der Familie Mozart, Salzburger Kaufmann.

HASSE, JOHANN ADOLF (*1699–1783*) einer der bekanntesten Opern- und Oratorienkomponisten seiner Zeit. Hauptvertreter der neapolitanischen Schule des Spätbarock in Deutschland.

HAMILTON, CATHERINE geb. Barlow (*1747–1782*)

HAMILTON, SIR WILLIAM (*1730–1803*) englischer Gesandter, Kunstsammler, Archäologe, Vukanologe.

HENSEL, WILHELM (*1794–1861*) Ehemann von Fanny Hensel, Hofmaler in Berlin.

HENSEL, FANNY (*1805–1847*) Schwester Mendelssohns

HILLER, FERDINAND (*1811–1885*) Dirigent und Komponist, Freund Mendelssohns und Berlioz', wirkte 1828–35 als Pianist in Paris, 1836–37 als Dirigent in Frankfurt, vertrat 1843 seinen Freund Mendelssohn als Leiter des Leipziger Gewandhauses und wurde schließlich, nach weiterer Zwischenstation in Düsseldorf, städtischer Kapellmeister in Köln. Komponist von über 200 Werken (darunter 6 Opern und 2 Oratorien, Kammer- und Klavier musik).

HUGO, VICTOR (*1802–1885*) Schriftsteller; Berlioz dankte dem ihm unbekannten Hugo in einem glühenden Brief für dessen Buch *Notre Dame*; Berlioz vertonte in Italien eines seiner Gedichte, *Die Gefangene*, das zu einem regelrechten „Ohrwurm" in der französischen Akademie wurde.

JOMELLI, NICCOLÒ (*1714–1774*) Komponist. Vertreter der Neapolitanischen Schule.

KAUNITZ-RIETBERG, ERNST CHRISTOPH GRAF (*1737–1797*) österreichischer Gesandter in Neapel.

KEYSSLER, JOHANN GEORG (*1689–1773*) Verfasser eines Reisehandbuches. Die Familie Mozart besaß 2 Exemplare (Hausbibliothek und Reisebibliothek).

KNEBEL VON KATZENELLENBOGEN, FRANZ PHILIPP kaiserlicher Minister am Hof von Parma

LEOPOLD II. (*1747–1792*) folgte 1765 seinem Vater Franz I. als Großherzog Leopold I.; wurde 1790, als sein Bruder Joseph II. kinderlos starb, als Leopold II. deutscher Kaiser.

LAMBACH, GRAF bayrischer Gesandter in Rom.

LAMPUGNANI, GIOVANNI BATTISTA (*1706 – ca. 1784*) Maestro al Cembalo.

LASSO, ORLANDO DI (*1532–1594*) niederländischer Komponist, wie Wolfgang Amadeus Mozart Träger des päpstlichen Ordens zum Goldenen Sporn.

LINLEY, THOMAS (*1756–1778*) englischer Komponist und hochbegabter Violonist. Jugendfreund Mozarts. Die freundschaftlichen Gefühle hielten bis zum frühen Unfalltod Linleys 8 Jahre später an.

LISZT, FRANZ (*1811–1886*) Komponist, Klaviervirtuose. Berlioz machte 1830 seine Bekanntschaft nach einem seiner Konzerte, das Liszt besucht und begeistert beklatscht hatte. Eine gegenseitige Symphatie entstand sofort. Die langjährige Freundschaft basierte nicht zuletzt auf der Bewunderung beider Musiker für Shakespeare.

LOLLI, ANTONIO (*ca.1730–1802*) Komponist, Geiger.

LOTTI, ANTONIO (*ca. 1667–1740*) venezianischer Opernkomponist.

LUGIATI, CARLO PIETRO (*1724–1788*) hoher Veroneser Finanzbeamter. Die Lugiatis waren eine einflußreiche, alteingesessene Kaufmannsfamilie mit großem Haus- und Grundbesitz, wohnte in einem Palast an der Piazza Navona (heute Postpalast).

MAINWARING, JOHN (*1735 – 1780*) Reverend, Biograf Georg Friedrich Händels.

MARIA CAROLINA (*1752–1814*) Erzherzogin. Königin von Neapel, 13. Kind der Kaiserin Maria Theresia.

MARIA THERESIA (*1717–1780*) deutsche Kaiserin. Gemahlin Kaiser Franz' I. Königin von Ungarn und Böhmen, Erzherzogin von Österreich von 1740 bis 1780, Erbtochter Kaiser Karls VI., übernahm 1740 nach dem Tode ihres Vaters die Regierung der habsburg. Erblande; nahm ihren Gemahl als Mitregenten an, gestattete ihm jedoch nur in Finanzangelegenheiten einen stärkeren Einfluß.

MARTINI, GIOVANNI BATTISTA, PADRE (*1706–1748*) Franziskanerpater aus Bologna. Musikalische Autorität mit unermeßlichem Wissen, pflegte eine breite Korrespondenz mit den bedeutendsten Geistern seiner Zeit. Musikalische Streitfragen wurden ihm vorgeleg, bei der Besetzung von Stellen sein Rat eingeholt.
Seine Autorität wurde umso mehr geschätzt, als er ein geduldiger, bescheidener, freundlicher Mann gewesen sein soll, Verehrer und Förderer des jungen Mozart.

MATTHESON, JOHANN (*1681–1764*) Pseudonym: Aristoxenos. Biograf Georg Friedrich Händels.

MEDICI, FERDINANDO DE' (*1663–1713*) Granprincipe di Toskana. großer Förderer der Künste.

MENDELSSOHN, ABRAHAM (*1776–1835*) Felix Mendelssohns Vater.

METASTASIO, PIETRO (*1698–1782*) eigentlich Antonio Domenico Bonaventura Trapassi, italienischer Dichter, wurde vor allem durch seine Operntexte berühmt. Meistgeschätzter Opernlibrettist des 18. Jahrhunderts.

MEYERBEER, GIACOMO (*1791–1864*) eigentlich Jakob Liebmann Meyer Beer, Komponist.

MICHELANGELO, BUONAROTTI (*1475–1564*) Bildhauer, Maler, Architekt, Dichter.

MOZART, ANNA MARIA WALBURGA GEB. PERTL (*1720–1778*) Mozarts Mutter.

MOZART, JOHANN GEORG LEOPOLD (*1719–1787*) Mozarts Vater.

MOZART, MARIA ANNA WALBURGA IGNATIA (NANNERL) (*1751–1829*) Mozarts Schwester.

NAPOLEON I. (*1769–1821*) von 1799 bis 1804 Erster Konsul, von 1804 bis 1814/15 Kaiser der Franzosen. Berlioz' Begeisterung für General Bonaparte war grenzenlos. Auf der Rückreise nach Frankreich gaukelte ihm seine Phantasie in Lodi, an der Brücke von Arcole, an der die Franzosen 36 Jahre zuvor einen legendären Erfolg gegen die Österreicher errungen hatten, sogar das Donnern der Geschütze vor. Berlioz notiert Gedanken zu einer Triumph-Sinfonie.

NARDINI, PIETRO (*1722–1793*) Komponist und Geiger

NISSEN, GEORG NICOLAUS (*1761–1826*) dänischer Diplomat, Constanzes zweiter Ehemann, dritter Biograf Wolfgang Amadeus Mozarts.

ORSINI-ROSENBERG, FRANZ-XAVER WOLFGANG GRAF (*1723–1796*) empfing die Mozarts in Florenz; wurde später *General-Spektakel-Direktor* in Wien.

ORTES, GIOVANNI MARIA, ABATE (*1713–1799*) Freund Hasses; lernte die Mozarts in Venedig kennen.

OTTOBONI, PIETRO (*1668–1740*) KARDINAL. Wichtigster Musikmäzen Händels in Rom. Seine Akademien und die Musik, die aufgeführt wurde, fanden in ganz Europa Beachtung. Er hatte viele berühmte Musiker, Maler und Dichter in seinen Diensten.

OVERBECK, JOHANN FRIEDRICH (*1789–1869*) Maler, gründete 1809 mit anderen einen Lukasbund, der den Kern der Nazarener bildete; ab 1810 in San Isodoro in Rom. Mit anderen Nazarenern schuf er unter anderem die Freskenzyklen in der Casa Bartholdy (1816–17).

PAGANINI, NICCOLÒ (*1782–1840*) sagenumwobener Hexengeiger und Komponist; bestellte ein Stück bei Berlioz, zog sich aber zurück, als er die Musik zu wenig auf sein Virtuosentum ausgerichtet fand. Berlioz beendete das Stück trotzdem, es wurde zu einer Reminiszenz an das ländliche, das wilde Italien (*Harold en Italie*).

PAER, FERDINANDO (*1771–1839*) Komponist.

PAISIELLO, GIOVANNI (*1740–1816*) Komponist.

PALESTRINA, GIOVANNI PIERLUIGI DA (*1525–1594*) Komponist.

PALLAVICINI, GIOVANNI LUCA GRAF (*1697–1773*) seit 1731 in österreichischen Diensten, seit 1754 Feldmarschall. Lud die Mozarts im Sommer auf sein Landgut ein.

PALLAVICINI, LAZZARO OPIZIO (*1719–1785*) Kardinal-Staatssekretär.

PANFILI (*1653–1746*), KARDINAL. Römischer Mäzen Händels.

PARINI, GIUSEPPE (*1729–1799*) Textdichter des *Ascanio in Alba*, Italienischer Dichter, Rhetor der Mailänder Universität und Hauspoet des Mailänder Hofes.

PERGOLESI, GIOVANNI BATTISTA (*1710–1736*) Komponist.

PASQUINI, BERNARDO Einer der besten Orgel- und
Klavierkomponisten seiner Zeit und Italiens.
Virtuose beider Instrumente.

PICCINI, NICCOLA (*1728–1800*) erfolgreicher italienischer Opernkomponist, vor allem zahlreicher
Buffo-Opern, konnte sich aber in dem musikhisto-
risch berühmtenPariser Streit zwischen Piccinis-
ten und Gluckisten mit seiner *Iphigenie en Tauride*
gegen den deutschen Meister nicht durchsetzen.

PIUS VIII. (*1761–1830*) vorher Francesco Saverio
Castiglione, Papst von *1829* bis *1830*.

PORPORA, NICOLA (*1686–1768*) Komponist, späterer
Lehrmeister Farinellis.

RAFFAEL, EIG. RAFFAELO SANTI (*1483–1520*) Maler.

RAUZZINI, VENANZIO (*1746–1810*) italienischer Kastratensänger. Mozart komponierte in Mailand für ihn
das Stück *Exsultate Jubilate.*

REICHARDT, JOHANN FRIEDRICH WILHEM (*1752–1814*)
Komponist und Musikschriftsteller, Kapellmeister
Friedrichs des Großen, Freund Goethes, ging *1783*
nach Italien, später Paris, Kassel, Halle.

ROSA, SAVERIO DALLA (*1745–1821*) Maler aus Verona.
Malte im Auftrag Pietro Lugiatis ein Bildnis
Mozarts.

ROSSINI, GIOACCHINO (*1792–1868*) italienischer
Komponist, über den Stendahl *1823* eine (von
Hector Berlioz heftig geschmähte) Biografie
veröffentlichte.

RUSPOLI, FRANCESCO MARIA MARCHESE DI (*1672–1731*)
Sproß einer angesehenen florentinisch-römischen
Patrizierfamilie. Als einer der reichsten Männer
Roms wurde er, neben Ottoboni, zum wichtigsten
Mäzen seiner Zeit, er förderte – neben dem Bund
der Arkadier, deren Mitglied und Oberhaupt er
war – vor allem die römische Kirchenarchitektur
und die Musik.

SAINTE-ODILE, MATTHÄUS DOMINKUS (*1715–1775*)
BARON DE

SAMMARTINI, GIOVANNI BATTISTA (*1700/01–1775*)
Kapellmeister, Organist, Komponist. Pionier des
vorklassischen Stils in Italien, Lehrer Glucks.

SANTINI, FORTUNATO (*1778–1862*) Geistlicher,
begeisterter Sammler altitalienischer Musik.

SCARLATTI, ALESSANDRO, (*1660–1725*) Komponist,
geistiges und musikalisches Oberhaupt der
neapolitanischen Opernschule.

SCARLATTI, DOMENICO (*1685–1757*) Sohn des Opernkomponisten. Begründer und Meister des virtuosen
Cembalospiels, Komponist von über *500* Stücken
für dieses Instrument.

SCHADOW, WILHELM (*1789–1862*) Maler und Bildhauer, zeitweiliger Reisebegleiter Mendelssohns,
Sohn Gottfried Schadows, schloß sich in Rom
den Nazarenern an; seit *1826* Direktor der Düsseldorfer Malerakademie, wo Felix Mendelssohn
1833 bis *1835* Städtischer Musikdirektor ist.

SCHRATTENBACH, SIEGMUND CHRISTOPH GRAF VON
(*1698–1771*) Fürsterzbischof.

SCHUMANN, ROBERT (*1810–1856*) Komponist, enger
Freund und großer Verehrer Mendelssohns.

SHAKESPEARE, WILLIAM (*1564–1616*) großer englischer
Dramatiker, von Berlioz glühend bewundert.

SPONTINI, GASPARD (*1774–1854*) Komponist.

STENDHAL (*1783–1842*) eigentlich Marie Henri Beyle;
Schriftsteller, zur Zeit von Hector Berlioz' Aufenthalt, französischer Konsul in Civita Vecchia.

TANUCCI, BERNARDO, MARQUIS (*1688–1783*) Professor
der Rechte, unter Karl III. Justizminister. Regierte
an Stelle des unmündigen Königs Ferdinand IV.,
beschäftigte sich mit königlichen Ausgrabungen in
Pompeji, Herculaneum, Stabiae.

TARQUINI, VITTORIA Sängerin am Florentinischen
Hof, angebliche Geliebte Händels.

THORWALDSEN, BERTHEL (*1768–1844*) dänischer Bildhauer; vielleicht angesehenster Bildhauer seiner
Epoche, Künstler aller Nationen pilgerten zu ihm

nach Rom. Mendelssohn brachte viele Stunden im
Atelier des verehrten, 41 Jahre älteren Meisters
zu, der ihm seinerseits freundschaftlich zugetan war.

TIZIAN (*1476 oder 1487 bzw. 90 –1576*) eigentlich Tiziano
Vecellio, Maler.

TORELLI, GIUSEPPE (*1721–1781*) Veroneser Dichter.

THURN UND THAXIS, FÜRST MICHAEL II.VON (*1722–1789*)

USLENGHI, FRAU Gastgeberin der Mozarts in Rom,
Gattin des Steffano Uslenghi (gestorben 1777).

VALESIO, FRANCESCO Römer, tagebuchschreibender
Zeitgenosse Händels.

VOLKMANN, JOHANN JAKOB (*1732–1803*) Autor der
Historisch-kritischen Nachrichten von Italien.

VERNET, HORACE (*1789 –1863*) Maler und Graphiker,
Direktor der Französischen Akademie in Rom.
Sein gastfreundliches Haus und seine muntere
Familie gefielen Felix Mendelssohn sehr. Er ver-
brachte viele Stunden im Atelier des Künstlers.
Horace Vernet schuf ein Porträt Mendelssohns.

VIVALDI, ANTONIO (*1678–1741*) Komponist.

WIDER, JOHANN (*1707–1797*) Kaufmann, beherbergte
die Mozarts in Venedig.

WINKELMANN, JOHANN JOACHIM (*1717–1768*)

XIMENES D'ARAGONA, GIUSEPPE (*1718–1784*) großer
Musikliebhaber.

ZELTER, KARL FRIEDRICH (*1758–1832*) deutscher Kom-
ponist und Musikpädagoge, enger Freund Goethes,
Lehrer Mendelssohns und Empfänger zahlreicher
Briefe aus Italien. Übernahm 1800 den von seinem
Lehrer Carl Friedrich Fasch gegründeten *Singverein*,
(Ausgangspunkt des Männerchorwesens).

Bibliografie

GEORG FRIEDRICH HÄNDEL
in Briefen, Selbstzeugnissen und zeitgenössischen
Dokumenten.
Dieter Schickling. Manesse Verlag Zürich. 1985

SIEHE, DEIN KÖNIG KOMMT.
Leben und Musik des Georg Friedrich Händel.
Hans-Jürgen Schmelzer. Droste Verlag. Düsseldorf 1995

GEORG FRIEDRICH HÄNDEL
*Christopher Hogwood. Verlag J.B.Metzler. Stuttgart.
Weimar 1992*

GEORG FRIEDRICH HÄNDEL
Romain Rolland. Piper Verlag. München 1985

GEORG FRIEDRICH HÄNDEL
in Selbstzeugnissen und Bilddokumenten.
*dargestellt von Richard Friedenthal. Rowohlt,
Reinbek/Hamburg 1959*

GEORG FRIEDRICH HÄNDEL
*Friedrich Chrysander 1858. Georg Olms.
Hildesheim 1966*

TAGEBUCH EINER MUSIKALISCHEN REISE 1770–1772
*Charles Burney.
Heinrichshofen's Verlag Wilhelmshaven 1980*

GEORG FRIEDRICH HÄNDELS LEBENSBESCHREIBUNG
von John Mainwaring, übersetzt von Johann
Mattheson, in: Georg Friedrich Händel, Biographie,
Briefe und Schriften. *Hg. Hedwig und E. H. Mueller
von Asow, Hildesheim 1977*

HÄNDELS ORATORIEN, ODEN UND SERENATEN
*Hans Joachim Marx. Vandenhoeck & Ruprecht.
Göttingen. 1998*

AUKTION MUSIKAUTOGRAFEN
Katalog 498 der Firma J. A. Stargardt.
Stuttgart 1951

VERTRAULICHE BRIEFE AUS ITALIEN, 1739–1740
*Charles de Brosses. übersetzt von W. Schwartzkopff.
München 1918*

REISETAGEBUCH 1689–1700
*Lambert Friedrich Corfey. Hg. Helmut Lahrkamp.
München 1977*

HÄNDEL-JAHRBÜCHER
Studio-Verlag. Köln. 1994/95

ITALIEN-FAHRT.
Ludwig Schudt. Paulinus-Verlag 1950

BIBLIOTECA DEL VIAGGIO IN ITALIA
Charles de Brosses. Slatkine Verlag. Geneve 1981

ANMERCKUNGEN
Über das Reisen in Frembde Länder
Paul Jacob Marperger. Leipzig 1723

MOZART
Sein Leben – seine Welt
Erich Schenk. Amalthea Verlag Wien. 1975

MOZART
*Wolfgang Hildesheimer.
Verlag Volk und Welt Berlin. 1980*

WARUM WEINTE MOZART?
Reden aus fünfundzwanzig Jahren.
Wolfgang Hildesheimer. Suhrkamp Taschenbuch 1996

MOZART.
Leben und Werk.
Wilhelm Spohr. Waldemar-Hoffmann-Verlag. Berlin

MOZART. Briefe und Aufzeichnungen
*Gesamtausgabe. Hrsg. Wilhelm A. Bauer und Otto Erich
Deutsch. Bärenreiter Verlag. 1962*

TAGEBUCH EINER MUSIKALISCHEN REISE
Charles Burney. Heinrichshofen's Verlag. 1980

Historisch-kritische Nachrichten
von Italien, welche eine genaue Beschreibung dieses
Landes, der Sitten und Gebräuche, der Regierungs-
form, Handlung, Oekonomie, des Zustandes der
Wissenschaften, und insonderheit der Werke der
Kunst nebst einer Beurtheilung derselben enthalten.
Aus den neuesten französischen und englischen
Reisebeschreibungen und aus eignen Anmerkungen –
zusammengetragen von D. J. J. Volkmann
Johann Jakob Volkmann. 3 Bände. Verl. Caspar Fritsch.
Leipzig 1770

Analecta Musicologica. Band 18
Hrsgb. Friedrich Lippmann.
Arno-Volk-Verlag. Köln 1978

Neueste Nachrichten
durch Deutschland, Böhmen, Ungarn, die Schweiz,
Italien und Lothringen.
Reisehandbuch. Johann Georg Keyßler. 1740 erschienen

Mozart auf Reisen
Wilhelm Keitel, Dominik Neuner
C. Bertelsmann Verlag GmbH. München 1991

Mozart.
Sein Leben und seine Zeit in Texten und Bildern
Herausgegeben von Max Becker. Insel Verlag

Wolfgang Amadeus Mozart
Herausgeber: Gerhard Croll. Wissenschaftliche
Buchgesellschaft. Darmstadt 1977. Band CCXXXIII

Wolfgang Amadeus Mozart.
Chronik eines Lebens.
Bärenreiter Verlag

Delitiae Italiae.
Mozarts Reisen in Italien.
Rudolph Angermüller unter Mitarbeit von
Geneviève Geffray. Verlag K. H. Bock

Reisebriefe aus den Jahren 1830/1832
herausgegeben von Paul Mendelssohn Bartholdy.
Verlag Hermann Mendelssohn. Leipzig 1862

Mozart
Die Opern von der Uraufführung bis heute
Rudolph Angermüller. Propyläen-Verlag

Musiker reisen
Franzpeter Messmer. Artemis & Winkler Verlag. 1992

Das Mozart-Buch
Chronik von Leben und Werk
Zusammengestellt und eingeleitet von Kurt Pahlen.
Hans E. Günther Verlag. Stuttgart

Glückliche Jugend.
Briefe des jungen Komponisten
Hg. Günter Schulz. Jacobi Verlag. Bremen 1971

Erinnerungen. Ferdinand Hiller

Mendelssohn's Letters to Moscheles
Apthorp in: Scribners Magazine III (1888), 332

Mendelssohn
Karl-Heinz Köhler. Verlag J. B. Metzler. Stuttgart.
Weimar 1995

Die Familie Mendelssohn 1729 bis 1847
Sebastian Hensel. Insel-Verlag. Leipzig 1924

Italienreisen im 17. und 18. Jahrhundert
Ludwig Schudt. Wien, München 1959

Berühmte Musiker.
Lebens- und Charakterbilder nebst Einführung in
die Werke der Meister
Hg. Heinrich Reimann. Harmonie, Verlagsgesellschaft
für Literatur und Kunst. Berlin 1906

Eine Lanze für Felix Mendelssohn
Wolfgang Stresemann. Stapp Verlag. Berlin 1984

FELIX MENDELSSOHN BARTHOLDY
Eine Lebenschronik.
zusammengestellt von Peter Ranft.
VEB Deutscher Verlag für Musik. Leipzig 1972

MENDELSSOHN
Leben und Werk in neuer Sicht.
Eric Werner. Atlantis Musikbuch-Verlag Ag.
Zürich / Freiburg im Breisgau 1980

DAS VERBORGENE BAND
Felix Mendelssohn Bartholdy und seine Schwester
Fanny Hensel
Dr. Ludwig Reichert Verlag. Wiesbaden 1997

FELIX MENDELSSOHN BARTHOLDYS BRIEFWECHSEL
mit Legionsrat Karl Klingemann
G. D. Baedeker. Verlagshandlung. Essen. 1909

DIE MENDELSSOHNS
Bilder aus einer deutschen Familie
Eckart Kleßmann. Artemis Verlag Zürich und
München. 1990

FELIX MENDELSSOHN BARTHOLDY
und die Musik der Vergangenheit
Susanne Großmann-Vendrey. Gustav-Bosse Verlag.
Regensburg 1969

MEISTER-BRIEFE
Felix Mendelssohn Bartholdy
ausgewählt und erläutert von Ernst Wolff.
B. Behrs Verlag. Berlin 1907

BRIEFE VON FELIX MENDELSSOHN BARTHOLDY
an Ignaz und Charlotte Moscheles
Leipzig 1888

FELIX MENDELSSOHN – MITWELT UND NACHWELT
Bericht zum 1.Leipziger Mendelssohn-Kolloquium.
Breitkopf & Härtel. Wiesbaden 1996

FELIX MENDELSSOHN
im Spiegel eigener Aussagen und
zeitgenössischer Dokumente
Hg. Willi Reich. Manesse Verlag. Zürich 1970

FELIX MENDELSSOHN UND SEINE ZEIT.
Bildnis und Schicksal eines Meisters
Heinrich Eduard Jacob. S. Fischer Verlag.
Frankfurt am Main 1959

MENDELSSOHN.
Leben und Werk in neuer Sicht
Erik Werner. Atlantis Musikbuch-Verlag.
Zürich / Freiburg im Breisgau 1980

FELIX MENDELSSOHN UND SEINE ZEIT
Wulf Konold. Laaber-Verlag 1984

BRIEFE EINES AUFMERKSAMEN REISENDEN,
DIE MUSIK BETREFFEND.
Johann Friedrich Reichardt.
Frankfurt und Breslau. 1776 cit. bei Dörffel

MEMOIREN
Hector Berlioz
Hg. Wolf Rosenberg. Athenäum Verlag GmbH & Co.
Verlags KG. München 1985

GESAMMELTE SCHRIFTEN ÜBER MUSIK UND MUSIKER
von Richard Pohl. 3. Band: HEKTOR BERLIOZ
Verlag Bernhard Schlicke. Leipzig 1884.

HECTOR BERLIOZ
Correspondance générale 1, 1803–1832
Pierre Citron. Nouvelle Bibliothèque Romantique. Paris.
Flammarion. 1972

HECTOR BERLIOZ
in Selbstzeugnissen und Bilddokumenten
Dargestellt von Wolfgang Dömling. Rowohlt Taschenbuch-
verlag GmbH. Reinbek bei Hamburg. 1977

PHANTASTISCHE SYMPHONIE
Hector Berlioz und das romatische Europa.
Guy de Pourtalès. Hugendubel Verlag München, 1940

HECTOR BERLIOZ.
Lebenserinnerungen
Becksche Verlagsbuchhandlung. München 1914

BERLIOZ
Dr. Julius Kapp.
Schuster & Loeffler. Berlin und Leipzig. 1917

LETTRES INÉDITES À THOMAS GOUNET
Correspondance inédite.
Hg. D. Bernard. Paris. 1879. publiées par L. Michaud.
Grenobles. Imprimerie Allier Frères, 1903

HEKTOR BERLIOZ UND SEINE HAROLD-SYMPHONIE
Franz Liszt. Breitkopf und Härtel. Leipzig 1881

HECTOR BERLIOZ
Charakter und Schöpfertum
Hans Kühner. Verlag Otto Walter AG. Olten. 1952

L' ITALIA
F. R. de Chateaubriand, Alphonse de Lamartine.
Torino 1984

CHATEAUBRIANDS REISE NACH ITALIEN.
übersetzt von Kreisrath Schnetzler, Erster Theil
Druck u. Verlag von Friedrich Wagner. Freiburg i. B. 1828

VOYAGE EN ITALIE
Francois Rene de Chateaubriand. 1968. Geneve

MEMOIRES DE MA VIE
Francois Rene de Chateaubriand. 1976. Geneve

BRIEFWECHSEL ZWISCHEN WAGNER UND LISZT
Leipzig 1910 (1912)

GROTESKE MUSIKANTENGESCHICHTEN
Hector Berlioz.
Breitkopf und Härtel. Leipzig 1906

HECTOR BERLIOZ. Leben und Werke.
Hg. Louise Pohl. Verlag F. E. C. Leuckardt. Leipzig 1900

DIE MUSIKER UND DIE MUSIK
Hecor Berlioz.
Breitkopf und Härtel. Leipzig 1903

REFLETS DE ROME
Gaspard Vallette. Paris 1909

DAS DREIGESTIRN BERLIOZ / LISZT / WAGNER
Dr. Julius Kapp. Schuster & Loefller. Berlin 1919

HECTOR BERLIOZ.
Leben und Werke nach unbekannten Urkunden und
den neuesten Forschungen nebst einer Bibliographie
seiner musikalischen und literarischen Werke,
einer Ikonographie und einer Genealogie der Familie
Hector Berlioz' seit dem 16. Jahrhundert.
J. G. Prod'homme. Leipzig 1906.
Deutsche Verlagsactiengesellschaft

HECTOR BERLIOZ.
Briefe an die Fürstin Caroline Sayn-Wittgenstein
Hg. La Mara. Breitkopf und Härtel. Leipzig 1903

HECTOR BERLIOZ.
Les années romantiques
Correspondance publiée par Julien Tiersot. Bibliothèque
Contemporaine. Calman-Lévy. Éditeurs. Paris 1904

REISEKULTUR
Von der Pilgerfahrt zum modernen Tourismus
Hg. Hermann Bausinger, Klaus Beyrer, Gottfried Korff.
Verlag C. H. Beck München, 1991

DIE GROSSE GESCHICHTE DER MUSIK
Kurt Pahlen. In Zusammenarbeit mit R. König.
Cormoran Verlag 1998

REISEN – REISEHANDBÜCHER – WISSENSCHAFT
Materialien zur Reisekultur im 18. Jahrhundert
Uli Kutter. Deutsche Hochschuledition. ars una 1996

ZUR PHILOSOPHIE DER MUSIK
Ernst Bloch. Suhrkamp Verlag. 1974

DAMENKONVERSATIONSLEXIKON
Hg. K. G. R. Herlossohn. im Verein mit Gelehrten und
Schriftstellerinnen. Adorf. Verlags-Bureau 1837
Leipzig. 1833 bis 1834

KOMPONISTEN AUF WERK UND LEBEN BEFRAGT
Ein Kolloqium. Hg. Harry Goldschmidt, Georg Knepler,
Konrad Niemann. VEB Deutscher Verlag für Musik.
Leipzig 1985

KULTURGESCHICHTE DER NEUZEIT
Die Krisis der europäischen Seele von der schwarzen
Pest bis zum Ersten Weltkrieg.
Egon Friedell. Verlag C. H. Beck. München 1996

ERNST FRIEDRICH ZOBELS NEU EINGERICHTETES
HAND- UND REISEBUCH.
Für alle und jede in die Fremde ziehende junge
Personen. *Altdorf 1734*

ANMERCKUNGEN ÜBER DAS REISEN
IN FREMBDE LÄNDER
Paul Jacob Marperger. Leipzig 1723

VON DEM NUTZEN DES REISENS
bzw.: Verschiedenes zum Lesen für die Liebhaber
der guten Sitten und schönen Wissenschaften.
Aus dem Französischen übersetzt von Monsi. Raodin,
Augsburg/ Leipzig 1768. J. Simon 1774

VON DEN REISEN
91 Reiseregeln.
In: Zu der Klugheit zu leben.
Oder Anweisung, Wie ein Mensch zur Beförderung
seiner zeitlichen Glückseeligkeit seine Actiones
vernünftig anstellen soll.
Julius Bernhard von Rohr (1688-1739) Andere und
vermehrte Auflage. Leipzig 1719

DIE VORNEHMSTEN EUROPÄISCHEN REISEN
P. A. Lehmann. Hamburg 1736

HANDBUCH FÜR REISENDE IN ITALIEN
Johann Friedrich Neigebaur. München 1848